U0462863

BLUE BOOK

智库成果出版与传播平台

新能源汽车蓝皮书

BLUE BOOK OF NEW ENERGY VEHICLE

中国新能源汽车产业发展报告（2023）

ANNUAL REPORT ON NEW ENERGY VEHICLE INDUSTRY IN CHINA (2023)

中国汽车技术研究中心
主编／日产（中国）投资有限公司
东风汽车有限公司

社会科学文献出版社
SOCIAL SCIENCES ACADEMIC PRESS（CHINA）

图书在版编目（CIP）数据

中国新能源汽车产业发展报告. 2023 / 中国汽车技术研究中心，日产（中国）投资有限公司，东风汽车有限公司主编. --北京：社会科学文献出版社，2023.8
（新能源汽车蓝皮书）
ISBN 978-7-5228-2165-8

Ⅰ.①中… Ⅱ.①中… ②日… ③东… Ⅲ.①新能源
-汽车-研究报告-中国-2023 Ⅳ.①U469.7

中国国家版本馆 CIP 数据核字（2023）第 134146 号

新能源汽车蓝皮书
中国新能源汽车产业发展报告（2023）

主　　编 / 中国汽车技术研究中心
　　　　　　日产（中国）投资有限公司
　　　　　　东风汽车有限公司

出 版 人 / 冀祥德
组稿编辑 / 邓泳红
责任编辑 / 张　嫒
责任印制 / 王京美

出　　版 / 社会科学文献出版社·皮书出版分社（010）59367127
　　　　　　地址：北京市北三环中路甲 29 号院华龙大厦　邮编：100029
　　　　　　网址：www.ssap.com.cn
发　　行 / 社会科学文献出版社（010）59367028
印　　装 / 三河市东方印刷有限公司

规　　格 / 开　本：787mm×1092mm　1/16
　　　　　　印　张：26.75　字　数：445 千字
版　　次 / 2023 年 8 月第 1 版　2023 年 8 月第 1 次印刷
书　　号 / ISBN 978-7-5228-2165-8
定　　价 / 128.00 元

读者服务电话：4008918866

新能源汽车蓝皮书编委会

刘好德　刘可歆　刘万祥　刘天枝　刘向龙
马　胜　梅运彬　欧训民　彭天铎　石　红
时　间　宋承斌　孙昱晗　万甜甜　王　芳
王　耀　吴　征　吴喜庆　杨　莉　姚占辉
曾玮良　张　健　张永伟　张云龙　赵　英
周　玮　周博雅　祝月艳　Georg Bieker Patrick Plotz

欲了解中国新能源汽车发展及汽车相关政策最新动态，请关注"新能源汽车行业蓝皮书"和"中国汽车战略与政策研究中心"微信公众号。

序　言

　　发展新能源汽车是我国从汽车大国迈向汽车强国的必由之路，是应对气候变化、推动绿色发展的战略举措。在各方共同努力下，我国新能源汽车市场持续取得突破，2022年产销分别完成705.8万辆和688.7万辆，同比分别增长96.9%和93.4%，产销连续8年位居全球第一，展现出强大的产业发展韧性，在稳经济中发挥了重要作用。面向未来，在电动化、数字化赋能下，汽车的能源动力、生产制造和消费使用方式面临重塑，新的产业生态和竞争格局将加速形成，迫切需要全行业携手同心、共担责任，加快推动我国汽车产业高质量发展。中国汽车技术研究中心有限公司将始终坚守"引领汽车行业进步，支撑汽车强国建设"的初心使命，秉承打造"政府最认可的产业智库、行业最尊重的合作伙伴、公众最信赖的权威机构和员工最自豪的事业平台"的战略目标，切实履行中央企业使命，主动承担服务政府、服务行业、服务消费者的政治责任和社会责任，为我国汽车强国建设贡献智慧和力量。

　　征程万里风正劲，重任千钧再出发。承载着产业发展的梦想，新能源汽车蓝皮书已连续出版11年，见证了中国新能源汽车产业从小到大、从弱到强的十余年发展成就，已成为中汽中心联合行业资深专家发挥行业智库作用的重要媒介，为政府决策、行业研究、企业发展提供了重要参考。我们希望新能源汽车蓝皮书不只是新能源汽车产业历史发展的记录者和思考者，更是产业未来发展的推动者和引领者。

　　2023年新能源汽车蓝皮书主要设置总报告、专家视点篇、产业篇、政策标准篇、NEVI指数篇、热点篇、借鉴篇和附录等八个篇目。其中，"总报告""专家视点篇""NEVI指数篇"，客观记录和评价2022年以来新能源汽车产业运行情况；"产业篇"和"政策标准篇"对2022年新能源汽车产业发展现状、

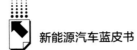

问题及趋势进行客观记录和理性研判;"热点篇"和"借鉴篇"聚焦国际行业热点进行深入探讨,剖析发达国家最新政策动态及对我国的启示,旨在前瞻谋划产业未来发展,助力新能源汽车产业高质量发展。

本书的顺利出版离不开领导、专家、合作伙伴的支持。感谢本书顾问及汽车相关领域其他专家为本书的策划和编写提出了许多宝贵的意见和建议,感谢社会科学文献出版社为本书的出版提供了大量帮助。日产(中国)投资有限公司、东风汽车有限公司作为我们的合作伙伴一直以来大力支持我们的工作,在此表示诚挚的谢意!

中汽中心资深首席专家黄永和、吴松泉,中汽中心首席专家刘斌、方海峰、姚占辉,对本书内容进行了多次审改;本书顾问李万里、张书林、赵英、周荣等专家进行了审评;本书主编、中汽政研主任王铁进行了终审定稿。

本书的编撰出版凝聚了许多人的厚望、关爱和支持,我谨代表新能源汽车蓝皮书编委会,向为本书提供支持和帮助的各位专家、企业以及相关单位表示衷心的感谢!由于时间仓促,书中难免还有不少疏漏和不足,敬请各位专家、同行和读者批评指正。

中国汽车技术研究中心有限公司党委书记、 董事长

2023 年 6 月 26 日

摘　要

　　新能源汽车蓝皮书是关于中国新能源汽车产业发展的年度研究性报告，2013年首次出版，本书为第十一册。本书在日产（中国）投资有限公司和东风汽车有限公司的支持下，在多位新能源汽车及相关行业内资深专家、学者顾问的指导下，由中国汽车战略与政策研究中心的多位研究人员，以及行业内相关领域的专家共同撰写完成。

　　本书包括总报告、专家视点篇、产业篇、政策标准篇、NEVI指数篇、热点篇、借鉴篇、附录等八个部分。总报告综述2022年中国新能源汽车产业发展情况；专家视点篇邀请行业知名专家评述2022年以来新能源汽车产业发展的热点问题；产业篇从市场、整车、产业链、充电基础设施等角度系统总结2022年中国新能源汽车产业发展情况；政策标准篇分析2022年以来国家及地方层面新能源汽车政策及电动汽车标准化工作最新动态；NEVI指数篇从产业、企业、产品、消费四个维度对新能源汽车发展水平和竞争力情况进行分析评价；热点篇围绕国际政治经济局势对新能源汽车的影响、新能源汽车"走出去"面临的形势和机遇、智能电动化变革趋势下产业高质量发展、汽车产业落实"双碳"目标所面临的机遇和挑战、换电模式发展趋势等当前行业焦点话题开展深度剖析；借鉴篇重点介绍了2022年全球新能源汽车市场趋势特点、欧美绿色低碳政策进展、欧洲插电式混合动力汽车实际使用情况及"出行即服务"模式的国际实践等内容。

　　2022年，中国新能源汽车产业进入规模化快速发展新阶段。市场方面，全年销量再创新高，达到688.7万辆，市场渗透率提升至25.6%，连续八年居世界首位。产业方面，新能源汽车电动化水平快速提升，智能化技术加速落地应用，"内卷"式竞争成为行业新特征。动力电池正向无模组、集成化方向演

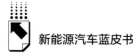
进，市场领先优势继续扩大。电驱电控系统高压平台化发展趋势日益显著，国产化零部件渗透率持续提升，但供应链稳健性仍有待提升。2022年，中国充电桩年度建设数量达到259.3万个，同比增长176.9%，实现跨越式发展，服务能力显著增强，高速充电基础设施规模化建设正式启动。政策方面，国家加强"双碳"相关政策落实，加大政策支持力度扩大新能源汽车消费，完善双积分市场化机制，指导企业构建全生命周期安全保障体系，引导企业发挥主体作用，推进产业提质升级。从全球看，在政府、企业和市场多重努力下，我国新能源汽车产业国际竞争力保持强势，综合竞争力全球排名维持第二。当前，全球汽车产业正在经历百年未有之大变局，在产业变革、产业链重塑、技术融合等发展趋势下，国家间新能源汽车产业竞争日益激烈。智能网联汽车技术和产品将加速市场渗透，并逐步回归商业本质。面对产业新发展机遇和国内外新的产业竞争形势，建议聚焦核心技术研发、产业链安全、跨领域融合等发展方向，坚持市场驱动主体地位，在管理、市场推广、技术、标准及供应链等层面构建适应新形势、新需求的政策体系，持续推动新能源汽车产业高质量发展。

2023年，新能源汽车蓝皮书以严谨与通俗并重的方式，从社会科学的角度对我国新能源汽车产业发展情况进行了全面系统的介绍和分析。既从受众的角度让广大读者了解中国新能源汽车产业发展现状和趋势，宣传普及新能源汽车发展理念；又从专业角度客观评价新能源汽车市场、企业、技术、产品、消费者，分析产业发展面临的问题并提出建议措施。该书将有助于汽车产业管理部门、研究机构、整车和零部件生产企业、社会公众等了解中国新能源汽车产业发展的最新动态，为政府部门出台新能源汽车产业相关政策法规、企业制定相关战略规划提供必要的借鉴和参考。

关键词： 新能源汽车　产业链　碳中和　竞争力

目　录 ↩

I　总报告

II　专家视点篇

III　产业篇

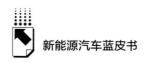
Ⅳ 政策标准篇

Ⅴ NEVI 指数篇

Ⅵ 热点篇

Ⅶ　借鉴篇

皮书数据库阅读**使用指南**

总 报 告
General Report

B.1

2023年新能源汽车产业发展报告

黄永和　姚占辉*

摘　要： 2022年，全球新能源汽车市场继续维持增长态势，中国已进入规模化快速发展新阶段，而欧美主要国家也发布系列政策，希望推动本国新能源汽车发展及产业链回流。中国新能源汽车全年销量再创新高，达到688.7万辆，市场渗透率提升至25.6%，已连续八年居世界首位。电动化、智能化技术同步提升，电池底盘一体化、高算力芯片等技术加速落地应用，动力电池市场优势继续扩大。商用车企业通过技术绑定场景、产品依托生态，促进了新能源商用车在封闭区域、固定线路等特定场合的应用。2022年，我国新建充电桩259.3万个，同比增长176.9%，充电基础设施服务能力显著增强，换电模式呈现快速发展态势。各级政府部门通过减税、路权、金融等方式促进市场销量增长。多重因素综合作用下，我国新能源汽车产业竞争力继续保持全球第二，企业和

---

* 黄永和，教授级高级工程师，中国汽车技术研究中心有限公司资深首席专家、总师办副主任；姚占辉，硕士，高级工程师，中国汽车技术研究中心有限公司中国汽车战略与政策研究中心绿色低碳研究部。

产品竞争力得到进一步提升。展望未来，我国应进一步鼓励创新，坚持市场驱动主体地位，强化新能源汽车产业链自主可控，加速融入全球市场，持续推动产业高质量发展。

关键词： 新能源汽车　汽车市场　供应链　基础设施

一　市场：全球市场持续增长，中国进入规模化快速发展新阶段

（一）国际发展环境向好，全球新能源汽车销量达到千万辆级

2022年，全球新能源汽车销量达1126.7万辆，同比增长63.5%，增量达437.7万辆。截至2022年底，全球新能源汽车累计销量超过2900万辆，市场渗透率由2021年的8.3%增长至2022年的14.2%，同比提升5.9个百分点（见图1-a）。

分国家看，全球新能源汽车市场发展格局较为稳定，中、美、德、英、法五国销量合计占比达到84%（见图1-b）。欧美主要国家进一步提升新能源汽车发展的战略地位，通过系列政策推动本国新能源汽车产业发展及产业链回

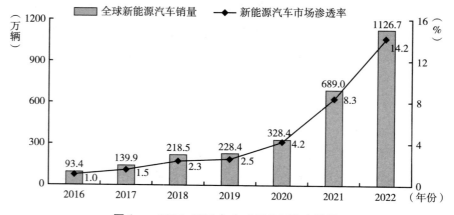

图1-a　2016～2022年全球新能源汽车销量

资料来源：EV Volumes，中国汽车工业协会。

流。美国、德国、英国、法国等国家 2022 年新能源汽车销量分别达 99.5 万
辆、84.4 万辆、38.6 万辆和 35.5 万辆，同比分别增长 49.6%、22.2%、
18.6% 和 9.7%，分别居全球新能源汽车销量排名第 2~5 位。

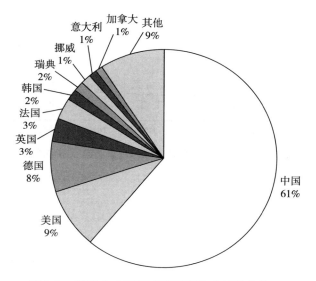

图 1-b　2022 年主要国家新能源汽车销量占比

资料来源：EV Volumes，中国汽车工业协会。

（二）中国市场内销与出口双升，渗透率突破25%关键节点

2022 年，我国新能源汽车销量达 688.7 万辆，同比增长 93.4%，新能源
汽车销量占比由 2021 年的 13.4% 提升至 25.6%（见图 2）。截至 2022 年底，
我国新能源汽车保有量达 1310 万辆，占汽车总保有量的 4.1%。根据海关数据
统计，2022 年我国新能源汽车出口 67.9 万辆，同比增长 1.2 倍，占汽车总出
口量的 21.8%，较 2021 年提升了 6.4 个百分点，成为我国外贸出口新亮点。

（三）新能源乘用车市场结构持续优化，商用车销量稳步提升

2022 年，我国新能源乘用车销量为 654.8 万辆，同比增长 94.3%。分车
型级别看，2022 年 A00 级、A0 级、A 级、B 级、C 级及以上车型销量同比分
别提升 23.2%、408.6%、165.6%、19.0% 和 103.5%，占比分别为 19.4%、

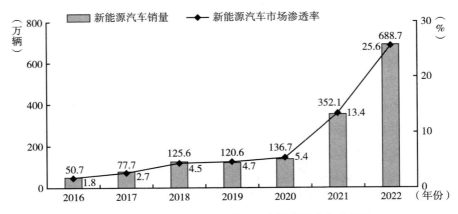

图 2 2016～2022 年中国新能源汽车销量及市场渗透率

资料来源：中国汽车工业协会，同比增长率以其公开口径为准。

8.4%、38.0%、20.1% 和 14.1%（见图 3）。其中，A0 级和 A 级车增速明显超过行业平均水平，市场份额同比分别增长 5.4 个百分点和 12.2 个百分点。新能源商用车销量达 33.8 万辆，同比增长 78.9%。分领域看，城市公交、出租网约、轻型物流等领域电动化转型效果较好，但环卫、公路客运、重型货车等特定场景电动化比例依然较低。

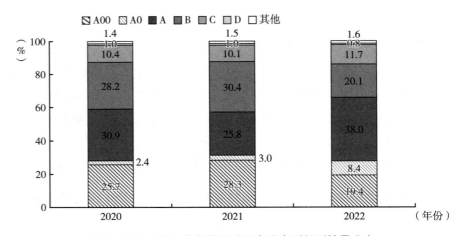

图 3 2020～2022 年新能源乘用车分车型级别销量分布

资料来源：机动车保险数据。

（四）纯电动车型继续占据主导地位，插电式混合动力乘用车市场占比提升

2022年，我国纯电动汽车、插电式混合动力汽车、燃料电池汽车销量分别为536.5万辆、151.8万辆和3397辆，同比分别增长81.6%、151.6%和112.8%，占比分别为77.9%、22.0%和0.1%（见图4、图5）。当前市场仍以纯电动车型为主，插电式混合动力车型主要集中在乘用车领域，主要车型包括比亚迪宋 PLUS DM-i/秦 PLUS DM-i/汉 DM-i/唐 DM-i、理想 ONE 等，以比亚迪 DM-i 系列为代表的新一代混动架构获得消费者认可，带动插电式混合动力乘用车市场实现明显增长，销量同比增幅达151.6%。

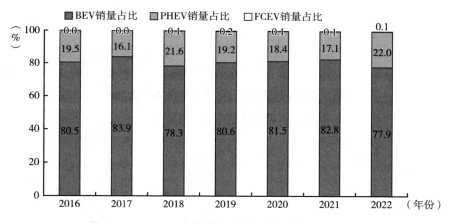

图4 2016~2022年新能源汽车分动力类型销量分布

资料来源：中国汽车工业协会。

（五）私人消费占比近八成，非限购地区潜力进一步释放

据机动车保险数据统计，我国新能源乘用车私人消费规模继续提升，2022年销量达407.8万辆，同比增长81.0%，占整体新能源乘用车销量的比例达78%，与2021年基本持平（见图6）。非限购地区消费潜力日益显现，销量实现快速提升，2022年非限购地区新能源乘用车销量为397万辆，占比约76%；北京、上海、广州、深圳、天津、杭州、海南等7个限购地区销量为126.1万辆，占比约24%，较2021年下降7个百分点（见图7）。

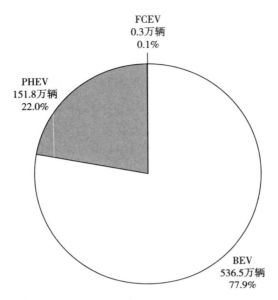

图5　2022年新能源汽车分动力类型销量分布

资料来源：中国汽车工业协会。

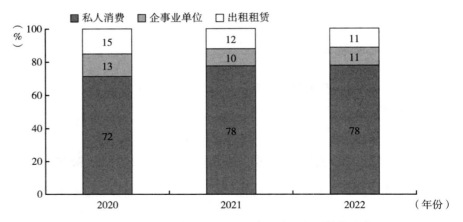

图6　2020~2022年新能源乘用车分应用领域销量分布

资料来源：机动车保险数据。

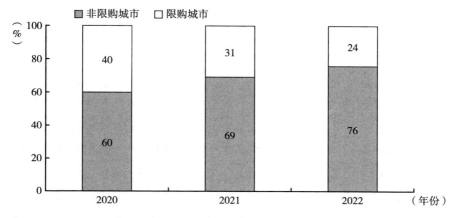

图7　2020~2022年新能源乘用车分区域销量分布

资料来源：机动车保险数据。

二　整车：产业规模进一步提升，行业竞争加剧

（一）新能源乘用车：电动化、智能化加速，未来竞争更加激烈

1. 乘用车市场进一步集中，跨国车企加速产品投放

2022年，我国有销量统计的新能源乘用车企业共281家。比亚迪、上汽通用五菱、特斯拉三家企业头部地位稳固。吉利汽车、长安汽车、奇瑞汽车和合众新能源凭借极氪、领克、深蓝、阿维塔、瑞虎、捷途、哪吒等品牌车型热销，实现了企业销量攀升，进入了新能源汽车销量榜前列。北汽新能源、上汽乘用车、长城汽车、蔚来汽车等企业，2022年新能源汽车销量跌出行业前十。

传统跨国车企加快电动化转型步伐，积极投放新能源车型。日产提出到2026年，在中国市场推出7款电驱化车型，并且在2030年中国市场电驱化车型占比将达到80%；大众推出基于纯电平台打造的 ID. 3、ID. 4、ID. 6等车型，以及途观、帕萨特、探岳、迈腾等插电式混合动力车型；丰田推出了基于纯电专属平台打造的 bZ 系列，其中 bZ 3 于 2023 年初上市，后续还将上市 bZ Small Crossover、bZ SDN、bZ 4X、bZ Compact SUV、bZ Large SUV 等车型。

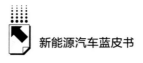
2. 技术水平继续提升，智能化竞争逐步加剧

乘用车产品技术水平继续提升。根据 2022 年《新能源汽车推广应用推荐车型目录》统计分析，纯电动车型的平均电池系统能量密度由 2021 年的 149.8Wh/kg 提升至 150.8Wh/kg，平均续驶里程由 2021 年的 410.4km 提升至 456.9km。据中国汽车工程学会统计，应用电动化专用平台的乘用车车型，其市场占有率从 2021 年的 45% 增加至 2022 年的 65% 以上，代表车型有特斯拉 Model 3 和 Model Y、比亚迪海豚和海豹、吉利极氪 001、大众 ID 系列、广汽埃安系列、蔚来和小鹏等。采用碳化硅（SiC）等新兴半导体材料的电机控制器是保障电驱系统实现高效化、高速化、高密度化的关键部件，比亚迪汉、蔚来 ET7、丰田雷克萨斯 Rz、特斯拉 Model Y 等 20 余款车型搭载了碳化硅材料的电机控制器，2022 年应用规模达 60 万辆。电池底盘一体化技术是新能源乘用车集成技术创新的重要方向，如零跑 C01 应用 CTC（Cell to Chassis，电芯到底盘）技术、比亚迪海豹应用 CTB（Cell to Body，电芯到车身）技术。

新能源乘用车竞相聚焦智能化。众多主流车型搭载激光雷达、4D 毫米波雷达、高清摄像头等传感器，以满足自动驾驶服务升级需求。蔚来 ES7 包含 1 个 1550nm 激光雷达、7 个 800 万像素摄像头、4 个 300 万像素环视摄像头、5 个毫米波雷达、12 个超声波雷达等 33 个高性能传感器，每秒可产生高达 8GB 的图像数据。新车型搭载芯片算力大幅提升，如小鹏 G9、理想 L9 的算力达 508TOPS，蔚来 ET7/ET5 的算力最高达 1016TOPS。此外，2022 年众多企业推出软硬一体化城市领航智能驾驶解决方案，如小鹏"城市 NGP"、极狐"城市 NCA"和魏牌"城市 NOH"、哪吒"NETA PILOT"等，搭载百度 ANP 技术的集度汽车也计划在 2023 年量产。

3. 企业普遍尚未盈利，市场端竞争加剧

当前，全球新能源汽车产业仍处于发展初期，行业盈利能力普遍不足。除特斯拉、比亚迪等头部企业实现盈利外，多数新能源汽车企业仍处于亏损状态。蔚来、小鹏、理想和零跑四家新势力企业 2022 年全年财报显示，四家企业当年亏损额分别为 144.4 亿元、91.4 亿元、20.3 亿元和 51.1 亿元。2023 年，购置补贴退出、消费意愿下滑、供应链成本压力加大，但为扩大市场销量、抢占市场份额，特斯拉、比亚迪、长城、极氪、问界、小鹏、零跑、大众等超过 20 个汽车品牌宣布降价。未来企业竞争将日趋激烈，行业将进入深度洗牌阶段。

（二）新能源客车：市场规模进一步增长，部分技术水平提升

1.国内及海外市场呈现销量增长态势，客车企业多元化发展

2022年，中国有销量统计的新能源客车企业共73家，合计销量为5.27万辆（车长4.5米以上，含燃料电池客车），同比增长8.8%，出口量为7565辆，同比增长147.5%。从车型结构看，2022年轻型客车销量同比提升2%，大型客车销量同比下降2%，中型客车市场份额保持稳定。从区域集中度看，2022年新能源客车销量前十城市集中度为35.9%，同比提升8.4个百分点，主销城市为上海、北京、深圳、重庆、成都等。2022年燃料电池客车销量为1259辆，同比增长20%，截至2022年底，燃料电池客车累计销量已超过5000辆，在国家燃料电池汽车示范政策推进下，各示范城市正加快燃料电池客车示范应用。

2022年，宇通、金龙、安凯、中通等客车企业申报新能源货车产品数量增加，传统客车企业产品线日趋多元化。转型原因主要包括：一是传统客车企业的市场份额和体量不断缩小，受公转铁、公转航等出行方式改变冲击，公路客运上座率降低，疫情反复导致旅游业一度陷入停滞状态。二是受新能源汽车补贴退坡影响，新能源客车的红利期消失，客车制造企业热情减退，加之经济形势影响下客运需求低迷，直接导致客车市场整体萎缩，客车企业纷纷进入市场持续向好的新能源货车领域。三是客车企业已在新能源公交车市场取得了较好的推广效果，基于前期在关键部件以及车辆匹配方面的技术积累，开始谋求向新能源货车领域转型。

2.除续驶里程指标外，其他技术指标下滑，电动化、智能化新技术逐步产业化

根据2022年《新能源汽车推广应用推荐车型目录》统计分析，纯电动客车电池系统能量密度平均水平由2021年的158.1Wh/kg下滑至2022年的155.2Wh/kg，纯电动客车单位载质量能量消耗量（E_{kg}）平均水平由2021年的0.155Wh/（km·kg）上升至2022年的0.156Wh/（km·kg），纯电动客车续驶里程平均水平由2021年的496.6km提升至2022年的506.4km。

随着自动驾驶技术的不断发展，宇通、中通、安凯等企业持续加强在智能网联领域更多场景下的商业化运营，应用场景逐渐从景区、CBD、微循环、接驳、BRT等相对固定线路或特定场景向开放道路转变。公交接驳、网约出行、

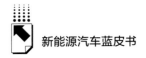

园区通勤、景区观光等全场景的智能网联一体化解决方案将成为新能源客车企业下一阶段竞争的重要路径。

3. 国补退出冲击新能源客车企业经营，不同场景客户购买意愿差异将进一步拉大

新能源客车企业仍依赖政府补贴来维持产品推广和实现盈利，随着2022年底新能源汽车补贴政策到期，且车辆运营、维护、电池回收等环节缺少扶持政策，新能源客车企业经营发展受到明显冲击。分应用场景看，城市公交市场客户大多具有国资背景，对车辆购置成本敏感度低，且车辆运行线路固定，具备自有充电场站，适合使用新能源客车，未来其购买意愿仍可维持较高水平。非国资性质的公路、旅游客车市场客户，由于使用场景不确定，价格敏感度高，普遍缺少固定充电场站，选用新能源客车的实际运营效果与传统客车相比尚不具有优势，未来购买新能源客车的积极性将进一步下降。

（三）新能源货车：行业逆势增长，技术与场景加速融合

1. 新能源货车市场快速增长，核心技术水平趋于稳定

在"双碳"战略、城市绿色货运以及换电、燃料电池试点等多重利好政策推动下，新能源货车市场快速增长。2022年中国有销量统计的新能源货车企业共143家，合计销量26.4万辆，同比增长96.9%。新能源轻型货车同比增长101.3%，新能源重型货车同比增长140.7%。2022年共有332个城市实现新能源货车销售，其中销量过万的城市包括深圳、成都、上海、重庆、广州，合计占比33.7%。新能源货车销量前十企业占比68.4%，相比2021年提高3个百分点，行业集中度进一步提升。吉利汽车凭借远程品牌星智系列车型在全新正向研发、智能架构设计等方面的产品力表现，实现销量30741辆，占比11.6%，销量排名行业第一。

根据2022年《新能源汽车推广应用推荐车型目录》统计分析，2022年度新能源货车企业申报新产品共计1966款，相比2021年车型数量增长49.1%，车型丰富程度提升。核心技术指标无明显变化。其中，动力电池系统能量密度行业平均水平由2021年的149.3Wh/kg降至2022年的148.1Wh/kg，单位载质量能量消耗量行业平均水平由2021年的0.247Wh/（km·kg）优化至2022年的0.241Wh/（km·kg），平均续驶里程由2021年的317km提升至2022年的322km。

2.技术与场景加速融合，产业生态持续优化

2022年新能源重型货车换电技术围绕市政工程、钢厂、矿山等封闭场景特征，匹配大功率快充技术，满足不同用户差异性需求，实现技术与场景的加速融合，2022年新能源换电重型货车累计销售12383辆，同比增长284%。换电重卡占新能源重卡的比重达到49.4%。2022年吉利提出以场景定义汽车，根据场景需求构建定制化生态，通过全方位赋能整车定制、车联网平台、金融保险、充电运维、运营管理等场景生态，提升产品竞争力。

2022年运营平台/能源集团等一批新势力入局新能源货车领域，产业链堵点进一步疏通。运营平台企业依托自身平台大量使用场景数据，通过大数据分析，识别场景与车型的匹配程度，赋能产品开发。中国石油天然气集团，明确2022年"清洁替代、战略接替、绿色转型"的部署方向，加快向"油气热电氢"综合性能源公司转型，与国家电网、中车、华电等签署战略合作协议，聚焦新能源换电市场，加速发展新能源业务，推动构建绿色产业结构和低碳能源供应体系。

3.新技术、新模式管理体系有待完善

智慧物流、自动驾驶、换电等新技术、新模式成为货车电动化、智能化转型的重要方向，与之相匹配的行业管理体系有待完善。在换电模式方面，各企业间换电技术标准未能统一，跨企业、跨品牌电池包无法兼容，不同动力电池在通信协议、接口尺寸、管理系统等方面存在差异，不利于换电模式大规模推广应用。在智能网联方面，智能网联汽车研发、测试等方面受到《道路交通安全法》《测绘法》等不同程度的制约，涉及自动驾驶功能应用的产品管理、交通管理、保险监管、地理信息管理等领域部分规定未能及时调整，导致技术研发、验证及商业化应用进程缓慢，不利于智能网联技术快速应用。

三 供应链：核心零部件技术不断创新，提升新能源汽车产业竞争力

（一）中国动力电池市场优势继续扩大，新技术不断更新迭代

在政策和市场的双重推动下，我国动力电池市场全球占比进一步提升。2022年，全球电动汽车（BEV、PHEV、HEV）动力电池装车量达517.9GWh，同比

增长 71.8%。2022 年，我国动力电池装车量达到 294.6GWh，同比增长 90.7%，全球占比提升至 56.9%。全球动力电池装车量排名前十的企业中，我国企业占据 6 席，宁德时代连续六年装车量全球第一，市场占比 37.0%，比亚迪与韩国 LG 新能源并列第二（见表 1）。从技术路线看，磷酸铁锂电池市场份额进一步扩大。2022 年，国内磷酸铁锂电池装车量 183.8GWh，占总装车量的 62.4%，同比增长 130.2%；三元电池装车量 110.4GWh，占总装车量的 37.5%，同比增长 48.6%。

表 1 2022 年全球及中国市场动力电池装车量排名

单位：GWh，%

排名	全球市场			中国市场		
	企业名称	装车量	市场占比	企业名称	装车量	市场占比
1	宁德时代	191.6	37.0	宁德时代	142.02	48.20
2	LG 新能源	70.4	13.6	比亚迪	69.10	23.45
3	比亚迪	70.4	13.6	中创新航	19.24	6.53
4	松下	38.0	7.3	国轩高科	13.33	4.52
5	SK On	27.8	5.4	欣旺达	7.73	2.62
6	三星 SDI	24.3	4.7	亿纬锂能	7.18	2.44
7	中创新航	20.0	3.9	蜂巢能源	6.10	2.07
8	国轩高科	14.1	2.7	孚能科技	5.36	1.82
9	欣旺达	9.2	1.8	LG 新能源	5.20	1.77
10	孚能科技	7.4	1.4	瑞浦兰钧	4.52	1.53

资料来源：SNE Research、中国汽车动力电池产业创新联盟。

我国动力电池保持较高技术水平。根据《新能源汽车推广应用推荐车型目录》统计，2022 年，我国纯电动乘用车电池系统能量密度平均值达到 150.0Wh/kg，三元和磷酸铁锂电池系统能量密度最高分别为 212.0Wh/kg 和 160.3Wh/kg。电芯结构方面，46 系（电池直径为 46mm）大圆柱电池即将规模化量产，在安全性、能量密度和快充性能方面具有优势，随着工艺瓶颈突破、良品率提升，46 系大圆柱电池有望抢占部分高端动力电池市场。电池系统方面，正向着无模组化、集成化方向演进，可提高续航里程、降低成本，宁德时代发布的"麒麟电池"将空间利用率提升至 72%，系统能量密度可达 255Wh/kg。钠离子电池凭借钠资源丰富、材料成本低，且安全性、快充性能、低温性能表现良好，有望率先应用于低续航车型。另外，动力电池固态化趋势较明确，国内外企业均开展相关技术布局，半固态电池将率先实现产业化，搭载半固态电池的东风风神 E70 车型已实现小批量应用，蔚来也发布了带电量为 150kWh 的半固态电池系统。

（二）电驱行业技术快速迭代升级，企业纷纷推出创新产品

在新能源汽车市场快速发展的带动下，我国电驱行业新技术快速迭代升级，企业纷纷推出创新产品，助力行业发展换挡提速。

一是电驱动市场保持高速增长。受益于新能源汽车渗透率迅速提升，电驱市场呈高速增长态势，2022 年我国新能源乘用车电驱动系统累计装车量 355.5 万套，同比增长 98%。其中，弗迪动力位列行业第一，特斯拉和日本电产位列第二和第三，装车量分别为 88.7 万套、50.7 万套和 33.1 万套，同比分别增长 168%、31% 和 98%，合计市场占比达 47.9%，集中度较高。巨一动力通过为奇瑞、国金等提供配套，同比增长 1100%。

二是高压化、集成化成为电驱动技术主要发展方向。随着 800V 高压技术在新能源汽车上加速应用，碳化硅（SiC）电驱产品的渗透率持续提升，2022 年碳化硅控制器装车量占比已接近 10%。比亚迪汉、唐，蔚来 ET7、ES7、ES8、EC7 等中资企业车型已搭载碳化硅电驱系统，本田、福特、大众等国外企业均已应用碳化硅方案。同时，在小型化、轻量化发展趋势下，越来越多的企业推动多合一等高集成化电驱总成产品研发和装车。弗迪动力电驱总成产品中超 4 成是八合一产品；广汽埃安发布夸克电驱，电机功率密度高达 12kW/kg；华为、长安、理想等企业也推出多合一电驱总成产品，并搭载在多款主销车型上。

三是整车企业围绕关键技术自主可控开展布局。电驱动是决定新能源汽车性能的核心技术，随着市场竞争日趋激烈，越来越多的整车企业布局电驱技术、推动产品自研自产，以保障供应链的自主安全、成本可控。弗迪动力的电驱总成、电机、电控产品主要供给比亚迪，零跑 T03、长安深蓝 SL03、理想 L9 等车型均搭载了自研的电驱总成产品。国外企业方面，特斯拉电驱产品完全自产自供；日产汽车自研"多合一（X-in-1）"电驱动总成技术，并将搭载旗下纯电动和 e-POWER 车型。

（三）智能化零部件进步显著，国产化渗透率持续提升

近年来，我国智能化零部件产业链布局已经初步清晰，不同等级自动驾驶

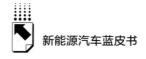

技术逐步进入市场，并在多场景下开展应用。激光雷达方面，激光雷达国产化及上车速度明显加快，华为、图达通等国内企业的半固态激光雷达产品实现量产车型搭载。2022年3月，蔚来ET7车型搭载图达通猎鹰激光雷达，探测距离达到250米。2022年5月，北汽极狐阿尔法S HI版正式发售，该车型搭载了华为自研96线混合半固态激光雷达，有效探测距离达到150米，探测视场角可达120°×25°。计算芯片方面，自主能力明显增强，逐步打破国外同类产品垄断。以华为、地平线、黑芝麻为代表的国内厂商不断推出车规级AI计算芯片产品，在芯片算力、能效比等方面，逐步赶超进口芯片产品。2022年4月，比亚迪与地平线正式宣布合作，比亚迪将在其部分车型上搭载地平线征程5芯片，打造更具竞争力的行泊一体方案，实现高等级自动驾驶功能，该芯片最高算力达到128TOPS。2022年5月，黑芝麻与江淮汽车达成战略合作协议，江淮汽车旗下思皓品牌的多款量产车型将搭载黑芝麻智能华山二号A1000系列芯片。C-V2X方面，我国已经具备网联通信芯片—模组—终端全产业链供应能力。根据公开资料，20余款乘用车量产车型搭载C-V2X，渗透率持续提升。如一汽红旗E-HS9、北汽极狐阿尔法S、上汽Marvel R、广汽AION V、长城WEY摩卡、吉利星越L、比亚迪汉、蔚来ET7、威马W6、高合HiPhiX等车型均已经量产或发布前装C-V2X车型，能够支持绿波车速、红绿灯信号、闯红灯预警、绿灯起步提醒、道路信息广播等场景应用。

四　基础设施：充电基础设施服务能力增强，新技术应用加快

（一）充电基础设施建设规模继续增长

2022年，中国充电桩年度建设数量达到259.3万个，同比增长176.9%，车桩增量比为2.7∶1。其中，公共充电桩建设数量65.1万个，同比增长91.6%；私人充电桩建设数量194.2万个，同比增长225.5%，私人充电桩对电动汽车服务保障能力进一步增强。我国充电桩保有量达到521万个，整体车桩比从2021年的3.0∶1降至2.5∶1，充电服务保障能力进一步提升。

截至2022年，我国公共直流桩保有量76.1万个、公共交流桩103.6万

个，公共直流桩占比为42.3%。公共充电桩分布呈现"东多西少、南多北少"的特点，保有量前十省份分别为广东、江苏、浙江、上海、北京、湖北、山东、安徽、河南、福建，如表2所示。

表2　2022年公共充电桩分布情况

单位：万个，%

省级行政区域	保有量	保有量占比
广东	38.3	21.33
江苏	13.0	7.22
浙江	12.6	7.01
上海	12.2	6.81
北京	11.0	6.13
湖北	10.1	5.63
山东	9.0	5.01
安徽	8.4	4.69
河南	6.8	3.79
福建	6.7	3.75

资料来源：中国电动汽车充电基础设施促进联盟。

（二）高电压平台等新技术快速发展

2022年，1000V电压平台（含950V）公共直流桩占比为19.8%，750V电压平台公共直流桩占比最高，达到69.8%，500V电压平台公共直流桩占比为10.4%。新增公共直流桩中，1000V充电桩占比从2016年的0.4%快速增长至2022年的36.8%，500V充电桩占比从2016年的44.2%下降至2022年的4.1%，高电压平台充电桩逐渐成为市场主流产品。广汽、小鹏、北汽、吉利、比亚迪、上汽等多家企业均开展大功率充电车型规划，如广汽AION V大功率充电车型实现充电电流超过500A，充电功率200kW以上；小鹏G9充电功率可达400kW以上，北汽极狐阿尔法S Hi版量产车型充电功率达190kW。

"光储充放"、无线充电等先进技术领域加快探索。国内多家高校、研究机构、企业开展光储充放一体化的关键技术、商业模型等课题研究和示范运行项目，如清华大学、比亚迪、蔚来、特来电、星星充电等，但目前还未做到大范围应用。无线充电处于发展初期，标准法规仍不完善，对技术应用产生一定障碍。部分企业已开展产品研发布局，如 2022 年上市的上汽智己 L7 提供最大可支持 11kW 的整车无线充电系统。

（三）换电试点工作有序推进

截至 2022 年，我国乘用车换电站数量达到 1973 座，较 2021 年增加了 675 座。根据工业和信息化部办公厅《关于组织开展新能源汽车换电模式应用试点工作的通知》（工信厅联通装函〔2021〕72 号）有关要求，11 个换电试点城市积极开展试点示范，2022 年累计推广换电式新能源汽车 5.1 万辆，建设换电站 235 座（见图 8）。

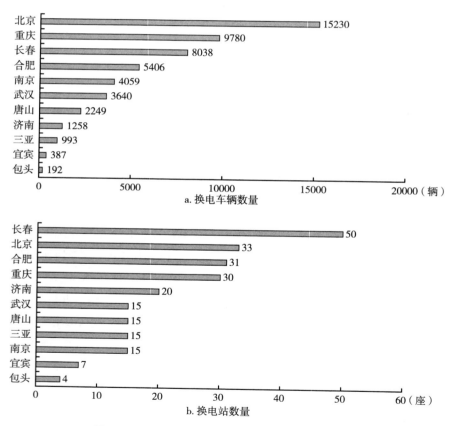

图 8　2022 年试点城市换电车辆、换电站推广数量

资料来源：换电试点城市。

试点城市出台了发展规划、财政补贴、基础设施建设、示范应用等20余项支持政策，研究制定地方标准10余项，为换电模式发展营造良好环境。北京、南京、武汉、三亚、重庆、长春、合肥、济南8个综合应用类城市围绕出租网约车、公交车、私家车等领域，加快探索共享化换电模式；宜宾、唐山、包头3个重卡特色类城市重点围绕港口、矿山、城市渣土运输等场景，打造换电重卡示范线路。在试点工作带动下，换电模式得到地方政府高度重视和大力支持，上海、广州、杭州、成都、苏州、无锡、东莞、贵州等非试点城市鼓励发展共享化换电模式，支持在出租网约、物流运输、重型货运等场景加快探索，非试点城市累计出台有关支持政策40余项，极大地促进换电模式在全国推广应用。此外，一汽、上汽、广汽等传统车企已开展换电车型研发布局，国家电投、中国石油、中国石化、国家电网等能源企业加大换电模式投入力度，积极推动换电产业生态建设和商业模式发展。

五 政策：促转型、稳消费齐头并进，持续强化提质升级

（一）落实"双碳"目标，促进汽车低碳转型

2022年，我国积极做好碳达峰碳中和工作，在财政、工业、科技、能源等各领域出台了具体的实施方案，全面促进绿色低碳转型升级，并将发展新能源汽车作为重点领域，加强新能源汽车推广应用，促进交通能源清洁化、缓解能源和环境压力。其中，《减污降碳协同增效实施方案》和《关于印发工业领域碳达峰实施方案的通知》明确了2030年新能源汽车市场目标，即整体新增比例达到40%（含新能源、清洁能源车型）、大气污染防治重点区域达到50%左右，引导汽车产业低碳转型。为了构建清洁低碳、安全高效的能源体系，促进氢能产业高质量发展，我国发布了首个针对氢能产业发展的中长期规划《氢能产业发展中长期规划（2021～2035年）》，围绕"制—储—输—用"等关键环节，加强关键零部件技术研发，推进氢能基础设施建设，完善标准和管理体系，与燃料电池汽车示范政策发挥良好的协同效应，共同推动我国氢能及燃料电池汽车产业低碳化发展。

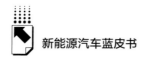
（二）央地齐发力扩内需，力促市场稳步提升

2022 年以来，国家层面加大政策支持力度，提振市场信心，大力促进新能源汽车消费。一是继续发挥税收优惠政策激励作用。购置补贴政策于 2022 年 12 月 31 日正式终止。按照国务院常务会议部署要求，新能源汽车购置税优惠政策延期至 2023 年底，并再次延期到 2027 年底，降低消费者购车成本。2022 年全年，中央财政共计免征新能源汽车购置税 879 亿元。二是完善充换电基础设施环境。为满足大众出行充电需求，交通运输部等印发《加快推进公路沿线充电基础设施建设行动方案》，加强基础设施建设和布局，开展新型充电技术应用，强化信息化服务管理，提升高速公路服务区、城际公路等特定场景充电服务能力。在国家政策导向下，浙江、湖南、河南、辽宁等地出台本地公路沿线基础设施建设规划，提升高速公路服务区充电基础设施覆盖率。三是加快公共领域车辆电动化进程。工信部等 8 部门联合印发《关于组织开展公共领域车辆全面电动化先行区试点工作的通知》，启动了公共领域车辆全面电动化城市试点，分三类区域设置了新能源标准车三年累计推广量目标（10 万辆、6 万辆、2 万辆），要求城市公交、出租、环卫、邮政快递、城市物流配送等 5 个领域，新增及更新车辆中新能源汽车比例力争达到 80%。此外，国家持续优化使用环境，包括免限行、加大金融支持力度等，并开展换电模式、燃料电池汽车示范应用。同时，为响应中央经济工作会议关于"恢复和扩大消费"的精神，各地方陆续出台刺激新能源汽车消费的政策措施，涵盖购车消费券、下乡支持、购车指标放宽、补能费用优惠、以旧换新补贴等。

（三）发挥企业主体作用，推进产业提质升级

2022 年，国家层面加强生产企业安全保障体系建设，进一步加快电动化转型升级。一是提升全生命周期安全保障能力。为了全面增强企业安全保障能力，工信部等联合发布《关于进一步加强新能源汽车企业安全体系建设的指导意见》，围绕安全管理机制、产品质量、监测平台、售后服务、事故响应处置、网络安全、组织实施等 7 个方面，提出 22 条具体措施，引导生产企业构建系统、科学、规范的安全体系，提升新能源汽车产品安全水平。二是市场化机制倒逼企业加速转型。双积分政策于 2022 年对最新修订征求意见并于 2023

年 7 月正式发布，进一步下调单台车可获积分，鼓励新能源车企提升产品续驶里程、电池系统能量密度等技术水平；建立积分池制度调节积分市场供需，保障积分供需基本平衡，适时研究建立与其他碳减排体系的衔接机制。三是健全和完善行业准入管理环境。工信部发布《道路机动车辆生产准入许可管理条例（征求意见稿）》，将道路机动车辆生产准入管理上升至国务院法规的高度，标志着汽车行业准入规范管理进入了一个新的阶段。工信部发布《关于开展智能网联汽车准入和上路通行试点工作的通知（征求意见稿）》，通过开展准入和上路通行试点，加强生产企业和车辆使用主体的能力建设，健全完善智能网联汽车生产准入管理体系，为搭载高级别自动驾驶功能的智能网联汽车正式上路行驶打下制度基础。

六　指数：综合竞争力稳步提升，成为引领全球转型的重要力量

本报告 NEVI 指数研究基于"产业评价、企业评价、产品评价、消费者评价"四个维度，对新能源汽车产业竞争力、企业竞争力和产品竞争力（碰撞安全）和消费者体验进行全方位评价，从而为增强产业和企业竞争力、改善碰撞安全性能和提升消费者满意度等提供客观参考。希望该评价能为政府、汽车企业及相关部门准确判断新能源汽车产业发展形势，有效预测新能源汽车产业的未来发展动向，正确制定相关的产业调控政策及企业经营方针提供依据。

（一）中国新能源汽车产业国际竞争力稳步提升

2022 年，中国新能源汽车产业国际竞争力排名第二，与 2021 年持平；综合指数为 97.8，是美国的 97.8%、德国的 1.01 倍、日本的 1.03 倍、韩国的 1.09 倍。

中国新能源汽车产业国际竞争力排名从 2013 年的第五位，稳步提升至 2022 年的第二位，竞争力相对数值也从 2013 年的 62 提升至 2022 年的 98，新能源汽车产业国际竞争力稳步提高。

（二）新能源汽车企业竞争力延续增长态势

2022 年，新能源汽车企业整体竞争力继续攀升，企业竞争力综合指数为

379.34，新能源汽车产业进入市场化拓展深化阶段。乘用车企业综合指数为467.31，乘用车企业呈现较高水平的企业竞争力。客车企业综合指数为92.29，新能源客车企业在克服连续几年不利市场局面的情况下，企业竞争力整体有所回升。综合判断，2022年我国新能源汽车企业在新能源快速普及阶段的创新活力和企业竞争力增长较为明显，企业竞争力指数提升幅度较大。新能源汽车企业竞争力的提升进一步释放了技术创新活力和市场增长空间，加速推动新能源汽车产业化、规模化、市场化的拓展与深化。

（三）新能源汽车产品安全性能存在一定的提升空间

C-NCAP 2021版测评规程于2022年1月开始实施，2022年共计完成23款车型的测试与评价，其中包含14款燃油车和9款新能源汽车。从总体评价结果看，9款新能源汽车总体表现良好，在碰撞试验后均未发生起火、爆炸等现象，但也存在个别车型评分较低的情况，表明当前新能源汽车安全水平参差不齐，存在较大差异。

通过对比燃油车和新能源汽车的碰撞测试成绩发现，在多项碰撞试验中，新能源汽车甚至高于燃油车。在主动安全方面，车对车、车对行人的自动紧急制动测试表现良好，但车对二轮车的自动紧急制动测试表现一般，这主要是由于2021版测试规程引入了全新的踏板式摩托车目标物，部分车型AEB系统对于新目标的识别和标定还未做好充足准备。综上所述，目前主流新能源汽车的碰撞安全性能及主动安全性能普遍较好，但仍有提升空间。

（四）新能源乘用车高中低细分市场消费指数差异明显

2022年，新能源乘用车消费指数评价体系（以下简称"消费指数"）覆盖产品静态评价和动态评价，反映了消费者对车辆的需求和评价。消费指数研究选取了低端（10万元以下）、中端（10万~25万元）、高端（25万元以上）三个主流市场区间，调研了1000多名消费者，结果显示：低端市场产品各一级指标分值差距较大，分布在0.16~4.12分，在外观和内饰造型设计、购买价格和日常使用成本两个指标上消费指数最高；中端市场产品各一级指标分值较为集中，分布在2.83~4.56分；高端市场凭借先进的智能化、网联化技术，为消费者带来了便利的智能交互体验和全方位的智能驾驶辅助保障，在互联和娱乐功能、OTA软硬件升级效果、车机显示和操作体验、自动驾驶和整车安全性、质量品质整体感知五个指标上消费指数最高，分布在3.65~4.62分。

七 建议：全面加强顶层设计、政策支撑、统筹协同

经过多年不懈努力，我国新能源汽车发展取得了举世瞩目的成效，成为引领全球汽车产业电动化转型的重要力量。当前，全球新能源汽车进入高质量发展新阶段，智能化、网联化浪潮已推动产业变革进入"下半场"。我国新能源汽车产业正处于"逆水行舟、不进则退"的关键时点，需要以新视角和新理念强化政策预研储备，提前发力、适度加力，并保持政策连续性、稳定性和针对性，加强各类政策协调配合，对产业"扶一把、送一程"，坚持不懈推动新能源汽车产业高质量发展。

（一）规划引领，发布汽车产业绿色低碳发展方案

党的二十大报告提出"积极稳妥推进碳达峰碳中和"，相关领域已积极出台具体实施方案。汽车行业应坚持"纯电驱动、全面节约、双轮驱动、绿色转型、开放合作、统筹兼顾"原则，尽快出台汽车产业绿色低碳发展路线图，明确汽车碳减排的边界、定位、责任和目标，并指明汽车产业低碳发展的方向与路线，助力汽车行业在2028年前后提前达到碳达峰，在2050年实现碳中和的目标。一是推进绿色低碳产品供给和推广。坚持以纯电驱动为主要战略取向，针对普通燃油汽车、混合动力汽车、插电式混合动力汽车、纯电动汽车、燃料电池汽车、合成燃料汽车等不同技术路线，加强低碳技术攻关和推广应用，传统燃油汽车占比逐步下降要建立在新能源汽车安全可靠的替代基础上，避免"一刀切"，有序推动汽车绿色低碳产品发展，并统筹设计促进传统燃油汽车转型升级的方案。二是推动汽车全产业链协同减排降碳。围绕整车、零部件以及再制造、回收拆解、再生利用等相关主体企业，推动研发设计、生产制造、循环利用等各环节的低碳化转型，促进汽车产业链绿色、低碳和可持续发展。三是建立面向全产业链的碳核算方法和标准体系。从整车、零部件、车用材料、再制造、梯次利用等不同层面，加快推进汽车行业各主体各链条的碳排放核算体系，建立产品碳足迹核算方法标准体系。

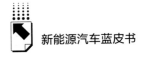

（二）持续发力，保障新能源汽车市场稳步发展

当前，我国新能源汽车市场化发展的内生动力已经形成，但仍面临着关键环节技术有短板、基础设施发展不平衡、市场消费潜力不足等问题，需要继续通过政策接续支持推动解决。建议聚焦行业共性问题和发展诉求，强化政策储备，涵盖财税金融、推广应用、基础设施、行业管理、积分管理等一揽子政策支持，有效应对市场超预期变化。一是优化完善现有政策体系，稳定和扩大消费需求。保持政策连续性、稳定性，支持充换电基础设施向高速公路沿线、农村地区等优化布局；继续深入开展新能源汽车下乡活动，鼓励有条件的地方出台下乡支持政策；加强燃料电池汽车示范、换电模式试点先进经验总结，适时启动新一批示范、试点评选，启动氢能高速网络体系建设；优化"双积分"政策体系。二是按照底线思维做好政策预案，有力应对超预期因素影响。强化新能源汽车消费端政策研究，加强财税金融政策联动，做好政策储备及工作预案，应对由市场突发因素导致的销量超预期下滑。三是加强中长期政策研究储备，提升政策前瞻性和灵活性。通过"揭榜挂帅"等方式，推动企业加大新体系电池、车用芯片、操作系统等先进技术攻关和上车应用力度；支持新能源汽车动力电池回收服务网点建设及改造升级，促进全国动力电池回收利用网络建设和完善。

（三）统筹协调，推动新能源汽车融合创新发展

新能源汽车与能源、交通、信息通信等领域融合创新发展，全面重构汽车产业的产业链、价值链、创新链，需要从协调机制、技术攻关、产业化应用、基础设施等方面，给予全方位政策支持。国务院印发的《"十四五"数字经济发展规划》，明确将"自动驾驶"定位为数字经济基础设施的重点新兴领域，将"新能源汽车"归为数字经济"重点产业供应链体系"，将"智能停车场、智能充电桩"归为智慧共享的"公共设施"，因此发展智能化电动汽车已成为国家数字化发展的战略诉求。一是进一步强化组织领导和统筹协调。发挥新能源汽车产业发展协调机制作用，统筹制定支持新能源汽车和智能网联汽车协同发展的系列政策措施，加强部门间政策措施的协调和衔接，系统强化任务部署和落实。二是推动新技术新模式创新应用。推进技术研发、标准制定、车辆推广和基础设施建设，

支持新型产业生态上下游企业发展，推动智能新能源汽车产业集群建设；积极开展公共领域车辆全面电动化试点工作，围绕新型充换电、智能网联等技术方向，鼓励地方和企业加强新型电池、车用芯片、操作系统、高性能传感器、V2X 等上车应用。三是将汽车纳入新型电力系统"上游"环节。我国新型电力系统组成形态正向"源网荷储"四要素（电源、电网、负荷、储能）方向转变，新能源汽车作为"灵活发展用户侧新型储能"的代表性领域，不仅可将其定位为能源产业链的下游，也可将其纳入上游"储能"环节。四是创新财税金融政策支持方式。编制"智能新能源汽车前沿及创新技术目录"，对符合条件且掌握先进技术的企业，实施企业所得税减免优惠，综合利用投资补助、贴息等支持手段，给予初创型企业融资担保支持，建立健全覆盖全链条的金融支撑体系，鼓励保险企业开发全链条风险的保险产品。五是不断完善行业管理体系。推动智能网联汽车准入和上路通行试点工作，促进产品的功能、性能提升，推进产业生态迭代升级，支撑相关法律法规、技术标准制修订，促进智能网联汽车规模化应用。

（四）多措并举，优化新能源汽车出口配套环境

2022 年，我国新能源汽车出口成绩突出，成为中国智能制造"新名片"。巩固新能源汽车出口新局面，需在机制建设、政策标准协同、金融服务、运输渠道等方面加强相关支持。一是强化顶层设计，制定国际化发展战略。从生产制造、市场营销、技术研发、贸易投资、基础设施、政策支持、标准互认、人才培养等各方面，提出汽车国际化发展的重要任务，协同各方力量系统推进。二是营造外部环境，构建高水平国际合作框架。充分发挥多边、双边合作和高层对话机制作用，积极参与国际经贸规则制定，积极与我国的主要汽车出口国商签自由贸易协定（FTA）、投资保护协定（IPA），推进加入《全面与进步跨太平洋伙伴关系协定》（CPTPP），积极营造良好的海外市场环境。三是强化措施保障，多措并举促进海外发展。组建海外发展联盟，推动整车与供应链企业、金融机构协同"走出去"；拓宽出口运输渠道，鼓励有条件的企业在海外投资、并购和设立海外研发中心，与境外企业联合研发整车和零部件共性关键技术。四是推动中国方案走出国门，搭建综合服务平台。积极推广中国政策、标准、模式等产业经验，并聚焦重点国家和市场，为重点企业提供市场咨询、政策解读、商贸对接、品牌推广等精确信息与高效渠道。

专家视点篇

Experts' Comments

    本书自 2016 年起增设"专家视点篇",一方面为行业专家提供一个发表真知灼见的平台,另一方面也为广大行业人士构建一个学习参考的平台,希望可以为读者带来一些思考和启发。2022 年,我国新能源汽车市场实现跨越式发展,全年销量达 688.7 万辆,同比增长 93.4%,连续八年居全球单一市场首位。新能源汽车新车销量占比由 2021 年的 13.4% 快速提升至 25.6%,提前完成《新能源汽车产业发展规划(2021~2035 年)》中 2025 年的发展目标。但在产业跨界融合、产业链拓展延伸、技术创新变革等发展趋势下,我国新能源汽车产业仍面临诸多新的挑战。行业专家具备丰富的经验,对于在复杂的内外部环境中推动我国新能源汽车产业行稳致远的发展,发挥着至关重要的作用。

    本篇围绕产业形势、技术发展、政策走向以及 2022 年行业热点问题(如产业融合发展、产业链建设、资源供应保障、科技创新变革、"双碳"战略导向)等几个方面共收录了 25 位专家的精彩评述,殷殷之心,拳拳可见。

    在此,再次感谢各位专家在百忙之中抽出宝贵时间贡献观点,以及对新能源汽车蓝皮书一直以来的鼎力支持!

B.2

专家评述新能源汽车发展

（按姓氏拼音排序）

安铁成
中国汽车技术研究中心党委书记、董事长

关于"强信念 稳发展 开新局"的政策取向与行动建议

当前，全球新一轮科技革命方兴未艾，能源转型、气候变化以及复杂多变的国内外形势相互交织，在数字化、电动化赋能下，汽车的能源动力、生产制造和消费使用方式全面重塑，新的产业竞争关系正在加速形成。我们不仅要立足当前，积极应对发展挑战，提升产业安全性、稳定性，更要着眼未来，着力构建绿色、智能、安全、稳定的新发展格局。

一、扩大新能源产业先发优势，助力品牌向上实现新突破

经过多年的持续努力和创新发展，我国民族汽车工业已经进入具备初步全球竞争力的历史转折点。在智能新能源汽车赛道上，我国汽车企业在技术创新、产品迭代、商业模式、产业生态上形成先发优势，发挥产业协同效应，形成了品牌持续向上发展的势能。未来，汽车企业应在技术短板上持续发力，把核心技术掌握在自己手里，尤其是加大高算力芯片、汽车软件、关键材料等领域的技术创新力度，逐步构建自己的品牌护城河。以新能源汽车产业为牵引，培育具有世界竞争力的整车及关键零部件企业集团。

二、攻堵点、克断点，稳固汽车产业内循环

我国汽车产业链在半导体芯片、高精度元器件、高端基础材料、工业软件系统等领域仍存在薄弱环节。要借力跨界融合，打破行业壁垒，构建以企业为主导的全链条体系，在竞合中寻求平衡点，围绕共性关键技术共促产学研用深度融合，塑造全产业链核心竞争力。同时，要充分利用"汽车产业链供应链畅通协调平台"，共建风险防控和动态监测体系，推动供应链体系的多元化。

三、以产品为基底实施"出海"战略，打通汽车产业外循环

2022 年，我国汽车出口达到 311.1 万辆，同比增长 54.4%，出口量位居全球第二。在存量博弈时代，持续推动我国汽车产品"出海"战略是由汽车大国向汽车强国转变的重要一环。我国应以智能新能源汽车领域先发优势为基础，持续打磨动力电池、电机、整车集成等关键技术优势，以产品为基底，推动产业链资源协同"出海"战略。同时，应进一步探索资本、技术、商业模式、标准法规的全要素资源出口，系统推进国际化品牌发展战略，形成国内、国外两个市场相互促进的新发展格局。

四、坚持新基建赋能，推进智能新能源汽车由购买管理向使用管理转变

通过新建、改建、扩容、迁移等方式，进一步优化中心城区公共充电网络布局，形成快充为主、慢充为辅、换电补充的公共补能网络体系。同时，坚持以人为本、因地制宜导向，提升交通管理平台的数据整合和通信能力，不断修正完善智慧道路设施建设。通过 5G 应用、双智示范、换电模式应用等城市试点建设项目开展，加速推进智能电动汽车产业转型升级，助力自动驾驶汽车商业化使用场景落地，形成以智能电动汽车引领技术进步和产业升级的全新发展格局。

五、坚持数字化升级，推动汽车产业由机械驱动向算力驱动转型

以硬件+软件相互赋能的模式提升智能汽车算力，在产品端大力发展高算力车规级芯片，以提升用户体验为核心，通过软件算法推动汽车产品智能化升级。企业端完善企业数字化底座，培育打造汽车数字化场景创新载体，提升企业大数据、云计算和人工智能等数字化技术能力，从组织架构、研发生产、业务模式等多领域完成革新与突破，推动提升企业运营效率和质量。充分利用中央汽车企业数字化转型协同创新平台，倡导搭建汽车数字化转型诊断与对标服务平台，汇聚优质要素资源，编制数字化转型标准，赋能数字化转型。

六、坚持服务引领，推动汽车行业价值链后移与重构

随着汽车电动化、智能化进程不断加速，汽车产业价值链呈现"总量上升、重心后移"的发展趋势。从产品端看，软件带动智能汽车技术革新，引领智能汽车产品差异化的发展潮流，延展软件付费、OTA升级等新型服务模式，产生了新的价值链。从市场端看，个性化体验与服务需求成为时代发展的重要特征，在政策法规完善与综合性服务平台赋能下，改装市场、二手车市场迎来爆发期，产业价值内涵向后市场扩展。

安庆衡
中国汽车工业咨询委员会主任

新科技、新技术推动新能源汽车发展

一、我国动力电池技术已走在世界前列，技术进步带动整个新能源汽车发展

从我国动力电池技术创新历程看，2011~2021年十年间，动力电池比能量从100Wh/kg提升到300Wh/kg，成本从4元/Wh以上降低到1元/Wh以内，降幅达到80%以上。当前，纯电动乘用车搭载动力电池系统能量在60~80Wh，对应的续驶里程普遍在500~600公里。随着电池系统能量密度进一步提高，纯电动乘用车续驶里程正向1000公里迈进，续驶里程已不再是纯电动汽车的主要痛点。

中国动力电池发展水平、规模，不仅成为新能源汽车发展的坚实基础，也助推新能源汽车产业的快速发展，支撑中国新能源汽车产业走在世界前列。

二、先进混合动力系统的开发应用，促进燃油车向新能源汽车快速过渡转换

中国汽车混合动力系统技术发展很快，在核心性能、产品可靠性等方面已经具备接近甚至部分指标超越国外先进产品的能力和表现。近几年发展起来的多款插电式混动系统和增程系统，代表了中国不同细分技术路线自主混动系统的最高水平，消费者对这些混合动力产品给予了很高的评价。

先进混合动力系统的出现，是汽车行业技术进步的体现，是坚持技术创新的成果。通过赋能新能源汽车，很好地解决了燃油车和电动车的过渡问题，是新技术推动新能源汽车发展的重要组成部分。中国先进混合动力系统的不断创新，也促进中国自主品牌汽车快速改变面貌，迅速提升市场占有率。

三、新技术、新工艺推动生产方式改变、生产效率提升、制造成本降低

1. 智能制造技术值得关注

特斯拉在引入智能制造技术，开启数字化生产方式后，其生产制造环节的效率有了大幅度提高，短短数年实现了产销量从 10 万辆到 100 万辆的提升。近年来备受行业关注的一体压铸技术，能够大幅简化制造工艺流程，生产效率提升效果明显，单车生产周期因此缩短至传统车企的 1/3。

2. 车身一体化技术 CTC（Cell To Chassis）和 CTB（Cell To Body）实现应用

CTC/CTB 技术使车辆续驶里程的增加不再完全依赖增加电池容量来实现，电池包和车身底板融为一体，使得零部件数量减少、重量减轻、制造容易。在 CTC 平台基础上，车身高度和电池容量较容易改变，车型调整较快，值得规模化推广。

四、拥有创新技术的企业已走在行业发展前列

1. 比亚迪在多项技术上取得成就，成为全球第一的新能源汽车企业

除了 DM-i 混动系统大大提高了产品竞争力之外，比亚迪刀片电池的开发应用，突破性地解决了电动车续驶里程和安全性的矛盾。同时，比亚迪还自主研发和生产功率半导体、车规级 MCU 等产品，有力支撑了其在电动化方向的发展。

2. 广汽埃安加强新技术应用，市场销量提升迅速

广汽埃安的导航驾驶辅助系统（NDA）、全新一代星灵电子电气架构、弹匣电池、超感交互智能座舱、高端纯电专属平台 AEP3.0，均体现了其技术创新精神，也为其快速打开市场提供了助力。行业新科技、新技术的大量应用，有力推动着新能源汽车发展。

蔡蔚

教育部汽车电子驱动控制与系统集成工程研究中心首席科学家、哈尔滨理工大学教授、精进电动科技股份有限公司创始人，俄罗斯工程院外籍院士、中国电动车百人会理事、中国电工技术学会会士、中国汽车工程学会会士，《电动车安全指南》电机系统与电驱动总成专家组组长、2021~2035 年《节能与新能源汽车技术路线图 2.0》电驱动联合专家组组长、中国工程院 2023~2035 年《中国制造业重点领域技术创新绿皮书》新能源汽车专家组副组长

电机系统与电驱动的技术走向

一、电动车减碳量可观

2021 年，中国新能源汽车的渗透率不及欧洲的 19%。2022 年，我国新能源汽车的市场渗透率已经翻了一番，达到 25.6%，这既与政府的补贴政策相关，也是电动汽车市场发力的实际表现。中国新能源汽车 72% 的市场销量来自传统车企，28% 的销量来自造车新势力。

从我国能源结构来看，2021 年火力发电占比 71% 左右，光伏发电占比 2.2%，风力发电占比在 7% 以下，主要电能还是来自火力发电。由此可见，不同等级的电动汽车减碳量差别较大，如对比百公里油耗 6.31 升的 A 级燃油车与百公里耗电 14 度的 A 级电动车，电动车（从煤矿、电厂到车轮）比燃油车（从油井到车轮）减少了 42% 的二氧化碳排放，即使电动汽车全部使用火力发电，也比燃油车减碳 10% 左右。

二、电驱动模块化发展是主要趋势

从集成化、小型化角度看，将驱动电机、电机控制器、减速器三个部件集成在一起，通过软件和算法连接，形成"三合一"电驱动系统是主要技术方向。然而，系统集成不利于售后维修。因此，行业和企业必须重视"三合一"，特别是"多合一"电驱动总成的各子总成和子模块的模块化开发，以便于售后维保。

三、电机创新要与零部件/材料融合

"十二五"早期，我国出台了一系列电机系统指标规划，其重要部分是对

驱动电机提出功率密度逐年提升的要求，所以近年来驱动电机的转速越做越高，这也对电机控制器频率、减速器转速等提出了更高的挑战。采用碳纳米管超级铜、石墨烯超级铜来提高电磁线的电导率是一个重要的前沿研究方向，推动非晶和纳米晶电机的商业应用也值得加强探索。

现在高端的驱动电机多采用硅钢片，内置式电机要求降低硅钢片高频损耗的同时，还要具备更高强度，以便在高速旋转时，能抗住离心力、控制住永磁体。因此，要进一步提高磁感应强度和机械强度。为了防止永磁体退磁，一种途径是多用重稀土来提高材料矫顽力，但在重稀土资源方面存在一定挑战。另一种途径是开发低重稀土永磁电机，材料行业采用晶格细化或扩散（或浸）重稀土的方式减少重稀土用量，这需要电机与材料等产业间协同创新、融合发展。

四、高度重视电机系统发展

当前，电机系统的发展仍需引起产业的高度重视。虽然中国在电机的自主研发和设计上基本满足行业需求，部分方面与全球先进水平相当，但还是有很多不足需要向其他国家学习。其中，减速器、齿轮存在一系列问题需要解决。大部分电动乘用车采用减速器，但是在起动转矩要求很高，且最高车速和所需功率也要求很高的情况下，就不得不采用变速器。不但拥有高速爬坡能力的商用车需要多档或动力分流变速器，而且非道路电动商用车也需采用多档，甚至6~8档变速器。

五、碳中和阶段的汽车电动化

油—电混合动力是碳达峰阶段动力系统的一个选项。面向碳中和阶段的车辆，需拓展从燃油发动机开发到甲醇发动机、氨发动机、氢气发动机开发等研究领域，零碳燃料或碳循环燃料发动机不仅可以直接驱动车辆，助力碳达峰和碳中和目标实现，而且有助于未来氨—电、甲醇—电、氢—电混合动力技术研发，以实现碳中和阶段的节能降耗。

陈清泰

中国电动汽车百人会理事长

汽车革命还在进行，仍面临诸多挑战和问题

第一，这次汽车革命不是孤立进行的，与它并行和衔接的是新能源革命和新一代移动通信，是交通革命和智慧城市。支撑这场汽车革命的是移动互联网、数字经济和人工智能技术的快速进步，这些因素与汽车革命交融互动，为未来汽车电动化、绿色化、网联化、智能化和共享化，提供了技术基础和丰富的使用场景。因此，我们必须把未来的汽车放在一个更大的范畴，以更加广阔的视野来评估它的发展前景，部署它的未来，从而把稳方向。

第二，随着汽车革命向纵深发展，其吸引越来越多的高技术公司加入其中，使汽车的科技含量越来越高，服务软件越来越丰富。汽车正由一个典型的机械产品转化为机械产品基础上的电力电子产品、互联网产品、电子信息的数字产品。它是一个从 A 到 B 的移动机器，更是一个数据决定体验、软件定义产品的智能终端。对此的理解和把握至关重要，甚至会影响整个产业的未来。

第三，电动化良好的行走性能仍是未来汽车发展的基础，但这只是这场汽车革命的序幕。充电难、续航短、不安全等问题逐渐成为过去，而深度改变经济社会的是汽车的电动化、绿色化、网联化、智能化和共享化。最终，实现智能汽车、智慧能源、智能交通、智慧城市的协同融合，以此来造福居民、改变社会。这将是下一步产业努力的方向，也是未来竞争的焦点。

第四，全球新能源汽车的竞争已经开始，未来的汽车仍有很大的想象空间。在储能电池、智能驾驶、智慧座舱、智能底盘，甚至商业模式等重要方面，产业仍处于创新突破和迭代进步的过程之中。中国的企业和政府绝不能满足现状，更不能止步于此，未来汽车将具有高科技产品的属性，而能满足市场需求的是技术的持续迭代进步和有想象力的创新，以足够的研发投入确保产品和企业具备较强的技术支撑能力，这是立足强者之林的必然选择。

第五，汽车强国的底层是零部件强国，汽车属性和定义的变化将重构50%以上的传统汽车零部件。未来汽车的新属性将使汽车零部件的概念和范畴发生较大变化，从电池、电机、电控、功率半导体到网联化、智能化涉及的芯片系统软件、计算平台、视频传感器、激光雷达、控制器、执行器，再到车载控制系统、高清地图、互联网通信、云控平台、AI算法和软件硬件等，都成了产业链的重要组成部分。当前，新的产业链还在建设之中，壁垒尚未形成，必须高度重视产业链供应链的重构机遇，抓住关键机会窗口，就有可能在一些核心技术上实现突破，解决这些"卡脖子"问题，改变我国在汽车产业核心竞争中的空心化局面。

第六，由于历史的原因，我国错过了第一次、第二次工业革命，要抢抓此次汽车革命的重要发展机遇。当前，我国对改变工业结构、降碳减排、提高交通效率、加快产业升级、实现新的经济增长，拥有更加紧迫的期待。这次汽车颠覆性变革的底层是可再生能源，是电动化、数字化、网联化、智能化、共享化的高度融合。而这些方面，恰恰是近年来我国发展状况良好的新兴领域。在网联化、可再生能源、电动汽车、人工智能和5G通信等方面，我们都处在全球第一梯队，广泛的跨界融合、协同创新是走向成功的必由之路。

第七，政府要未雨绸缪做好顶层设计。有关方面预计，到2030年我国电动汽车产销将达到1500万辆，保有量达到8000万辆，具备不同级别自动驾驶能力的新车占比达到70%。这个预测如果要变成现实，将涉及能源结构的调整、智能电网的建设、交通基础设施的升级、新一代移动通信的支持、高新技术的助力、产业链的调整改造、标准法规的建立和调整等。这将是一场波澜壮阔的工业革命，其中每一个方面都涉及周期长、牵动全社会的巨大系统工程，需要政府未雨绸缪做好顶层设计。并把汽车、能源、通信、交通出行、城市作为一个整体，以新的理念将其放在高技术和数字化的基础之上予以综合考虑，实现技术协同、规划协同、政策协同、法规协同的有序推进。

董扬

中国电动汽车百人会副理事长

中国新能源汽车何以领先世界

2022 年，我国新能源汽车产销量达到 705.8 万辆和 688.7 万辆，同比分别增长 96.9% 和 93.4%，继续领跑世界。2022 年底，连续实施多年的针对个人购车的财政补贴全面退出，说明我国新能源汽车产业已进入以内生市场动力为主的新阶段。当前，我国新能源汽车不但在市场认可度上实现领先，在技术和产业链建设上也领先世界。

中国新能源汽车之所以可以领先世界，主要有以下三个因素。

第一，改革开放和经济发展是中国新能源汽车得以迅猛发展的重要背景和条件。改革开放初期，中国汽车产业非常弱小，中国制造也处于低端水平。进入 21 世纪以后，中国国民生产总值进入世界前列，全国研发投入总量和专利申请数也进入世界前列，中国制造水平由低端进入中高端阶段。由此，中国才具备条件在新能源汽车这样的技术密集的大产业领域后来居上，赶超世界。中国改革开放和经济发展几十年的重要成果，不仅使得国力强盛、人民生活水平提高，更重要的是我国具备了一流的产业创新能力。在产业创新的诸多要素方面，中国都居于世界前列。

第二，中国的体制机制优势有利于产业创新发展。我国具有良好的顶层设计。21 世纪初，我国将新能源汽车列入国家级研究开发计划，制定了"三纵三横"的技术框架，在全国范围内建立起研究开发体系和技术队伍，迅速缩小了我国与国际先进水平的差距。在 2008 年奥运会和 2010 年世博会百辆级示范基础上，2009 年我国开启了"十城千辆"计划，以万辆级的规模开始了产业化进程。在国家层面推动新能源汽车产业化，中国是世界第一个。此外，我国于 2012 年颁布实施《节能与新能源汽车产业发展规划（2012~2020 年）》。2013 年政府换届后，国务院制定实施了全面推动新能源汽车发展的政策体系。在政府补贴大幅退坡以后，我国又制定实施"双积分"政策，保证了新能源汽车市场的持续发展。

第三，中国汽车产业创新能力强大。中国新能源汽车产业发展如此之好，是全行业共同努力的结果，也足以说明中国汽车产业创新意愿强烈，能力强大。

一是创新意愿强，硕果累累。除特斯拉外，中国新能源汽车企业较早甩开传统内燃机整车平台，研究开发全新的新能源汽车专用平台，这一创新思路解决了影响新能源汽车的电池仓容积问题。因此，中国品牌新能源汽车续驶里程普遍较长，用户适应性更强。另外，在电池材料、系统安全方面，中国企业也有众多创新，支撑中国新能源汽车进入世界先进行列。

二是在市场拉动下，产品迅速迭代，成本快速下降。今后相当长一段时间内，动力电池性价比高是中国新能源汽车最明显的优势，为中国新能源汽车普及和动力电池参与世界竞争创造了良好的条件。

三是中国已建成全世界最强的动力电池产业生态。目前，中国动力电池产量全球第一，技术世界领先，而且在正极材料、负极材料、隔膜、电解液、铜箔铝箔等方面也都形成了世界领先的产业基础。与以往中国产品依赖国外高端装备不同，中国的动力电池制造设备也处于世界第一阵营。

四是新型电池研发投入方面中国走在世界前列。中国在代表动力电池未来技术的固态电池和钠电池方面，投入强度、参与人员和发表文章数量都位居世界第一。

中国汽车产业已进入创新引领、绿色发展的新阶段，新能源汽车的良好发展可以进一步促进汽车强国建设。全行业能够以更加自信、开放的态度面对世界竞争，政府部门也应该以更加公平和支持创新的管理思路制定政策，促进新能源汽车产业高质量发展。

付炳锋
中国汽车工业协会常务副会长兼秘书长

夯实产业基础，践行高质量发展，迎接汽车百年变局新局面的到来

一、中国汽车产业十年发展取得巨大成就

产业规模跃上新台阶，行业地位愈发重要。当前，我国拥有全球最大的用户体量，已成为全球最活跃的汽车市场。汽车行业一直是国民经济的支柱产业。十年来，汽车消费零售总额从 2.4 万亿元增长至 4.6 万亿元，占全社会消费品零售总额的 10% 以上，是消费市场的重要支撑，起到了"压舱石"的作用。

技术创新实现新突破，新能源智能网联汽车引领行业发展。早在"十五"期间，国家"863"计划电动汽车重大专项就确立了"三纵三横"的总体研发布局，创新成果加快产业化，建立了电动化转型的领先优势。燃料电池示范应用范围不断扩大，跨地域氢能高速带即将形成，对我国可再生能源的开发利用将发挥重要作用。新一代信息技术的蓬勃发展，使汽车行业走向智能化时代。

产业政策体系完备，有效保障行业稳定运行。十年来，我国建立了较为完备的政策法规体系，从战略上进行了顶层设计和中长期规划，对产业转型升级起到了重要的引领作用。在行业运行层面，先后多次推出有针对性的促消费政策，如乘用车购置税减半政策，便发挥了重要作用，加之地方政府积极配合，推出一系列稳增长、促消费配套措施，确保了汽车行业运行在正常轨道。培育形成超大规模汽车市场，中国品牌发挥主场作用。十年来，中国培育了全球最大的汽车消费市场，为全球车企带来良好的发展机遇，增强了企业抗风险能力。中国消费者也乐于接受新事物，很大程度上加速了电动化、智能化转型。中国品牌乘用车企业充分发挥主场优势，品牌向上取得长足进步，市场占有率已经接近50%。与此同时，中国也成为汽车主要出口国，标志着中国制造竞争力稳步提升。

二、中国汽车产业在转型中锤炼出超强韧性

汽车产业经受住了市场的考验。2017年销量达到顶峰后连续三年下降，行业进入深度调整期。落后产能逐渐被市场淘汰，电动化、智能化成为行业发展新动能，2021年结束了"三连降"。2022年，汽车产业继续保持增长态势。乘用车较早进入转型调整期，实现良性发展。叠加稳增长、促消费政策的实施，乘用车市场实现较快增长。2022年，新能源乘用车占比已达27.8%，明显高于商用车。

汽车产业经受住了转型的挑战。近年来，汽车行业持续加大在新能源智能网联上的投入，开发新平台产品，构建新技术体系，实现成功转身，取得了亮眼的成绩。造车新势力、ICT企业率先抓住转型机遇，纷纷入局，在销量、品牌认知等方面取得了不俗的成绩。目前，造车新势力在乘用车领域占比超6%，占新能源乘用车的市场份额超20%。

汽车产业经受住了疫情的磨炼。面对突如其来的巨大冲击，汽车企业扎实推进复工复产，坚定了全行业信心，积累了宝贵的抗疫经验。在此期间，行业主管部门有效发挥作用，工信部建立汽车产业链供应链畅通协调平台，做好要素服务保障；交通部积极落实通行费减免等政策，充分体现了政府强大的应急响应能力，确保行业运行回归正常轨道。特殊时期，汽车企业充分彰显社会责任，生产抗疫物资，全力驰援抗疫一线，为保民生、稳增长发挥了积极作用。

汽车产业面临供应链的新挑战。近几年，全球供应链体系遭受贸易脱钩和技术脱钩等人为干扰，半导体、动力电池原材料等关键资源成为巨大制约，给企业正常经营带来严重冲击。行业主管部门加强运行调度，企业多方寻求解决方案，付出巨大成本，力保行业平稳运行。

三、中国汽车产业高质量发展进入新阶段

构建中国式智能网联汽车产业融合生态。近年来，我国汽车产业智能化水平不断提升，场景应用推陈出新。但本土汽车基础软件，尤其是操作系统核心技术依旧薄弱，研发较为分散，尚未形成规模化效应和行业合力。因此，聚焦操作系统内核，由内向外逐级延伸，打造支撑单车智能和车路协同的底层技术，是当前最紧迫的任务。

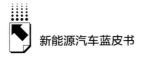

　　践行"双碳"战略。低碳化是开启国际市场的金钥匙，我们要把握机遇，主动参与国际大循环。汽车行业碳排放要全生命周期系统考虑，分过程各负其责。车企不仅要在制造过程，在带动上游、服务下游方面，也要为全生命周期降碳提供技术支持，全面带动相关工业体系进一步缩小差距，实现高质量发展。

付于武
中国汽车工程学会名誉理事长，中国汽车人
才研究会名誉理事长

汽车产业实现"双碳"目标需要全行业的共同努力

新能源汽车在"双碳"目标的推动下景气度不断上行，其间也经历了不少曲折。我国市场曾对电动化转型、"双碳"相关政策落地存在不同声音，在政府、企业以及社会各方面的共同努力下，最终取得了大突破，形成了新局面。

一、"双碳"目标为汽车行业带来颠覆性变革

党的二十大报告提出，十九大以来的五年是极不寻常、极不平凡的五年。党中央统筹中华民族伟大复兴战略全局和世界百年未有之大变局。同样，汽车行业也处于这样的大变局之中。汽车行业转型升级有两个顶层逻辑，一个是习近平总书记提出大力推进生态文明建设，另一个是我国要实现交通强国、数字中国建设。在上述两种指导思想下，我国提出电动化、智能化、网联化、共享化的"新四化"思路。新能源车相比于燃油车更有利于节能环保，减少碳排放。新能源车是我国汽车产业为实现"双碳"目标作出贡献的主要方式之一。

在全国的碳排放份额中，交通行业碳排放占比在11%左右。习近平总书记向世界庄严承诺，在2030年和2060年前达到"双碳"目标。这对于交通行业来说是很大的挑战，也是必须要完成的任务。汽车行业作为我国工业的重要组成部分，连接了各行各业，"双碳"已经是我国对汽车行业的刚性需求和刚性约束，也将为汽车行业带来颠覆性、系统性、全面性变革。基于此，我国制定了节能与新能源汽车的路线图，开启了转型升级的创新之路。我国要抓住生态目标与新能源汽车产业发展的双重契机，实现汽车强国梦。

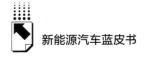

二、要把"双碳"目标贯彻到全生命周期

如今，我国新能源车和智能网联转型已经走在了世界前列，推进汽车行业实现"双碳"目标需要按照现有的"双碳"水平厘清边界，层层分解目标，让整条汽车产业链、供应链都走上节能减排、绿色发展的轨道。汽车的产业链很长，从油井到车轮，从制造到使用，从整车到零部件。实现"双碳"目标，需要全行业的融合协同，共同努力。同时，车路协同不断发展后，智慧交通可以减少城市拥堵，从而减少交通碳排放。

国家对于2030年前实现碳达峰、2060年前实现碳中和是有把握的，汽车行业希望能提前实现"双碳"目标，2028年实现碳达峰，2050年实现碳中和。一方面，汽车行业在这方面有自我革命的决心和内在创新活力，企业主动升级改造非常可喜；另一方面，企业要打入海外市场，如果不能突破碳壁垒，不能达到各个国家的"双碳"要求，可能不利于海外市场竞争。因此，车企也有动力制定"双碳"发展蓝图。

三、预计2035年大部分乘用车将实现电动化替代

2014年5月，习近平总书记在上汽集团考察时提出，发展新能源汽车是我国从汽车大国迈向汽车强国的必由之路。当前，我国新能源车的发展已经超出想象，市场渗透率已经接近30%，在短期内甚至可以与燃油车并行。到2035年，大部分乘用车都将实现电动化替代，商用车不会被完全取代但渗透率会逐渐提升。当前，我国新能源车发展主要呈现两个趋势，一是自主品牌市场占有率过半，二是新能源车渗透率和出口不断增长。这昭示着我国新一轮转型升级不断深化，换道超车不仅取得了卓越成就，而且后劲十足。市场是大浪淘沙，我国最初批复了15家新能源车企，只有少数企业存活了下来。如果不能坚持创新，就只有出局。此前我国引进特斯拉时，也有许多企业担心自己的市场地位，但事实证明，只要找准市场定位，我国车企也能闯出自己的天地。

贡俊

电动汽车电驱动系统全产业链技术创新战略
联盟理事长、上海燃料电池汽车商业化促进
中心理事长

增程式混合动力技术并非落后技术形态

一、增程式技术路线的发展背景

从政策上来说，我国的发展规划是到 2035 年新能源车的新车市场占比达
到 50%。因此，2035 年将仍有 50% 的车辆使用内燃机。届时单纯使用内燃机
的车辆排放很难达到碳达峰碳中和的目标，所以这部分内燃机汽车不能是纯燃
油车，而是混动动力汽车。未来不会是一种技术路线打天下，而目前增程式混
合动力算是一种比较受消费者青睐的技术路线，特别是在目前动力电池性价比
的前提条件下。消费者对环保问题的关注度并没有那么高，其更关注产品的购
置成本和使用成本，即一辆车的落地费用和日常使用费用。从政策促进和用户
需求来看，增程式混合动力技术对购买第一辆车的城市消费者，具备良好的吸
引力。

二、增程式路线最合适的应用场景

不管是纯电、增程式还是插电混动，技术已经不是国内自主品牌或是合资
品牌造车的障碍，所以选择哪一种路线是一个产品定义问题，而不是技术能力
问题。在城市日常通勤情况下，拥堵场景、慢速行驶场景较多。增程器由于工
况单一，在这些使用场景中，即使在亏电状态下行驶，其油耗也会明显低于传
统燃油车。当然如果长期在高速路段行驶，其经济性可能会下降。

三、增程式混合动力架构拥有良好的纯电驱动延展空间

从技术上来说，增程式混合动力在动力架构上具有较好的延续性。如电池

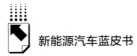

技术发展能够解决纯电动汽车续航的问题，就可以取消增程器，因为增程式混合动力是在纯电驱动底盘上延续的。

从成本上看，目前增程式混合动力对于消费者是否存在利好，是否能延续，也得回到买车、用车成本问题上。2022年动力电池价格相比2021年增长近一倍，而增程器的一次成本不是很大，所以如果电池价格降不下来，而增程器功率又不要求很高的情况下，增程式技术路线仍是一个非常合适的选择。

对于新能源汽车，最重要的是要满足当下的市场和长远的"双碳"需求，纯电驱动是我国的战略方向。对于车企来说，最重要的是怎样以高性价比来提升产品竞争力，满足消费者越来越高的使用需求。

郭继孚

北京交通发展研究院院长、中共中央京津冀
协同发展专家咨询委员会成员、全国政协
委员

中国城市交通零碳愿景与路径

从历史发展进程的视角来看，我国城镇化、机动化进程与节能降碳减污进程"三线"高度叠加。"十一五"时期，我国城镇化、机动化进入快速发展时期，机动车保有量增长1.5倍，以交通拥堵为主的"大城市病"问题凸显，全国各城市相继提出公交优先发展战略，开始重点建设城市轨道交通网络，并将节能纳入"十一五"规划纲要，但此阶段交通仍处于碳排放的高速发展期。"十二五"时期，交通拥堵、环境污染等"大城市病"问题在全国范围内集中爆发，国务院发布《大气污染防治行动计划》，各省区市纷纷提出大气污染防治计划，柴油车治理、运输结构调整、新能源车推广等一系列重点政策持续推动减污降碳。"十三五"时期，高质量、绿色发展成为主旋律，移动互联网、通信技术的发展推动出行服务实现质的提升，出现了网约车、共享单车、出行即服务（MaaS）等新型交通服务，新能源汽车也开始出现规模化势头，全国新能源车保有量实现跨越式增长，综合发力下城市交通碳排放增速进一步放缓。

但是，从总量与占比来看，城市交通碳排放仍在持续增加，形势依然严峻，交通降碳之路任重道远。其他国家也同样如此，交通碳减排依然是世界性难题。2020年我国提出碳达峰碳中和的"双碳"目标，城市交通面临新的时代命题。对于交通领域来说，仅实现增速放缓远远不够，零碳交通必须实现碳排放"由增到降"的重大转折。然而，在交通需求持续增长、出行品质需求提升的大趋势下，"由增到降"的过程艰巨，零碳交通转型还面临着三大趋势

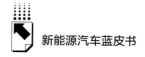

与挑战。

第一，城镇化进程还在持续。城市人口规模还将持续增加，带来巨大的交通需求，与此同时，随着城市群、都市圈的加速形成，居民出行空间、规模、距离都将持续增长。第二，机动化进程仍未饱和。目前我国千人汽车拥有量与国际水平相比仍有较大差距，特别是在人口分界线以西的低密度地区，机动化水平还将大幅提升。第三，居民对高品质出行的需求进一步增加。随着出行半径和距离增长，多方式组合出行日益普遍。在老年人口增多、突发事件等新趋势下，人们对交通出行有着一体化、全龄化、韧性化的更高品质追求。

面对这些趋势与挑战，能源革命与数智革命两股关键性力量的交融可为交通零碳发展带来可能性。未来，零碳交通应是享受生活的、一体化和智慧化的、充满活力的、节能零碳的。想要实现这一愿景，还需要延伸至整个交通的上下游，包括城市规划、基础设施、出行/运输服务、交通管理以及科技、金融等在内的一整套体系，这个过程为"3+2"，即"三个优化"和"两个工具"。

"三个优化"包括聚焦城市结构、出行结构、能源结构的优化。城市结构优化要依靠大运量快速轨道交通支撑大规模的客运需求，建立以公共交通为导向的土地开发模式（TOD），建设"轨道上的城市"，从源头上减少出行距离，并支撑大规模人才聚集和流动的需求；在出行结构优化方面，要持续实施公交优先战略，大力发展轨道交通，也可通过 MaaS 一体化服务等技术手段提升出行服务水平，以技术、经济、科技、法律等手段，引导减少使用私家车；能源结构优化是"宜电则电、宜氢则氢"，能源使用与运输场景特点紧密结合，我国交通领域实现零碳，在源头上需要能源革命，而绿电将成为能源革命的关键所在。

城市交通领域减碳过程中，还需借助科技创新、金融创新"两个工具"。通过交通工具创新与运输组织服务模式等技术创新，助力提升出行效率和运输组织效率；与此同时，绿色产能的扩大、减碳技术的研发与绿色行为的激励也需要金融赋能，引导自愿减排。

（本文根据 2023 年 5 月 10 日首届中国出行碳大会上郭继孚演讲现场速记整理）

李克强
中国工程院院士、国家智能网联汽车创新中
心首席科学家

以智能网联中国方案实现安全管理与应用服务一体化

智能网联汽车产业发展受到技术与法规的双轮驱动，与传统汽车相比具有两个突出特点：一是技术交叉、跨界融合；二是具有很强的本地属性和社会属性，尤其社会属性更加突出。最终要实现智能网联汽车管理和服务的一体化，就需要构建车路云融合的智能网联汽车中国方案，以推动技术创新、产品创新和法规监管创新，解决产业发展面临的问题与挑战。

一、率先明确智能网联汽车技术路线和方案是监管、政策法规探索的基础

随着智能网联汽车产业的蓬勃发展，我国顶层规划及产业政策日趋完善，更加强调汽车安全管理、技术研发、示范应用协同，推动智能网联汽车与新能源、智能交通、智慧城市等的融合发展。智能网联汽车的发展除了技术推动外，也离不开法治环境和监管制度的进一步完善。

构建智能网联汽车的中国方案，要突破"车路云网图"融合过程中的共性基础技术。目前，在"车"领域，企业正在积极加快关键技术与零部件研发产业化，包括电子电气架构、国产芯片、系统与功能软件、智能网联功能的加速规模应用等；在"路"领域，正持续加快智能化道路基础设施建设，强化车路协同场景应用；在"云"领域，各地方也在加强云控平台建设，推进网联应用和安全实践，但目前在建的数据平台多为 1.0 版，建议借鉴北京、上海、长沙等城市方案，打通底层数据支撑产业发展，实现安全治理与服务的一体化；在"网"领域，持续开展 C-V2X 技术研发、测试验证与应用示范；在

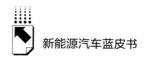

"图"领域，积极应对地图领域发展挑战，推动高精度地图加速商业化应用。未来，分层解耦的基础地图、高精动态地图的基础平台建设是重点内容。

二、智能网联汽车产业发展仍面临诸多问题与挑战

在研发生产方面，智能网联汽车尚存在产品管理和身份认定的问题。随着自动驾驶技术的成熟，丰田 e-palette、通用 Cruise Origin 等新型车辆已经取消方向盘、踏板。未来，类似的车辆创新设计会持续增加，这类新型车辆在严格定义上并不属于汽车，还需要解决其身份路权与产品管理等方面的问题。

在交通监管方面，智能网联汽车存在上路通行权限和合法性问题。现行《道路交通安全法》以人为主体，对于自动驾驶系统的上路通行、违章处罚、事故认定、商业保险等相关法律法规均处于空白状态。需要系统性研究和突破，以实现智能网联汽车的合法上路通行。目前，德国、日本等国家已经完成道路交通安全相关法律的修订，我国有必要进一步加快法律制修订的步伐。

在商业运营方面，智能网联汽车尚存在商业化运营支撑和运营资质问题。L4 级智能网联汽车将率先在 B 端市场投入使用，但当前受到《道路运输条例》以及出租车、网约车等相关管理规定的限制，智能网联汽车无法获得商业化营运资质。北京、广州等地方已开展试点示范，但尚不具备大规模复制推广的条件。

在数据安全方面，智能网联汽车还存在信息安全、数据治理等问题。网络安全、数据安全、地理信息安全、个人隐私保护、数据出境等问题，是产业发展面临的新挑战。数据作为未来的战略资源，既要做好数据安全保护，同时也要鼓励对数据的合规应用，发挥我国市场规模优势带来的数据规模优势，以数据驱动智能网联汽车技术研发、产品迭代。

三、持续加强智能网联汽车安全监管

目前，我国智能网联汽车安全监管顶层设计基本形成，需要逐步明确智能网联汽车安全监管的发展方向。一是强化产品上市前的安全管理；二是利用测试示范、试点、沙盒监管等创新方式，探索安全管理的机制；三是推动中国方案智能网联汽车理念落地，加快建设云控基础平台、信息安全基础平台、高精动态地图基础平台等新型基础设施，从技术方案层面支撑管理和服务一体化需求。智能网联汽车中国方案是具有车路云一体化的系统架构，以及分层解耦、跨域共用的技术特征，以五大基础平台为载体，实现车路云一体化的智能网联汽车系统。

　　具体措施建议是依托五大基础平台，实现国家安全监管、数据治理与产业服务应用的综合。一是推动信息安全基础平台建设，服务国家智能网联汽车信息安全监管体系搭建；二是依托高精动态地图基础平台，探索地理信息安全防护与高精动态地图合规应用之间的平衡；三是加速城市级云控基础平台建设，以车路云融合示范，形成安全监管与服务协同的最佳实践案例；四是加速智能终端基础平台、计算基础平台产业化，提升车辆安全防护能力，支撑车路云融合发展。

李万里

中汽中心政府智库专家委员会专家、中国国际工程咨询公司专家学术委员会专家

中国要在"多技术路线下"发展新能源汽车

汽车技术路线的选择主要受国际国内宏观要素的综合影响，各要素综合决定了中国一定要在"多技术路线下"发展新能源汽车。

一、时代发展趋势的定位

汽车产业是数字化经济的代表之一已成为共识。2020年11月，国务院办公厅印发《新能源汽车产业发展规划（2021~2035年）》，提出"坚持电动化、网联化、智能化发展方向"的总体思路，新能源汽车不同于传统汽车的技术路线，与传统能源汽车有所区别、有所扩展、有所延伸、有所发展，直到有本质性飞跃的形态，都不是旧的技术路线，就不应该被排斥。

二、国家向世界承诺的定位

2021年9月，《中共中央　国务院关于完整准确全面贯彻新发展理念做好碳达峰碳中和工作的意见》中的主要目标：2030年非化石能源消费比重达到25%左右，到2030年二氧化碳排放量达到峰值并实现稳中有降。到2060年非化石能源消费比重达到80%以上，碳中和目标顺利实现。实施可再生能源替代行动，包括风能、太阳能、生物质能、海洋能、地热能等，即30/60的国际承诺目标。

三、产业必保目标的定位

为确保国际承诺，汽车产业的目标必须提前实现。根据《节能与新能源汽车技术路线图2.0》：我国汽车产业发展的总体目标是碳排放总量先于国家碳减排承诺目标，于2028年前后提前达到峰值。中国汽车技术研究中心的研究课题提出汽车产业要在 2050 年实现碳中和。因此，凡是能促进实现 28/50 汽车产业必保目标的技术路线都应该鼓励发展，即 28/50 的目标定位。

四、承受国家底线的定位

2021 年 12 月，中央经济工作会议的公报指出"实现碳达峰碳中和是推动高质量发展的内在要求，要坚定不移推进，但不能毕其功于一役。要坚持全国统筹、节约优先、双轮驱动、内外畅通、防范风险的原则。传统能源逐步退出要建立在新能源安全可靠的替代基础上"。

对汽车而言，在"碳达峰"时涉及两个问题：一个是新能源汽车如何进。另一个是传统汽车如何退，甚至在传统能源不会全退的情况下，如何转型升级。因此，要统筹规划支持节能减排的发展路线，既要从国家工业结构调整的全局考量，更要在国家层面通盘筹划。

五、新能源汽车发展与网联化和智能化高度融合的定位

新能源汽车融合新能源、新材料、互联网、大数据、人工智能等多种变革性技术，推动汽车从单纯交通工具向移动智能终端、储能单元和数字空间转变，带动能源、交通、信息通信基础设施改造升级，促进能源消费结构优化、交通体系和城市运行智能化水平提升。

六、能源结构大调整的定位

能源结构大调整既要深入车辆开发和生产环节，也要密切关注能源结构的变化，重点关注传统化石能源、非化石能源、"可再生能源+氢能储能"的定位。《中华人民共和国国民经济和社会发展第十四个五年规划和 2035 年远景目标纲要》提出两个概念：一是构筑产业体系新支柱，主要包括新一代信息技术、生物技术、新能源、新材料、高端装备、新能源汽车、绿色环保以及航空航天、海洋装备等战略性新兴产业；二是前瞻谋划未来产业，主要包括类脑智能、量子信息、基因技术、未来网络、深海空天开发、氢能与储能等前沿科技和产业变革领域。

七、对外开放的再定位

中国经济已开始从劳动密集型向技术、知识、资本密集型转变，力争为"双循环"局面以及世界发展做出更大贡献。美方十分警惕中国转型升级的态势，已经开始恶意限制我们的发展，对外开放的环境和游戏规则正在深刻变化。我国要在坚持扩大对外开放和守住自主创新底线的条件下进行"再定

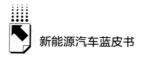

位",通过对外开放引进的技术路线要依法保护,对自主创新的技术路线更要倍加爱护。

八、国家给汽车产业硬任务的定位

我国明确促进汽车制造、电子信息、新材料、生物医药等支柱产业恢复发展,稳住经济基本盘。四个支柱产业中汽车产业在前,可见汽车产业在我国发展历程中,在工业、经济领域所发挥的巨大的定海神针作用。靠汽车产业稳住经济基本盘的定位,就是要坚决守住靠汽车吃饭的技术路线。

罗俊杰

中国机械工业联合会执行副会长

中国汽车产业发展面临的形势及发展建议

一、中国汽车产业迈上更高质量发展的新起点

新时代的十年，在党中央、国务院的坚强领导下，在产业各方的共同努力下，我国汽车产业发展取得了举世瞩目的成就。尤其是近年来百年变局和世纪疫情交织，国际形势严峻复杂，产业发展面临诸多挑战的形势下，我国汽车产业顶住了压力，迎难而上，发展形势持续向好，成绩来之不易、弥足珍贵。其中，汽车产品品质不断进步，市场影响力和竞争力不断提升；汽车出口也呈现高速增长态势，我国已迈入世界汽车出口大国行列；智能网联汽车呈现强劲的发展势头，自动驾驶产业化应用不断提速；汽车管理法制化取得新进展，多部门协同监管逐步形成合力，车辆生产管理的法制体系进一步完善，维护产业健康发展的外部环境更加巩固。我国汽车产业更高水平、更可持续发展的基础条件已经具备，已迈上更高质量发展的新起点。

二、行业高质量发展亟须破解关键挑战

习近平总书记指出，我国发展进入战略机遇和风险挑战并存、不确定难预料因素增多的时期。站在新起点，我们更要清醒地认识并妥善应对面临的风险挑战。

一是产业融合发展亟须破局。汽车与能源、交通、信息通信等领域的深度融合成为必然的趋势。汽车产业从"有界"向"无界"发展，但行业间有机融合同步壮大的机制还需进一步完善，行之有效的新模式、新业态仍待进一步探索。

二是产业链供应链安全稳定的风险在加大。部分国家吸引制造业回流，世

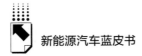
界大宗原材料价格高位波动，汽车芯片供给短缺，动力电池原材料价格飙升等多重因素，推动了全球汽车产业的格局重构，对汽车产业链稳定、供应畅通影响深远。

三是国际化发展面临严峻挑战。当前外部环境剧烈变化，世界经济复苏乏力，以及国际汽车市场的技术法规标准提升，都深刻影响着我国汽车产业的国际化发展。

三、抢抓汽车产业新时代、新征程的战略机遇

当前，我国汽车产业比历史上任何时期都更有信心和能力实现汽车强国的伟大目标。要在汽车产业新时代、新征程上保持战略定力，坚定战略自信，主动识变、应变、求变，勠力同心，锐意进取，主动防范化解风险，着力推动我国汽车产业的高质量发展。

一是建议政府部门进一步优化产业发展环境。要锚定汽车产业电动化、智能化、网联化发展的战略方向，进一步优化产业结构，促进提升汽车产业配套体系的包容性，以整车龙头企业带动周边配套产业转型升级。更大力度支持技术创新，加快突破"卡脖子"的技术瓶颈，着力提升产业链、供应链的韧性，支持创新能力强、有"独门绝技"的跨领域企业进入汽车行业，赋能产业发展。提升汽车生产管理法制化水平，建议制定《道路机动车辆生产准入许可管理条例》，强化法制化管理手段，完善退出机制以淘汰落后违规产能，释放行业资源，提升全行业的总体竞争力。地方政府要树立长远眼光，服务产业发展大局，避免盲目"铺摊子""上项目"，要坚持全国一盘棋，共同营造公平健康的发展环境。

二是建议汽车企业要持续提升核心竞争力。汽车企业要加强战略研究、保持战略定力，加强风险分析和识别，科学研判内外部的复杂环境与发展趋势，规范企业生产经营，降低国际化发展风险。要围绕企业的价值观、经营理念、社会责任、产品品质等方面持续发力，塑造优质品牌形象，打造"百年老店"。要坚持科技创新，加大研发投入，以新能源汽车、智能网联汽车的大规模推广应用为契机，聚焦芯片、新一代电子电气架构、新体系电池、车用操作系统、高精度传感器等领域，持续提升竞争力。要加快品牌和产品转型升级，适应消费变革，满足消费者对产品的新需求，不断聚集自身成长的新动力和行业发展的新动能。

　　三是建议产业有关各方要积极做好配套服务。银行、保险、产业基金等金融机构要进一步加大对汽车行业的支持力度，加强产融协同，构建安全畅通的汽车产业链、供应链投融资体系，为汽车行业的创新发展、转型升级注入动力。有关高校、科研机构要加快汽车产业的跨学科建设，建立适应产业发展新形势新需求的多层次复合型人才培养体系，为汽车行业培养更多的优秀人才。

　　汽车行业正迎来新发展时期，要秉持创新、协同、共赢的精神，推动我国汽车产业高质量发展，努力实现汽车强国的伟大发展目标。

马超英

中国国际工程咨询公司专家学术委员会委
员、高技术业务部原主任

重视我国废旧动力电池回收的窗口期

2022 年，我国新能源汽车产销量约 700 万辆，保有量达 1310 万辆，增长
迅速。一般来讲，动力电池使用寿命为 5~8 年。据有关部门测算，到 2025
年，我国退役动力电池总量将达 116GWh，约 78 万吨。未来几年我国将逐步
进入动力电池退役高峰期，如何绿色、安全、高效处理废旧动力电池，已迫在
眉睫。未来 2~3 年是废旧动力电池退役高峰的窗口期，应高度重视废旧电池
回收利用工作。

一、明确废旧电池去向，规范市场主体

当前，我国新能源汽车商业模式主要采用动力电池随车销售。依据现行政
策，车企具有回收主体责任，电池制造企业、回收企业具有相应责任。但在现
实中，大量废旧动力电池流入非正规渠道，甚至造成新旧动力电池价格呈现
"倒挂"现象。近年来，由于上游原材料价格高涨，高额的利润空间驱使非正
规市场主体以类似"拍卖"的形式采购报废动力电池。据相关机构测算，市
场上仅有约 30% 的废旧动力电池进入正规回收渠道。

二、畅通国内运输，规范管理

废旧动力电池的运输要求和包装成本较高，运输不规范的现象时有发生。
据有关资料，在法规标准方面，《危险货物品名表》将废旧动力电池归类为第九
类危险货物，应采用Ⅱ类包装，对包装强度、成本要求较高。同时《中华人民共
和国道路运输条例》和《道路危险货物运输管理规定》，要求运输单位、运输车

辆具备相应许可证，车况达到一级标准，车辆驾驶员和装卸管理人员以及押运人员要取得相应从业资格证。《车用动力电池回收利用 管理规范 第1部分：包装运输》还要求，如果电池存在漏电、变形、起火、浸水等危险情况（B类电池），其包装运输还应有特殊防护措施。此外，根据《危险废物转移管理办法》要求，危险废物的跨省转移需要移出地和接受地两省的生态环境主管部门进行联合审批，批准后方可转移，手续烦琐。目前，专业电池运输车辆很少，而且费用较高。在监管不严的情况下，企业缺乏寻求合规承运意愿。

三、提高拆解技术水平，实现标准化规模化生产

废旧动力电池的回收与利用大致可以分为回收、预处理、活性材料再生及电池活性材料再利用四个阶段。由于废旧动力电池型号及规格多样、形状各异，安全自动化的拆解技术是当前行业面临的主要难题。回收利用设备方面，目前行业内破碎设备多为矿山用破碎机改造而成，存在破碎精度差、碎后粒径一致性差等问题，缺乏专用化破碎设备；且目前没有实现标准化大规模生产，购置成本较高，其中通用化、智能化拆解技术是预处理阶段的关键技术之一，有待进一步突破。与此同时，行业内充斥着大量不具备技术能力、生产条件、环保处理能力的小企业。截至2022年7月，我国废旧动力电池回收企业数量已经超过15000家，其中注册资本小于500万元的企业占比超过一半。

总之，预计未来几年，国内废旧动力电池将迎来退役高峰期。利用2~3年的窗口期，打通废旧动力电池流通渠道，攻克产业关键核心技术，扶持一批具备先进技术水平的回收龙头企业，鼓励龙头企业扩大有效产能，推动建立动力电池资源便捷有效的流通市场机制，构建绿色、安全、高效的中国特色动力电池循环利用体系已成为当前的重要任务。

欧阳明高

中国科学院院士、清华大学教授、中国电动汽车百人会副理事长

新能源汽车进入革命与深度转型的阵痛期

一、2023 年我国新能源汽车进入新的阵痛期

整车价格竞争与汽车产业链的转型阵痛。新能源汽车全面挤压燃油车市场，新能源汽车市场是从燃油车市场竞争来的，燃油车全产业链承压。总体来看，新能源汽车快增长、缺利润，燃油车缺增长但还有利润，新能源车的成本仍然高于燃油车。新能源车的品牌和影响力溢价在上升，合资企业燃油车的品牌溢价在下降，高品质的自主新能源车可以与合资的燃油车开展价格竞争，但成本方面还不能竞争。新能源车阵营不断扩大，你追我赶，竞争进入了阵地战阶段，市场进入了淘汰赛阶段。

大规模新能源车普及带来电动车充电难与能源产业链的转型阵痛。大规模的快速普及超出了电力行业的预期，城市配电网的负荷压力大，转型有序充电和车网互动的挑战多。石化行业也面临着燃油供应量在减少，不熟悉的快充与快换需求急剧增加，相对熟悉的氢燃料业务发展迟缓三重挑战。充换电产业链商业模式还不成熟，标准化、规范化程度还不高，亟须确定新能源行业的战略定位。新能源汽车与光伏等新能源产业的大发展倒逼能源产业转型，但能源产业市场化改革仍然任重道远。

电池锂价波动与电池产业链的转型阵痛。借助电动交通和储能与多个风口，电池产业突飞猛进，但锂价波动、产业膨胀、竞争加剧、业绩不稳。随着对电池的认识加深，更多的整车企业进入电池产业，电池产业链跟整车产业链的结构性矛盾加剧。中长期看，车用电池仍然占到电池应用的 70%，储能也就占整个电池产量的百分之十几，如何优化电池企业的定位，是定位成新能源企业还是定为汽车的零部件商其要做出选择，企业定位和创新商业模式成为当务之急。

二、面对阵痛期的发展路径

深化电动化，实行 EV 和 PHEV 的双轮驱动。纯电动、插电式混合动力是"过渡与转型"相融合的新能源汽车技术路线。汽车全产业链转型新能源汽车大约还需要 10 年，因此要继续过渡与转型并行互动，深入推进纯电驱动转型战略。双轮战略有利于汽车全产业链的平稳过渡，缓解汽车行业电动车和燃油车之间的结构性矛盾。同时，也有利于降低车辆的平均电池装机量，可以平抑锂价的波动，缓解电池产业与整车产业的结构性矛盾。

面向低碳化，加快能源基础设施转型。新能源汽车和新能源革命紧密相连、相互促进。新能源汽车要真正成为新能源汽车就得用绿电，绿电就是新能源发展而来的。而新能源需要储能，储能又需要新能源汽车的电池和氢能。此外，由于电动车补电太慢，还要解决快速补电问题。卡车快换、轿车快充，用卡车换电的备用电池给轿车快充，此外还有加氢，这样就可以解决整个补能问题。能源基础设施的转型是能源革命的重要组成部分，这属于新基建，是政府应当投入的地方。

拓展智能化，创新动力电池的商业模式。针对动力电池成本偏高的问题，一方面是降低电池成本，另一方面是让电池增值。这要靠技术进步降价，靠商业模式增值，这就需要智能化赋能。智能化的高级形态主要是智能驾驶和能源交互，其中能源交互是智能化很重要的内容。一是车网互动将会成为解决充电容量问题和提高分布式储能的关键路径，二是 V2G 技术具有战略重要性，三是智能化催生商业模式创新可以发挥电池的附加价值，使电动汽车充电可以免费，甚至成为赚钱的工具。

三、面向未来的预判

锂离子电池引领电动汽车革命：汽车全产业链颠覆性转型已经开始，新能源汽车进入大规模产业化的新阶段，预计 2040 年前后保有量达到 3 亿~4 亿辆，发展成为 10 万亿规模的大产业。

碳中和战略引爆新能源革命：新能源汽车普及将倒逼能源基础设施全面转型和新型储能产业大发展，电池光伏的黄金组合和氢能风电的白银组合预计在

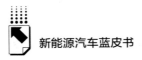

15~20 年发展成为 10 万亿规模的大产业。

ChatGPT 引发人工智能革命：汽车智能化技术路线将被重塑。智能电动汽车产业化将带动智能机器人、智慧能源、智能低碳建筑、智慧城市的大发展，这二三十年也成为一个 10 万亿规模的大产业。

未来二三十年，汽车产业、信息产业、交通装备、能源化工相关产业将产生百年未有的大变局，共同迎接第四次工业革命。

苏波
第十三届全国政协经济委员会副主任、工业和信息化部原副部长、新能源汽车品牌集群专家组首席专家

对当下新能源汽车发展的建议

2022 年，我国新能源汽车销量达到 688.7 万辆，同比增长 93.4%，新能源汽车市场渗透率由 2021 年的 13.4%大幅提升至 2022 年的 25.6%，提前三年完成国家规划中 2025 年的发展目标。强有力的政策引领和措施保障促进我国新能源汽车发展进入快车道，我国已连续八年产销量位居全球第一，在全球汽车产业电动化、网联化、智能化转型升级中占得先机，形成了技术先进、产业链完整、市场竞争力不断提升的新型产业生态，成为驱动我国制造业高质量发展的新优势、新动能。我国新能源汽车已进入由政策驱动向市场驱动转变的新阶段，极大地推动了全球汽车产业的电动化进程，成为世界汽车产业转型的重要力量。当前世界汽车强国都在加快产业布局，大力推进新能源汽车发展。

我们必须紧紧抓住汽车发展的新机遇，推动我国汽车行业实现"换道超车"，早日建成中国式现代化汽车强国。

第一，要加强对汽车电动化、网联化、智能化发展的整体推进。大数据、互联网、人工智能等新技术为汽车三化融合提供了有力的技术支撑，相关部门和汽车企业要把握汽车三化快速发展的趋势，统筹推进三化进程，进一步完善促进三化发展的规划、政策、标准，以及充电、道路、试验等基础设施建设，积极推动智能网联汽车准入和上路通行试点，稳定扩大引领全球汽车三化发展的产业优势。

第二，要积极推动庞大的燃油汽车产能电动化替代和智能化升级。全球汽车产能已能满足市场需求，新能源汽车产销快速增长大幅挤压燃油车市场，我

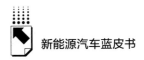

国超过 3500 万辆燃油车产能的电动化替代已在加速进行中。汽车电动化、网联化、智能化发展势在必行，各国已相继提出禁售燃油新车的时间表，燃油车企业要有紧迫感、危机感，绝不能等待观望。当前，新能源汽车新工厂大批兴建，对现有汽车产能有效利用的引导不够。要充分发挥和利用好现有汽车生产、技术、人才、营销等资产资源优势，通过加强燃油车企电动化转型、新增产能优先考虑兼并重组闲置产能，全面优化社会资源配置。有关部门要认真研究出台相关政策措施，抑制一些不具备新能源汽车发展条件的地方盲目新建企业，支持引导利用好现有汽车行业资源，形成良好发展环境。

第三，要加快智能网联汽车产业发展。加强关键核心技术攻关和产业生态体系建设，充分发挥企业主体作用，构建产学研相结合的创新体系。加强整车、零部件、电子和互联网等全产业链的合作，尤其是与软件、控制系统、人工智能等新技术企业加强合作，集中突破车规级芯片、新型动力电池、高精度传感器、操作系统、软件工具链等关键核心技术，积极发展智能制造，深化数字化车间/智能工厂应用，加快形成智能网联汽车发展的生态系统。

第四，要加强新能源汽车产业集群和自主品牌建设。我国汽车产业长期大而不强，根本原因就是没有摆脱对国外技术的依赖和建立自己的知名品牌。2022 年，新能源乘用车自主品牌市占率达到 79.9%，实现了自主品牌向上发展的跃迁之路。2022 年 9 月，经国务院批准，在工信部以及中国品牌建设促进会的支持下，我国成立了新能源汽车品牌集群。目前，我国已经建立了 48 个品牌集群，新能源汽车是新成立的集群之一。新能源汽车作为未来汽车产业的主体，要加强国际化品牌建设、评价、宣传等工作，创建一批国际知名品牌，加快向中高端升级，向全球市场进军。

第五，要进一步深化国际交流与合作。汽车行业是我国与国际合作最为密切和广泛的行业，全球主要汽车企业均在中国取得了优异的发展成绩。汽车行业要进一步扩大开放，继续加强与国外政府、行业组织、跨国企业间的交流，在技术创新、标准法规、测试示范等领域进一步深化合作。要加快"走出去"步伐，保持近两年汽车出口大幅增长的发展态势，早日成为全球汽车出口第一大国。

王晓明

中国科学院科技战略咨询研究院产业科技创新研究中心执行主任

新能源车带给用户新的消费趋势

一、新能源汽车发展特征

在全球汽车市场和产品结构变化的背景下，中国新能源汽车产业正展现出强大的产业支撑、技术支撑和消费支撑能力。目前，中国新能源汽车市场渗透率已经超过25%，呈现快速增长的态势，未来可能会继续保持在较高的发展水平。与此同时，新能源汽车综合经济性和全生命周期使用成本也备受消费者关注。为此，中国在"十二五"时期就制定了以纯电动为主、插电式混合动力和燃料电池多元发展的技术路线，并取得了显著成果。到目前为止，纯电动车型已占据78%的市场份额，插电式混合动力车型达到22%左右，燃料电池汽车仍处于培育阶段。

除技术路线的发展外，新能源汽车产品性能也得到显著提升。其中，续航里程和使用成本成为消费者最为关注的技术指标。经过多年发展，新能源汽车的表现已经可以与传统燃油汽车媲美，动力电池能量密度和电耗方面都取得了大幅进步，续航里程也实现快速提升。另外，新能源汽车自主品牌也在产品价值上不断攀升。与传统燃油汽车不同，部分新能源汽车在进入市场时，就将中高端市场作为自己的目标，因此实现了迅猛发展。这些变化都标志着中国新能源汽车市场持续加速发展，未来发展前景广阔。

二、新能源汽车发展趋势

随着新能源汽车的不断发展，市场需求也在不断改变，新能源汽车未来发展趋势呈现以下特点。

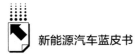

一是新能源汽车综合经济性优化。由于电力分布的广泛性，新能源汽车的运营成本相对传统燃油车较低，加之政策支持，新能源汽车在短期内得到了快速的发展。但这并不代表新能源汽车在综合经济性方面已经优于传统燃油车，针对市场需求依旧需要新能源汽车做出更多优化。

二是新能源汽车便利性需求。这方面最突出的就是充电基础设施建设，充电桩和充电站的数量仍无法满足消费者的需求，消费者希望能够少排队、少花时间，而获得充电上的便利。这个需求也是制约新能源汽车发展的一个阻碍。

三是新能源汽车行业结构性调整。这主要体现为生产和销售模式的变化。新能源汽车的生产和销售模式采用的是企业自主设计、自建工厂、自己销售的垂直一体化方式。随着时间的推移，行业也出现了委托代工的生产模式，这也是传统汽车产业几乎看不到的一种现象。

四是消费者对智能网联的认知不断强化。智能网联对传统新能源汽车又叠加了一些新的影响，这也给新能源汽车的未来发展注入了新的元素。消费者在用户体验方面除了考虑新能源汽车的一些因素外，也对人机智能交互等智能座舱提出了新的需求和要求。

王云石
美国加州大学戴维斯交通研究院中国交通能
源中心主任

以目标为导向，奠定产业未来发展基础

2020 年 11 月初，国务院办公厅印发了《新能源汽车产业发展规划（2021～
2035 年）》（以下简称《规划》）。《规划》提出，到 2025 年新能源汽车新车销
售量达到汽车新车销售总量的 20% 左右。2020 年正是疫情最严重时期，政府
对新能源汽车市场的发展做出谨慎的预测合情合理。然而，中国新能源汽车市
场坚韧旺盛的生命力令人惊喜。2022 年，中国新能源汽车销量为 688.7 万辆，
渗透率达 25.6%，提前完成《规划》里 2025 年的发展目标。因此，应适当上
调 2025 年新能源汽车新车销量占比的目标。

首先，目标给市场和企业释放前行的讯号。假如目标太容易达到，企业就
会缺乏向前发展的动力，不愿为政府并没有要求的未来而进行投资，市场也会
出现疲软现象。需要重新提出更具雄心的发展目标，如 2035 年乘用车新车销
售实现全部零排放汽车，2045 年所有领域包括路面交通实现碳中和。现在看
来，这些目标似乎有些偏高，但如果所有政策措施朝这个方向努力，企业也向
相应方向投资布局，未来达标还是有希望的。

其次，新的目标为政策驱动指明了方向。如 2024～2025 年的双积分政策
征求意见稿明显是朝着新能源乘用车渗透率达到 25% 以上的方向制定的，考
虑到新能源汽车积分抵消油耗缺分的不可预测部分，这个目标中应该追加了
5%～10% 的油耗抵偿需求分。由此推测，新能源乘用车渗透率应该在 30%～
35%。目前，新能源商用车积分政策也在酝酿中。此外，充电加氢基础设施的

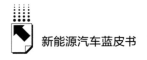

规划，低碳燃料政策的酝酿，都需要清晰的目标来支撑。

最后，交通领域 2030 年前碳达峰、2060 年前碳中和都需要一个分阶段的目标曲线。交通领域中航空与水运的发展方兴未艾，汽车领域有压力也有能力提前达到碳中和。考虑到大多数乘用车的使用寿命达 15 年之久，中国汽车领域要提前于 2060 年达到碳中和，最晚需要在 2045 年实现零排放汽车市场渗透率达到 100%。2018~2022 年新能源汽车市场渗透率的年均增长率为 63.4%，假设 2023~2030 年的年均增长率大幅降低到 15%，2025 年新能源汽车市场渗透率预计将达到 38%。预计 2030 年前，中国新能源汽车市场渗透率要高于美国加利福尼亚州。2030 年后，加利福尼亚州零排放乘用车根据加州空气资源委员会的零排放强制政策年度目标直线上扬达到 2035 年 100% 的渗透率。而中国新能源汽车市场渗透率将进一步减速，或以 2% 的年均增长率缓慢前行。但假如 2030 年后中国新能源汽车市场渗透率保持 7% 的年均增长率，中国将在 2034 年达到 100% 的市场渗透率。

因此，建议适当调整 2025 年中国新能源汽车市场销量占新车总销量比重目标，为未来十年的产业发展奠定目标基础。

吴锋

新能源材料科学家、中国工程院院士、国际
欧亚科学院院士、亚太材料科学院院士

安全是动力、储能电池产业健康发展的底线

在全球汽车和能源结构大变革背景下，新能源汽车和电池产业保持高速增长。2022年，全球新能源汽车销量达1126.7万辆，同比增幅达63.5%，累计销量超过2900万辆，新能源汽车占整体汽车销量的比例由2016年之前的不足1%提升至14.2%。新能源汽车市场主要集中在中国和欧美等地区。其中，中国新能源汽车销量达到688.7万辆，同比增长93.4%，新能源汽车市场渗透率大幅提升至25.6%，继续引领全球市场。

叠加储能电池市场的高速增长，业界预测到2023年全球锂电池出货量有望进入TWh时代。众所周知，电池产业的快速发展离不开市场驱动和政策扶持，更得益于电池技术的快速进步。对于动力、储能电池来说，仍需要重视基础层面的理论和技术创新，特别是相关材料的创新突破。当前，行业在结构和工艺创新方面已取得一系列成果，如宁德时代麒麟电池、比亚迪刀片电池、亿纬锂能大圆柱电池、蜂巢能源龙鳞甲电池等。这些创新技术的突破和规模化应用，推动了产业技术的更新迭代和快速发展。

动力、储能电池产业发展势头较好，安全仍然是重要的关注点，是产业发展的底线，是技术进步的必选项，这已成为行业的普遍共识。如何更好地提高电池的本征安全性和电池系统安全性，也成为行业的共同课题。当前，行业发展仍面临不少挑战和困难，产业链环节的供需错配，锂电材料价格的大幅波动，对产业健康发展造成了一定影响。基于对新能源汽车、储能产业发展前景的预判，全球锂电产业未来仍将面临战略资源紧俏和供应链安全的挑战。因

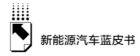

此，构建非战略资源限制的新型电化学体系作为重要补充也已提上日程。

在碳中和趋势下，欧洲、北美等地区的国家、车企正着力推动汽车产业电动化转型，欧洲多国出台了新能源汽车补贴政策，美国推出《通胀削减法案》扶持新能源汽车产业发展。全球新能源汽车的快速发展，将给动力电池、锂电材料和装备全球化、本地化布局带来新的机遇和挑战。对此，全球汽车、锂电企业应加强技术创新与合作，加强共性基础技术交流互动，推动全球汽车和能源体系变革，助力"双碳"目标早日实现。

吴志新

中国汽车技术研究中心有限公司副总经理

创新管理引领智能网联汽车驶入高质量发展快车道

为促进智能网联汽车推广应用，提升智能网联汽车产品质量安全和道路运行安全水平，2022年11月工业和信息化部会同公安部组织起草的《关于开展智能网联汽车准入和上路通行试点工作的通知（征求意见稿）》（以下简称《通知》）公开征求意见，为搭载自动驾驶功能的智能网联汽车加快进入市场提供了合规路径。

一、智能网联汽车技术创新应用步伐持续加速，对监管方式提出新挑战

近几年，我国自动驾驶技术发展、应用步伐加快，搭载自动驾驶功能的车型即将大规模进入市场。在智能化、网联化趋势下，汽车安全的范畴正从传统的产品安全、道路交通安全向网络安全、数据安全领域延展，同时对政府监管提出了新要求。从技术角度来讲，自动驾驶系统非常复杂，各方面的验证、测试、技术和能力建设还有待加强，如何兼顾产业创新发展与安全可控，是全行业需要重视和思考的问题。

二、国际上积极探索自动驾驶汽车监管创新，取得积极进展

自动驾驶汽车的快速发展，冲击着基于传统汽车产品属性、使用方式构建的既有检验检测管理体系，世界各国都面临着现有监管体系如何适应自动驾驶汽车发展的挑战。为加速自动驾驶汽车技术研发和商业化进程，汽车工业发达国家开展了路径不一的探索工作。

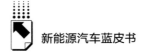

三、《通知》出台恰逢其时，是推动我国智能网联汽车技术创新和高质量发展的关键举措

为了加快智能网联汽车推广应用，工业和信息化部、公安部联合制定《通知》，提出智能网联汽车准入试点和上路通行试点管理方案，明确了试点申报、实施、暂停或退出等具体要求，《通知》凸显了以下五方面关键要点。

一是通过试点方式积极稳妥推动管理创新，体现了统筹发展与安全的系统思维。当前，国际、国内智能网联汽车正处于技术快速演进、产业加速布局的产业化前期阶段。当下，通过试点的方式推动准入和上路运行，既能够实现自动驾驶汽车产业化从 0 到 1 的跨越，加快相关技术和产品研发应用，又能够在发展初期有效把控风险，有效规避脱离野蛮生长带来的各种影响。

二是统筹考虑准入和上路通行，打通智能网联汽车产业化的关键环节。现行管理体系、法律法规政策体系是基于传统汽车、自然人驾驶建立的，在产品准入、道路交通管理等多个环节无法满足智能网联汽车监管的新要求。《通知》将产品准入和上路通行两个环节串联起来，有序协同开展试点工作，避免了"允许功能搭载但不允许使用"的尴尬局面，最大限度保证了试点工作对汽车生产企业管理体系和研发能力的提升效果。

三是充分发挥地方政府作用，构建国家、地方、企业有机统合、权责清晰、协抓共管的试点管理体系，兼具创新性和可操作性。一方面，《通知》明确由城市主管部门牵头，会同相关方面组成联合体，共同申报试点。另一方面，试点城市还要为试点企业提供安全可靠的测试和通行环境，并承担日常监督管理和指导工作。在国家总体政策的指导下，充分调动地方先行先试的优势、积极性，是现阶段解决准入和上路通行监管难题的最佳方案，符合自动驾驶落地应用与地域特征相适应的客观实际。

四是采取统一规范与灵活协商相结合的方式，确保有关要求的公平性与合理性，提高测试与安全评估方案的科学性和可行性。当前，我国智能网联汽车行业面临技术架构复杂、技术路线多样、产业界尚未形成充分共识等难题。针对上述问题，《通知》采取统一规范与灵活协商相结合的方式：对于已经形成行业最佳实践的内容，提出试点技术要求；对于尚待验证的，由联合体根据实际情况，结合产品实际制订测试与安全评估方案。该机制兼顾不同试点汽车生产企业的技术路线差异性，既有助于增进共识、提高公平性与合理性，还能在管理实践中积累经验，增强政府决策的科学性和可行性。

五是形成制度创新和产业创新相互促进的良性循环。一方面，可以基于试点实证积累管理经验，支撑相关法律法规、技术标准制修订，加快推进健全完善智能网联汽车生产企业及产品准入管理体系和道路交通安全管理体系。另一方面，可以通过试点促进行业管理部门、企业、地方等多方形成更为生动的互动关系，有利于在示范中实现管理创新，在应用中推动技术快速迭代升级，减少资源浪费，避免发生"闭门造车"的情况。

肖成伟
中国电子科技集团公司第十八研究所研究员

新能源汽车需求推动高比能电池和新材料加快开发应用

在多方共同努力下，中国新能源汽车和动力电池产业均取得了快速发展，在全球处于举足轻重的地位，预计 2023 年中国新能源汽车销量将达到 800 万辆。

一、动力电池技术发展现状

动力电池技术主要向着两个方向发展。一是向着高比能方向发展，正极材料从高电压中镍向高镍、超高镍以及富锂锰基材料迭代发展，负极材料从石墨向硅基负极，以及锂金属负极迭代发展。二是向着经济性（低成本）方向发展，磷酸铁锂正极材料会有一些技术提升，磷酸锰铁锂是磷酸铁锂材料的迭代升级产品，是目前研究和产业化热点。此外，从结构创新方面可进一步提升电池及电池系统的能量密度和安全性，如刀片电池、大圆柱电池、电池到系统（CTP）、电池到底盘（CTC）、电池到车身（CTB）等。当前，软包装和方形高比能液态三元锂离子电池能量密度分别达到 300Wh/kg 和 270Wh/kg，方形高比能磷酸铁锂电池能量密度达到 190Wh/kg，且均已实现量产和规模化应用。

在新能源汽车对高比能电池需求的推动下，新材料也在加速开发和应用。一是富锂锰基正极材料，目前量产基本上可达到 280mAh/g，与硅碳负极材料匹配可使电池能量密度达到 400Wh/kg 以上；二是磷酸锰铁锂材料体系，可以与富锂锰基、三元和磷酸铁锂材料等复配使用，进一步提升磷酸铁锂类电池的能量密度，能量密度可达 240Wh/kg 以上；三是负极材料逐步实现从石墨到硅基再到锂金属的迭代升级，当前高比能电池主要使用硅基材料，包括硅氧和硅碳，需要进一步提高硅基材料的首次库伦效率，降低体积膨胀，提高电池的循环耐久能力。

二、动力电池技术发展趋势

动力电池研发的热点主要集中在下一代锂离子电池、全固态电池等新体系电池以及电池系统集成等相关技术。

1. 高安全性和高比能需求推动了固液混合和全固态电池技术进步

固液混合态电池和全固态电池的技术路线都得到了各国政府和企业的高度重视和大力支持，是未来动力电池竞争的热点方向。其中固液混合态电池基本上可以借鉴液态电池的工艺装备和生产体系，而全固态电池的大部分生产工艺和装备则需要重新开发。固态电池电解质体系主要包括氧化物、硫化物、卤化物和聚合物四类，不同的电解质体系在不同企业都得到了较好的研究和验证，能量密度在300Wh/kg以内的固液混合态电池逐步实现小批量生产。从整车厂对全固态电池的规划来看，预计2025年前后企业将建立全固态电池试制生产线，并推出搭载全固态电池的原型车，电池能量密度将达到400Wh/kg。2030年前实现全固态电池的量产和规模化应用，能量密度有望达到 500 ~ 600Wh/kg。

2. 低温环境适应性推动了全气候高比能快充电池系统技术进步

电池热管理系统实现了高温散热和低温快速加热的有机结合，大幅拓展了电池系统的温度使用环境，全气候电池系统可实现4C快速充电，−30℃低温环境下可实现80%的常温续驶里程。

3. 资源丰富，成本低，安全性高及倍率性能好等推动钠离子电池技术进步

近年来，钠离子电池技术和产业得到了快速发展。目前量产的钠离子电池能量密度可达145Wh/kg，成本仍然较高，循环耐久性能有待进一步提升。未来采用镍基氧化物/硬碳材料体系的钠离子电池能量密度预计可提升至180Wh/kg以上，在微混合、插电式混合动力以及微型纯电动汽车等领域将有较好的市场应用潜力。

张进华
中国汽车工程学会常务副理事长兼秘书长

我国要抢抓机遇引领汽车产业下半场

2022 世界新能源汽车大会上，国务院总理李克强在贺信中表示，中国是汽车生产和消费大国，近年来新能源汽车产业发展迅速，产销量和保有量位居世界前列。发展新能源汽车不仅有利于先进制造业和绿色低碳发展，也有利于丰富消费者选择和提供高质量产品。

在全球汽车产业整体下行的情况下，我国新能源汽车实现逆势增长，产业发展远超预期。我国新能源汽车产业实现高速增长的原因：一是企业电动化转型持续加速，新能源汽车产品矩阵日益丰富。汽车产业链上下游企业围绕电动化转型纷纷加大研发投入、加快产品投放，新能源汽车产品日益丰富多元，已基本覆盖各车型级别，满足了不同消费群体的差异化需求。二是新能源汽车性价比不断提升，产品竞争力明显增强，消费者认可度显著提高。智能化赋能电动化，用户体验显著提升，智能新能源汽车魅力进一步提升。汽车逐渐由信息孤岛的交通工具发展成为集出行、娱乐、服务等于一体的数字空间，迎合了广大消费者，特别是年轻消费群体的数字化生活方式，以及对智能化、网联化功能的消费偏好。

新能源汽车作为多产业融合的最重要的载体，正在推动汽车产品形态、交通出行模式、居民消费结构和社会运行方式的深刻变革，下一阶段要进一步抢抓战略机遇期，引领汽车产业下半场，对此提出三方面建议。

一是着力提升我国汽车产业关键核心技术的自主创新能力。汽车企业作为市场主体的作用日益凸显，在新的转型期中国汽车产业方向明确、意志坚定，要努力实现汽车关键技术自立自量，以技术创新引领产业发展和变革，持续焕发品牌和产业向上的新动能。

二是充分发挥我国机制和体制优势跨界协同，相互赋能。汽车产业的生态正在发生巨大的变革，产业体系正在从传统的上中下游向跨域融合的网络化生态发展，汽车正在成为继智能手机后的第三大智能移动终端，汽车产业正在重构价值链和产业链，协同创新、相互赋能是新时代发展的关键词，跨界融合、合作共赢将成为汽车产业的重要力量。

三是加快构建产业链、供应链新生态体系。未来汽车产业将从高速增长转变为高质量增长，而拥有一批具有国际竞争力和影响力的先进汽车产业集群和生态是汽车强国的重要标志。要以创新为引领，破除行业壁垒，打开企业围墙，推动汽车产业链协同创新，促进汽车产业跨界、融合织网，构建多维度、多层次的集群网络化创新生态。

建设汽车强国是新时代、新征程，我国汽车产业的新目标。当前，我国汽车产业正处在从汽车大国向汽车强国转变的过程中，需要跨领域、跨行业多方协同，抓住机遇迎接挑战，推动中国汽车产业高质量可持续发展。

张书林

原国家机械工业部汽车司副司长、中国汽车
工业协会原常务副理事长兼秘书长

开放创新局　创新谋发展　新时期中国汽车产业体制机制创新

习近平总书记在党的二十大报告中强调必须坚持"守正创新"，意为应坚持守政治站位的"正"，创体制机制的"新"。党的二十大精神也启示我们"知常明变者赢，守正创新者进"。进入建设中国式现代化的新时期，新能源汽车成为发展变化最活跃的产业主体，也承担了实现强国战略的重任。而新进入的跨界企业又是最活跃、最不稳定的产业因素。因此，新时期新能源汽车产业体制机制的创新方向，就基本反映了汽车产业的创新方向。

一、产业现状及需求

新型产业链。新能源汽车与传统燃油汽车有着完全不同的技术含量，新型动力系统和智能化、轻量化技术的应用促使相关产业融入，与原产业基础整合形成了新型的产业链供应链，需要建立和谐共融的创新发展机制和合作共赢的利益分配机制。

新造车企业。国家战略大大激发了社会研发生产新能源汽车的积极性，一些不同产业出身的跨界企业，在各级政府机构和各类社会资本的支持下，纷纷从多个渠道、以多种方式进入新能源汽车研发制造领域，形成了一批与传统车企完全不同的"造车新势力"。新进入企业加上部分转型的传统车企和外资企业，构成了企业成分、资本结构、企业运行机制多元化的生态体系。因此，迫切需要在包容性管理体制引领下，充分发挥市场配置资源的作用，形成优势互补的融合创新机制。

投资领域逐步对外开放。开放政策和不断更新的外商投资负面清单，使外资开始进入我国新能源汽车产业。外国独资汽车生产企业的出现，改变着市场运行机制和竞争格局。需要用更开放的政策引导中外力量融合发展，更深层次融入中国的汽车强国战略中。

支柱产业国际化发展。我国新能源汽车已进入快速发展阶段，实现了从政策扶持向市场驱动的发展方式过渡，形成了国际领先的产业规模。新能源汽车产业不但是国民经济重要的支柱产业，而且具备了走向国际的发展条件。优势企业开始开拓国际市场和合作发展渠道，并已初见成效。新时代需要产业不断提高国际竞争力，提升品牌效应，成为加强国内外大循环的主要力量。因此，建立支持、引领企业"走出去"的政策体系和激励机制，势在必行。

结构性矛盾。伴随新能源汽车快速发展，也出现一些危及产业健康发展的结构性矛盾，如盲目投资造成的企业危机、竞争机制不完善等。需要用更科学的政策管理体制和充分发挥市场调节功能的运行机制调整引导。

外部压力。西方发达国家严格的碳排放标准法规，促使其新能源汽车加快发展。以美国为首的强权国家对中国现代化和先进产业发展的持续打压、短板禁运、脱钩断链，都对我国新能源汽车产业持续保持国际领先地位造成影响，必须用强有力的应对措施和完善的政策体系支撑产业高质量、可持续发展。

二、对体制创新方向的几点意见

今后的十多年，进入新时期汽车产业的总目标是：在党的二十大精神指引下，按中国式现代化内涵和产业发展实际需要，进行体制机制创新，建立充分符合中国汽车传统文化及发展特征的中国式管理体制和中国式社会主义市场经济运行机制。

一是应该充分理解"管理"的含义是"管"和"理"的组合。"管"带有强制性，"理"注重引导性，共同组成包含多重管理方式的管理体系。进入新时期，行业主管部门应该从现行政策和管理方式的权威性、科学性、各方利益的包容性和效果出发，反思管理方式的合理性，重新定位"哪些事该管、哪些事不该管"。这是管理体制创新的前提。

二是应尽量减少行政手段，强化法制化约束。用符合中国汽车传统文化和市场规律的法律法规制约企业的违法违规行为，形成法制化管理体制，增强管理的权威性和有效性。

三是不该管的不等于不管。要充分发挥市场机制的调节作用，同时用更科

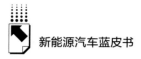

学、更具包容性、更开放的政策措施和监管机制，形成市场主体自我规范、自主决策经营发展行为的运行机制和产业结构优化的调控机制，增强管理的科学性、主动性。

四是继续加大国家政策扶持力度。按新时期发展的需要和产业发展的薄弱环节确定扶持方向，形成促进产业可持续发展的调控机制。鼓励企业持续创新提高国际竞争力和品牌效应，支持企业为实现高质量可持续发展的结构调整和重组，形成适应多元化产业结构、促进高质量发展的融合创新机制。

五是创建更开放的投资环境。增加产业创新力量，提高创新能力，形成理性的投资行为机制和产业结构优化的主动调节机制。

赵福全

世界汽车工程师学会联合会（FISITA）终身名誉主席，清华大学车辆与运载学院教授/博士生导师，汽车产业与技术战略研究院院长，FISITA 技术领导力会士，美国 SAE 会士，中国 SAE 会士

对新汽车生态化发展的正确认识

新汽车不是简单的智能新能源汽车，而是基于数据、具有自我进化能力的汽车产品，是拥有全新概念、全新特征、全新用途和全新属性的新物种。新汽车以生态化为终极阶段，将带来全新的发展机遇。面对新汽车生态化发展的前景，汽车及相关企业唯有建立正确的认识，才能予以有效的应对。

一、正确认识新汽车生态的整体性与协作性

新汽车生态一定是由多主体、多要素参与和构成的，掌握不同要素的各主体之间既彼此独立，又相互依赖、相互协作、相互制约，从而形成了一个共生共存的统一整体。而多主体的分工协作、协同创新将会提升整个生态的效益，并使生态中各方的价值最大化。

二、正确认识新汽车生态的普适性与独特性

在万物互联的时代，所有的人造物都将相互连接，并实现智能化，汽车只是其中的智能单体之一。因此，新汽车生态建设的一般方法实际上具有普适性，对其他主体和要素同样适用。同时，未来高安全、高可靠的新汽车作为可移动的智能生活空间，不仅要把更多的软件和硬件融合起来，还要把更多的主体和要素连接起来，进而实时在线提供极致的用户服务。因此，新汽车生态建设又具有自身的独特性，不能简单等同于智能手机等生态。

三、正确认识新汽车生态包容、开放和共享的要求

新汽车生态中的参与者都应秉持包容与合作的开放心态，分工协同、共享

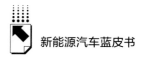
资源、结网合力，携手推动新汽车的发展。例如，智能汽车需要行驶在智能道路上才能实现低成本的全面普及。虽然汽车企业不能建设智能道路，但应该通过汽车的智能化拉动道路的智能化发展；反过来讲，智能道路的建设者也不能打造智能汽车，但必须考虑如何有效支撑智能汽车，否则也就失去了方向和目标。由此可见，某个参与者基于一定的规则（即商业模式），与其他参与者进行有深度、有广度的协作，这才是其在生态化发展中取得成功的关键。

四、正确认识新汽车生态需要全员参与、共建共享的原则

首先，生态建设一定是全员参与的，每个参与者都要做出自己的贡献。事实上，参与生态建设的主体越多，合作越紧密，汽车生态化发展就越快。其次，生态一定是多样性的，其中既有"大象"，也有"蝴蝶"，并不是说只有大企业才有资格进入新汽车生态，很多中小企业也将成为不可或缺的参与者。最后，生态一定是利他的，而且是共有的。健康和完整的生态只能是多方共同建成的，因此不可能只属于某一方。如果企业出于独享的目的来主导生态建设，是不可能成功的，最终一定会被大家共享共建的生态淘汰出局。

总之，随着人类进入生态化发展的新阶段，"干掉对手"的传统竞争方式将逐渐消亡，"一起做大蛋糕"即互惠互利的协作式竞争方式将成为主流，这也是生态文明时代的新型商业法则。对此，所有参与者都必须有充分的认知，并有效践行。

赵英

中国社会科学院工业经济研究所研究员

"双碳"目标对汽车产业提出挑战

"双碳"目标对汽车产业的挑战是整体性的，全面体现在产业链、供应链、价值链上。

第一，减少汽车排放，首先要解决汽车动力问题。在以新能源为核心的汽车能源革命中，无论哪种技术路线的新能源汽车将来居于主导地位，均将大幅度改变传统汽车长期以来形成的产业链条，并使供应链随之变化。汽车产品对于低排放、低污染的绿色零部件需求必然大幅增加，技术、生产工艺落后于时代的汽车零部件产品将加速淘汰。供应链的变化，将导致企业集团、企业内部组织结构的重组。

第二，产业链、供应链的变化，自然内在伴随着价值链的变化。新能源革命与智能驾驶并行，将加速价值链的变化。其中变化最明显的就是：电池、软件在汽车产业链中开始争取核心地位，这在汽车产业百年发展中是前所未见的。减排、绿色的要求，将使生产用能源、某些原材料、零部件成本增加，这也会改变价值链的构成。

第三，"双碳"目标对汽车产业的挑战，还体现为全面改变产业生态。从供给侧看，在汽车生产过程中如何减少排放，如何减少汽车产品本身的排放，如何使汽车制造所需的原材料、零部件、有关工艺装备低碳化，将成为汽车产业和企业关注的主要问题。从需求侧看，如何通过新能源、智能驾驶汽车，转变消费者购买、使用方式（例如汽车共享、行驶中优化行车路线等），成为汽车企业、政府、民众共同关心的问题。智能驾驶辅助系统已可以通过优化行驶

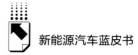

路径、提升起停时的燃烧效率、辅助泊车等多种方式减少碳排放。随着自动驾驶汽车大规模部署，自动驾驶级别不断提高，其还将显著提升道路交通运输效率、减少碳排放。汽车产业的排放，约70%是在使用过程中体现的。因此，仅仅在汽车产品研发、生产过程中尽力减少排放还远远不够，这也使汽车产业减少排放转化为需要全社会共同努力解决的问题。

第四，我国能源结构能否相应转变为清洁绿色能源主导的结构，仍然是一个关键问题。在使用环节中，纯电动车比燃油车减排约25%。随着清洁能源在电力结构中占比不断提高，电动汽车的减排效果将愈加明显。不过，没有能源结构的转变、供应足够的清洁能源，汽车产业自身的减排努力将大打折扣。

第五，汽车回收利用阶段碳减排仍面临严峻挑战。如果说汽车研发、制造是汽车产业的"动脉"，那么二手车的销售、废旧汽车的处理、废旧零部件的回收利用（近来尤为突出的是锂电池的回收与再利用）等，可以称为汽车产业的"静脉"。即便在2030年前，汽车产业的"静脉"如何减少排放、污染，仍是严峻的挑战，尤其在电池回收利用领域。

汽车产业面临的挑战，并不局限于汽车产业，也绝不是产业自身能够解决的，需要从更高层次予以协调，各产业相互配合才能得到较满意的结果。

朱宏任

中国企联常务副会长兼理事长、工业和信息
化部原总工程师

未来对汽车发展的期望

中国是全球最大的单一汽车市场，汽车产业是我国经济发展的支柱产业之
一，汽车产业的高质量发展对我国极其重要。

当前，以电动、智能、网联为代表的新技术正在构建汽车产业的新赛
道，"电动化、智能化、网联化、共享化"是汽车产业发展的新趋势。我国
具有超大规模的汽车市场优势，加上完备的产业体系优势，有利于新技术快
速大规模的应用和叠加优化，有利于加速科技成果向现实产业生产力的转
化。中国汽车企业充分认识到产业技术变革潜藏的机会，传统车企持续转型
升级，造车新势力层出不穷，为中国汽车产业在新赛道上并跑、领跑下了
"先手"。

如何把先发优势保持下去，在产业发展的漫漫征程中，与全球传统老牌
车企同台竞技，同频共进，直至彻底超越，关键还是要解决面临的核心问
题。缺芯，是我国汽车产业面临的最严峻挑战，尤其是高端汽车芯片存在产
业链短板，面临"卡脖子"问题。在解决缺芯问题上，国家、企业都将以
前所未有的投入力求尽早实现突破。在产业链方面注意补短板、消瓶颈，以
科技创新打造产业链闭环，打造安全、可控的产业链，攻克短板，抵御"卡
脖子"的风险。

汽车业是全球温室气体排放最重要、增长最快的领域之一。随着我国汽车
保有量不断攀升，如何有效控制汽车行业碳排放总量，对全面实现碳中和目标
意义重大。就汽车行业而言，实现碳达峰碳中和目标，除了大力发展新能源汽

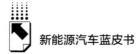

车，加快传统汽车节能技术的研究与应用也势在必行。同时，还应着眼产业链上下游的减排联动，将碳减排拓展到汽车全生命周期。此外，汽车产业的减碳行动还将推动其他行业协同减排。总之，汽车产业通过积极响应国家碳达峰碳中和目标，提升自身和行业低碳竞争力。

产业篇

Industry

本篇重点回顾了 2022 年我国新能源汽车市场特征及产业发展动态，涵盖新能源汽车市场分析、行业发展综述、产业链发展综述和基础设施产业情况等内容。

从市场表现来看，2022 年我国新能源汽车市场持续向好发展，市场出现新亮点：一是新能源汽车销量跃升至 688.7 万辆，二是新能源汽车出口实现 67.9 万辆，三是新能源汽车市场渗透率突破 25%，四是中国品牌新能源乘用车市场占比接近 80%，呈现量质双升的良好发展局面。

从产业发展来看，2022 年中国品牌产品竞争力优势越发突出，乘用车企业集中度进一步提升，氢燃料电池客车推广持续升温，货车行业实现翻倍式发展。从技术发展来看，行业整体技术水平继续稳步提升，智能化技术开始走向实用。

从产业链发展来看，我国已基本形成结构相对完整、自主可控的产业链体系。动力电池、电机电控等产业竞争优势持续扩大，全球市场占比进一步提升。但也面临关键矿产资源对外依赖度高、汽车芯片持续紧缺、国产操作系统应用较慢等发展问题。

从基础设施情况来看，我国充电环境持续改善，整体规模继续增长，全年新增充电基础设施 259.3 万个，车桩增量比为 2.7：1；私人充电基础设施建设数量 194.2 万个，同比增长 225.5%，大功率充电、换电、小功率直流充电等技术加快创新应用。行业标准体系逐步完善，换电模式关注度持续提高，先进充换电技术在各领域积极开展示范应用。

B.3
2022年中国新能源汽车市场分析及趋势研判

刘可歆　刘万祥*

摘　要： 2022年，我国新能源汽车市场持续向好发展，产销规模自2015年起连续八年居世界首位，全球销量占比由2021年的51.1%增长至61.2%，市场出现新亮点：一是新能源汽车销量跃升至688.7万辆，二是新能源汽车出口实现67.9万辆，三是新能源汽车市场渗透率突破25%，四是中国品牌新能源乘用车市场占比接近80%，呈现量质双升的良好发展局面。分车型结构来看，新能源乘用车由高低两端向中端主流市场靠拢，新能源客车销量实现8.8%的同比增长，新能源货车电动化步伐加快。分动力类型来看，纯电动车型仍占据我国新能源汽车市场主导地位，插电式混合动力汽车销量实现1.5倍的同比增长，燃料电池车型及产品进一步丰富。分领域来看，2022年我国新能源乘用车私人消费占比达78%，非限购地区销量占比达76%。展望未来，新能源汽车作为新增长点，有望在促消费、稳经济方面发挥更大作用。在政策利好、产品丰富等有利因素推动下，多领域有望出现新增量。同时，在整体市场趋稳背景下，市场结构正由增量发展向存量竞争转变，市场竞争更趋激烈化、复杂化。

关键词： 中国市场　车型结构　新能源汽车

---

* 刘可歆，工程师，中汽政研绿色低碳研究部；刘万祥，工程师，中汽政研智库研究部。

一 市场规模：2022年全球占比超过60%，连续八年居全球首位

2022 年，我国新能源汽车销量达 688.7 万辆，同比增长 93.4%，新能源汽车新车销量占比由 2021 年的 13.4% 快速提升至 25.6%（见图 1）。市场规模连续八年居世界首位，全球占比进一步提升，由 2021 年的 51.1% 增长至 61.2%。截至 2022 年底，我国新能源汽车保有量达 1310 万辆，占汽车总保有量的 4.1%。此外，根据海关数据统计，2022 年我国新能源汽车出口 67.9 万辆，同比增长 1.2 倍，占汽车总出口量的 21.8%，较 2021 年提升了 6.4 个百分点，成为我国外贸出口新亮点。

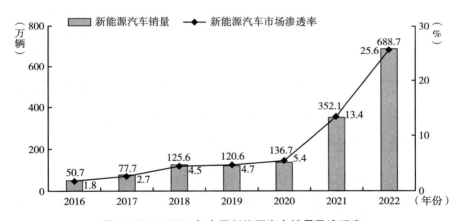

图 1 2016~2022 年中国新能源汽车销量及渗透率

资料来源：中国汽车工业协会，同比增长率以其公开口径为准。

二 车型结构：乘用车结构持续优化，商用车市场实现增长

（一）新能源乘用车市场向中端靠拢，中系品牌占比近八成

1. 乘用车整体销量快速增长，插电式混合动力车辆比例明显提升

根据中国汽车工业协会统计，2022 年我国新能源乘用车销量为 654.8 万

辆，同比增长94.3%，占整体新能源汽车销量的比例由2021年的94.7%提升至95.1%（见图2）。分动力类型来看，2022年纯电动、插电式混合动力乘用车销量分别为503.3万辆和151.5万辆，同比分别增长81.7%和152.4%，受比亚迪DM-i等热销车型带动，插电式混合动力乘用车销量占比由2021年的17.8%提升至23.1%。

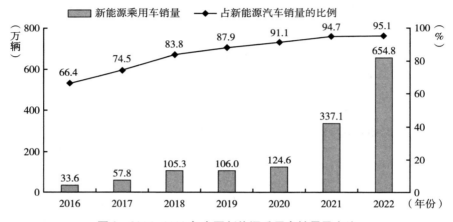

图2 2016~2022年中国新能源乘用车销量及占比

资料来源：中国汽车工业协会。

2. 前十企业销量占比超七成，车型产品不断丰富

根据机动车上险数据统计，2022年中系、美系、欧系、日系品牌新能源乘用车国内市场销量占比分别为77.9%、9.5%、6.9%和1.9%，中系品牌销量同比提升5.4个百分点。分企业来看，2022年我国新能源乘用车销量前十企业分别为比亚迪、上汽通用五菱、特斯拉、吉利、长安、广汽、奇瑞、合众、理想、小鹏，前十企业销量合计372.1万辆，占整体新能源乘用车销量的71.1%，市场集中度较高。其中，比亚迪、上汽通用五菱、特斯拉三家企业2022年新能源乘用车销量分别为158.3万辆、44.8万辆和44.2万辆，占比分别为30%、9%和8%，合计占比达47%。

分车型来看，2022年我国在售的新能源乘用车车型已超400款，新能源乘用车销量前十车型分别为上汽通用五菱宏光MINI EV、比亚迪宋PLUS、特斯拉Model Y、比亚迪秦PLUS、比亚迪汉、比亚迪海豚、比亚迪元PLUS、特斯拉 Model 3、比亚迪唐、广汽 AION S，其中比亚迪宋 PLUS、秦 PLUS、汉、唐包含 PHEV 车型，其余销量前十车型均为纯电动汽车（见图3）。

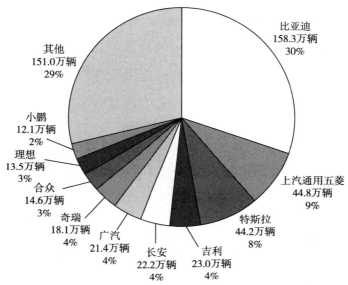

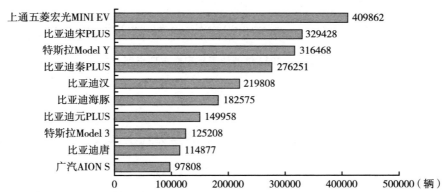

图3 2022 年新能源乘用车前十企业及车型销量分布

资料来源：机动车上险数据。

3. 紧凑型车销量增长，带动乘用车市场向中端靠拢

根据机动车上险数据统计，2022 年比亚迪宋 PLUS、比亚迪秦 PLUS、比亚迪元 PLUS、广汽 AION S、比亚迪海豚、欧拉好猫等 A0 级和 A 级车热销，

带动新能源乘用车市场由高低两端为主向中端靠拢，2022 年 A00 级、A0 级、A 级、B 级、C 级及以上车型（含轿车与 SUV）销量分别为 101.4 万辆、43.8 万辆、198.9 万辆、104.9 万辆和 74.1 万辆，同比分别提升 23.2%、408.6%、165.6%、19.0% 和 103.5%，占比分别为 19.4%、8.4%、38.0%、20.1% 和 14.1%。其中，A0 级和 A 级车增速明显超过平均涨幅，市场份额也由 2021 年的 3.0% 和 25.8% 提升至 8.4% 和 38.0%，同比分别增长 5.4 个百分点和 12.2 个百分点（见图 4）。

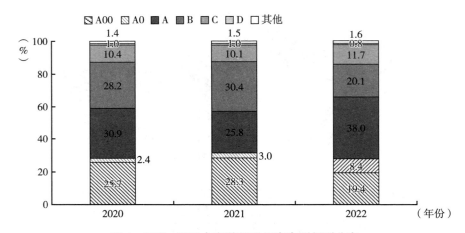

图 4　2020~2022 年新能源乘用车车型级别分布

资料来源：机动车上险数据。

（二）新能源客车销量回升，但渗透率仍处于低位

1. 客车销量同比增长8.8%，市场渗透率达13%

根据机动车上险数据统计，2022 年我国新能源客车销量为 5.27 万辆，同比增长 8.8%，占整体客车销量的比例由 2021 年的 10% 回升至 13%，但仍低于 2020 年及之前的销量占比（见图 5）。考虑到一二线城市公交电动化替代基本完成，长途客运等领域电动化推进较慢等因素，新能源客车销量将持续处于低速增长状态。

2. 客车头部企业份额较高，前十企业销量占比超六成

根据机动车上险数据统计，2022 年我国有销量的新能源客车企业约 73

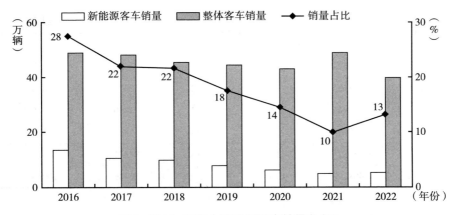

图5 2016~2022年新能源客车销量及占比

资料来源：中国汽车工业协会、机动车上险数据。

家，前十企业销量合计约 3.5 万辆，占整体新能源客车销量的 66.3%。其中，宇通客车销量达 10706 辆，市场占比达 20.3%，领先优势明显。苏州金龙、中通客车、厦门金龙、中车电动、比亚迪销量均超 2500 辆，分别居新能源客车销量第 2~6 位。从动力类型来看，新能源客车前十企业均以纯电动车型为主，销量合计约 3.3 万辆，占前十企业新能源客车总销量的 93.9%；此外，宇通客车、苏州金龙、中通客车、厦门金龙、厦门金旅、南京金龙、申沃客车、北汽福田等企业均加大燃料电池车型布局（见表1）。2022 年我国燃料电池客车销量达 1259 辆，同比增长 20%。

表1 2022 年新能源客车前十企业销量分布

单位：辆，%

企业名称	BEV 销量	PHEV 销量	FCEV 销量	总计	占比
宇通客车	10168	316	222	10706	20.3
苏州金龙	4144	—	151	4295	8.1
中通客车	3339	117	90	3546	6.7
厦门金龙	2566	109	104	2779	5.3
中车电动	2610	—	—	2610	4.9
比亚迪	2510	—	—	2510	4.8

企业名称	BEV 销量	PHEV 销量	FCEV 销量	总计	占比
厦门金旅	2357	—	102	2459	4.7
南京金龙	2369	—	8	2377	4.5
申沃客车	1794	22	24	1840	3.5
北汽福田	950	793	84	1827	3.5
合计	32807	1357	785	34949	66.3
总计	49839	1638	1259	52736	100.0

资料来源：机动车上险数据。

3. 客车主要应用于城市公交领域，车长以8~12（含）米为主

从车长分布来看，2022 年我国新能源客车仍以 8~12（含）米为主，其中 8~10（含）米、10~12（含）米新能源客车产量分别为 2 万辆和 2.7 万辆，占比分别为 35.2% 和 48.5%。随着城乡客运、园区接驳、"最后一公里"通勤班线用车、旅游景区摆渡车等应用场景的拓展，8 米及以下客车产量稳步提升，占比由 2021 年的 15.2% 增长至 16.1%（见图6）。

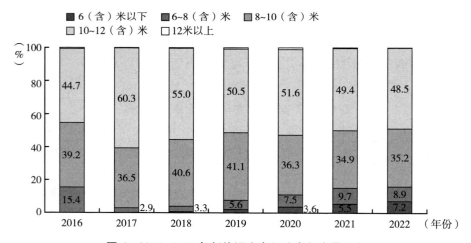

图6 2016~2022 年新能源客车细分车长产量分布

资料来源：机动车产量数据。

（三）新能源货车规模快速增长，中重型货车规模提升

1. 货车电动化步伐加快，新能源物流车仍为主要车型

根据机动车上险数据统计，2022年我国新能源货车（含专用车）销量为26.4万辆，同比增长96.9%，占整体货车销量的比例由2021年的3.7%快速提升至10.8%（见图7）。其中，新能源物流车销量为23.5万辆，占新能源货车整体销量的89%；环卫、工程等其他用途的专用车销量为2.9万辆，占比11%。

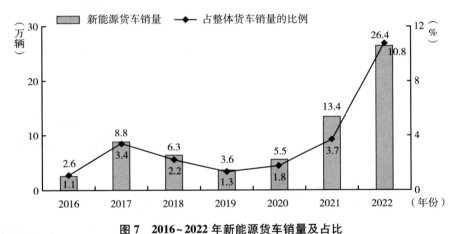

图7 2016～2022年新能源货车销量及占比

资料来源：机动车上险数据。

2. 货车尾部企业布局较为分散，前十企业集中度不足70%

根据机动车上险数据统计，2022年我国有销量的新能源货车企业约143家，前十企业销量合计18.1万辆，占整体新能源货车销量的68.4%。从企业排名来看，吉利汽车、重庆瑞驰、东风汽车销量均超2万辆，分别位列新能源货车销量第1～3；华晨鑫源、奇瑞商用车、长安汽车、北汽福田、上汽大通、广西汽车销量均超1万辆，分别位列新能源货车销量第4～9（见表2）；此外也有约60家企业全年新能源货车销量不足10辆。

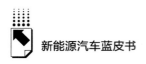
表2　2022年新能源货车前十企业销量分布

单位：辆，%

企业名称	微型	轻型	中型	重型	总计	占比
吉利汽车		30723	2	16	30741	11.6
重庆瑞驰		29100			29100	11.0
东风汽车		19329	28	1600	20959	7.9
华晨鑫源		17697			17697	6.7
奇瑞商用车		17189	6	133	17328	6.6
长安汽车		16084			16084	6.1
北汽福田	9	13858	120	1463	15450	5.8
上汽大通		13212	2		13214	5.0
广西汽车		11112			11112	4.2
山西新能源		9336			9336	3.5
合计	9	177640	158	3212	181021	68.4
总计	1532	235882	1790	25052	264256	100.0

资料来源：机动车上险数据。

3. 轻型货车依然占据主要地位，中重型货车车型日益丰富

轻型货车长期占据我国新能源货车市场主要地位，2022年我国新能源微型、轻型、中型、重型货车产量分别为0.4万辆、26.4万辆、0.2万辆和2.8万辆，轻型货车占比达88.6%。

根据2022年1~12批《新能源汽车推广应用推荐车型目录》统计，中型、重型新能源货车车型数量已分别达212款和785款（见图8），同比分别增长9.8%和67.7%。一批换电式及燃料电池货车车型已开始进入目录，2020年换电式货车车型仅为8款，2021年增长至159款，2022年进一步增长至320款，同比增长101%。徐工汽车、上汽红岩、汉马科技等换电式纯电动半挂牵引车销量均已突破1000辆。2022年燃料电池货车车型达到214款，同比增长55.1%。佛山飞驰、北汽福田、宇通集团、一汽集团、苏州金龙等燃料电池货车销量也均超过100辆。

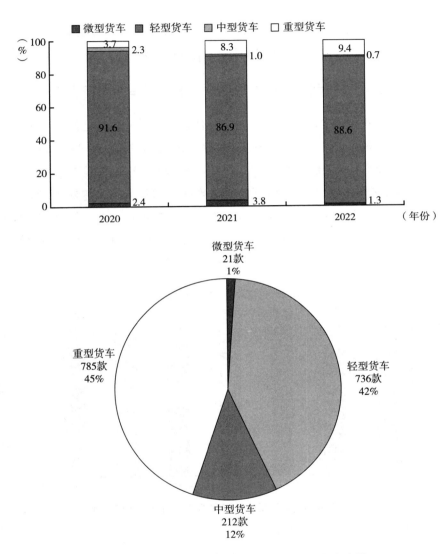

图8　2020~2022年新能源货车细分吨位产量占比及
2022年推荐车型目录细分吨位车型分布

资料来源：机动车产量数据、《新能源汽车推广应用推荐车型目录》。

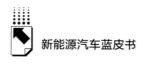

新能源汽车蓝皮书

三 动力类型：纯电动车型占据主流，插电式、燃料电池市场向好

（一）纯电动车型仍占据主导地位，插电式车型有明显增长

2022 年，我国纯电动汽车、插电式混合动力汽车、燃料电池汽车销量分别为 536.5 万辆、151.8 万辆、0.34 万辆，占比分别达 77.9%、22.0% 和 0.1%（见图 9）。受到比亚迪宋 PLUS DM-i、秦 PLUS DM-i、汉 DM-i 等一批热销车型带动，插电式混合动力汽车销量实现明显增长，同比增幅达 151.6%，高于纯电动汽车及燃料电池汽车 81.6% 和 112.8% 的同比增幅。据公安部数据统计，截至 2022 年底，我国纯电动汽车、插电式混合动力汽车保有量分别为 1045 万辆和 265 万辆，占新能源汽车总量的 79.8% 和 20.2%。

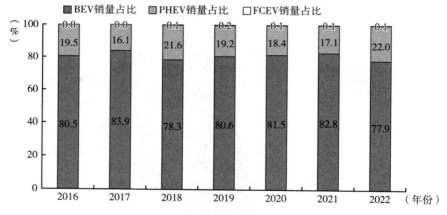

图 9　2016～2022 年新能源汽车细分动力类型销量占比

资料来源：中国汽车工业协会。

（二）插电式车型以乘用车为主，比亚迪产品领先优势明显

当前插电式混合动力汽车仍主要集中在乘用车领域，2022 年我国插电式混合动力汽车销量为 151.8 万辆，其中乘用车销量为 151.5 万辆，占比达99.8%。根据机动车上险数据统计，2022 年我国有销量的插电式混合动力乘用

车企业约 51 家，主要车型包括比亚迪宋 PLUS DM-i、比亚迪秦 PLUS DM-i、比亚迪汉 DM-i、比亚迪唐 DM-i、比亚迪宋 Pro DM-i、理想 ONE、赛力斯问界 M5、比亚迪驱逐舰 05、理想 L9、奔驰 E 350 e L 等，销量合计 97.2 万辆，占整体插电式混合动力乘用车销量的 77%（见图 10）。

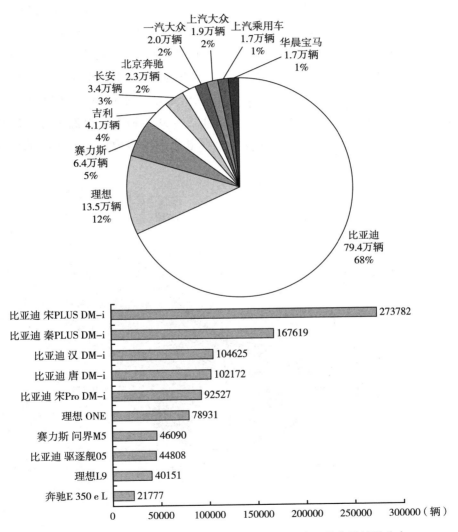

图 10　2022 年插电式混合动力乘用车销量前十企业及车型销量分布

资料来源：机动车上险数据。

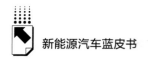

（三）燃料电池汽车以商用车为主，乘用车市场起步

2022 年，我国燃料电池汽车销量为 3397 辆，同比增长 112.8%。根据机动车上险数据统计，2022 年我国有销量的燃料电池汽车企业约 57 家，其中宇通、北汽福田、佛山飞驰、上汽大通、苏州金龙销量均超 300 辆，居前五位（见图 11）。从车辆类型来看，燃料电池乘用车销量由 2021 年的 9 辆增加至 2022 年的 204 辆，车型主要为上汽大通 EUNIQ 7、丰田 Mirai、红旗 H5 FCEV 等；燃料电池客车销量为 1182 辆，车型主要为城市客车、低入口（低底板）城市客车等；燃料电池货车销量为 2011 辆，车型主要为半挂牵引车、冷藏车、自卸汽车、厢式运输车、保温车等。2022 年冬奥会期间，共计投入使用 816 辆燃料电池汽车作为主运力开展示范运营服务。

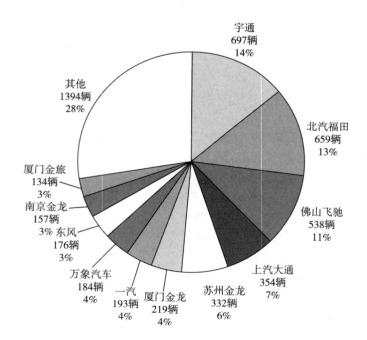

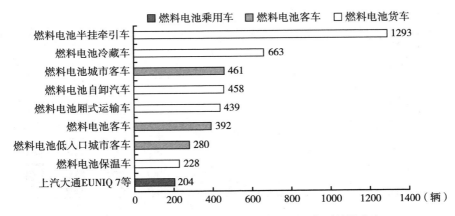

图11　2022年燃料电池汽车销量前十企业及车型销量分布

资料来源：机动车上险数据。

四　领域分布：消费市场逐步下沉，私人消费
占比明显提升

（一）主销区域由限购地区进一步向非限购地区下沉

根据机动车上险数据统计，2022年我国新能源汽车前十地区销量合计386.1万辆，占全国新能源汽车销量的69%。广东、浙江、江苏、山东、上海销量均超35万辆，位居前五。从区域分布来看，非限购城市新能源乘用车销量占比由2020年的60%快速提升至2022年的76%，非限购城市的消费需求进一步释放，市场内驱力显现（见图12）。

（二）市场结构持续优化，私人消费占比近八成

经过多年市场培育和积累，我国新能源汽车私人消费市场已经打开，私人消费占比保持较高水平。2022年新能源乘用车私人消费占比达78%，与2021年基本持平，但明显高于2020年及之前水平。非私人消费方面，市场主要集中在出租租赁、企事业单位、运输类货车、城市公交、环卫工程车等领域，2022年销量分别为60.0万辆、55.5万辆、25.4万辆、4.6万辆和2.9万辆（见图13）。

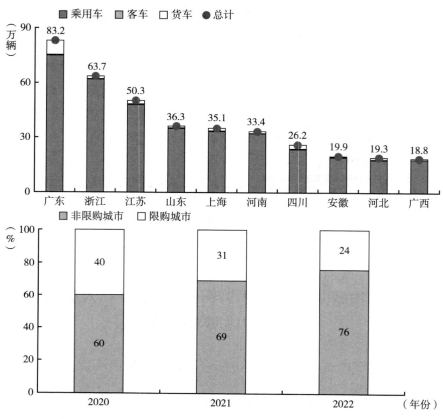

图12 2022年新能源汽车销量前十地区及2020~2022年新能源
乘用车销量分布区域

资料来源：机动车上险数据。

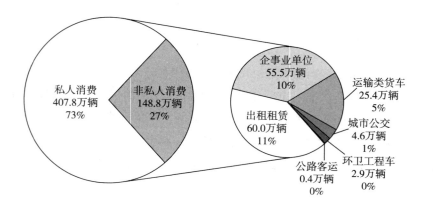

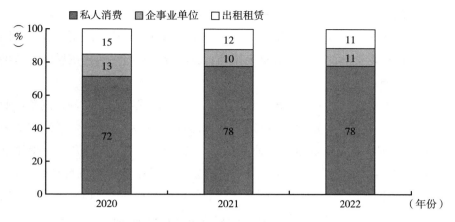

图13 2022年新能源汽车应用领域分布及2020~2022年分领域
新能源乘用车销量分布

资料来源：机动车上险数据。

五　趋势研判：整体市场由增量向存量切换，市场竞争日趋复杂

（一）整体市场进入降速调整阶段，发展潜力仍然巨大

2018年以来，我国整体汽车年度销量维持在2500万~2800万辆规模，汽车市场在经历了持续高速增长后，已进入降速调整、转型升级阶段，未来市场低速甚至波动增长可能成为常态。虽然短期内汽车产销量仍然以震荡调整为主，但是中国汽车产业已经基本具备了国际竞争力和世界级消费市场，随着居民收入水平提升，出行需求仍将稳步增长。我国汽车市场长期向好的发展趋势没有改变，中国汽车市场仍有较大发展空间。

（二）增量发展向存量竞争切换，市场竞争更趋复杂化

在整体市场趋稳背景下，汽车市场结构正由增量发展向存量竞争转变，燃油车与新能源汽车此消彼长的发展态势也愈发明显。随着汽车市场竞争激化和企业间发展差距拉大，此消彼长的发展关系也将从燃油车与新能源汽车扩展到

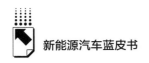

各大汽车品牌之间，产业格局也将发生明显调整。

一是竞争边界逐渐消失。随着新能源汽车市场进入快速发展新阶段，新能源汽车与传统燃油车的产品边界逐渐淡化，新能源汽车与主流传统燃油车市场逐步展开全面竞争。

二是行业竞争日趋激烈。未来伴随产品、市场、成本竞争加剧，汽车产业及新能源汽车产业将呈现"强者愈强、弱者愈弱"的发展趋势。预计2023~2030年，我国汽车企业数量将加速减少，产业集中度进一步提升，一批尾部企业将被淘汰出局。过去通过拿资质、建产能、布网络，以"实现自身增长"为核心的产业要素布局方式将被颠覆。精准创新、定制生产、体验营销、在线服务等以"为用户提供价值"为核心的竞争格局将更加成熟。

（三）新能源汽车向好因素聚集，多领域有望出现新增量

近期中央经济工作会议、2023年政府工作报告等都提出要着力扩大国内需求，支持新能源汽车等消费。新能源汽车作为新的增长点，将成为2023年扩大内需的核心抓手之一，在促消费、稳经济方面应发挥更大作用。2023年，免征车辆购置税政策的延续，仍将为新能源汽车提供平均1.5万元/车的税收减免，有利于降低消费者的购车支出。政策利好、产品丰富等因素有望推动市场出现新增量。

乘用车方面，2023年国内约有100款新能源新车上市，同比增长约40%。丰富的市场供给与用户的多元化需求相呼应，有助于推动新能源汽车市场保持良性发展态势。2023年比亚迪、腾势、理想、长城、长安、问界、吉利等众多车企继续推出高性价比插电式混合动力车型，根据各企业发布信息统计，2022年底至2023年新上市车型预计超过30款，插电式混合动力汽车市场销量有望迎来新高。此外，长安、广汽本田、比亚迪、广汽埃安、零跑、大众、小鹏、长城等将继续推出10万~20万元高性价比新能源车型，10万~20万元成为主流汽车价格区间，新能源汽车产品的快速丰富有望带动渗透率进一步上涨。

商用车方面，2023年公共领域车辆全面电动化先行区试点工作全面启动，换电及燃料电池试点工作有序开展，多地规划也提出加大公共领域电动化及新能源货车路权支持力度，有望推动2023年新能源商用车领域出现新增量。

B.4
2022年中国新能源汽车行业发展综述

周玮　李永康　方继开　李庆升*

摘　要： 2022年中国新能源汽车行业表现出强劲发展势头，进入规模化快速发展阶段。市场方面，乘用车企业集中度进一步提升，中国品牌产品竞争力优势突出，海外市场份额快速提升，燃料电池客车推广持续升温，货车销量实现翻倍式增长。技术方面，行业整体技术水平继续稳步提升，智能化技术开始走向实用。产品方面，乘用车企业积极布局插电式混合动力产品，大电量、长续航产品倍受关注。展望2023年，中国新能源汽车行业将延续向好趋势，乘用车行业将迈入深层次竞争阶段，优胜劣汰将加速；客车产品将向小型化发展，市场进一步下沉；货车企业将愈加重视场景化开发理念，细分领域挖掘及生态建设成为方向。

关键词： 新能源汽车　乘用车企业　竞争力

一　新能源乘用车发展成效显著，产品
竞争力迅速提升

（一）市场集中度进一步提升，中国品牌产品竞争力突出

2022年，我国有销量统计的新能源乘用车企业共281家，排名前十企业合计销量约372.2万辆，占比71.2%，市场集中度较2021年提高了2.1个百

---

* 周玮，高级工程师，中汽政研绿色低碳研究部总监；李永康，工程师，中汽政研绿色低碳研究部；方继开，工程师，中汽政研绿色低碳研究部；李庆升，工程师，中汽政研绿色低碳研究部。

分点。比亚迪、上汽通用五菱、特斯拉等头部企业优势持续稳固，前三家企业合计销量247.3万辆，占比由2021年的43.4%提升至47.3%，连续三年合计占比不低于40%（见表1）。同时，中资品牌新能源乘用车占比达到79.9%，同比提升5.4个百分点，市场竞争力逐步提升。新势力企业表现依然强劲，有4家新势力企业销量进入行业前十，合计销量为84.4万辆。另外，传统企业加速转型，新品牌车型销量增长显著，如吉利极氪和几何两个品牌占集团新能源乘用车销量比例达到70%；重庆金康赛力斯与华为联合推出的AITO问界M5、M7等产品，2022年销量突破6万辆；长安、华为和宁德时代共同打造的阿维塔品牌，自2022年8月上市后受到市场高度关注。

表1　2020~2022年中国新能源乘用车企业销量排名

单位：万辆，%

排名	2020年			2021年			2022年		
	企业	销量	占比	企业	销量	占比	企业	销量	占比
1	上汽通用五菱	16.5	14.7	比亚迪	52.6	18.1	比亚迪	158.3	30.3
2	特斯拉	14.4	12.9	上汽通用五菱	42.3	14.6	上汽通用五菱	44.8	8.6
3	比亚迪	13.8	12.4	特斯拉	31.2	10.7	特斯拉	44.2	8.4
4	广汽乘用车	6.4	5.7	长城汽车	13.4	4.6	吉利汽车	23.0	4.4
5	长城汽车	5.5	4.9	广汽乘用车	12.3	4.2	长安汽车	22.2	4.2
6	北汽新能源	4.7	4.2	上汽乘用车	11.4	3.9	广汽乘用车	21.4	4.1
7	蔚来汽车	4.3	3.9	长安汽车	10.2	3.5	奇瑞汽车	18.1	3.5
8	上汽乘用车	4.2	3.7	小鹏汽车	9.7	3.3	合众新能源	14.6	2.8
9	奇瑞汽车	4.0	3.6	理想汽车	9.1	3.1	理想汽车	13.5	2.6
10	理想汽车	3.3	3.0	蔚来汽车	9.1	3.1	小鹏汽车	12.1	2.3
合计		77.1	69.0	合计	201.3	69.1	合计	372.2	71.2

资料来源：机动车保险数据。

（二）产品关键指标呈现提升态势，电动化、智能化新技术逐步产业化

2022年纯电动乘用车在电池系统能量密度、续驶里程等关键技术指标方面均有所提升。根据2022年《新能源汽车推广应用推荐车型目录》统计分析，纯电动乘用车电池系统能量密度行业平均水平由2021年的149.8 Wh/kg提升至150.8Wh/kg；纯电动乘用车续驶里程行业平均水平由2021年的

410.4km 提升至 456.9km，提升幅度为 11.3%。由于 A 级及以上纯电动乘用车产品日趋丰富，行业平均电耗水平由 2021 年的 13.4kWh/100km 增加至 2022年的 13.7kWh/100km（见图 1）。

电池底盘一体化技术能够将动力电池直接集成于底盘，实现减重降本和提高能量密度的效果，已成为新能源乘用车集成技术创新的重要方向。2022 年，零跑、比亚迪分别发布 CTC（Cell to Chassis，电芯到底盘）、CTB（Cell to Body，电芯到车身）等新成组工艺技术，并分别搭载于零跑 C01 和海豹车型。其中，零跑 CTC 技术可使零部件数量减少 20%，结构件成本降低 15%，整车车身刚

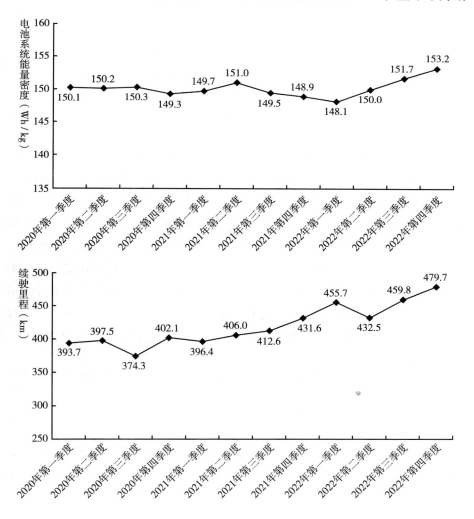

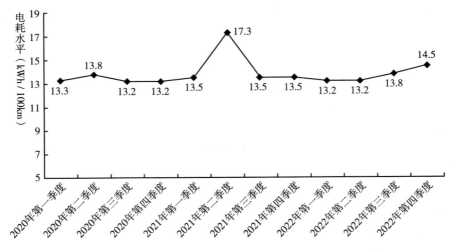

**图 1　2020 年第一季度至 2022 年第四季度推荐车型目录内
纯电动乘用车车型主要技术参数变化**

资料来源：2020~2022 年《新能源汽车推广应用推荐车型目录》。

度提高 25%，电池布置整体空间增加 14.5%。比亚迪 CTB 技术使整车扭转刚
度超过 40000N·m/deg，提升 70%，并使乘坐空间在垂直方向增加了 10mm。

城市领航辅助驾驶作为提升车辆驾驶安全性的重要技术方向，已成为新能
源汽车企业布局的关键智能化技术。2022 年，小鹏推出"城市 NGP"、极狐联
合华为推出"城市 NCA"和长城魏牌推出"城市 NOH"等领航辅助驾驶功能，
分别面向广州、上海和北京开展商业化应用，蔚来、理想等也推出搭载城市领航
辅助驾驶系统的汽车产品。通过搭载激光雷达、高算力芯片等硬件，市场中的城
市领航辅助驾驶功能普遍具备自动变道超车、红绿灯识别、复杂路口通行、无保
护左右转、车辆近距离切入、阻塞占道、隧道、立交桥等复杂场景处理能力。

（三）跨国企业积极推出多款车型，提速电动化加速实现碳中和

2022 年跨国企业顺应产业发展趋势，发布企业战略目标，加速全球和中
国市场布局，未来计划推出多款新能源汽车车型，涵盖高中低端轿车、SUV
等各类车型。全球跨国汽车企业形成共识，将碳中和目标提上日程。跨国车企
也顺应电动化、智能化和网联化融合发展趋势，在电池、电驱动及智能化技术
等方面加大投入力度（见表 2）。

表2 主要跨国企业最新战略规划

序号	企业	战略	市场	产品	技术
1	日产	计划在未来5年（2022~2026年）内投资2万亿日元，加快推进电驱化产品布局和技术创新	欧洲：电驱化车型占车型总销量的75%以上；日本：电驱化车型占车型总销量的55%以上；中国：电驱化车型占车型总销量的40%以上；美国：纯电动车型占车型销量的40%	推出23款电驱化车型，其中包括15款纯电动车型，日产品牌的电驱化车型占比将超过50%	电池：通过固态电池和相关电池技术的创新，开发具有成本竞争力和高效能的电动车型；开发建筑物提供分散式发电，为使用可再生能源的电驱动：深入开发日产e-POWER动力总成，实现更高的能效；低碳：加强与能源部门的合作，支持电网脱碳；从"日产智能工厂"开始，进行生产工艺创新以提高汽车装配的使用效率。努力提高能源和材料的使用效率
2	大众	2030年，集团每辆汽车在整个生命周期内的碳足迹与2018年相比将减少30%；2040年，集团在全球主要市场新售车辆将接近零排放；2050年，集团将实现碳中和	2030年，大众汽车电动汽车的销量将占其总销量的50%	每年至少推出一款新的纯电车型，2022年奥迪纯电概念车，2023年保时捷Macan EV以及奥迪Q6 e-tron，2025年推出SSP平台的首款车型ARTEMIS	平台：SSP平台是MQB、MSB、MLB、MEB和PPE平台的延续，是整合后的机电一体化平台架构；电池："电池电芯与系统"引入标准电芯，6座超级电池工厂；充电与能源：加强充电桩建设，打造完整的充电和能源生态系统；自动驾驶技术在移动出行：自动驾驶系统、自动驾驶软件和出行服务平台在车辆的整合；共享汽车和出行服务平台上将扩展出全新的可扩展软件平台和端到端电子架构，其中将包含一个适用于集团所有品牌车型的通用操作系统，预计将2025年推出全新的首款搭载L4级别自动驾驶技术

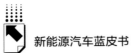
续表

序号	企业	战略	市场	产品	技术
3	丰田	加快电动车型覆盖、强调全生命周期碳中和	在2030年前，在全球范围内推出包括乘用车、商用车等领域在内的共计30款BEV（Battery Electric Vehicle，纯电动）汽车，BEV汽车全球年销售量计划达到350万辆。雷克萨斯品牌将转型为纯电动版本，在中国、北美、欧洲实现百分之百BEV车型销售，全球销量达100万辆，到2035年，雷克萨斯将实现全球百分百销售BEV车型	扩展BEV车型的产品阵容：涵盖了各级别的轿车、SUV，甚至是皮卡以及小型巴士。雷克萨斯全新车型是BEV专属平台，后续车型：bZ Small Crossover、bZ SDN、bZ 4X、bZ Compact SUV以及bZ Large SUV	技术路线：BEV、PHEV（Plug-in Hybrid Electric Vehicle，插电式混合动力汽车）、FCEV（Fuel Cell Vehicle，燃料电池汽车）全面开花。平台：e-TNGA平台、bZ系列和Lifestyle系列产品线。电池：整合电池事业板块，研究全固态等下一代电池
4	现代	2040年所有市场全面电动化	2030年电动车全球产量为330万辆，市场占有率12%	扩大电动车产品序列：推出17款电动车，其中，现代11款（3款轿车、6款SUV、1款卡车、1款其他车型），捷尼赛思6款（2款轿车、4款SUV）	平台：eM，覆盖B到E级；eS，商用平台。电池：2030年能量密度增加50%，2030年推出固态电池。电机电控：集成化电气架构、车联网，所有新车型支持OTA，全栈大数据支持业务

续表

序号	企业	战略	市场	产品	技术
5	奔驰	2039年全面停售汽油车	2025年纯电动和PHEV车型销量占比达到50%，每款车型均有纯电动车型2030年上市的全部新车将均为纯电动车（EV），到2030年前，电动化领域将投资400亿欧元	2023年梅赛德斯-奔驰将在中国推出6款纯电和插电式混合动力车型，包括全新EQS纯电SUV和全新EQE纯电SUV。至2023年底，在华新能源产品矩阵将达17款，覆盖丰富的豪华细分市场，满足不同客户的出行需求	平台:小型车MMA架构平台;中大型乘用车MB.EA模块化架构平台,性能电动车专属的AMG.EA纯电动架构平台,纯电MPV及轻型商务车使用的VAN.EA平台 电池:开发固态电池,超高能量密度达1200Wh/L,400Wh/kg,整体电池安全性提升
6	宝马	到2030年,在生产环节单车碳排放量较2019年降低80%	2025年在全球完成第200万辆纯电动汽车的交付,中国市场销量的1/4是纯电动车型	2025年实现含有运动型多功能车和BMW 3系纯电动的纯电动车等6款车型量产	电驱动:第六代eDrive电力驱动技术,开发特殊组件的新型燃料电池系统 智能化:人工智能,自动驾驶,人机交互等方面加大研发投入

资料来源：根据公开资料整理。

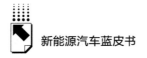

（四）中国企业"走出去"步伐加速，海外合资合作深化

2022年，中国企业加速新能源乘用车出口和海外布局，并积极开展合资合作。一是出口产品类型日渐丰富。出口产品涵盖轿车、SUV、MPV等车型，如比亚迪ATTO 3（国内为元PLUS）实现出口澳大利亚、新加坡、泰国、哥斯达黎加和欧洲等国家和地区，海豚出口日本，汉出口欧洲和巴西等，e6出口印度，上汽名爵MG EZS出口欧洲、泰国和新加坡，上汽通用五菱Air EV出口印尼，广汽GE 3出口以色列，哪吒V出口泰国、约旦、尼泊尔，东风岚图FREE出口欧洲，零跑T03出口以色列，红旗E-HS9出口欧洲、俄罗斯等。二是骨干企业加快海外生产布局。比亚迪于2022年初宣布在匈牙利扩建电动客车工厂，并在马来西亚新建了EV CKD工厂；苏州金龙将在巴西新建纯电动客车工厂并计划于2024年投产；长城汽车计划于2023年在泰国基地投产电动车型。三是海外合资合作进一步深化。2022年1月，比亚迪与美国Nuro合作开发纯电动无人驾驶配送车；3月，比亚迪与乌兹别克斯坦宣布合作生产电动汽车；9月，哪吒汽车与泰国PTT公司宣布将在充电桩生产与安装、公共充电服务、未来生产战略规划等方面开展全面战略合作。

（五）车企积极布局PHEV车型，大电量、长续航产品倍受关注

2022年，企业积极布局插电式混合动力汽车，主要车型包括比亚迪王朝及海洋军舰系列产品，长城摩卡、拿铁、哈弗PHEV车型，吉利缤越PHEV、吉利星越L Hi·P，长安UN-K PHEV，奇瑞瑞虎8 PLUS PHEV和捷途X-PHEV以及理想L9等国产车型，及广汽本田雅阁PHEV、皓影PHEV等合资企业车型。车企开始陆续投放长续驶里程的PHEV产品，如比亚迪唐纯电续驶里程达252km、吉利星越L Hi·P达205km、长城摩卡达204km等。根据机动车上险数据统计，2022年有30%的PHEV车型纯电续驶里程处在110~130km。

二 新能源客车市场规模进一步增长，示范效应 拉动产品推广升级

（一）多重因素拉动，新能源客车国内及出口市场均呈增长态势

2022 年，中国有销量统计的新能源客车企业共 73 家，合计市场销量为 5.27 万辆（车长 4.5 米以上，含燃料电池客车），相较于 2021 年约 4.85 万辆 同比增长 8.8%，其中 2022 年 12 月单月销量为 1.5 万辆。排名前十的企业总 销量为 3.5 万辆，占比 66.3%，相较于 2021 年有所下降（见表 3）。在全球 "碳中和"背景下，欧洲等一些地区开始重视客车的环保问题，对我国新能源 客车的购买需求逐渐增加。2022 年我国新能源客车出口 7565 辆，同比增长 147.5%，其中纯电动客车出口 6797 辆，插电式混动客车出口 768 辆。

表 3　2020~2022 年中国新能源客车企业销量排名

单位：辆，%

排名	2020 年			2021 年			2022 年		
	企业	销量	占比	企业	销量	占比	企业	销量	占比
1	宇通客车	15825	25.4	宇通客车	11369	23.5	宇通客车	10706	20.3
2	中车电动	5204	8.4	中通客车	3943	8.2	苏州金龙	4295	8.1
3	中通客车	4303	6.9	中车电动	3826	7.9	中通客车	3546	6.7
4	比亚迪	4100	6.6	比亚迪	3336	6.9	厦门金龙	2779	5.3
5	苏州金龙	3395	5.5	苏州金龙	2981	6.2	中车时代	2610	4.9
6	安凯客车	3101	5.0	厦门金龙	2506	5.2	比亚迪	2510	4.8
7	厦门金龙	3036	4.9	安凯客车	1740	3.6	厦门金旅	2459	4.7
8	北汽福田	3004	4.8	厦门金旅	1692	3.5	南京金龙	2377	4.5
9	厦门金旅	2267	3.6	南京金龙	1460	3.0	申沃客车	1840	3.5
10	上海申沃	2043	3.3	北汽福田	1263	2.6	北汽福田	1827	3.5
	合计	46278	74.4	合计	34116	70.6	合计	34949	66.3

资料来源：机动车保险数据。

2022 年轻型客车产品相较于 2021 年市场份额提升 2.1 个百分点，大型客车 相较于 2021 年下降 1.9 个百分点，中型客车市场份额保持相对稳定（见表 4）。

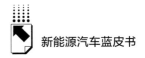

表4 2021~2022年中国新能源客车分车型销量结构

单位：辆，%

项目	2021 年			2022 年		
	城市	销量	占比	城市	销量	占比
1	大型客车	24781	51.1	大型客车	25940	49.2
2	中型客车	17866	36.9	中型客车	19365	36.7
3	轻型客车	5811	12.0	轻型客车	7431	14.1
合计		48458	100.0	合计	52736	100.0

资料来源：机动车保险数据。

（二）新能源客车前十城市集中度同比提升

2022 年前十城市销量合计为 18922 辆，集中度为 35.9%，相较于 2021 年提升了 8.3 个百分点。销量排名靠前城市为上海、北京、深圳、重庆、成都等（见表 5）。

表5 2021~2022年中国新能源客车城市销量排名

单位：辆，%

项目	2021 年			2022 年		
	城市	销量	占比	城市	销量	占比
1	武汉	1999	4.1	上海	3397	6.4
2	成都	1467	3.0	北京	2652	5.0
3	北京	1467	3.0	深圳	2385	4.5
4	广州	1372	2.8	重庆	2229	4.2
5	沈阳	1367	2.8	成都	2206	4.2
6	宁波	1284	2.6	武汉	2132	4.0
7	上海	1220	2.5	南京	1150	2.2
8	深圳	1178	2.4	石家庄	967	1.8
9	哈尔滨	1051	2.2	宁波	940	1.8
10	济南	954	2.0	哈尔滨	864	1.6
前十集中度	13359		27.6	18922		35.9

资料来源：机动车保险数据。

（三）客车动力电池能量密度小幅下滑，续驶里程有所增加

根据2022年《新能源汽车推广应用推荐车型目录》统计分析，纯电动客车电池系统能量密度行业平均水平由2021年的158.1Wh/kg下滑至2022年的155.2Wh/kg，下滑了1.8%；纯电动客车单位载质量能量消耗量（E_{kg}）行业平均水平由2021年的0.155Wh/（km·kg）上升至2022年的0.156Wh/（km·kg），增加了0.6%；纯电动客车续驶里程行业平均水平由2021年的496.6km提升至2022年的506.4km，提升了2%（见图2）。

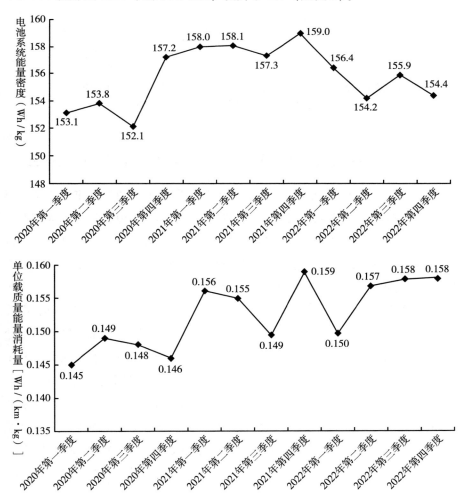

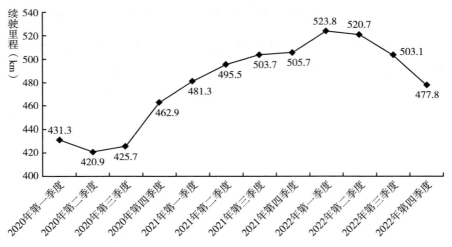

**图2 2020年第一季度至2022年第四季度推荐车型目录内
纯电动客车车型主要技术参数变化**

（四）示范政策加快推进实施，氢燃料电池客车推广持续升温

2022年，氢燃料电池客车销量为1259辆，同比增长20%，市场持续升温（见图3）。截至2022年底，氢燃料电池客车累计销量达5000辆，以大型客车为主。在国家氢燃料电池汽车示范政策推进下，相关示范城市群加快氢燃料汽车产品示范应用。其中，北京、张家口等城市充分利用2022年冬奥会等重要发展机遇，加强推动氢燃料电池汽车在赛事服务等场景的应用，将福田、宇通、吉利等企业氢燃料电池客车作为赛事服务用车，进一步促进了氢燃料电池客车的宣传普及和推广应用。此外，2022年我国多个地方发布了氢燃料电池汽车支持政策，并着重在公共交通领域加大氢燃料电池客车的推广力度，其中河南省发布了《郑汴洛濮氢走廊规划建设工作方案》，将围绕郑州、开封、洛阳等文旅线路，打造城际旅游氢能客运专线；上海市发布了《上海市氢能产业发展中长期规划（2022~2035年）》，提出将氢能公交作为重点任务，在金山、宝山、临港、嘉定、青浦等开展燃料电池公交车示范；珠海市发布了《珠海市氢能产业发展规划（2022~2035年）》，计划在港珠澳大桥穿梭巴士、港澳旅游巴士、珠澳跨境巴士中应用氢燃料电池客车。

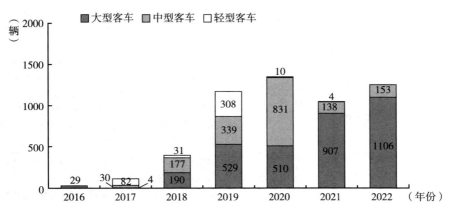

图3 2016~2022年燃料电池客车分车型销量

资料来源：机动车保险数据。

（五）5G智慧交通应用场景不断丰富，自动驾驶客车加速落地

随着自动驾驶技术的不断进步，客车企业加强对智能网联客车产品的开发，且应用场景逐渐从景区、CBD、微循环、接驳、BRT等相对固定线路或特定场景向开放道路转变。以一体化系统解决方案为基础，打造安全、舒适和便捷的智慧交通出行体验，也成为新能源客车企业抢占下一阶段竞争高地的重要路径。2022年，宇通、中通、安凯等代表企业持续加强在智能网联客车领域更多场景下的商业化运营。其中，宇通小宇在广东惠州园区落地布局"区内循环、区外互联"的立体式交通网项目；中通L4级智能网联客车已在菏泽成武县文亭湖景区作为环湖观光车开展示范运营；安凯基于公开道路常态化运营的自动驾驶客车5G+C-V2X公共交通体验线路测试项目也已在安徽进行落地运营（见表6）。

表6 主要客车企业自动驾驶公交车产品及商业化运营

企业	自动驾驶产品	应用情况
宇通客车	推出WitGO智慧出行品牌，发布"自动驾驶微循环解决方案2.0版"和L4级全新小宇2.0版	宇通已在广州、博鳌、重庆、长沙、南京、绍兴、郑州等多个城市开展自动驾驶项目，实现了景区、园区、机场、城市公交等多个场景下的探索落地，累计商业化运营超过160万公里

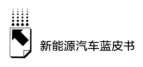
企业	自动驾驶产品	应用情况
苏州金龙	苏州金龙与中智行、天翼交通联合打造纯网联式L4级自动驾驶客车—协同1号	"协同1号"Robobus将首先在苏州相城高铁新城核心区域投入运营,路线聚焦商务、便民两大出行需求。首批布设商务、便民等20余个站点,涵盖高铁北站、金科酒店、长三角国际研发社区启动区、商务区写字楼、住宅区、学校等出行频率较高的交通要点
中通客车	搭载轻舟智航自动驾驶通用解决方案的中通V6自动驾驶车	中通客车旗下无人驾驶客车已经在青岛开启公开路况的常态化示范运营。中通客车联合所托瑞安与天津大学打造的L4级智能驾驶环湖观光车,在山东菏泽成武县文亭湖景区落地
厦门金龙	金龙与百度联合开发的中国首款L4级别无人驾驶微循环电动巴士	阿波龙在厦门软件园、平潭岛、雄安新区等地区进行示范运营,客户包括高科技园区、景区、售楼处等
安凯客车	L4级自动驾驶客车基于全新一代E6纯电动客车平台开发	安凯自动驾驶客车在深圳、武汉、张家界、天津、合肥、澳门等城市先后投入运行,并出口日本

资料来源:根据公开资料整理。

三 新能源货车市场快速增长,技术与场景加速融合

(一)新能源货车市场快速增长,行业集中度稳步提升

在"双碳"战略以及换电、燃料电池汽车试点示范等多重利好政策推动下,新能源货车市场快速增长。2022年中国有销量统计的新能源货车企业共143家,合计销量为26.4万辆,同比增长96.9%。新能源货车前十企业销量合计达18.1万辆,占比68.4%,市场集中度同比提高3个百分点,行业集中度进一步提升。吉利汽车凭借远程品牌星智系列车型在全新正向研发、智能架构设计等方面的产品力表现,实现销量30741辆,占比11.6%,销量排名第一。传统企业加速转型,2022年长安汽车、北汽福田销量分别实现同比增长122%和144.1%,占有率提升0.7个百分点和1.1个百分点。上汽大通凭借国内首款互联网新能源轻卡超越EC300产品,位列行业第八(见表7)。

表7　2020~2022年中国新能源货车企业销量排名

单位：辆，%

排名	2020 年			2021 年			2022 年		
	企业	销量	占比	企业	销量	占比	企业	销量	占比
1	东风汽车	6277	11.4	东风汽车	16824	12.5	吉利汽车	30741	11.6
2	重庆瑞驰	5266	9.5	重庆瑞驰	15491	11.5	重庆瑞驰	29100	11.0
3	奇瑞商用车	4738	8.6	华晨鑫源	9439	7.0	东风汽车	20959	7.9
4	南京金龙	4529	8.2	山西新能源	8116	6.0	华晨鑫源	17697	6.7
5	长安汽车	2794	5.1	奇瑞商用车	7613	5.7	奇瑞商用车	17328	6.6
6	华晨鑫源	2627	4.8	长安汽车	7246	5.4	长安汽车	16084	6.1
7	上汽通用五菱	2175	3.9	广西汽车	6425	4.8	北汽福田	15450	5.8
8	北汽福田	2078	3.8	北汽福田	6330	4.7	上汽大通	13214	5.0
9	厦门金旅	2053	3.7	上汽通用五菱	5256	3.9	广西汽车	11112	4.2
10	昌河汽车	1970	3.6	厦门金旅	5209	3.9	山西新能源	9336	3.5
合计		34507	62.6	合计	87949	65.4	合计	181021	68.4

资料来源：机动车保险数据。

（二）搭载磷酸铁锂电池的产品占据主流，核心技术水平趋于稳定

2022年，新能源货车中搭载磷酸铁锂电池的车型占比达到97%，相比2021年占比增加2个百分点，搭载三元锂电池的车型占比不足2%。根据2022年《新能源汽车推广应用推荐车型目录》统计分析，纯电动货车电池系统能量密度主要集中在140~165Wh/kg，单位载质量能量消耗量主要集中在0.17~0.29Wh/（km·kg），续驶里程主要集中在220~360km。

在注重安全和需求匹配的行业发展趋势下，2022年新能源货车核心技术指标无明显变化。其中，纯电动货车动力电池系统能量密度行业平均水平由2021年的149.3Wh/kg降至2022年的148.1Wh/kg，单位载质量能量消耗量行业平均水平由2021年的0.247Wh/（km·kg）优化至2022年的0.241Wh/（km·kg），2022年纯电动货车行业平均续驶里程达322km，较2021年的317km略有提升（见图4）。

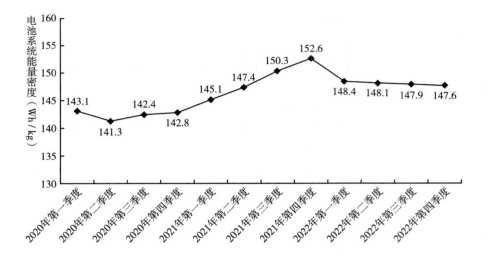

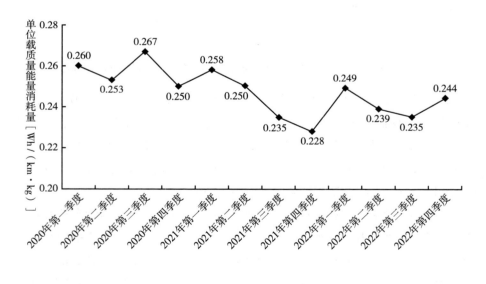

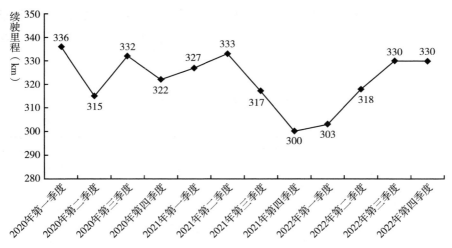

图4　2020年第一季度至2022年第四季度推荐车型目录内纯电动货车车型主要技术参数变化

（三）各领域以纯电技术路线为主，换电技术在重卡领域快速发展

纯电动是新能源货车的主流技术路线，其他技术路线包括插电式CNG（Compressed Natural Gas，压缩天然气）混合动力、插电式柴油混合动力、插电式汽油混合动力、燃料电池等，其他技术路线产品销量合计占比不足2%（见表8）。

表8　2022年不同级别货车技术路线销量

单位：辆

分类	插电式CNG混合动力	插电式柴油混合动力	插电式汽油混合动力	纯电动	燃料电池	总计
微型货车	0	0	0	1532	0	1532
轻型货车	0	186	1216	233671	809	235882
中型货车	0	0	30	1505	255	1790
重型货车	6	27	0	22561	2458	25052
总计	6	213	1246	259269	3522	264256

资料来源：机动车保险数据。

2022 年，新能源重型货车销量为 25067 辆，其中换电车型销量为 12383 辆，占比达 49.4%。徐工汽车、汉马科技等企业积极布局换电技术，并重点在重型货车产品领域应用（见表9）。

表9　2022年重型货车不同企业技术路线布局情况

单位：辆，%

企业简称	新能源重型货车销量	换电重型货车销量	换电重型货车占比
三一汽车	4173	915	21.9
徐工汽车	2751	2223	80.8
汉马科技	2421	2131	88.0
宇通集团	1764	180	10.2
上汽依维柯红岩	1703	1656	97.2
北奔重汽	1516	262	17.3
东风柳汽	984	954	97.0
北汽福田	979	110	11.2
陕西汽车	812	617	76.0
中国一汽	789	487	61.7
总计	25067	12383	49.4

资料来源：机动车保险数据。

（四）企业聚焦场景特点和应用需求，加强产品升级和定制化应用

2022 年，货车企业布局新能源产品逐渐抛弃原有"油改电"的产品设计思路，重视场景化开发理念。根据客户需求和使用特点，结合新能源货车产品特征，新能源货车企业针对性开展场景适配性产品升级，提升产品综合性价比，与同类燃油车差距进一步缩小。如吉利提出以场景定义汽车，根据场景需求构建定制化生态，通过全方位赋能整车定制、车联网平台、金融保险、充电运维、运营管理等场景生态，提升产品竞争力；徐工汽车与石家庄交投集团、跃迪集团等河北省多个大型物流集团签署大额采购订单，围绕市政工程、钢厂、矿山等封闭场景特征，匹配换电、大功率快充等技术，提供适宜的产品和基础设施服务，满足用户的差异性需求，实现销量的快速增长。

（五）地方政府多措并举，加快新能源货车推广应用

地方政府紧跟国家政策导向，结合当地新能源汽车产业发展情况，出台了包括推广应用、财政补贴、交通路权、基础设施、新技术新模式发展等方面的支持政策，明确本地新能源汽车产业发展规划或促消费措施，支持新能源货车的发展（见表10）。深圳、上海、广州、成都等新能源货车主要销售地区积极推动城市物流配送领域车辆全面电动化，加快老旧车辆淘汰，完善货运车辆营运额度和市区通行证管理制度，提供置换、运营等补贴支持，加强燃料电池、换电、自动驾驶等新技术新模式应用。

表10　新能源货车主销城市支持政策相关内容

地方	政策名称	相关内容	
		政策类型	政策要点
上海	《上海市加快新能源汽车产业发展实施计划（2021～2025年）》	电动化推广应用	公交汽车、中心城区载货汽车、邮政用车全面使用新能源汽车，环卫车辆新能源汽车占比超过80%，重型载货车辆、工程车辆新能源汽车渗透率明显提升
		燃料电池汽车推广	支持燃料电池汽车在具备条件的郊区公交、重型载货、冷链运输、环卫、非道路移动车辆等领域示范应用，推动在机场、港口、铁路等交通枢纽实施一批示范应用项目
		交通管理支持	完善货运车辆营运额度和市区通行证管理制度，逐步实现市区通行证仅对纯电动或燃料电池货运车发放
		智能网联技术应用	探索智能汽车在接驳公交、物流、环卫清扫等特定行业，以及园区、景区、机场、火车站、港口、停车场等特定区域的商业化应用。加快推动自动驾驶集装箱卡车、自动驾驶出行服务、高架道路无人清扫车、停车场自主泊车等典型场景示范项目落地
广州	《关于印发广州市智能与新能源汽车创新发展"十四五"规划的通知》	电动化推广应用	大力推动新能源汽车在环卫、邮政、城市物流配送、机场、港口等公共领域应用
		燃料电池汽车示范	聚焦市政、环卫、物流等重点场景，加快燃料电池重型卡车、专用车、公交车示范运营
		智能网联技术应用	加快推动在机场、港口、工业园区和旅游景区等封闭区域开展智能汽车示范运营；在智慧公交、港口码头、智能环卫、物流配送、智能通勤、园区内摆渡车、"最后一公里"自动泊车等特定场景的应用

续表

地方	政策名称	相关内容	
		政策类型	政策要点
深圳	《深圳市新能源汽车推广应用工作方案（2021～2025年）》	电动化推广应用	在物流配送、环卫、工程建设等公共领域进一步推广使用新能源汽车，尽快实现轻型物流车和环卫车全面纯电动化
		基础设施建设	加快完善公交、物流、环卫、泥头车辆运营、停放、充电一体化保障体系；落实新增公交、出租、物流、环卫、工程等领域充电设施配套用地和空间预留
	《深圳市公安局交通警察局关于设置绿色物流区禁止轻型柴油货车通行的通告》	通行便利	2022年7月22日至2023年7月21日，深圳在全市十个行政区域内（新区）设置"绿色物流区"，禁止轻型柴油货车通行
成都	《成都市优化交通运输结构促进城市绿色低碳发展政策措施》	电动化推广应用	制定完善新能源汽车推广配套激励政策；加快推动城市公交、巡游出租、网约、城市物流配送、建筑垃圾运输、混凝土运输、公务等公共领域车辆电动化
		通行便利	新能源汽车不受限号限行政策影响，享受政府或政府平台公司投资的公共停车场停车收费优惠，探索分时段、分区域向新能源汽车倾斜路权；探索设立绿色物流示范区，强化示范区内货车通行管控
		老旧车淘汰	"十四五"期间，淘汰国三及以下排放标准老旧车40万辆，全面淘汰国三及以下排放标准柴油货车
		停车优惠	新能源汽车在本市域出行不受限号限行政策限制。全市范围内，政府或政府平台公司投资的公共停车场（点）停放新能源汽车2小时以内免费；超过2小时的停车费减半征收
		补贴支持	对将在本市登记注册的非营运性质国四及以下排放标准车辆报废，并在本市购置和上牌新能源汽车的单位和个人，给予小型车2000元/辆、中型车5000元/辆、大型车8000元/辆的置换奖励

资料来源：地方政府网站。

四 产业迈入深层次竞争阶段，细分领域挖掘及生态建设成为方向

（一）乘用车产业将延续向好趋势，但预计迎来深度洗牌

2023年，国内将有100款新能源新车上市，同比增长约40%。丰富的市

场供给与用户的多元化需求相呼应，有助于推动新能源汽车市场保持良性发展趋势。但2022年以来，恒大、威马、自游家、天际等企业经历经营困难、停工停产等风波，新能源汽车市场淘汰节奏不断加快。展望2023年，在补贴退出、消费预期下滑、供应链风险及成本压力扩大的背景下，企业利润空间面临进一步压缩，产业格局也将发生明显调整。除头部企业有望继续保持较好发展态势，越来越多的企业不得不面对资金不足、销售乏力、停工停产等突出问题，一大批尾部企业将面临退场的危机。此外，产品竞争也将快速分化，2023年上半年，大量车企宣布降价，企业经营策略和竞争更趋激烈化、复杂化，未来将进入深度洗牌阶段。

（二）政策拉动下的客车应用场景进一步丰富，产品将发生结构转移

2022年，随着国家各项试点推广政策的不断推进，主要客车企业均加大了对智能网联客车及燃料电池客车的开发与应用投入。其中，智能网联客车应用场景逐渐从景区、CBD、微循环、接驳、BRT等相对固定线路或特定场景向开放道路转变。随着公共领域车辆全面电动化试点工作启动，公交、机场用车、通勤领域的客车电动化步伐将进一步加速。展望2023年，新能源公交车市场向三四线城市下沉，其他新能源客车产品的应用场景将进一步丰富。随着补贴政策到期，除价格敏感度较低的国资属性公交集团外，社会性质运营商购置产品成本将会大幅度提高，导致购买积极性降低，或转购价格较低的中小型客车产品，产品结构将向轻型化转移。

（三）新能源货车企业运营模式进一步延伸，产业生态持续优化

为应对新能源货车产业链利润结构的向后延伸，企业积极推进从销售商到服务商的转型升级，在保障自身产品品质的同时，运用金融工具、以租代购等形式与用户开展租赁服务合作，解决用户初期购置成本高、车辆折旧率高、报废回收困难等问题。如华晨鑫源推出产品6年30万公里品质保证，解决用户产品使用顾虑，并且通过租赁服务、二手车回收等模式，保障用户权益，促进行业的快速发展。同时，物流行业、能源集团、运营平台、金融机构等入局新能源货车领域，产业链堵点进一步得到疏通，产业生态也持续优化。中石油明

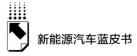

确"清洁替代、战略接替、绿色转型"的部署方向，加快向"油气热电氢"综合性能源公司转型，重点发力新能源换电市场，推动构建绿色产业结构和低碳能源供应体系。

（四）试点示范政策促进新技术新模式探索创新，助力推动产业加快转型

目前国家积极通过燃料电池汽车示范、换电模式试点，推动燃料电池、换电等技术路线和创新模式在商用车领域的应用发展，并在 2023 年初发布的公共领域车辆全面电动化试点政策中，鼓励新型充换电技术、光储充放一体化、智能网联、车网互动等技术创新、模式探索。未来将有越来越多的地方政府和企业利用试点示范机遇，结合自身基础和产业特征，推动各种电动化应用场景的落地，以最终形成内生动力为目标，形成可持续、可复制的样本标杆，推动新能源商用车领域的快速发展。

B.5
2022年中国新能源汽车产业链发展综述

吴喜庆　李永康　李鲁苗　宋承斌　孙昱晗　崔广楠　姚占辉*

摘　要： 随着我国新能源汽车市场进入规模化增长阶段，产业链整体处于
快速向好发展态势，已基本形成结构相对完整、自主可控的产业
链体系。其中，动力电池、电机电控等产业竞争优势持续扩大，
全球市场占比进一步提升。但我国新能源汽车产业链仍面临关键
矿产资源对外依赖度高、汽车芯片持续紧缺、国产操作系统应用
较慢等发展问题，叠加俄乌冲突持续、国外政策保护等愈加复杂
的外部发展环境，我国新能源汽车产业链安全稳定面临较大的风
险和挑战。亟须强化新能源汽车产业链保障机制，统筹关键资
源，加强技术创新，扩大开放合作，强化产业链发展韧性，构建
安全稳定畅通的产业链供应链体系，支撑我国新能源汽车产业高
质量发展，助推实现汽车强国伟大发展目标。

关键词： 新能源汽车　产业链　动力电池　电机电控　高质量发展

新能源汽车是我国战略性新兴产业，产业链长、涉及面广、带动性强、自
主化程度高，在国民经济中的地位和作用持续增强。随着智能化、网联化发
展，新能源汽车产业边界不断扩展延伸，产业链正在加速重构，并由传统的

---

* 吴喜庆，高级工程师，中汽政研绿色低碳研究部；李永康，工程师，中汽政研绿色低碳研究
部；李鲁苗，工程师，中汽政研绿色低碳研究部；宋承斌，经济师，中汽政研绿色低碳研究
部；孙昱晗，工程师，中汽政研绿色低碳研究部；崔广楠，工程师，中汽政研绿色低碳研究
部；姚占辉，高级工程师，中汽政研绿色低碳研究部。

"链式关系"向多领域、多主体参与的"网状生态"转变，同时与创新链、资金链、人才链等深度融合。面对产业发展新形势，党的二十大报告提出要着力提升产业链供应链韧性和安全水平，推动创新链、产业链、资金链、人才链深度融合，为新能源汽车产业链体系发展指明了方向。构建新时期安全稳定、自主可控、完整并富有韧性和弹性的新能源汽车产业链，对推动我国产业转型升级、优化结构布局，实现经济平稳增长、培育国际竞争新优势具有重大而深远的意义。

一　产业链整体情况

经过多年发展，我国新能源汽车产业实现跨越式发展，2022年产销规模分别完成705.8万辆和688.7万辆，同比分别增长96.9%和93.4%，市场渗透率大幅提升至25.6%，累计保有量达1310万辆，市场进入规模化快速发展的新阶段。市场的规模化提升，带动了新能源汽车产业链上下游的产业投资，贯通了基础原材料、关键零部件、整车、制造装备、回收利用等产业链关键环节，推动我国形成了结构相对完整、自主可控的产业链体系。

（一）产业链现状

一是我国新能源整车企业正加快优胜劣汰。补贴退出后我国新能源汽车进入市场化驱动新阶段，产业竞争迎来真正的"大浪淘沙"，部分跨界造车势力已开始退出历史舞台。截至2022年底，我国新能源汽车企业已超过200家。比亚迪、广汽埃安、上汽通用五菱、长安、上汽乘用车、吉利、理想等企业带动我国新能源汽车市场规模和产业竞争力不断提升。2022年全球新能源汽车销量前十企业中我国占据五席，并且部分企业产品已畅销欧洲、东南亚等市场。2022年我国新能源汽车出口量达到67.9万辆，同比增长1.2倍，成为我国外贸出口新亮点。伴随着市场化发展趋于成熟，企业面临更加激烈的竞争。威马、自游家、前途、天际、恒大、爱驰等企业已遇到发展困境，或将破产倒闭。整车企业格局的新一轮结构性调整，将助推我国新能源汽车产业由量变向质变过渡，也将促进我国汽车产业实现高质量发展。

二是我国正成为新能源汽车零部件的"世界工厂"。得益于较为完整的新能源汽车零部件产业体系，我国已连续多年保持全球第一大新能源汽车生产国地位，主流车企的零部件国产化率达到80%以上。同时，完整的零部件产业也吸引了大量的外商投资，特斯拉第一个海外整车和电池生产基地已落地我国，大众、奔驰、宝马等国际巨头也在我国设立了新能源汽车生产和研发基地，外商投资的零部件企业已超过10000家。值得一提的是，我国动力电池、驱动电机、电机控制器等关键零部件企业取得了不亚于整车的发展成果，在国际市场中处于头部领先位置，占据较大的市场份额。同时，我国零部件企业也在融入全球产业链供应体系。据海关总署统计，2022年我国汽车零部件出口金额达到810.9亿美元。

三是我国新能源汽车产业链格局向泛集群化方向发展。我国新能源汽车产业链集群，在传统东北、华中、西南、长三角、京津冀和珠三角等区域的基础上，分布更加广泛。随着蔚来、零跑等新能源汽车企业的快速发展，长三角产业集群逐渐向周边地区辐射，已经从上海、浙江、江苏扩大到安徽、福建等地，形成了新的泛长三角产业集群。广西也依托上汽通用五菱、东风柳汽、广西汽车等企业成为新能源汽车的集聚区，珠三角产业集群不断扩大到整个华南地区。2022年，我国主要新能源汽车产业集群的产销量占整体市场规模的95%以上。同时，在动力电池方面，依托矿产资源和清洁能源优势，四川、云南、江西等地形成了具有地方特色的零部件产业集聚区，进一步促进了我国产业新格局的发展。

四是我国新能源汽车产业链跨界融合趋势日益明显。在新一轮汽车革命、信息革命的推动下，我国新能源汽车与信息、能源、交通、互联网、大数据等领域加速融合，大量互联网、信息通信、能源等企业加大新能源汽车领域布局。我国新能源汽车产业链也从以"三电"零部件为主，逐渐扩展延伸到包括激光雷达、摄像头、操作系统、高精度地图等智能化零部件的新型产业链体系。截至2022年，我国已拥有苏州智华、经纬恒润等摄像头企业，禾赛科技、速腾聚创等激光雷达企业，华为、百度、小马智行等自动驾驶系统企业，百度、高德、四维图新等高精地图企业。同时，随着V2G（汽车与电网互联）、V2X（车与外界信息互联）等新技术加速应用，国家电网、中石化、中国电信等企业也开始进入新能源汽车产业链体系，具备融合特征的新能源汽车产业链正加速形成。

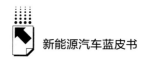

（二）产业链构成

新能源汽车产业链由上游原材料、元器件及核心零部件，中游整车和下游后市场服务及回收利用等环节构成，涉及材料、电子、软件、能源、化工、装备制造等多个工业领域，覆盖范围广泛。

1. 主要构成

新能源汽车产业链上游主要包括核心原材料、关键元器件及核心零部件。其中，核心原材料包括动力电池所需正极材料、负极材料、电解液、隔膜等，驱动电机所需永磁材料、硅钢片等，燃料电池所需质子交换膜、碳纸、催化剂、双极板等；关键元器件包括汽车芯片等；核心零部件包括动力电池、燃料电池、驱动电机、电机控制器、电动空调、电动制动、电动转向、整车控制器、智能传感器、操作系统等。新能源汽车产业链中游主要指新能源汽车整车制造，根据动力类型不同，主要分为纯电动汽车、插电式混合动力汽车和燃料电池汽车。新能源汽车产业链下游主要指新能源汽车服务，主要包括充电桩、充电站、换电站等能源补给设施，废旧动力电池回收利用以及汽车租赁、出行、维修保养等后市场服务（见图1）。

2. 关键环节

动力电池、驱动电机、电机控制器等电动化零部件，以及汽车芯片、操作系统、智能传感器、车载显示等智能化零部件是新能源汽车产业链的关键核心环节。

动力电池作为新能源汽车能量存储与转换的基础单元，在整车成本中占比达到40%以上，是新能源汽车最重要的核心零部件，其技术水平直接影响新能源汽车能耗、续驶里程等多方面的性能。按照材料类型划分，动力电池可分为三元电池、磷酸铁锂电池、钴酸锂电池、锰酸锂电池等。其中，三元电池和磷酸铁锂电池合计市场占比达到99%以上，是主流动力电池材料类型。我国主要动力电池企业为宁德时代、比亚迪、中创新航、国轩高科、欣旺达、亿纬锂能、蜂巢能源、孚能科技、瑞浦兰钧等。

动力电池产业链主要包括上游正极材料、负极材料、隔膜、电解液、铜箔铝箔，以及导电剂、粘结剂等辅助材料，中游动力电池、电芯、模组生产，下游新能源汽车、电池回收利用等（见图2）。

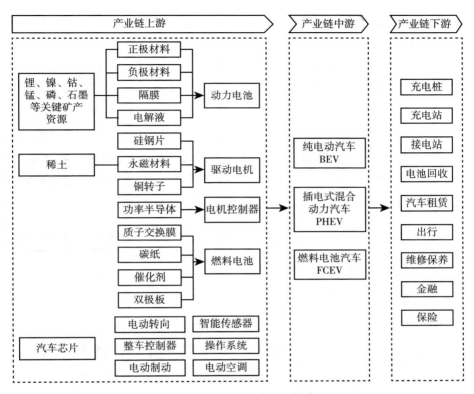

图 1　新能源汽车产业链构成

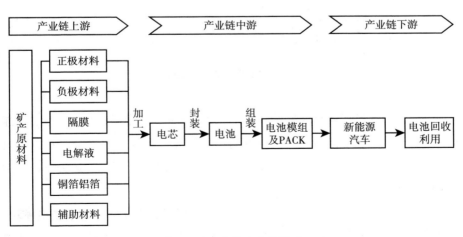

图 2　动力电池产业链构成

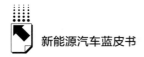

驱动电机是新能源汽车实现机械能与电能转换的核心零部件，其运行效率直接影响整车的动力性、经济性等关键性能。当前，驱动电机主要使用永磁同步电机，90%以上的新能源汽车装配该类型电机。我国驱动电机主要企业为弗迪动力、方正电机、蔚来驱动、上海电驱动、双林汽车、汇川技术、中车时代等。

驱动电机产业链上游主要包括定子、转子、高速轴承、接线盒、端盖，其中定子主要由硅钢片和绕组组成，转子主要由硅钢片、永磁体和转轴等组成。中游为驱动电机、电驱动总成，下游为新能源汽车。驱动电机价值链主要集中在永磁体、硅钢片、绕组等上游原材料环节（见图3）。

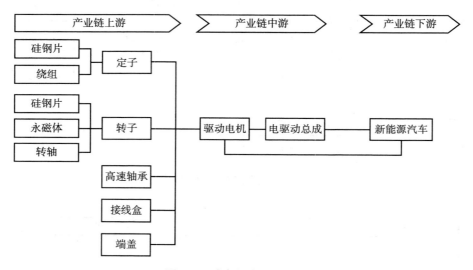

图3 驱动电机产业链构成

电机控制器是新能源汽车驱动系统的核心部件，决定了整车的爬坡、加速和最高车速等关键性能指标，其成本约占新能源汽车成本的10%。我国电机控制器主要企业为弗迪动力、汇川技术、阳光电动力、英博尔、蔚来驱动、中车时代、巨一动力等。

我国电机控制器产业链主要包括上游微控制器、驱动器、功率变换模块、传感器、冷却系统和外壳等，中游包括电机控制器、电驱动总成，下游为新能源汽车（见图4）。

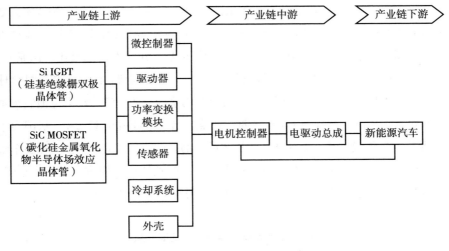

图4 电机控制器产业链构成

智能零部件主要应用于新能源汽车智能驾驶、智能座舱等系统，是新能源汽车未来高价值的增量环节，主要包括汽车芯片、操作系统、智能传感器、车载显示等零部件。汽车芯片搭载于超过80个核心零部件上，单车搭载数量约600颗，价值量约4000元，我国主要企业为地平线、黑芝麻、芯驰、兆易创新、比亚迪半导体等。操作系统按照应用功能划分，主要分为车控操作系统、智能驾驶操作系统和车载操作系统，我国主要企业为华为、腾讯、阿里巴巴等。智能传感器主要应用于智能新能源汽车感知系统，主要包括摄像头、毫米波雷达、激光雷达、超声波雷达等，我国主要企业为速腾聚创、镭神智能、禾赛科技等。车载显示是通过显示信息来辅助驾驶及实现人机交互的重要零部件，主要包括显示屏、AR-HUD（增强现实抬头显示）等，我国主要企业为天马微、京东方、龙腾光电等。

二　产业链关键环节发展态势

（一）动力电池产业增长延续，企业加快布局谋求新突破

1. 中国市场优势继续扩大，我国企业竞争力持续提升

我国新能源汽车市场的高速增长带动动力电池装车量全球市场份额的进一

步提升。2022 年，我国动力电池装车量达到 294.6GWh，同比增长 90.7%，全球占比由 2021 年的 52.1% 提升至 56.9%。从国际市场来看，2022 年全球动力电池装车量排名前十的企业中，我国企业占据 6 席，分别为宁德时代、比亚迪、中创新航、国轩高科、欣旺达和孚能科技。其中，宁德时代连续六年装车量全球第一，市场占比 37%。比亚迪得益于自身整车销量的大幅上涨，动力电池装车量首次超过日本松下，与韩国 LG 新能源并列第二名，市场占比 13.6%。从国内市场来看，2022 年我国动力电池装车量排名前十的企业中，仅有 LG 新能源装车量下降，同比减少 16.8%，排名下降至第九名。欣旺达通过规模供应理想、小鹏、极氪等品牌，装车量同比增长 2.8 倍，排名上升至第五名（见表1）。

表1　2022 年全球及中国动力电池装车量排名

单位：GWh，%

排名	全球市场			中国市场		
	企业名称	配套量	占比	企业名称	配套量	占比
1	宁德时代	191.6	37.0	宁德时代	142.02	48.20
2	LG 新能源	70.4	13.6	比亚迪	69.10	23.45
3	比亚迪	70.4	13.6	中创新航	19.24	6.53
4	松下	38.0	7.3	国轩高科	13.33	4.52
5	SK On	27.8	5.4	欣旺达	7.73	2.62
6	三星 SDI	24.3	4.7	亿纬锂能	7.18	2.44
7	中创新航	20.0	3.9	蜂巢能源	6.10	2.07
8	国轩高科	14.1	2.7	孚能科技	5.36	1.82
9	欣旺达	9.2	1.8	LG 新能源	5.20	1.77
10	孚能科技	7.4	1.4	瑞浦兰钧	4.52	1.53

资料来源：SNE Research、中国汽车动力电池产业创新联盟。

2. 电池级碳酸锂价格高企，磷酸铁锂装车量持续增长

在下游需求旺盛、锂资源供应紧缺的背景下，2022 年电池级碳酸锂价格持续高位波动。2022 年 3 月，电池级碳酸锂价格首度达到 50 万元/吨，较 2021 年同期增长 450% 以上，11 月价格进一步突破 58 万元/吨，达到历史新高（见图5）。叠加镍盐、钴盐等原材料价格的不断上涨，磷酸铁锂电池较三元电池的成本优势愈发突出。而 CTP、CTC 等系统集成技术的上车应用，则进一步弥补了磷酸铁锂电池能量密度较低的劣势，助推其装车量大幅提高。2022年，磷酸铁锂电池装车量为183.8GWh，同比增长130.2%，占总装车量比重达到62.4%。三元电池装车量为110.4GWh，同比增长48.6%，占比下降至37.5%。此外，在主动调整和被动选择的双向压力下，LG新能源、SK On、三星SDI等国外动力电池头部企业也开始布局磷酸铁锂电池，未来磷酸铁锂电池装车量有望进一步提升。

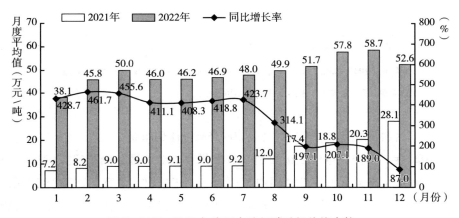

图5 2021~2022年我国电池级碳酸锂价格走势

资料来源：中汽政研根据公开资料整理。

3. 产品技术保持较高水平，半固态电池实现上车应用

2022年，我国纯电动乘用车动力电池系统能量密度平均值达到150.0Wh/kg，其中三元电池系统能量密度约为171.4Wh/kg，较2021年提高了3.2%，最高值达到212.0Wh/kg；磷酸铁锂电池系统能量密度平均值约为131.2Wh/kg，较2021年提高了0.5%，最高值达到160.3Wh/kg（见图6）。伴随集成技术创新，动力电池系统性能有望进一步提升。2022年，宁德时代推出"麒麟电池"将电池系统体积利用率提升至72%，系统能量密度达到255Wh/kg。零跑CTC、比亚迪CTB等电池底盘/车身一体化技术的应用，创新引领技术发展方向。另外，固态电池作为行业公认的新一代动力电池，正加快产业化应用。2022年，赣锋锂电半固态电池搭载东风风神E70实现全球首发，蔚来汽车也宣布将在ET7车型上搭载150kWh半固态电池包。

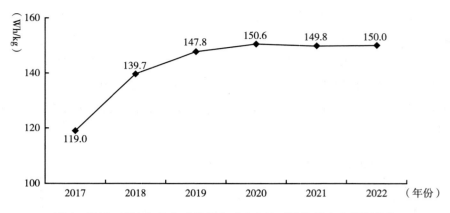

图6 2017~2022年纯电动乘用车动力电池系统能量密度发展趋势

资料来源:《新能源汽车推广应用推荐车型目录》。

4. 原材料出货量上升明显,企业加速产品一体化布局

2022年,锂离子电池正极材料、负极材料、电解液、隔膜等关键原材料保持良好增长态势,出货量涨幅均超过65%。正极材料方面,2022年我国锂离子电池正极材料出货量为194.7万吨,同比增长78%。其中,三元材料出货量65.8万吨,同比增长55.9%,占比33.8%;磷酸铁锂材料出货量114.2万吨,同比增长151.0%,占比提升至58.7%,是增速最快的细分领域。正极材料市场集中度相对较低,随着电池、化工、矿产等企业相继入局,未来市场格局或发生较大变化。负极材料方面,2022年我国负极材料出货量为143.3万吨,同比增长84.0%,全球占比达到92.1%。其中,人造石墨占比较2021年略有提升,硅基负极随着半固态电池、4680大圆柱电池的逐步量产,渗透率将会快速提升。电解液方面,2022年我国锂离子电池电解液出货量为89.1万吨,同比增长75.7%,全球占比达到85.4%。其中天赐材料连续五年出货量排名第一,市场份额达到35.9%,前三名企业市场份额合计超过一半,达到59.6%。隔膜方面,2022年我国锂离子电池隔膜出货量为133.2亿平方米,同比增长65.3%。其中,湿法隔膜出货量104.8亿平方米,干法隔膜出货量28.4亿平方米,占比分别为78.7%和21.3%。上海恩捷继续稳居行业第一,出货量为51.3亿平方米,占比达到38.5%(见表2)。

为保障电池原材料供应稳定,电池企业以自建或合资方式加速产业链纵向一体化布局。2022年，宁德时代与德方纳米在曲靖市成立合资公司生产正极材料，并通过控股子公司投资建设一体化新材料项目。国轩高科取得江西省宜丰县割石里矿区水南段的瓷土（含锂）矿采矿权，已初步形成安徽庐江、安徽肥东、江西宜春、内蒙古乌海和阿根廷胡胡伊省五大原材料基地。一体化布局有益于企业加快打造以竞争优势为核心的新型供应链体系。

表2　2022年我国动力电池原材料市场情况

原材料	正极材料		负极材料	电解液	隔膜
	三元材料	磷酸铁锂			
出货量	65.8万吨	114.2万吨	143.3万吨	89.1万吨	133.2亿平方米
同比增长	55.9%	151.0%	84.0%	75.7%	65.3%
前三企业	湖南裕能、德方纳米、天津巴莫		贝特瑞、上海杉杉、江西紫宸	天赐材料、新宙邦、比亚迪	上海恩捷、星源材质、中材科技
前三企业市占率	28.4%		49%	59.6%	60%

资料来源：中汽政研根据公开资料整理。

5. 企业加速海外产业布局，建厂、资源、上市成重点方向

在全球动力电池需求旺盛背景下，2022年我国动力电池出口68.1GWh，叠加配套新能源整车出口，预计动力电池出口总量超过100GWh。为提升全球市场竞争力，我国动力电池企业积极开展海外布局。海外建厂方面，2022年4月宁德时代德国工厂正式获得图林根州8GWh产能的电芯生产许可，亿纬锂能计划在匈牙利建厂生产新型圆柱电池，比亚迪、国轩高科、远景动力、蜂巢能源等企业也均开展海外布局。资源布局方面，为了进一步控制成本、保障供应安全稳定，我国企业加大海外矿产资源投资。2022年5月，比亚迪完成对非洲6座锂矿矿山的收购意向。2022年9月，蔚来入股澳大利亚矿产公司，加快其阿根廷San Jorge锂矿项目的开发。海外上市方面，自2022年沪伦通扩容为中欧通后，中国A股上市公司赴境外发行全球存托凭证（GDR）热度高涨。2022年已有国轩高科、欣旺达、华友钴业、格林美、杉杉股份、星源材质、先导科技、科达制造等12家锂电企业公告筹划发行全球存托凭证，通过募集国际资本推动企业全球化业务布局（见表3）。

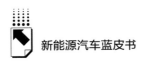

表 3 2022 年我国主要动力电池企业海外布局情况

方向	企业	具体情况
海外建厂	宁德时代	2022 年 8 月,宁德时代宣布在匈牙利德布勒森市建立 100GWh 动力电池工厂
		2022 年 12 月,宁德时代位于德国图林根州的首个海外工厂实现量产
	国轩高科	2022 年 6 月,国轩高科宣布在德国哥廷根建立 20GWh 动力电池工厂
	亿纬锂能	2022 年 3 月,亿纬锂能宣布在匈牙利德布勒森市建立大圆柱电池工厂
	远景动力	2022 年 4 月,远景动力宣布在美国肯塔基州建立 30GWh 动力电池工厂
		2022 年 6 月,远景动力宣布在西班牙建立 30GWh 动力电池工厂
	新宙邦	2022 年 8 月,新宙邦宣布在美国建厂生产碳酸酯溶剂和锂离子电池电解液
	格林美	2022 年 5 月,格林美宣布在匈牙利建立新能源汽车电池梯次利用及循环再生项目
	恩捷股份	2022 年 5 月,恩捷股份宣布在美国俄亥俄州建立锂电池隔膜工厂
资源布局	华友钴业	2022 年 6 月,华友钴业与 TIMGO 合资在津巴布韦建设 Arcadia 锂矿开发项目
	洛阳钼业	2022 年 7 月,洛阳钼业投资建设刚果(金)KFM 开发钴金属项目
	比亚迪	2022 年 5 月,比亚迪在非洲对 6 座锂矿矿山达成收购意向
	蔚来	2022 年 9 月,蔚来入股绿翼资源,将加快阿根廷 San Jorge 锂矿项目开发
	欣旺达	2022 年 7 月,欣旺达拟收购阿根廷 Goldinka Energy S. A. 持有的 Laguna Caro 锂矿权
	赣锋锂业	2022 年 7 月,赣锋锂业拟收购 Lithea Inc. 公司 Pozuelos、Pastos Grandes 两块锂盐湖
海外上市	国轩高科	2022 年 7 月,国轩高科在瑞士证券交易所正式挂牌上市,募资总额约 6.85 亿美元
	杉杉股份	2022 年 7 月,杉杉股份在瑞士证券交易所正式挂牌上市,募资总额约 3.19 亿美元
	科达制造	2022 年 7 月,科达制造在瑞士证券交易所正式挂牌上市,募资总额约 1.73 亿美元
	格林美	2022 年 7 月,格林美在瑞士证券交易所正式挂牌上市,募资总额约 3.81 亿美元
	欣旺达	2022 年 11 月,欣旺达在瑞士证券交易所正式挂牌上市,募资总额约 4.4 亿美元

资料来源:中汽政研根据公开资料整理。

(二)电驱市场竞争日趋激烈,新产品创新应用加速推进

1. 电驱动系统实现高速增长,多合一产品加速量产应用

2022 年,我国新能源乘用车电驱动系统市场保持高速增长,全年累计装车量 355.5 万套,同比增长 98%,占总配套量的 61.5%。其中,弗迪动力超越特斯拉装车量成为行业排名第一,特斯拉和日本电产位居第二和第三,三家企业装车量分别为 88.7 万套、50.7 万套和 33.1 万套,同比分别增长 168%、31% 和 98%,合计市场占比达 47.9%,集中度较高(见表 4)。在高压化、小

型化、轻量化发展趋势下，电驱企业积极开展集成技术创新应用，多合一高集成化电驱总成实现量产上车。2022年，我国多合一电驱动系统装车量41.4万套，渗透率达到7%。其中，弗迪动力八合一电驱总成伴随比亚迪海洋系列车型的畅销，装车量实现大幅上升，在弗迪动力电驱总成产品中占比达到41.1%。华为七合一DriveOne电驱系统功率密度达2.1kW/kg，并可再集成整车控制器（VCU）、热管理控制器（TMCU）和PTC（正的温度系数）加热控制器，升级为十合一的电驱动总成。此外，长安深蓝SL03、理想L9等车型也分别搭载了自研的七合一、五合一电驱总成产品。整体来看，多合一产品已成为未来电驱行业的重要发展方向。

表4　2021~2022年中国乘用车电驱动系统装车量排名

单位：套，%

序号	2021年			2022年		
	企业	装车量	占比	企业	装车量	占比
1	特斯拉	387229	22.2	弗迪动力	886928	24.6
2	弗迪动力	330906	19.0	特斯拉	506789	14.1
3	蔚来驱动	181604	10.4	日本电产	330721	9.2
4	日本电产	166736	9.6	蔚来驱动	240284	6.7
5	汇川技术	86681	5.0	联合电子	201177	5.6
6	上海电驱动	85110	4.9	中车时代	166988	4.6
7	上海变速箱	79407	4.5	上海电驱动	115334	3.2
8	联合电子	71258	4.1	汇川技术	113096	3.1
9	小鹏汽车	69018	4.0	零跑科技	111117	3.1
10	中车时代	50086	2.9	巨一动力	105908	3.0

资料来源：中汽政研根据公开资料整理。

2. 驱动电机市场竞争激烈，车企自研自产或成主旋律

2022年，我国新能源乘用车驱动电机装车量为578万台，同比增长77.6%。其中，弗迪动力装车量171.7万台，同比增长194.1%，排名行业第一，市占率由2021年的17.9%大幅上升至29.7%，市场竞争力进一步提升（见表5）。中车时代依托五菱、合众、长安等配套车企的销量增长，电机装车量达到16.7万台，同比增长230.5%，首次进入行业前十。为强化驱动电机等核心零部件的竞争优势和掌控能力，比亚迪、特斯拉、蔚来、长城、广汽等整车企业积极自研自产驱动电机。2022 年，弗迪动力、特斯拉、蔚来的驱动电机装车量均呈明显的上升趋势，平均涨幅超过 30%。零跑汽车驱动电机装车量也达到 11 万台，同比增长一倍以上。此外，广汽集团也在 2022 年 8 月成立电驱动科技公司，加强驱动电机研发。

表5　2021~2022 年中国乘用车驱动电机装车量排名

单位：台，%

序号	2021 年			2022 年		
	企业	装车量	占比	企业	装车量	占比
1	弗迪动力	583689	17.9	弗迪动力	1716548	29.7
2	特斯拉	387229	11.9	特斯拉	506789	8.8
3	方正电机	332068	10.2	方正电机	435864	7.5
4	上海电驱动	219918	6.8	日本电产	330740	5.7
5	蔚来驱动	181604	5.6	联合电子	281189	4.9
6	日本电产	166736	5.1	蔚来驱动	240284	4.2
7	双林汽车	147050	4.5	上海电驱动	207757	3.6
8	联合电子	141939	4.4	双林汽车	177758	3.1
9	巨一动力	122632	3.8	汇川技术	169093	2.9
10	汇川技术	119716	3.7	中车时代	166989	2.9

资料来源：中汽政研根据公开资料整理。

3. 电控竞争格局趋于稳定，碳化硅技术商业化应用提速

2022 年，我国新能源乘用车电机控制器装车量为 576 万台，同比增长 77%。装车量前三名为弗迪动力、特斯拉和汇川技术，与 2021 年保持一致，装车量分别为 171.7 万台、50.7 万台和 39.8 万台，同比分别增长 194.1%、30.9% 和 29.3%（见表6）。近年来，随着 800V 高压技术在新能源汽车的快速应用，具有高频率功率、耐高压高温以及抗辐射特性的第三代宽禁带半导体碳化硅（SiC）控制器，成为行业布局的焦点。2022 年 6 月，比亚迪半导体推出 1200V 1040A SiC 功率模块，在不改变原有封装尺寸的情况下，功率提升近 30%。2022 年 9 月，采埃孚 800V SiC 电驱动桥正式下线，较原 400V 产品性能和效率分别提升了 33% 和 11%。在整车配套方面，2022 年 SiC 控制器装车量占比已接近 10%，产业化应用规模进一步扩大。其中，特斯拉 Model 3 主驱逆变器电力模块、Model Y 后轮驱动均采用 SiC 模块，装车量在行业内处于领先水平。比亚迪 SiC 控制器也在汉 EV、唐 EV、海豹、海豚、驱逐舰等新车型上实现应用。另外，蔚来、小鹏、极氪、岚图等品牌也发布并上市多款搭载 SiC 控制器的车型，预计 2023 年 SiC 控制器装车量将迎来爆发式增长。

表6　2021～2022 年中国乘用车电机控制器装车量排名

单位：台，%

序号	2021 年			2022 年		
	企业	装车量	占比	企业	装车量	占比
1	弗迪动力	583689	17.9	弗迪动力	1716548	29.8
2	特斯拉	387229	11.9	特斯拉	506789	8.8
3	汇川技术	307831	9.5	汇川技术	398031	6.9
4	阳光电动力	210072	6.5	日本电产	330721	5.7
5	联合电子	196908	6.0	阳光电动力	321178	5.6
6	蔚来驱动	181604	5.6	英博尔	290825	5.0
7	上海电驱动	172783	5.3	联合电子	252957	4.4
8	日本电产	166736	5.1	蔚来驱动	240284	4.2
9	巨一动力	122632	3.8	中车时代	195586	3.4
10	英博尔	112447	3.5	巨一动力	162290	2.8

资料来源：中汽政研根据公开资料整理。

（三）智能零部件加速进步，驾驶和座舱智能化提升明显

1. 汽车芯片短缺现象缓解，国产芯片技术工艺加速突破

2022 年，随着芯片市场调节机制逐步发挥作用，加之政府、车企和芯片企业的共同努力，我国芯片供应短缺问题逐渐得到缓解。但汽车芯片结构性短缺问题仍未得到根本解决，MCU 芯片、功率芯片等产品供给仍较紧张，2022 年我国车用 IGBT（绝缘栅双极型晶体管）市场需求为 147.32 亿元，同比增长 114.72%。部分整车企业通过调整设计，对相同功能的芯片向两家以上供应商进行采购，或要求同一供应商的芯片可接受不同引脚设计等方式，灵活应对芯片短缺问题。

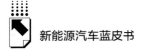
在汽车芯片新技术方面。2022 年，国内企业纷纷推出 32 位高性能 MCU 芯片产品，不断向热管理控制、辅助驾驶控制、域控系统和车载网关控制等核心领域应用。芯驰科技发布车规级 32 位 MCU E3 系列产品，功能安全达到 ASIL D 等级，可靠性达到 AEC-Q100 Grade 1 等级。芯旺微将量产车规级 32 位 MCU-KF32A158/168，功能安全达到 ASIL-B 等级。我国 IGBT 芯片覆盖电压/电流范围不断扩大，进一步打破外国企业对高端 IGBT 市场的垄断，斯达半导体第 6 代车规级 IGBT 已获得多个平台及项目的定点，并实现第 7 代 IGBT 产品的设计研发。汽车计算芯片产品逐步向大算力方向发展，我国企业地平线于 2022 年宣布正在研发征程 6 芯片，算力超过 1000TOPS。

在汽车芯片制造方面。我国芯片制造企业重点聚焦成熟制程工艺技术，加大投入扩充 28 纳米等成熟制程工艺产能。其中，中芯国际先后投资超过 1700 亿美元，启动中芯京城、中芯临港、中芯深圳、中芯西青四个项目，全部投产后产能将实现翻倍；2023 年 1 月，华宏半导体联合华虹宏力、国家集成电路产业基金Ⅱ期及无锡市，通过联合投资以及债务融资方式筹资 452.54 亿元，扩充位于无锡的 12 英寸功率器件代工产线，覆盖 90nm 至 65/55nm 特色制程工艺节点，月产能将达到 6.5 万片。

2. 操作系统短板问题突出，国内产品应用布局已现雏形

在"软硬件解耦"趋势下，软件能力成为凸显个性化、差异化的核心点，车用操作系统成为软件定义汽车的关键。车用操作系统作为软硬件资源连接的"桥梁"，涉及信息安全、数据安全和网络安全，其中任何环节存在漏洞，都会影响汽车产业甚至国家数据安全。

车用操作系统按照功能主要分为车控操作系统、智能驾驶操作系统和车载操作系统。车控操作系统主要用来控制车辆动力、底盘等系统，对安全性、稳定性、实时性要求极高，目前国内外企业各自的车控操作系统主要基于 AUTOSAR 进行开发。我国车控操作系统起步晚，较国外技术水平尚存在一定的差距。为此，我国组织成立了中国汽车基础软件生态委员会（AUTOSEMO），基于 AUTOSAR 现有的 2 个软件架构，开展自动驾驶、新能源的应用程序接口标准研究制定。智能驾驶操作系统是专门用来控制车辆自动驾驶功能的系统，具有高安全性、高实时性，并支持高性能计算的特点。车载操作系统主要用来实现车身控制、娱乐、通信等功能，是构建用户与汽车生态的关键要素。目前，

在智能驾驶操作系统和车载操作系统上，国内外的科技公司、传统车企、造车新势力均积极打造自主研发的车用操作系统，如特斯拉 Version、大众 VW. OS、华为鸿蒙、百度 Apollo、蔚来 NIO OS 等，但尚未形成垄断格局。其中，华为鸿蒙发布了座舱操作系统 HOS、智能驾驶操作系统 AOS 以及智能车控操作系统 VOS，其智能驾驶操作系统成为我国首个通过 ASIL-D 认证的内核。

从未来趋势看，车用操作系统逐步从单系统演化为多系统，并成为车载软件架构的核心。随着车控域、自动驾驶域、智能座舱域等各域控制器逐步融合发展，操作系统将统一融合、开放解耦。我国拥有增长潜力大、开放包容的超大规模市场优势，能为车用操作系统提供丰富应用场景和持续迭代机会，有助于促进新能源汽车产业高质量发展（见表7）。

表7　国内外企业车用操作系统情况

企业	自研操作系统	搭载车型
谷歌	Android	国内外百款车型,在车载信息娱乐系统领域占据主流地位
苹果	iOS	—
特斯拉	Version	目前主要是特斯拉自有车型
大众	VW. OS	ID. 3 为首款搭载的量产车型,预计 2025 年起在其旗下所有新车型进行搭载
沃尔沃	VolvoCars. OS	从 2022 年开始装车,用于下一代纯电动沃尔沃车型
丰田	Arene	Arene 预计 2025 年前实现量产,在其旗下所有新车型进行搭载
奔驰	MB. OS	在下一代全新 E 级车型上搭载其轻量级版本,计划 2024 年推出完整版
宝马	BMW iDrive	2023 年 3 月推出新迭代的 iDrive8. 5 和 iDrive 9,全新 5 系上率先搭载 iDrive 8. 5,全新 X1、MINI 等车型上率先搭载 iDrive 9
百度	DuerOS	国内外主流车企,包括福特、长城、奇瑞、现代、起亚等
华为	Harmony OS	问界旗下产品 M5、M7
比亚迪	BYD OS(智驾)/ DiLink(座舱)	目前主要是自有车型,如海豚、元 PLUS
蔚来	NIO OS	目前主要是自有车型,如 ES8、ES6、EC6
小鹏	XPILOT OS(智驾)/ Xmart OS(座舱)	目前主要是自有车型,如小鹏 G9
理想	Li OS	目前主要是自有车型,如理想 ONE

注：VolvoCars. OS 覆盖的操作系统包括 Android Automotive OS、QNX、AUTOSAR 和 Linux。
资料来源：中汽政研根据公开资料整理。

3. 智能传感器多元化融合，整车智能驾驶水平不断提升

智能传感器作为新能源汽车智能驾驶系统的核心零部件，主要包括摄像头、超声波雷达、毫米波雷达、激光雷达等，对保障车辆行驶安全和稳定至关重要。随着智能驾驶自动化水平的不断提高，传感器的数量和种类也不断增多，市场规模不断扩大。2022年，我国汽车智能传感器市场达303.8亿元，同比增长15.1%，预计2025年我国智能传感器市场有望达到千亿级规模。为了进一步提高智能驾驶汽车环境感知的准确性、可靠性和稳定性，环境感知系统向着多元感知融合的技术方向发展，蔚来、小鹏、理想、智己、哪吒、阿维塔等品牌均在2022年上市搭载该技术的产品。其中，长安阿维塔11采用"半固态激光雷达+毫米波雷达+超声波雷达+高清摄像头"等34颗多类型传感器所构成的融合感知方案，拥有可升级L3+级的智能驾驶能力，并实现NCA导航辅助驾驶，功能覆盖全国280个城市、接近30万公里的高速和城市快速道路，以及上海、深圳两个城市的市区及郊区道路（见表8）。

表8　2022年我国部分上市新能源汽车搭载智能传感器情况

单位：颗

车型	摄像头	超声波雷达	毫米波雷达	激光雷达	自动驾驶等级
蔚来EC7	7	12	5	1	L4
小鹏G9	12	12	5	2	L4
理想L9	11	12	5	1	L4
智己L7	11	12	5	0	L4
哪吒S	13	12	5	2	L4
阿维塔11	13	12	6	3	L3+

资料来源：中汽政研根据公开资料整理。

4. 车载显示市场稳步增长，多屏化、大屏化趋势明显

车载显示主要功能是通过显示信息来辅助驾驶及实现人机交互，是新能源汽车智能座舱的重要零部件。随着电动化、网联化、智能化加速融合发展，新能源汽车对车载显示的需求持续增加。2022年，我国汽车显示屏出货量达到1.892亿片。其中，TFT-LCD（薄膜晶体管液晶显示器）占比超过80%，是当前主流的车载显示屏。而随着OLED（有机发光二极管）、Mini LED（次毫米发光二极管）、Micro-LED（微型发光二极管）等发光二极管技术的不断进步，

LED 显示屏凭借色彩鲜艳、亮度高、工作稳定、质量轻等优势，逐渐受到车载显示屏制造商的青睐。从产品形态看，目前车载显示屏呈现大屏化、多屏化、多形态化等发展趋势。其中，大屏化主要是由于汽车对信息的集成要求越来越高，需要显示的内容愈加丰富，对屏幕尺寸的要求也进一步提升。2022年上市的上汽荣威 RX5 插混车型配置了 27 寸无界全景可滑动大屏。多屏化指除传统仪表盘、中控屏、HUD 外，还将出现内/侧后视镜屏、吸顶屏、后座娱乐屏、后座扶手屏、旋钮屏等车载显示屏。2022 年，零跑 C11 和高合 HiPhi X 均采用仪表盘、中控屏、娱乐屏的三屏联动系统方案。多形态化是指出于对车内装饰美感、科技感的追求，一体化、曲面、异形、超长等显示屏数量将持续增加。2022 年上市的飞凡 R7 搭载贯穿式三联大屏，总尺寸达到 43 英寸且中间没有物理分隔。

三　产业链面临问题与挑战

（一）重大突发事件阻碍我国产业链畅通运行

2022 年，长春、上海等地相继发生新冠肺炎疫情，作为我国重要的整车生产基地和汽车零部件核心供给区，两地疫情给我国汽车产业带来较大影响。其中，上海市自 2022 年 3 月开始在多区实行分区封控管理和物流限制等措施，区域内上汽、特斯拉、蔚来等整车和 1000 多家规上汽车零部件企业暂停生产，导致我国近一半新能源汽车相关企业受到影响。据乘联会测算，上海等地疫情预计给汽车行业生产带来 20% 的减产损失。作为全球重要的汽车零部件供应基地，上海疫情也造成丰田日本工厂减产 5 万辆，本田、马自达、大发等企业也均有不同程度的停工减产。另外，2022 年 8 月四川发布《关于扩大工业企业让电于民实施范围的紧急通知》，要求所有工业用电企业（含白名单重点保障企业）生产全停 6 天，直接导致动力电池上游的锂盐、三元材料、磷酸铁锂、石墨等多个领域企业月产量减产约 20%，对下游动力电池、整车企业的生产和交付产生影响。为此，城市间也积极协同保障供应链稳定。上海市经信委向四川省经信厅发函商请在限电政策下，给予上汽、特斯拉的配套企业一定电力资源倾斜，保障上海汽车产业稳定发展。

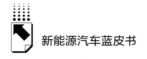
（二）资源供需失衡导致产业链利润分配不均

新能源汽车动力电池所需矿产资源主要集中在锂、镍、钴等领域，我国对外依存度分别达到 80%、95% 和 98%。2022 年，我国锂精矿、镍矿和钴矿进口量分别为 284 万吨、4024 万吨和 2.6 万吨，同比分别增长 42%、-7.6% 和 39.4%。受资源紧缺影响，我国新能源汽车产业利润向上游矿产企业转移明显，产业链盈利呈现"倒三角"结构。2022 年，我国大部分上游矿产企业业绩实现大幅增长。天齐锂业净利润为 241.25 亿元，同比增长超过 10 倍。赣锋锂业实现净利润 204.78 亿元，同比增长 291.67%。中游动力电池企业营收规模也大幅上涨，但原材料价格上涨压缩了利润空间。宁德时代 2022 年净利润同比增长 93%，但利润率下滑约 23%。下游整车企业直接面向消费端，价格调整空间相对有限，成为产业链最大承压方。2022 年我国有超过 30 个新能源汽车品牌上调产品价格，但除比亚迪外，蔚来、小鹏、理想、零跑等大部分新能源汽车企业仍处于亏损状态，给未来新能源产业可持续发展带来不利影响。

（三）关键环节短板影响我国产业链行稳致远

当前，我国新能源汽车在汽车芯片、操作系统等产业链环节基础较弱，已对我国新能源汽车产业智能化、网联化发展造成一定阻碍。其中，汽车芯片在 EDA（电子设计自动化）工具、原材料、制造装备、晶圆加工等多个环节被国外制约，EDA 工具 95% 的市场份额被国外企业垄断，8 英寸晶圆自主率不足 10%，光刻机制程技术在 90~130 纳米水平与国外差距较大，晶圆加工落后国际先进水平 5 年左右。整体上，我国汽车芯片自给率不足 5%，仅在 IGBT 等功率器件方面具有竞争力，其他类别严重依赖进口。2022 年，我国芯片进口额达到 4156 亿美元，相当于进口原油和铁矿石的贸易总和。截至 2022 年底，芯片短缺已导致我国汽车全年减产超过 18 万辆，受到较大影响。另外，国内汽车操作系统研发刚开始起步，目前基础操作系统主要被 QNX、Android 和 Linux 系统等国外产品垄断。我国华为鸿蒙操作系统、斑马智行 AliOS 已在多个汽车品牌实现搭载上车，但并未形成规模化推广应用，对操作系统持续迭代优化和匹配创新形成掣肘。在新能源汽车三化融合发展趋势下，"缺芯少魂"问题将深刻影响未来我国新能源汽车产业的发展。

（四）国际环境错综复杂冲击我国产业链稳定

2022年，俄乌冲突、美国保护性政策等给我国汽车市场及产业链供应链带来较大冲击。其中，俄乌作为欧洲汽车零部件及全球原材料的重要供给国，军事冲突使得全球氖气断供，铝、镍、钯等原材料价格大幅上涨，加剧了汽车芯片短缺，增加了新能源汽车生产成本。面对西方国家的"脱链"制裁，俄罗斯或逐渐脱离全球汽车产业链体系，而转向完全自主及与"友好国家"深度合作的产业发展路线，将进一步增加全球汽车产业链供应链的不稳定性。同时，美国在2022年相继发布《通胀削减法案》和《芯片与科学法案》，通过市场保护、技术封锁等手段打压我国新能源汽车等优势产业。《通胀削减法案》要求整车必须在北美组装，且须满足极为严苛的动力电池关键原材料来源地和北美本地化条件，将降低我国新能源汽车在美竞争力，影响我国动力电池对美出口和原材料采购，削弱我国动力电池原材料制造加工优势。受此影响，宁德时代已推迟在美投资50亿美元的建厂计划。《芯片与科学法案》则设置"护栏条款"，要求接受法案补助的企业在未来十年内不能在包括我国在内的"受关注国家"扩大或建设先进产能，将直接影响我国汽车芯片的制造和应用，制约汽车产业电动化、智能化向上发展。美国相关法案将导致全球新能源汽车产业链分流，对我国构建汽车产业国内国际双循环体系造成不利影响。

四　产业链发展建议

（一）建立应急响应机制，保障产业链供应稳定

为积极有效应对各类重大突发事件对我国新能源汽车产业的冲击，建议建立应对重大突发事件冲击常态化稳定产业链供应链协调机制，持续保障产业链供应链安全稳定。一是强化产业链监测预警分析，重点关注大宗商品价格、关键零部件供需、市场订单行情以及电力供应保障等产业形势，及时发现并跟踪分析苗头性、趋势性问题，提升风险感知和预警能力。二是聚焦重点区域、重点领域、重点企业，加强不同区域间、产业链上下游的协调联动，充分释放各类纾困帮扶政策的红利效应，积极谋划进一步稳定市场预期、提振企业信心的

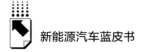

增量政策工具，通过实施重点企业"白名单"制度，并利用"汽车产业链供应链畅通协调平台"对重点企业进行帮扶，保障重点产业链供应链稳定畅通。三是及时做好总结梳理和重大问题研究，完善重大突发事件下保持产业链供应链稳定的应对预案和工作机制，强化风险研判和应对能力建设，指导企业建立闭环生产方案和应急处置预案，引导有条件的企业建立潜在供应商、关键物料"战略储备"等机制。

（二）强化关键资源保障，稳固产业链发展基础

强化锂、镍、钴等新能源汽车动力电池所需矿产资源的战略性地位，多措并举提高关键资源的安全保障能力。一是加快建设战略性矿产资源产业基础数据公共服务平台，跟踪分析矿产资源产业技术革新、政策法规、市场需求、商业环境等发展变化，为产业链企业发展提供支撑服务。二是加快国内矿产资源合理化、集约化开发，有序开发铁、铜、锂、镍等紧缺资源和石墨等优势资源，支持科学高效利用矿产资源发展深加工制品，强化国内资源"压舱石"作用。三是充分利用已有国际合作机制，加强与锂、镍、钴等资源丰富国家开展经济技术合作，支持企业规范有序参与境外资源开发，同时支持国内机构承担国际标准化技术组织有关工作，推动我国矿产资源产业标准"走出去"。四是加强动力电池原材料和回收利用技术创新，支持钠离子电池，无钴、低钴电池等关键资源替代技术攻关，降低关键资源使用量。积极发挥"城市矿山"作用，推进锂、镍、钴等金属循环利用技术研发和产业化，促进二次资源的高效循环利用。

（三）加强技术创新应用，提升产业链发展韧性

实现高水平科技自立自强，是提升我国新能源汽车产业链供应链韧性的重要手段。围绕产业链部署创新链，围绕创新链布局产业链，将进一步强化我国产业链韧性和安全性。一是加强基础科学研究，打造原创技术策源地。统筹加快开展汽车产业基础再造工程，支持企业间、企业与高校、科研机构联合共建共研，加强材料、能源、化工、信息等基础科学领域的技术创新。二是聚焦关键技术短板，增强产业链自主可控能力。系统梳理识别产业链关键薄弱环节，设定分阶段、分领域任务目标，重点针对动力电池原材料开采及回收利用，汽

车芯片设计工具、制造装备、晶圆加工以及操作系统开发工具、安全体系等领域，开展专项技术和产品工程化攻关，以"链长制"培育一批具有生态主导力的产业链龙头企业，增强产业链供应链自主可控能力。三是锚定前瞻技术领域，推动新技术产业化应用。实施科技创新重大专项和重大技术装备攻关工程，推进新体系电池、车用操作系统、新一代电子电气架构、高性能传感器等前瞻技术攻关和产业化应用，补足未来关键技术竞争短板，引导企业抢占下一代新能源汽车竞争高地。

（四）推动国际经贸合作，完善产业链海外环境

面对日趋复杂的新能源汽车国际竞争环境，我国新能源汽车产业应立足国内、放眼世界，全面增强产业国际竞争力和加强产业链供应链建设。一是支持企业全球经营布局。搭建重点国家和市场的信息沟通平台，鼓励重点企业优化汽车国际贸易与海外产业布局。创新出台符合我国产品特点和当地消费市场的金融产品和服务模式，构建安全畅通的汽车产业链供应链发展环境。二是加强国际经贸合作交流。充分发挥多边、双边合作和高层对话机制作用，积极参与国际经贸规则制定，加强相关政策储备，消除海外市场技术和政策壁垒，为我国新能源汽车"走出去"提供良好的贸易政策环境。三是推动中国标准和政策"走出去"。积极参与新能源汽车及产业链各领域国际标准的制修订，提升国内标准与国际标准的一致性，推动全球电动汽车产品在生产设计、质量安全、试验方法、碳排放等方面的标准协同与国际互认，提升我国新能源汽车产业链竞争优势和话语权。

B.6
2022年中国充电基础设施产业发展动态

王 芳　李 杨*

摘　要： 本文分析了2022年我国充换电基础设施产业发展、技术发展和政策标准情况，研判产业发展趋势，提出有关问题和建议。2022年，我国充电基础设施保持较快发展态势，年度建设数量达到259.3万个，车桩增量比为2.7∶1。私人充电桩建设数量194.2万个，同比增长225.5%，大功率充电、换电、小功率直流充电等技术加快创新应用。同时，行业监管制度不完善、充换电设施兼容差等问题依然存在，需要加强产品质量监管、加快标准统一、加强产业协同，推动充换电行业高质量发展。

关键词： 充电基础设施　新能源汽车　充换电技术

一　充换电基础设施产业发展情况

2022年，我国充电桩年度建设数量达到259.3万个，同比增长176.9%，车桩增量比为2.7∶1。其中，公共充电桩建设数量65.1万个，同比增长91.6%；私人充电桩建设数量194.2万个，同比增长225.5%，私人充电桩对电动汽车的服务保障能力进一步增强。随着充电桩建设数量大幅增长，我国充电桩保有量达到520.9万个，整体车桩比从2021年的3.0∶1降至2022年的2.5∶1，充电服务保障能力进一步提升（见表1）。

---

* 王芳，博士，正高级工程师，中国电动汽车充电基础设施促进联盟副秘书长；李杨，工程师，中国电动汽车充电基础设施促进联盟主管工程师。

表1 2021~2022年新能源汽车与充电桩保有量统计

单位：万辆，万个

年度	新能源汽车保有量	充电桩保有量		车桩比
2021	784	261.7	114.7(公共)	3.0∶1
			147.0(私人)	
2022	1310	520.9	179.7(公共)	2.5∶1
			341.2(私人)	

资料来源：中国电动汽车充电基础设施促进联盟。

（一）充电基础设施配置情况

2016~2022年，每百辆新能源汽车平均配置充电桩数量从22.4个增长至39.8个，基本维持每个充电桩服务3辆新能源汽车的配置水平（见图1）。

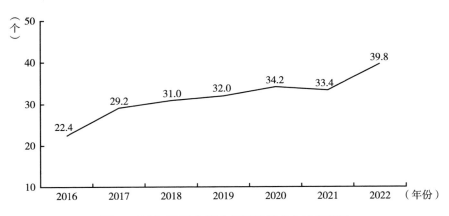

图1 2016~2022年百车平均配置充电桩保有量

资料来源：中国电动汽车充电基础设施促进联盟。

2016年，每百辆新能源汽车平均配置公共充电桩15.5个、私人充电桩6.9个，表明新能源汽车发展初期主要依靠政策推动，用车主体以政府、企业和事业单位为主，私人消费意愿不强、市场还不完善。

2017~2021年，每百辆新能源汽车平均配置公共充电桩、私人充电桩数量整体比较稳定，新能源汽车与充电基础设施发展速度基本匹配。2022年，每百辆新能源汽车平均配置私人充电桩数量快速提高到26.0个，表明新能源汽车私人消费市场快速增长，私人充电桩建设速度大幅提升。当前，我国新能源汽车已经进入市场驱动为主的发展阶段，随着私人消费者成为新能源汽车购车主力，私人充电桩将继续保持高速增长态势（见图2、图3）。

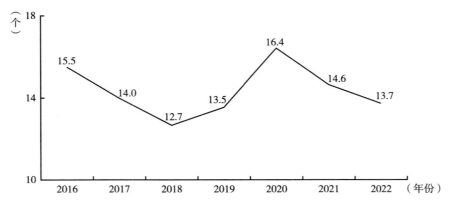

图2 2016~2022年百车平均配置公共充电桩保有量

资料来源：中国电动汽车充电基础设施促进联盟。

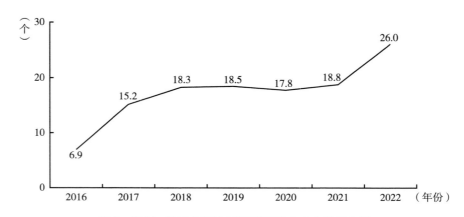

图3 2016~2022年百车平均配置私人充电桩保有量

资料来源：中国电动汽车充电基础设施促进联盟。

（二）公共充电基础设施发展情况

1. 公共充电基础设施快速增长

近年来，我国公共充电桩数量快速增长，保有量从2015年的不到5万个增长至2022年的179.7万个，增幅超35倍，有力支撑了新能源汽车市场高速发展（见图4）。

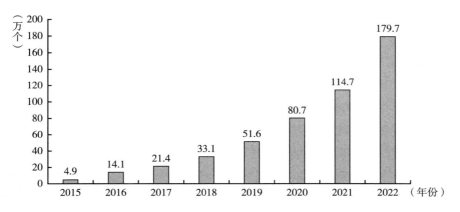

图4　2015～2022年公共充电基础设施保有量

资料来源：中国电动汽车充电基础设施促进联盟。

2016年，我国制定出台充电基础设施国家标准，解决了充电接口、通信协议等不统一的问题，极大提升了充电桩利用率和充电兼容性，对新能源汽车产业长期稳定发展起到了至关重要的作用。相比之下，欧洲推行的充电接口不少于三种，对公共充电网络服务效能造成一定影响，并增加了充电运营商建设和运营成本。目前，我国充电标准获得俄罗斯、乌兹别克斯坦、智利等国家的认可和使用，有助于促进我国新能源汽车及充电基础设施向海外发展。

2. 公共充电基础设施分布相对集中

截至2022年，我国公共直流桩保有量76.1万个，占比42.3%；公共交流桩103.6万个，占比57.7%。公共充电桩分布呈现"东多西少、南多北少"的特点。其中，长三角占比25.7%，珠三角占比21.3%，京津冀占比11.4%，长三角、珠三角区域内的公共充电桩数量明显高于京津冀区域内公共充电桩数量。

截至2022年，我国公共直流桩保有量前十省份分别为：广东130668个，占比 17.2%；江苏 60954 个，占比 8.0%；浙江 54170 个，占比 7.1%；山东 46141 个，占比 6.1%；四川 40077 个，占比 5.3%；福建 36453 个，占比 4.8%；北京 35229 个，占比 4.6%；上海 32973 个，占比 4.3%；河南 32593 个，占比 4.3%；湖北 30147 个，占比 4.0%。

截至 2022 年，我国公共交流桩保有量前十省份分别为：广东 252097 个，占比 24.3%；上海 89003 个，占比 8.6%；北京 74904 个，占比 7.2%；浙江 71748 个，占比 6.9%；湖北 71016 个，占比 6.9%；江苏 68722 个，占比 6.6%；安徽 59381 个，占比 5.7%；山东 43824 个，占比 4.2%；河南 35423 个，占比 3.4%；福建 30846 个，占比 3.0%。

3. 公共充电桩功率稳步提升

2016~2022 年，我国新增公共直流桩平均功率从 52.1kW 增至 121.7kW，近几年增速有放缓趋势，但随着大功率充电技术不断成熟、大功率充电车型持续推出，公共直流充电桩平均功率有望进一步提升（见图 5）。

新增公共直流充电桩中，高功率公共直流桩占比持续增长。2016 年，新增公共直流充电桩中 67.4%的额定功率小于 90kW；2017~2022 年，额定功率 30~60kW 区间占比快速萎缩，额定功率大于等于 180kW 区间占比由 2016 年的 2.0%增至 2022 年的近 20%，额定功率 120~150kW 区间占比持续增大。此外，2021 年部分企业开始探索小功率直流充电技术，额定功率小于 30kW 的充电桩占比有所增长（见图 6）。

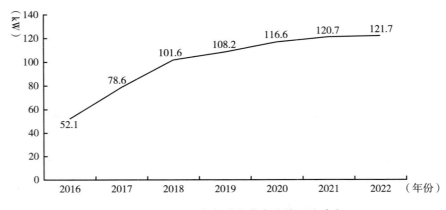

图 5 2016~2022 年新增公共直流桩平均功率

资料来源：中国电动汽车充电基础设施促进联盟。

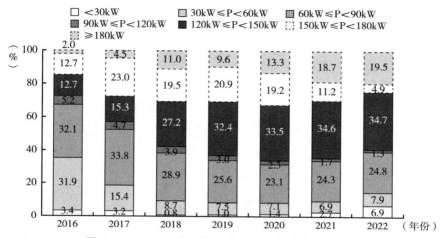

图6　2016~2022年新增公共直流桩各功率区间占比

资料来源：中国电动汽车充电基础设施促进联盟。

4. 高电压平台直流桩占比提高

2022年，750V电压平台公共直流桩占比最高，达到69.8%，1000V电压平台（含950V）公共直流桩占比为19.8%，500V电压平台公共直流桩占比降至10.4%（见图7）。

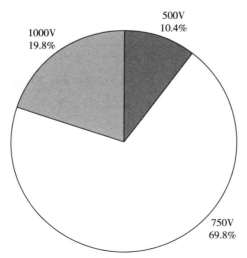

图7　2022年公共直流桩各电压平台占比

资料来源：中国电动汽车充电基础设施促进联盟。

三种主流电压平台中，500V 电压平台充电桩增量在 2016～2017 年占比较高，达到 45% 左右，2018 年以后快速下降，到 2022 年仅占充电桩增量的 4.1%；750V 电压平台充电桩增量占比整体先增后减，2017～2020 年持续增长，到 2020 年增量占比达到 84.2%，随着 1000V 电压平台逐渐投入应用，750V 电压平台充电桩增量占比开始下降，到 2022 年增量占比降至 59.2%；1000V 电压平台从 2019 年开始投入规模化运营，目前保持较高增长态势，2022 年 1000V 电压平台充电桩增量占比达到 36.8%（见图 8）。根据行业调研，随着大功率充电车型、800V 高电压平台车型量产投放，多家充电运营商规划新建的公共直流桩将以 1000V 电压平台为主，并对 500V 和 750V 电压平台公共直流桩进行改造升级。

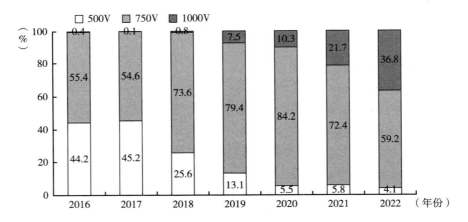

图 8　2016～2022 年新增公共直流桩各电压平台占比

资料来源：中国电动汽车充电基础设施促进联盟。

（三）换电基础设施发展情况

近年来，我国换电站建设数量呈现高速增长态势，从 2019 年的 306 座增长至 2022 年的 1973 座（见图 9）。2021 年，工信部办公厅印发《关于组织开展新能源汽车换电模式应用试点工作的通知》（工信厅联通装函〔2021〕72 号），评选出 11 个换电试点城市。随着换电试点工作的大力推进和各级政府支持政策的出台，换电站建设将继续保持增长态势。

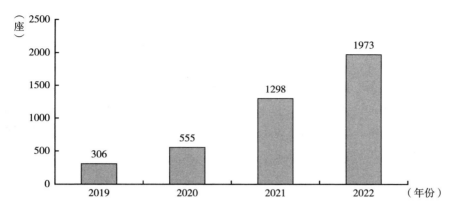

图9　2019~2022年我国乘用车换电站保有量

资料来源：中国电动汽车充电基础设施促进联盟。

（四）私人充电基础设施发展情况

2022年，新能源汽车私人消费市场大幅增长，带动私人充电基础设施加快建设。全年新增私人充电桩194.2万个，月均新增16.2万个，且整体呈现逐月上涨的趋势（见图10）。

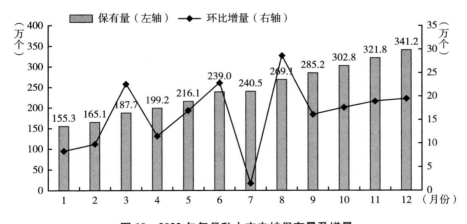

图10　2022年每月私人充电桩保有量及增量

资料来源：中国电动汽车充电基础设施促进联盟。

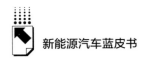

新能源汽车蓝皮书

二　充换电技术发展情况

新能源汽车产业的快速发展，对补能体系的完整性、可靠性要求愈发严苛，相关企业持续加大投入，推动充换电技术更新迭代。在各类充换电技术中，大功率充电、换电等技术发展较快，小功率直流充电、无线充电、有序充电等技术也逐步开展示范应用。

（一）大功率充电技术

2022年以来，主要车企纷纷开始投放800V高电压平台大功率充电车型，具备单枪250kW以上充电功率的充电桩也在加快建设。比亚迪、特斯拉、广汽、蔚来、小鹏、理想、一汽、吉利、上汽、北汽等主流车企均有大功率充电车型在产或在研。其中，广汽、小鹏等企业采用800V高电压平台与大电流充电技术方案，埃安V Plus（6C版）、小鹏G9等车型均可实现最高400kW以上充电功率；特斯拉采用400V低电压平台与大电流充电技术方案，最高充电功率可达250kW。此外，大型客车、公交车、重型货车等主要采用双枪直流充电技术方案，最大充电功率超过400kW。

目前，具备大功率充电产品制造能力的企业包括特锐德、万帮、万城万充、珠海泰坦、绿能慧充、长园深瑞、广州天枢、广州锐速等，主要运营企业包括特来电、星星充电、国家电网、小桔充电、南方电网、深圳车电网、万城万充、巨湾巨快、特斯拉、小鹏、蔚来、理想、极氪能源等。

（二）换电技术

近年来，换电模式凭借显著的经济性、良好的补能体验，实现快速发展。蔚来、吉利、奥动新能源、宁德时代、启源芯动力等企业积极开展换电技术研发，实现动力电池快速更换和灵活配置，有效解决了新能源汽车补能慢的痛点。

换电技术主要应用于营运类乘用车、私人乘用车和重型货车等领域，营运类乘用车代表企业有一汽新能源、睿蓝汽车、长安新能源、北汽新能源、东风等，面向私人用户销售的企业以蔚来为主，重型货车代表企业有北汽福田、吉利商用车、一汽解放、徐工、三一、重汽集团、上汽红岩、汉马等。

换电运营商中，乘用车换电运营商主要有蔚来、奥动新能源、时代电服、易易互联、蓝谷智慧等；商用车换电运营商主要有国家电投、国家电网、时代电服、中国石化、南方电网、三一、协鑫能科、奥动新能源、金茂科易、智锂物联等。

（三）其他技术

1. 小功率直流充电

小功率直流充电技术主要包括两种，一种是搭载较小的电源模块，在结构和通信协议方面与常规直流桩无差别，额定充电功率低于30kW；另一种是采用家用插座的"家充"模式，额定功率大多超过2kW。

目前，新能源汽车同时保留直流充电接口和交流充电接口，导致车辆线束复杂、器件较多、成本较高，车辆发生故障的概率也有所增加。为降低整车成本、减轻车身重量、降低故障率，部分车企正探索取消交流充电接口的整车设计方案。由于新能源汽车推广速度不断加快，公共充电网络无法完全满足车辆补能需求，小功率"停车充电"模式依然是重要的补能方式。

2. 无线充电

当前，电动汽车无线充电处于发展初期，市场规模相对较小。无线充电作为一种非接触的充电方式，具有充电便捷、安全以及体验感良好等优势。未来，无线充电技术将更加智能化和便捷化，逐渐实现高功率、高效率和高安全性。新材料、新技术的应用，将不断降低无线充电设备成本，市场占有率有望提高。同时，随着无线充电技术应用范围逐渐扩大，无线充电将成为未来汽车、智能家居、电子设备等领域的重要场景，为无线充电市场带来更多的发展机会。

三　政策标准情况

（一）政策情况

为促进新能源汽车产业发展，国家不断完善充电基础设施政策体系，有效引导公共、专用、企事业单位、私人等领域充电基础设施的发展。同时，地方

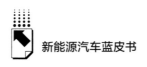
政府结合实际情况，制定地方充电基础设施奖补政策，形成"中央政策指导，地方配套实施细则"的政策推进体系。

我国充电基础设施政策发展大致分为四个阶段：第一阶段（2014年以前），充电基础设施没有独立的政策文件，政策要求包含在新能源汽车推广应用相关政策中，主要是鼓励和扶持充电基础设施建设；第二阶段（2015~2017年），2015年9月，国务院办公厅印发《关于加快电动汽车充电基础设施建设的指导意见》（国办发〔2015〕73号），各地方陆续出台配套实施细则，逐渐形成涵盖规划指导、建设推进、财政奖补、市场监管、科技创新的政策体系；第三阶段（2018~2020年），中央层面政策重点关注居民区、高速公路服务区等充电基础设施建设，补齐产业发展短板；第四阶段（2021年至今），随着《2030年前碳达峰行动方案》文件出台，充电基础设施被纳入国家"新基建"，开始全面布局（见表2）。

表2 国家充电基础设施有关政策

序号	部门	政策名称	发布时间
1	发展改革委等	《关于进一步提升电动汽车充电基础设施服务保障能力的实施意见》（发改能源规〔2022〕53号）	2022年1月
2	发展改革委等	《关于印发〈"十四五"现代能源体系规划〉的通知》（发改能源〔2022〕210号）	2022年1月
3	发展改革委等	《关于完善能源绿色低碳转型体制机制和政策措施的意见》（发改能源〔2022〕206号）	2022年2月
4	发展改革委等	《关于印发〈国家公路网规划〉的通知》（发改基础〔2022〕1033号）	2022年7月
5	交通运输部等	《加快推进公路沿线充电基础设施建设行动方案》（交公路发〔2022〕80号）	2022年8月
6	工业和信息化部等	《关于组织开展公共领域车辆全面电动化先行区试点工作的通知》（工信部联通装函〔2023〕23号）	2023年1月

（二）标准情况

1. 充电标准

我国目前在用的2015版充电国家标准包括：GB/T 18487.1-2015、GB/T

27930-2015、GB/T 20234.1-2015、GB/T 20234.2-2015 和 GB/T 20234.3-2015，对充电系统物理接口（充电接口）、导引电路、通信协议做出要求。针对大功率充电技术发展，目前形成 2 套技术标准路线。一是由全国汽车标准化技术委员会牵头的"国充2015+"标准，即基于 GB/T 20234.3-2015 的直流充电系统，二是由中国电力企业联合会牵头的"ChaoJi"充电技术标准。

2.换电标准

2021 年，《电动汽车换电安全要求》GB/T 40032-2021 发布，为我国首个换电车型安全标准。针对换电兼容性要求，全国汽车标准化技术委员会已围绕乘用车/商用车换电系统互换性、通用平台等方面开展行业标准的编制工作（见表3）。

表3　换电在研标准

序号	标准名称	标准级别
1	纯电动乘用车车载换电系统互换性　第1部分:换电电气接口	行业标准
2	纯电动乘用车车载换电系统互换性　第2部分:换电冷却接口	行业标准
3	纯电动乘用车车载换电系统互换性　第3部分:换电机构	行业标准
4	纯电动乘用车车载换电系统互换性　第4部分:换电电池包	行业标准
5	纯电动乘用车车载换电系统互换性　第5部分:车辆与电池包的通信	行业标准
6	纯电动商用车车载换电系统互换性　第1部分:换电电气接口	行业标准
7	纯电动商用车车载换电系统互换性　第2部分:换电冷却接口	行业标准
8	纯电动商用车车载换电系统互换性　第3部分:换电机构	行业标准
9	纯电动商用车车载换电系统互换性　第4部分:换电电池包	行业标准
10	纯电动乘用车换电通用平台　第1部分:车辆	行业标准
11	纯电动乘用车换电通用平台　第2部分:电池包	行业标准
12	纯电动乘用车换电通用平台　第3部分:车辆与设施的通信	行业标准
13	纯电动乘用车换电通用平台　第4部分:电池包与设施的通信	行业标准
14	纯电动商用车换电通用平台　第1部分:车辆	行业标准
15	纯电动商用车换电通用平台　第2部分:电池包	行业标准
16	纯电动商用车换电通用平台　第3部分:车辆与设施的通信	行业标准
17	纯电动商用车换电通用平台　第4部分:电池包与设施的通信	行业标准

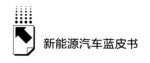

四 问题及建议

（一）存在的问题

1. 行业监管体系有待进一步完善

充电基础设施行业快速发展，产品种类众多、市场竞争日益加剧，产品的品质、安全性、一致性、操作性、兼容性难以把控。目前，国家和行业标准主要关注技术要求，尚未建立产品标准和强制性认证要求，大量生产制造企业的涌入导致产品质量参差不齐，亟须加快标准的立项、起草工作，引导行业高质量发展。

2. 充换电兼容问题依然广泛存在

自 2015 版充电国家标准发布以来，一次充电成功率逐年提升。目前，大功率充电标准存在两条技术路线，新老标准和不同技术路线之间的充电兼容问题将对充电成功率产生较大影响，给行业健康发展带来新的挑战。此外，换电行业尚未形成换电兼容统一标准，不同品牌换电车型无法实现互联互通，造成换电站服务效能低下，不利于换电模式健康发展。

3. 协同合作的发展体系尚未形成

充电基础设施产业链涉及整车企业、充电制造企业、充电运营企业、电力企业等多个领域，各行业尚未形成紧密配合、协同合作的良好发展局面。充电基础设施建设面临用地、用电难题，审批备案流程冗长，影响企业经营发展。整车企业和充电运营企业对充电安全的管理能力有待提升，新能源汽车充电过程中起火事件仍时有发生。部分充电场站信息化水平不高、建设布局不科学，消费者找桩难等问题严重影响充电体验，制约了新能源汽车消费增长。

（二）发展建议

1. 做好充换电产品质量和运营监管

一是对充换电基础设施进行事中事后监管，围绕充换电设备，组织行业共同制定产品性能规范及检测要求，确保标准能够保障充换电产品安全可靠。

二是加强公共充电网络运营、运维能力建设，加强车桩安全监测及充电场站智能运维能力建设，推动充电场站服务等级认证，提升公共充电网络服务质量。加快盘活存量闲置电桩，提升场站利用率。

三是做好跨地区、跨平台、跨场站充电基础设施数据互联互通，满足用户多元出行场景需求，提高充电便利性。

2. 加强充换电兼容性检测

充电基础设施应做好新老标准间兼容性验证，换电基础设施应抓紧制定全国统一的换电兼容标准，如外形尺寸一致性要求和通信协议一致性要求，避免各地方出台地方标准，干扰行业共享化发展进程。换电兼容标准的制定不仅要考虑产品市场占有率，还应该考虑技术先进性和产品使用特性，选择优秀的产品方案作为标准。为保证换电兼容工作的推进，应同步开展换电兼容性检测，推行换电产品硬件与通信兼容的标准化检测方法。

3. 发挥产业链协同效应

公共充电服务涉及环节多、链条长，应加强相关企业协同，提高用户充电的便利性、安全性。车企应强化车辆"三电"系统充电安全性，加强车辆充电警告监测及故障处理机制，加强与运营商、第三方服务商互联互通。充电基础设施运营企业要加强选址、规划、建设、运营，提高场站精细化运营水平，强化所属设备的支付结算、运行维护和充电安全等信息管理。电力企业应加大配套电网建设力度，提高需求响应能力。

政策标准篇
Policies and Standards

本篇梳理并分析了 2022 年以来国家和地方层面发布的新能源汽车政策情况，以及我国新能源汽车标准情况，总结政策特点及标准进展，并分别提出了新能源汽车政策及标准相关建议。

2022 年以来，国家层面出台了覆盖"双碳"战略、推广消费、氢能发展、行业管理、积分管理、安全管理、基础设施等七大方面的新能源汽车相关重要政策。《2022 年国家新能源汽车政策动态及未来展望》对相关政策要点进行了全面梳理和分析，从产业、企业、市场等不同维度，总结分析了政策特征。面对全球新能源汽车开启"下半场"竞争，建议强化规划引领，出台面向"双碳"目标的汽车产业绿色低碳发展方案，强化财税金融、基础设施、积分管理等政策储备，推动新能源汽车融合创新发展，优化新能源汽车出口配套环境。

地方层面紧跟国家政策导向，积极出台产业发展支持政策，完善产业培育体系，优化产业发展环境，有力推动了各地新能源汽车产业创新发展。《2022 年地方新能源汽车政策动态及未来展望》从下一代新能源汽车、新技术新模式应用、基础设施配套、促进市场消费等方面，全面梳理了各地的新能源汽车政策情况，总结政策要点和特征，并重点分析了海南、杭州、上海三个城市的新能源汽车政策经验和发展模式。建议各地聚焦未来产业竞争关键赛道，在政策、模式、路径等方面积极开展创新探索，建立适合下一代新能源汽车产业发展的政策体系。

标准化作为行业发展的技术性基础工作，在支撑产业发展、促进科技进步、规范社会治理等方面发挥了重要作用。《2022 年中国电动汽车标准发展动态》介绍了我国新能源汽车标准总体情况及标准国际化工作，重点分析了整车及基础标准、燃料电池汽车、动力电池、电驱动系统及关键部件、充换电系统等领域的标准进展。下一步将持续做好标准实施效果评估，聚焦电动汽车整车关键性能、关键部件标准、充换电、燃料电池等领域不断完善标准体系，并加强国际交流合作，促进国际国内协同发展。

B.7
2022年国家新能源汽车政策动态及未来展望

李鲁苗　李永康*

摘　要： 本文对2022年以来国家层面出台的新能源汽车相关政策进行总结与分析，主要涉及"双碳"战略、促进消费、氢能发展、行业管理、积分管理、安全管理、基础设施七大方面。产业层面，国家积极出台"双碳"相关政策，促进各领域全面绿色低碳转型升级。企业层面，国家优化行业管理体系，完善双积分市场化机制，构建企业全生命周期安全保障体系。市场层面，国家及地方多措并举扩大新能源汽车市场消费。在全球新能源汽车开启"下半场"竞争背景下，我国新能源汽车产业发展需"扶一把、送一程"，本文建议强化规划引领，出台面向"双碳"目标的汽车产业绿色低碳发展方案；强化政策储备，保障新能源汽车市场稳步发展；加强统筹协同，推动新能源汽车跨领域融合创新发展；紧抓出口机遇，优化新能源汽车出口配套环境。

关键词： 新能源汽车　政策特点　政策动态

2022年是我国新能源汽车乘势而上、规模化快速发展的关键之年。在国家和地方持续发力、多措并举的政策支持下，我国新能源汽车产业迎难而上，

---

* 李鲁苗，硕士，工程师，中汽政研绿色低碳研究部；李永康，硕士，工程师，中汽政研绿色低碳研究部。

克服了疫情下停工停产、缺芯、原材料价格上涨等多重困难，实现逆势增长，成为汽车产业持续发展"新动能"。

一　政策要点

2022年以来，国家层面出台的新能源汽车相关重点政策主要涵盖"双碳"战略、促进消费、氢能发展、行业管理、积分管理、安全管理、基础设施等7个方面。

（一）"双碳"战略

在国家顶层规划导向下，我国积极推动"双碳"目标落地实施，在财政、工业、科技、能源等领域全面促进绿色低碳转型升级。

2022年5月，财政部印发《财政支持做好碳达峰碳中和工作的意见》（财资环〔2022〕53号），明确财政支持碳达峰碳中和工作的六大重点方向和领域，积极发挥资金引导、税收调节、政府采购、市场化投入等政策协同作用，做好财政保障工作。其中，新能源汽车涉及两方面内容：一是加大新能源汽车推广力度，完善充换电基础设施建设、燃料电池汽车示范政策环境；二是加大政府绿色采购力度，除特殊地理环境等因素外，要求机要通信和相对固定路线的执法执勤、通勤等公务用车，原则上应采购新能源汽车。

2022年6月，生态环境部等七部门联合印发《减污降碳协同增效实施方案》（环综合〔2022〕42号），提出"推进交通运输协同增效"重点任务，明确了"到2030年，大气污染防治重点区域新能源汽车新车销售量达到汽车新车销售量的50%左右"市场目标，及"公共领域用车电动化、老旧车辆替换为新能源车辆、中重型电动及燃料电池货车示范应用和商业化运营"等领域新能源汽车推广要求，将有序推动低碳交通运输体系建设。

2022年6月，交通运输部等四部门联合发布《贯彻落实〈中共中央　国务院关于完整准确全面贯彻新发展理念做好碳达峰碳中和工作的意见〉的实施意见》（交规划发〔2022〕56号），从交通运输结构优化、节能低碳型交通工具推广、低碳出行引导、交通运输绿色转型等四个方面，加快推进交通运输行业绿色低碳转型。其中，新能源汽车涉及两方面内容：一是发展新能源和清

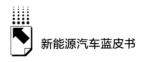

洁能源运输工具，有序开展纯电动、氢燃料电池汽车等试点；二是加强补能环境建设，包括高速公路服务区快充网络和换电模式应用。

2022 年 8 月，工信部等三部门联合发布《关于印发工业领域碳达峰实施方案的通知》（工信部联节〔2022〕88 号），提出了"深度调整产业结构、深入推进节能降碳、积极推行绿色制造、大力发展循环经济、加快工业绿色低碳技术变革、主动推进工业领域数字化转型"等六项重点任务，及"重点行业达峰行动、绿色低碳产品供给提升行动"两项重大行动。其中，新能源汽车涉及五方面内容：一是明确了市场总体目标，到 2030 年新增新能源、清洁能源动力的交通工具比例达到 40%左右；二是逐步提升公共领域车辆和个人消费的新能源汽车比例；三是开展电动重卡、氢燃料汽车研发及示范应用，破解重点领域电动化进程缓慢难题；四是加快充电桩建设及换电模式创新，优化使用环境；五是推动动力电池回收利用体系建设，加强再生资源循环利用。

2022 年 8 月，科技部等九部门联合发布《科技支撑碳达峰碳中和实施方案（2022～2030 年）》（国科发社〔2022〕157 号），从"能源转型、工业流程、基础技术、颠覆性技术、应用示范、决策支撑、人才建设、企业培育、国际合作"等方面，提出了十大行动。其中，新能源汽车涉及两方面内容：一是促进关键零部件关键技术取得重大突破，涵盖动力电池、驱动电机、车用操作系统等；二是整车性能进一步提升，包括安全水平和平均电耗水平。

综上，汽车作为低碳交通体系建设的主体，加快电动化转型升级，既是落实国家"双碳"战略的重要支撑，也是产业高质量发展的内在要求，并将与可再生能源、储能等相关领域形成良好的协同效应。

（二）促进消费

汽车产业对提振内需消费、稳定经济发展至关重要，而新能源汽车已成为稳定经济发展的新引擎。2022 年以来，国家相关部门多措并举，稳定和扩大汽车和新能源汽车消费。

2022 年，国务院常务会议多次明确提出稳定和扩大汽车消费。5 月 23 日，国务院常务会议提出"进一步部署稳经济一揽子措施"，决定实施 6 个方面 33 项具体政策措施，提出"放宽汽车限购，阶段性减征部分乘用车购置税 600 亿元"等；5月31日，国务院发布《关于印发扎实稳住经济一揽子政策措施的通知》（国发〔2022〕12号），提出"稳定增加汽车、家电等大宗消费"，涉及限购、二手车、进口、购置税减免、充换电站建设等相关政策支持。8月18日，为促进新能源汽车消费、培育新增长点，国务院常务会议提出了三方面政策工具：一是保持税收优惠政策稳定性，将新能源汽车购置税优惠政策延期至2023年底，稳定市场预期；二是多措并举优化政策环境，继续免征车船税和消费税，扩大上路权限、牌照指标等支持；三是加强统筹协调，建立新能源汽车产业发展协调机制。9月26日，财政部等发布《关于延续新能源汽车免征车辆购置税政策的公告》（财政部　税务总局　工业和信息化部公告2022年第27号），明确"对购置日期在2023年1月1日至2023年12月31日期间内的新能源汽车，免征车辆购置税"。2023年6月，国家将新能源汽车车辆购置税减免政策延长至2027年底。

2022年1月，国家发改委等七部门联合发布《促进绿色消费实施方案》（发改就业〔2022〕107号），聚焦消费重点领域，推进生产、流通、回收、再利用各环节绿色转型，提出"大力发展绿色交通消费"。其中，新能源汽车涉及四方面内容：一是优化使用环境，逐步取消各地购买限制，落实免限行、路权等支持政策，加强充换电、加氢等基础设施建设；二是促进新技术应用，开展换电模式、燃料电池汽车示范应用；三是推动特定领域车辆推广，深入开展新能源汽车下乡，提高公共领域新能源汽车应用占比；四是加大金融支持力度，鼓励开发新能源汽车保险产品等。

2022年5月，工信部办公厅等联合发布《关于开展2022新能源汽车下乡活动的通知》（工信厅联通装函〔2022〕107号），涵盖26家企业及其旗下70款新能源车型。2023年6月，工信部等五部门联合启动2023年新能源汽车下乡活动，该活动自2020年开始举办，已经持续四年，有效提高了农村新能源汽车普及程度，引导了农村居民出行方式升级。

2022年7月，商务部等十七部门联合发布《关于搞活汽车流通　扩大汽车消费若干措施的通知》（商消费发〔2022〕92号），围绕新能源汽车购买使用、二手车流通、老旧车辆淘汰更新、平行进口、使用环境、金融服务等，提出了6个方面、12条政策措施。其中，新能源汽车涉及三方面内容：一是破除地方保护，促进全国各区域自由流通；二是推进相关促消费政策落地落实，

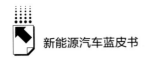

包括购置税减免、新能源汽车下乡等；三是优化补能环境，推进居民社区、高速公路服务区等重点领域，加快充换电基础设施建设。

2022 年 11 月，工信部等三部门发布《关于巩固回升向好趋势加力振作工业经济的通知》（工信部联运行〔2022〕160 号），从工业经济回稳、重点产业发展、各地区协同发展、提升企业活力等方面提出了 14 项重点举措。其中，新能源汽车涉及四方面内容：一是"扩内需"，落实购置税减免政策，启动公共领域车辆全面电动化城市试点；二是"保出口"，优化新能源汽车和动力电池运输方式，加快推动中欧班列运输；三是"强链条"，保障关键原材料、核心基础零部件等供应和储备，聚焦汽车芯片开展技术攻关、产能提升、上车应用的工作；四是"补短板"，发挥部际协调机制作用，突破关键核心技术，完善基础设施建设。

2023 年 2 月 4 日，工信部、交通运输部等八部门联合印发《关于组织开展公共领域车辆全面电动化先行区试点工作的通知》（工信部联通装函〔2023〕23 号），提出新增及更新车辆中新能源汽车应用、充换电基础设施建设、新技术新模式应用等 3 个试点工作目标，明确提升车辆电动化水平、促进新技术创新应用、完善充换电基础设施、健全政策和管理制度等 4 项任务，支持地方和企业积极创新、大胆探索，促进新能源汽车与能源、交通、信息通信深度融合，力争形成一批可复制、可推广的经验和模式，为新能源汽车全面市场化拓展和绿色低碳交通运输体系建设发挥积极作用。

综上，党中央、国务院高度重视汽车消费工作，多个部门将汽车作为促消费的重要着力点，尤其在促进新能源汽车产业发展方面，多措并举稳定新能源汽车消费，扩大国内市场需求，推动中国新能源汽车"走出去"。

（三）氢能发展

氢能已成为全球能源转型发展的重要方向。我国作为全球最大的制氢国家，在清洁低碳氢能源供给上具有巨大潜力，当前的政策思路是，加强顶层设计和统筹谋划，促进能源转型升级、培育经济新增长点。

2022 年 3 月，国家发展改革委、国家能源局发布《氢能产业发展中长期规划（2021~2035 年）》，是我国首个针对氢能产业发展的中长期规划，明确了氢能产业战略定位和发展目标，并围绕"制—储—输—用"等关键环节，及氢安全、公共服务等方面，提出了"构建氢能产业创新体系、统筹建设氢能基础设施、有序推进氢能多元化应用、建立健全氢能政策和制度保障体系"等重点任务。燃料电池汽车作为氢能的重要应用领域之一，此规划涉及五方面内容：一是明确发展目标，到2025年，燃料电池车辆保有量约5万辆，部署建设一批加氢站；到2035年，构建涵盖交通、储能等领域的多元氢能应用生态。二是加强技术创新，支持质子交换膜、新型燃料电池等技术发展，推进绿色低碳氢能制、储、输、用等各环节关键技术研发。三是推进基础设施建设，因地制宜选择制氢技术路线，支持开展多种储运方式的探索和实践，有序推进加氢网络体系建设，探索站内制氢、储氢和加氢一体化的加氢站等新模式。四是推进示范应用，重点推进氢燃料电池中重型车辆应用，涵盖在矿区、港口、工业园区等区域内路线相对固定的货车运输，及城市公交、物流配送、环卫等公共服务领域。五是加强制度创新，加强氢能安全管理制度和标准研究，完善氢能基础设施建设运营，加强全链条安全监管。

我国自2009年起开始给予燃料电池汽车购置补贴支持，已于2021年先后批复了京津冀、上海、广东、河南、河北五大示范城市群。在国家政策的大力支持下，我国燃料电池汽车产业取得积极进展，关键技术加快进步、应用场景明显拓展、氢能供给能力明显提升。此次氢能规划将与燃料电池汽车示范政策发挥良好协同效应，共同推动我国氢能及燃料电池汽车产业低碳化发展。

（四）行业管理

当前汽车产业发展进入新阶段，为持续推进"放管服"改革，推动汽车产业高质量发展，我国不断完善智能网联汽车监督管理体系。

2022年10月，工信部发布《道路机动车辆生产准入许可管理条例（征求意见稿）》（以下简称《条例》），为公告管理提供了上位法支撑，为后续行业管理制度创新留出了行政法规层级的制度接口。《条例》主要包括总则、生产准入许可管理、生产企业的义务、监督检查、法律责任和附则共六章，涵盖57条主要内容。相对于现行的《道路机动车辆生产企业及产品准入管理办法》（中华人民共和国工业和信息化部令第50号），《条例》在级别和效力方面更高，在内容方面既延续了生产企业和产品准入条件、流程等部分相关要求，也新增了智能网联汽车相关管理要求，顺应汽车"新四化"发展趋势。主要内

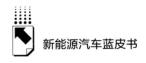

容如下：一是保持准入管理基础要求，生产企业需具备相应的生产场所，具有产品设计研发、产能、生产一致性等相关能力，产品符合安全、环保、节能等标准、技术规范要求。二是新增智能网联汽车管理要求，智能网联汽车生产企业还需具备车辆产品网络安全、数据安全等保障能力，完善安全保障机制，加强安全风险监测。三是明确违纪违规法律责任，依据情节轻重程度，采取通报批评、停产整改、暂停受理准入许可申请、没收违法所得、罚款等处罚措施。

2022 年 11 月，工信部会同公安部发布《关于开展智能网联汽车准入和上路通行试点工作的通知（征求意见稿）》（以下简称《通知》），有利于搭载高级别自动驾驶功能的智能网联汽车上路行驶。围绕试点内容和目标、试点申报条件、组织实施和保障措施四个方面，《通知》提出了具体要求：一是明确试点内容。面向 L3 级和 L4 级智能网联汽车，工信部、公安部遴选符合条件的生产企业和智能网联汽车产品，允许通过准入试点的智能网联汽车产品，在试点城市的限定公共道路区域内开展上路通行试点。二是发挥各主体优势、联合申报。试点城市需满足政策保障、基础设施、安全管理等条件，生产企业需满足产品设计验证能力、安全保障能力、安全检测平台、用户告知机制等条件，产品需满足符合车辆准入要求、通过过程保障和测试验证等条件，使用主体需满足运行安全保障能力、责任承担能力、网络安全和数据安全保障能力等条件。三是明确试点实施要求。产品准入试点要完成测试与安全评估、产品准入审查等要求；要求使用主体按规定开展上路通行试点工作，按照现行法律法规处理发生交通事故的试点车辆，做好数据收集及安全管理等。

（五）积分管理

我国建立了积分交易机制，形成促进节能与新能源汽车协调发展的市场化机制，成为承接购置补贴政策退出后保障新能源汽车产业可持续发展任务的重要措施。

根据产业发展形势变化、技术进步、推广应用规模等因素，我国不断调整和优化乘用车双积分政策管理机制。2022 年 7 月，工信部公开征求对《关于修改〈乘用车企业平均燃料消耗量与新能源汽车积分并行管理办法〉的决定（征求意见稿）》的意见，并于 2023 年 7 月正式发布，一方面调整现有政策内容，如积分比例、积分计算方法等，进一步倒逼企业加快电动化转型步伐；另一方面顺应国家"双碳"发展战略，新增积分池、其他碳排放衔接等内容，逐步完善积分交易机制体系。主要调整内容如下：一是保持"平缓下调"，更新了新能源汽车积分计算方法和考核比例。2024～2025年度纯电动、插电式混合动力乘用车标准车型分值较上一阶段①平均下调40%左右，燃料电池乘用车下调20%，新能源汽车积分考核比例设定为28%和38%；同时，为了引导技术进步，对于动力电池系统能量密度在90～105Wh/kg、105～125Wh/kg的车型，政策将相应的分值调整系数由0.8、0.9分别下调至0.7、0.8。二是加强"供需调节"，增加了积分交易市场调节机制。政策提出建立积分池制度，即在"供大于求"时允许正积分收储，在"供小于求"时释放存储的正积分，以此调节积分市场供需；综合考虑市场供需关系、积分价格和价值比等因素，将供需比②2.0倍、1.5倍分别作为积分池启动收储、释放积分的触发条件，当供需比介于1.5～2.0倍时不启动积分池；允许积分池内的正积分不受结转比例限制③，享受5年有效期优惠，助力新能源积分交易价值的提升。三是强化"核查监管"，完善了积分核查和处罚要求。征求意见稿提出将采取随机抽查、定期核查、专项核查等多种方式，加强积分及执行情况核查，并将对数据错报、瞒报等情况给予暂停积分交易的处罚，对负积分未抵偿的企业，暂停车辆电子信息报送等。此外，政策提出适时研究建立与碳减排管理体系的衔接机制，探索双积分与碳交易市场衔接机制。

自双积分政策实施以来，国家层面已开展了5次积分交易，累计交易总额达252亿元，激发市场大力推广节能和新能源汽车，持续降低传统燃油车型油耗、纯电动车型电耗水平。

（六）安全管理

生产企业是安全第一责任人，随着新能源汽车保有量的快速增加，国家围

---

① 2021～2023年度下调幅度为32%～52%。

② 供需比：当年度可供交易的新能源汽车正积分与待外部交易抵偿的负积分比值。

③ 2020年，关于修改《乘用车企业平均燃料消耗量与新能源汽车积分并行管理办法》的决定，建立了企业传统能源乘用车节能水平与新能源汽车正积分结转的关联机制，企业传统能源乘用车燃料消耗量达到一定水平的，其新能源汽车正积分可按照50%的比例向后结转。

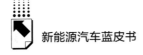
绕研发设计、生产制造、运行监控、售后服务等各环节，全面加强全生命周期安全监管。

2022 年 4 月，工信部办公厅等联合发布《关于进一步加强新能源汽车企业安全体系建设的指导意见》（工信厅联通装〔2022〕10 号）（以下简称《指导意见》），全面增强企业安全保障能力。围绕安全管理机制、产品质量、监测平台、售后服务、事故响应处置、网络安全、组织实施等七个方面，《指导意见》提出了 22 条具体措施：一是"强化机制"，包括组织保障和安全教育培训两个方面，完善"研发—生产—运行—售后—事故处置—网络安全"等全方位的安全管理制度规范，定期开展"质量、网络、消防"等相关安全教育培训。二是"严控生产"，包括产品设计、供应商管理、生产质量管控、动力电池安全等四个方面，制定涵盖整车、系统、零部件等级别的产品安全性设计指导文件，明确动力电池等关键零部件供应商的产品安全指标要求。三是"监测运行"，包括状态监测、数据分析、隐患排查等三个方面，建立企业监测平台，动态监测已销售产品的运行状态，提升安全预警能力。四是"优化售后"，包括服务网点、维保服务、消费者使用等三个方面，合理布局售后服务和动力电池回收服务网点，细化产品维保项目并开展安全隐患抽样检测。五是"健全响应"，包括应急响应、事故调查、问题分析、召回等四个方面，针对不同车型、不同使用场景，建立完善相应的安全事故应急处置方法和预案，并加强事故深度调查和原因分析，对存在缺陷的产品要主动实施召回。六是"保护信息"，包括网络安全、数据安全、个人信息防护等三个方面，监测车辆网络安全状态，建立健全全流程数据安全管理制度，制定个人信息保护内部管理和操作规程。

（七）基础设施

充换电基础设施是新能源汽车推广应用的重要支撑。目前，我国充换电基础设施已构建了涵盖发展规划、电价优惠、财政奖励、互联互通等方面的支持政策体系，充电环境不断优化。

当前，公共充换电基础设施主要集中于中心城市，高速公路服务区、城际公路等特定场景充电能力不足，造成公众出行"充电拥堵"。为了满足大众高品质、多样化出行需求，2022 年 8 月，交通运输部等印发《加快推进公路沿线充电基础设施建设行动方案》（交公路发〔2022〕80号）（以下简称《行动方案》），充分调动各方力量，加快健全完善公路沿线充电基础设施。《行动方案》提出了三个阶段工作目标：第一阶段是2022年底前，全国除了高寒高海拔以外区域的高速公路服务区能够提供基本充电服务；截至2022年10月底，全国6618个高速公路服务区中，已有3974个高速公路服务区建成充电桩16721个。第二阶段是2023年底前，具备条件的普通国省干线公路服务区（站）能够提供基本充电服务。第三阶段是2025年底前，高速公路和普通国省干线公路服务区（站）充电基础设施进一步加密优化，农村公路沿线有效覆盖。为了按期完成工作目标，围绕"建设和布局、新技术新设备应用、信息查询、运行维护"等方面，《行动方案》明确了相关重点任务：一是加强重点场景基础设施建设和布局，率先推动高速公路和具备条件的普通国省干线公路服务区充电基础设施建设，并因地制宜、科学规范确定建设规模和空间布局，提出了"每个高速公路服务区建设的充电基础设施或预留建设安装条件的车位原则上不低于小型客车停车位的10%"要求。二是分区域、分类开展新型充电技术应用，国家生态文明试验区、大气污染防治重点区域提高快充站覆盖率，城市群周边等建设超快充、大功率充电基础设施，并支持汽车生产企业、大型运输企业等建设布局换电站。三是加强信息化服务管理，利用服务平台等渠道，提供位置查询、充电状态、充电预约等功能，有效提升用户体验和充电桩运营效率。四是做好充电基础设施运行维护，加强安全监管，营造安全的补能环境。

在国家政策导向下，浙江、湖南、河南、辽宁等地出台本地公路沿线基础设施建设规划，提升高速公路服务区充电基础设施覆盖率，满足新能源汽车充电需求，保障公众便捷出行。

二 政策特点

2022年以来，坚持"稳字当头、稳中求进"工作总基调，国家层面加强"双碳"相关政策落实，多措并举扩大新能源汽车消费，并指导企业构建全生命周期安全保障体系，从产业、企业、市场等不同角度，推动新能源汽车产业发展。

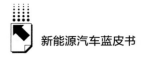

（一）落实"双碳"目标，促进汽车低碳转型

在双碳"1+N"政策体系当中，我国明确提出"加快推进低碳交通运输体系建设"，不断提升新能源汽车在新车产销和整体保有量中的占比，促进交通能源清洁化、缓解能源和环境压力。2022 年，我国全面促进绿色低碳转型升级，将发展新能源汽车作为重点领域。一是明确了 2030 年新能源汽车市场目标，即整体新增比例达到 40%（含新能源、清洁能源车型）、大气污染防治重点区域达到 50% 左右，引导汽车产业低碳转型。2022 年，我国新能源汽车销量占汽车总销量的 25.6%，提前三年完成市场渗透率"到 2025 年达到20%"的规划目标，电动化发展速度远超预期，整体仍处于高景气状态。二是推动车辆推广和充换电基础设施建设协同发展。车辆端，加快公共领域新能源汽车推广应用，推动重型货车领域电动化转型。基础设施端，加强高速公路服务区等重点场景充换电基础设施建设，稳步推进氢能储运体系及加氢网络建设。2022 年，我国整体车桩比降至 2.5：1，建成投运加氢站 310 座，保障新能源车辆补能需求。三是加强关键技术攻关，提升产品性能。目前，我国动力电池技术全球领先，驱动电机与国外先进水平保持同步。面向电动化、网联化和智能化融合发展新趋势，我国加强汽车芯片、车载操作系统等关键技术研发和产业化应用，推动汽车产业链高质量发展。

（二）央地齐发力扩内需，力促市场稳步提升

新能源汽车作为汽车转型升级的重要抓手，产业关联度高、规模效应突出、消费拉动大，已成为促进经济持续增长的重要引擎。2022 年以来，国家层面加大政策支持力度，提振市场信心，大力促进新能源汽车消费。一是继续发挥税收优惠政策激励作用。购置补贴政策于 2022 年 12 月 31 日正式终止。新能源汽车购置税优惠政策延期至 2023 年底，并再次延期至 2027 年底，降低消费者购车成本。2022 年全年，中央财政共计免征新能源汽车购置税 879 亿元。二是充分挖掘农村市场消费潜力。农村地区以短途出行为主，具备家用充电条件，具有推广新能源汽车的天然优势条件。新能源汽车下乡活动充分挖掘了农村市场巨大的发展潜力，成为新能源汽车市场新增长点。据中汽协数据统计，2020~2022 年新能源下乡车型累计销量占当年总销量比例分别为 29%、30%、39%，占比逐年提升，

消费潜力已经显现。三是加快公共领域车辆电动化进程。我国启动了公共领域车辆全面电动化城市试点，分成三类区域并设置了新能源汽车推广量目标，要求城市公交、出租、环卫、邮政快递、城市物流配送等5个领域，新增及更新车辆中新能源汽车比例力争达到80%。目前，我国公共领域新能源汽车市场渗透率仅10%左右，未来市场发展空间巨大。此外，国家持续优化使用环境，包括免限行、加强基础设施建设、加大金融支持力度等。同时，为响应中央经济工作会议关于"恢复和扩大消费"的精神，各地方陆续出台刺激新能源汽车消费的政策措施，涵盖购车消费、下乡支持、购车指标放宽、补能费用优惠、以旧换新等。

（三）发挥企业主体作用，推进产业提质升级

生产企业作为新能源汽车生产者，关系全产业链建设，涉及消费者安全、社会安全，在产业发展中发挥着关键作用。2022年，国家层面加强生产企业安全保障体系建设，进一步加快电动化转型升级。一是提升全生命周期安全保障能力。国家高度重视新能源汽车安全问题，把安全作为事关产业持续健康发展的第一要务。2016年以来，我国建设和完善新能源汽车监测平台及相关制度，初步建立了安全保障体系。但目前，仍有部分新能源汽车企业的安全保障体系不健全，加之又出现了网络安全、数据安全等新问题，为了切实提升产品安全水平、保障消费安全，2022年我国引导生产企业构建系统、科学、规范的安全体系，提升新能源汽车产品安全水平。二是市场化机制倒逼企业加速转型。乘用车双积分政策自2017年实施以来，建立了积分管理平台，组织开展积分交易。为了稳定未来产业发展供给和消费预期，双积分政策于2020年明确了2021~2023年积分比例要求，于2022年进行了修订并征求意见，于2023年正式发布。政策进一步下调单台车可获积分，鼓励新能源车企提升产品续驶里程、电池系统能量密度等技术水平，并建立积分池制度调节积分市场供需，保障积分供需基本平衡，促进车企向新能源汽车转型。三是健全和完善行业准入管理环境。为了健全车辆生产管理法治体系，我国计划将道路机动车辆生产准入管理上升至国务院法规的高度，标志着汽车行业准入规范管理将进入一个新的阶段。智能网联汽车已成为产业发展的新赛道、新高地，通过开展准入和上路通行试点，将加强生产企业和车辆使用主体的能力建设，健全完善智能网联汽车生产准入管理体系。

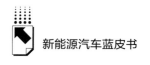

三 展望与建议

经过多年不懈努力，我国新能源汽车发展取得了举世瞩目的成就，成为引领全球汽车产业电动化转型的重要力量。当前，全球新能源汽车进入加速发展的新阶段，智能化、网联化浪潮已推动产业变革进入"下半场"。我国新能源汽车产业正处于"逆水行舟、不进则退"的关键时点，需要以新视角和新理念强化政策预研储备，提前发力、适度加力，并保持政策连续性、稳定性和针对性，加强各类政策协调配合，对产业"扶一把、送一程"，坚持不懈推动新能源汽车产业高质量发展。

（一）规划引领，发布汽车产业绿色低碳发展方案

党的二十大报告提出"积极稳妥推进碳达峰碳中和"，相关地区和领域已陆续出台具体实施方案，汽车行业应发布相关行动方案，坚持"纯电驱动、全面节约、双轮驱动、绿色转型、开放合作、统筹兼顾"原则，尽快出台面向"双碳"目标的汽车产业绿色低碳发展路线图，明确汽车碳减排的边界、定位、责任和目标，并指明汽车产业低碳发展的方向与路线。一是推进绿色低碳产品供给和推广。坚持以纯电驱动为主要战略取向，针对普通燃油汽车、混合动力汽车、插电式混合动力汽车、纯电动汽车、燃料电池汽车等不同技术路线，加强低碳技术攻关和推广应用，避免"一刀切"，有序推动汽车绿色低碳产品发展。二是推动汽车全产业链协同减排降碳。围绕整车、零部件以及再制造、回收拆解、再生利用等相关主体企业，推动研发设计、生产制造、循环利用等各环节的低碳化转型，促进汽车产业链绿色、低碳和可持续发展。三是建立面向全产业链的碳核算方法和标准体系。以全生命周期评价思想为指导，从整车、零部件、车用材料、再制造、梯次利用等不同层面，加快推进汽车行业各主体各链条的碳排放核算体系建设，建立产品碳足迹核算方法标准体系和碳足迹标识规范。

（二）持续发力，保障新能源汽车市场健康发展

当前，我国新能源汽车市场化发展的内生动力已经形成，面临的问题和挑

战中，部分（如原材料等）需要各部门协同配合解决，部分（如充电基础设施等）可通过财政政策接续推动解决。建议聚焦行业共性问题和发展诉求，强化政策储备，涵盖财税金融、推广应用、基础设施、行业管理、积分管理等一揽子政策支持，有效应对市场超预期变化。一是优化完善现有政策体系，稳定和扩大消费需求。保持政策连续性稳定性，支持充换电基础设施向高速公路沿线、农村地区等优化布局；继续深入开展新能源汽车下乡活动，鼓励有条件的地方出台下乡支持政策；加强燃料电池汽车示范、换电模式试点先进经验总结，适时启动新一批示范、试点评选，启动氢能高速网络体系建设；优化"双积分"政策体系。二是按照底线思维做好政策预案，有力应对超预期因素影响。强化新能源汽车消费端政策研究，加强财政金融政策联动，做好政策储备及工作预案，应对由市场突发因素导致的销量超预期下滑。三是加强中长期政策研究储备，提升政策前瞻性和灵活性。通过"揭榜挂帅"等方式，推动企业加强新体系电池、车用芯片、操作系统等先进技术攻关和上车应用；支持新能源汽车动力电池回收服务网点建设及改造升级，促进全国动力电池回收利用网络建设和完善。

（三）统筹协调，推动新能源汽车融合创新发展

新能源汽车与能源、交通、信息通信等领域融合创新发展，全面重构汽车产业的产业链、价值链、创新链，需要从协调机制、技术攻关、产业化应用、基础设施等方面，给予全方位政策支持。一是进一步强化组织领导和统筹协调。发挥新能源汽车产业发展协调机制作用，统筹制定支持新能源汽车和智能网联汽车协同发展的系列政策措施，加强部门间政策措施的协调和衔接，系统强化任务部署落实。二是推动新技术新模式创新应用。推进技术研发、标准制定、车辆推广和基础设施建设，支持新型产业生态上下游企业发展，推动智能新能源汽车产业集群建设；围绕新型充换电、智能网联、车网互动等技术方向，积极开展公共领域车辆全面电动化试点工作，鼓励地方和企业加强新型电池、车用芯片、操作系统、高性能传感器、V2X等上车应用。三是创新财税金融政策支持方式。编制"智能新能源汽车前沿及创新技术目录"，对符合条件且掌握先进技术的企业，实施企业所得税减免优惠，综合利用投资补助、贴息等支持手段，给予初创型企业融资担保支持，建立健全覆盖全链条的金融支

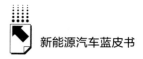

撑体系，鼓励保险企业开发覆盖全链条风险的保险产品。四是不断完善行业管理体系。推动智能网联汽车准入和上路通行试点工作，促进产品的功能、性能提升，推进产业生态迭代升级，支撑相关法律法规、技术标准制修订，促进电动智能网联汽车规模化应用。

（四）多措并举，优化新能源汽车出口配套环境

2022年，我国新能源汽车出口成绩突出，成为中国智能制造"新名片"。巩固新能源汽车出口新局面，需在机制建设、政策标准协同、金融服务、运输渠道等方面加强相关支持。一是强化顶层设计，制定国际化发展国家战略。从生产制造、市场营销、技术研发、贸易投资、基础设施、政策支持、标准互认、人才培养等各方面，提出汽车国际化发展的重要任务，协同各方力量系统推进。二是营造外部环境，构建高水平国际合作框架。充分发挥多边、双边合作和高层对话机制作用，积极参与国际经贸规则制定，积极与我国的主要汽车出口目的国商签自由贸易协定（Free Trade Agreement）、投资保护协定，推进加入《全面与进步跨太平洋伙伴关系协定》（Comprehensive and Progressive Agreement for Trans-Pacific Partnership），积极营造良好的海外市场环境。三是强化措施保障，多措并举促进海外发展。组建海外发展联盟，推动整车与供应链企业、金融机构协同"走出去"；拓宽出口运输渠道，鼓励有条件的企业在海外投资、并购和设立海外研发中心，与境外企业联合研发整车和零部件共性关键技术。四是推动中国方案走出国门，搭建综合服务平台。积极推广中国政策、标准、模式等产业经验，并聚焦重点国家和市场，为重点企业提供市场咨询、政策解读、商贸对接、品牌推广等精确信息与高效渠道。

B.8
2022年地方新能源汽车政策动态及未来展望

崔广楠 姜运哲 吴 征*

摘　要： 当前，汽车产业对国民经济的重要性持续提升，新能源汽车加速电动化、网联化、智能化融合发展，内外部环境的变化推动新能源汽车步入全新的发展阶段，地方层面的支持政策也结合产业形势不断调整完善。本文全面梳理了2022年以来地方层面出台的新能源汽车政策情况，并分析总结政策特点；之后，围绕上海、海南、杭州三个地区，重点分析典型的政策经验和发展模式；最后，从地方产业布局、政策创新、基础设施建设、促消费等方面进行展望并提出相应建议。

关键词： 新能源汽车　汽车政策　汽车市场

汽车产业作为我国国民经济的支柱产业之一，是地方关注、支持的重点领域，新能源汽车作为汽车产业未来发展的重要方向，更是受到了地方政府的高度重视。当前，新能源汽车产业加速电动化、网联化、智能化融合发展，内外部环境的变化推动新能源汽车步入全新产业阶段。2022年以来，围绕新形势下新能源汽车产业高质量发展，地方积极出台产业发展支持政策，完善产业培育体系，优化产业发展环境，有力推动了各地新能源汽车产业创新发展。

为把握地方政策动态，厘清地方政策特点，分析典型城市经验，本文对

---

* 崔广楠，工程师，中汽政研绿色低碳研究部；姜运哲，工程师，中汽政研绿色低碳研究部；吴征，工程师，中汽政研绿色低碳研究部。

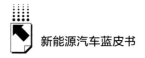
新能源汽车蓝皮书

2022年地方层面新能源汽车相关政策进行梳理分析，并聚焦上海、海南、杭州等典型地区，进一步分析总结政策经验和发展模式，为地方加快推动新能源汽车产业发展提供启发和帮助。

一　2022年地方新能源汽车政策动态

为推动新能源汽车产业高质量发展，2022年，各地积极出台新能源汽车相关政策，充分结合区域产业基础与要素资源禀赋，重点从下一代新能源汽车、新技术、新模式应用，基础设施配套，促进市场消费等方面入手，完善新能源汽车产业政策体系，推动产业生态优化升级，强化产业创新发展动能。

（一）政策内容梳理

1. 聚焦下一代新能源汽车，开展差异化规划布局

电动化、网联化、智能化加速融合，地方政府愈发重视对下一代新能源汽车的战略规划，积极研究产业进一步转型升级路径。2022年6月，深圳发布《深圳市培育发展智能网联汽车产业集群行动计划（2022～2025年）》，提出到2025年，智能网联汽车产业营业收入达到2000亿元，推动头部企业提升整车智能化、网联化、电动化集成能力，加快部署集感知、通信、边缘计算等能力于一体的智能路侧设施，打造国内领先的智能网联汽车应用示范区。2022年9月，重庆发布《重庆市建设世界级智能网联新能源汽车产业集群发展规划（2022~2030年）》，提出要推动重庆市汽车产业新能源化、智能网联化、高端化、绿色化发展，加快建成世界级智能网联新能源汽车产业集群，到2025年，智能网联新能源汽车产销量占全国比重达到10%以上。2022年11月，合肥发布《合肥市"十四五"新能源汽车产业发展规划》，提出力争到2025年，"人—车—路—云"高度协同的智能基础设施体系初步建成，高度自动驾驶智能网联汽车实现限定区域和特定场景商业化应用（见表1）。

表 1 地方政府推动下一代新能源汽车产业发展的相关政策

序号	发布时间	地区	政策名称
1	2022 年 5 月	云南	《关于"十四五"推进云南省车路协同自动驾驶试点示范建设的指导意见》
2	2022 年 6 月	深圳	《深圳市培育发展智能网联汽车产业集群行动计划(2022~2025 年)》
3	2022 年 6 月	江苏	《关于加快推进车联网和智能网联汽车高质量发展的指导意见》
4	2022 年 7 月	广州	《广州市智能网联与新能源汽车产业链高质量发展三年行动计划(2022~2024 年)》
5	2022 年 9 月	上海	《上海市加快智能网联汽车创新发展实施方案》
6	2022 年 9 月	重庆	《重庆市建设世界级智能网联新能源汽车产业集群发展规划(2022~2030 年)》
7	2022 年 9 月	重庆	《重庆市自动驾驶和车联网创新应用行动计划(2022~2025 年)》
8	2022 年 11 月	合肥	《合肥市"十四五"新能源汽车产业发展规划》

资料来源:根据公开资料整理。

2.燃料电池汽车支持力度持续提升,制度体系建设加快推进

2021 年,财政部、工信部、科技部、国家发改委、国家能源局等五部门相继批复京津冀、上海、广东、郑州、河北城市群启动燃料电池汽车示范应用工作。自示范启动以来,各示范城市群加快推动燃料电池汽车产业发展,探索建立多元化政策支持体系,加速示范应用进程。一方面,上海、北京、广东、郑州、张家口等纷纷出台专项支持政策,对燃料电池汽车推广应用、加氢站建设等多环节给予资金支持,助力产业发展提速。以北京为例,2022 年 4 月发布《关于开展 2021~2022 年度北京市燃料电池汽车示范应用项目申报的通知》,提出对纳入并完成示范应用项目的燃料电池汽车,按照中央奖励 1∶1 标准安排市级车辆推广奖励资金,同时对加氢站建设及运营给予支持,并对符合中央要求的关键零部件研发及推广给予市级奖励。另一方面,主要示范城市围绕燃料电池汽车生产、加氢站管理等不同环节出台相关制度标准。2022 年 10月,北京发布《北京市燃料电池汽车标准体系》,从安全与管理、氢基础、氢加注、关键零部件、整车几方面,明确了燃料电池汽车相关的标准要求。2022年 7 月,郑州发布《郑州市汽车加氢站管理暂行办法》,确定加氢站主管部门和各部门职责,并进一步明确加氢站建设各环节的管理流程和相关要求,为本地加氢站建设运营管理提供依据。

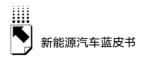

3. 换电试点建设有序推进，地方支持领域各有侧重

重庆、三亚、南京等换电试点城市纷纷出台试点实施方案，在车辆推广、商业模式创新、产业链布局等方面，多措并举支持换电模式试点示范。其中，重庆将换电试点建设融入区域经济群构建中，提出打通"成渝电走廊"，支持换电运营企业与加油、加气站运营企业合作打造综合能源站，保障消费者省际出行能源补给需求。三亚高度重视研发创新和技术推广，明确提出对试点期内组织开展换电技术专项课题研发的相关主体，给予不超过课题总研发经费50%的经费支持；对发表高水平学术论文的项目团队，给予 5000～10000 元现金奖励。南京在市政工程和政府投资类工程招标项目中，对使用换电重卡给予加分，给予换电渣土车路权支持。

4. 完善基础设施配套体系，扶优扶强趋势明显

一方面，部分地区加快制定充换电基础设施建设工作方案，明确充换电基础设施建设的重点任务与推进路径。2022 年 7 月，重庆发布《全市加快建设充换电基础设施工作方案》，提出到 2025 年底全市建成充电桩超过 24 万个，形成适度超前、布局均衡、智能高效的充换电基础设施服务体系。2022 年 7 月，山东发布《山东省电动汽车充电基础设施"十四五"发展规划》，提出通过老旧小区电力扩容、改造配建，将快充站纳入高速公路服务区配套设施范畴，推动充电站"乡镇全覆盖"等举措，加快补齐基础设施建设短板，强化充换电服务能力。

另一方面，部分地区对功率更高、服务更好的充换电基础设施给予更多建设运营支持。2022 年 9 月，上海发布《上海市鼓励电动汽车充换电设施发展扶持办法》，设置差异化补贴制度，市级平台按年度对充电站点及企业开展接入考核，考核结果优异的充电站点和企业能够享受更高的度电补贴；对 2023 年底前完成"慢改快"示范改造的公用充电设施，给予充电设备金额 30% 的财政资金补贴。2022 年 7 月，重庆发布《全市加快建设充换电基础设施工作方案》，提出重点对服务质量较高的充换电场站，加大大功率充电、车网互动等示范类设施的补贴力度，促进行业转型升级。未来，预计会有更多地方政策将从扩大充换电基础设施建设规模，逐步转变为扶优扶强、优化基础设施布局。

5. 为应对疫情冲击，促进汽车消费成为各地提振经济的重要发力点

面对需求收缩、供给冲击、预期转弱三重压力，各地纷纷出台政策，促进汽车消费,强化经济发展动能。2022年5月,山东发布《山东省促进汽车消费的若干措施》,明确对在省内购置新能源乘用车并上牌的个人消费者,按价格每辆车发放3000~6000元消费券。2022年5月,深圳发布《关于促进消费持续恢复的若干措施》,提出2022年新增投放2万个普通小汽车增量指标,同时放宽混合动力小汽车指标申请条件。2022年8月,重庆发布《关于搞活汽车流通扩大汽车消费若干措施的通知》,鼓励金融机构创新汽车金融产品和服务,有序发展汽车融资租赁,支持汽车金融公司发行金融债和汽车信贷资产支持证券,并引导其减费让利,进而激发汽车消费活力,提振经济发展动能(见表2)。

表2 地方发布的汽车促消费相关政策

序号	发布时间	地区	政策名称	主要内容
1	2022年5月	山东省	《山东省促进汽车消费的若干措施》	对购置新能源乘用车并上牌的个人消费者,按照购车金额每车发放3000~6000元消费券
2	2022年5月	湖北省	《关于加快消费恢复提振的若干措施》	实施汽车以旧换新专项行动,对报废或转出个人名下湖北号牌旧车,同时在省内购买新车并在省内上牌的个人消费者给予补贴
3	2022年5月	深圳市	《关于促进消费持续恢复的若干措施》	新增投放2万个普通小汽车增量指标,通过专项摇号活动,面向仍在摇号且已参加60期及以上的"未中签"申请人进行配置,中签者须购置符合条件的燃油车或新能源汽车。允许名下仅有1辆在深圳市登记的小汽车个人,购买符合条件的混合动力小汽车,并申请上牌指标
4	2022年6月	上海市	《上海市促进汽车消费补贴实施细则》	个人用户报废或者转让(不含变更登记)本人名下在我市注册登记的非营业性小客车,并且在我市汽车销售机构购买纯电动小客车新车,注册使用性质为非营运的,给予个人用户一次性10000元购车补贴
5	2022年7月	北京市	《关于助企纾困促进消费加快恢复的具体措施》	对于报废或向京外转出本市注册登记在本人名下1年以上的乘用车,在本市汽车销售企业新购买新能源小客车,并于2023年2月28日前在本市上牌的个人消费者给予不超过1万元/台补贴

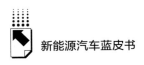

续表

序号	发布时间	地区	政策名称	主要内容
6	2022 年 8 月	重庆市	《关于搞活汽车流通扩大汽车消费若干措施的通知》	有序发展汽车融资租赁,鼓励汽车生产企业、销售企业与融资租赁企业加强合作,支持汽车金融公司发行金融债和汽车信贷资产支持证券
7	2022 年 9 月	天津市	《关于促进消费恢复提振的若干措施》	2022 年内定向投放 2 万个个人普通车增量指标,通过专项摇号活动,面向仍在摇号且已累计参加 60 期及以上的"未中签"申请人进行配置,中签者须在我市购置新车
8	2022 年 11 月	江苏省	《关于搞活汽车流通扩大汽车消费若干举措的通知》	鼓励各地出台推动老旧车辆退出奖补措施,对转出本人名下旧车后购买新车或交售报废汽车后购买新车进行奖补,鼓励开展汽车"以旧换新"活动

资料来源:根据公开资料整理。

(二)政策特点分析

综上,围绕下一代新能源汽车、燃料电池汽车、换电模式、基础设施、市场消费等方面,地方持续完善配套支持政策,主要呈现以下几方面特征。

一是大力布局产业前沿关键领域,助力产业抢占发展先机。新能源汽车产业已经进入电动化、网联化、智能化融合发展的新阶段,与能源、交通、信息通信等领域协同发展持续深化,新技术、新模式不断涌现,成为产业竞争的新高地。为助力地方产业在新阶段竞争中抢占发展先机,建立发展优势,多数城市结合自身产业基础与特征,积极在下一代新能源汽车领域开展布局,推动产业加速创新升级和高质量发展。

二是试点示范成为地方构建创新友好环境,赋能产业创新驱动、特色化发展的关键抓手。在全新的产业变革阶段,如何持续保持新能源汽车产业创新发展活力,已是地方关注的焦点。为进一步强化产业发展动能,上海、北京、南京、三亚等城市依托燃料电池汽车、换电模式应用等国家试点政策,先行先试开展了差异化的探索实践,并取得了一系列各具特色的发展成果;厦门、济南等城市积极开展公共领域车辆全面电动化布局,以公共领域车辆为平台,探索推动大功率充电、"光储充放"一体化、快速换电等新技术、新模式示范应用，为推动产业特色化发展提供了新样板与新思路。

三是地方政府持续完善政策支持方式，前瞻探索"人—车—桩（站）—路—云"全覆盖的基础设施网络体系。随着新能源汽车与能源、交通、信息通信等领域协同融合持续深化，打造"人—车—桩（站）—路—云"全覆盖的基础设施网络体系，构建能够支撑人车智能互动、车路深度协同、充电桩（站）使用便利、云端共享协同等多元场景服务的能力成为各地在新时期探索的重点，如江苏、上海、深圳等地围绕充换电基础设施优化完善等出台了一系列政策，从不同维度优化了新能源汽车产业发展环境，为构建更完善的新能源汽车产业生态体系夯实了根基。

四是促消费政策通过从购买、使用等多环节入手，激发市场消费潜力。一方面，围绕新能源汽车销售出台差异化补贴政策，给予消费者资金支持，促进市场消费；另一方面，通过给予新能源汽车优于燃油车的路权政策和优惠的停车政策，为新能源汽车使用创造更好的综合条件。此外，部分地区还支持二手车交易，促进汽车梯次消费。整体来看，地方围绕新能源汽车的全生命周期，正在推动构建全面的促消费支持政策体系，在有力激发市场潜力的同时，进一步优化完善了产业配套政策体系。

二 典型地区政策情况分析

（一）海南：构建新能源汽车产业特色化政策体系

海南发挥具备高度政策自主权的自贸港优势，近年来通过制定出台创新性支持举措，打造新能源汽车产业特色化发展路径。

1. 大力支持新能源汽车多领域推广应用

为加快新能源汽车推广应用，确保2022年新能源汽车在新增车辆中占比超过30%，促进交通运输领域"碳达峰碳中和"目标实现，海南积极推动新能源汽车市场应用，进一步支撑本地汽车产业电动化转型升级。2022年3月，海南发布《海南省2022年鼓励使用新能源汽车若干措施》，从鼓励使用新能源货车、环卫车、旅游客车、私人用车等多领域入手，通过资金补贴等形式，支持新能源汽车推广应用。此外，海南还通过鼓励淘汰老旧汽车、开展换电模式试点、推动新能源汽车下乡、完善基础设施配套等多方面举措，丰富新能源汽车创新推广路径，优化产业生态。同时，海口、三亚等主要城市积极出台新能源汽车促消费政策，以发放汽车消费券等形式，对消费者给予直接补贴，单车最高补贴达 5000 元，有力促进海南省新能源汽车推广应用（见表 3）。

表 3　《海南省 2022 年鼓励使用新能源汽车若干措施》主要内容

序号	工作任务	主要支持措施
1	鼓励使用新能源货车	注册登记起一年内核算里程达 3 万公里后，按重型、中型、轻型及以下每辆车分别可申领 3 万元、2 万元、1 万元的运营服务补贴
2	鼓励使用新能源环卫车	注册登记起一年内核算里程达 1 万公里后，每辆车可申领 2 万元的运营服务补贴
3	鼓励使用新能源旅游客车、班线客车	注册登记起一年内核算里程达 3 万公里后，按大型、中型、小型及以下每辆车分别可申领 2 万元、1.5 万元、0.8 万元的运营服务补贴
4	鼓励个人及其他领域使用新能源汽车	注册登记起一年内充电量大于 2000 度（含）每辆可申领 2000 元充电费用补贴，小于 2000 度每辆可申领 1500 元充电费用补贴
5	鼓励淘汰老旧汽车	在省内购买新能源汽车新车并在省内注册登记后，报废名下在省内注册登记的老旧汽车，可申领 8000 元报废旧车节能减排综合奖励
6	开展新能源汽车换电模式试点	对巡游出租车、中重型卡车等重点应用领域示范应用项目给予奖励。其中，对投放换电车辆不低于 100 辆并实际以换电模式运营的巡游出租车项目，一次性给予 200 万元的奖励；对投放换电车辆不低于 50 辆并实际以换电模式运营的中重型卡车项目，一次性给予 400 万元的奖励
7	支持销售企业让利促销	新能源汽车销售金额前 20 名、销售台数前 20 名的海南省限上销售企业，每家给予 10 万元奖励

资料来源：根据公开资料整理。

2. 依托换电模式应用试点创新优化补能体系

根据国家新能源汽车换电模式应用试点相关工作部署，海南 2021 年 11 月发布《海南省新能源汽车换电模式应用试点实施方案》，对全省构建新能源汽车充换电模式互补的良性发展生态的方向与路径做出了总体部署。在国家及省级政策的指导下，三亚 2022 年 10 月发布《三亚市新能源汽车换电模式应用试点建设方案》，明确提出换电车辆推广 4500 辆、换电站建设 25 座的试点目标。为率先突破换电模式发展制约，三亚还出台多项创新性政策举措，如针对换电车辆一致性检查，不要求必须符合整车公告电池序列号；允许换电车辆在使用过程中灵活配置电池容量；允许换电车辆年检过程中对车身和电池安全性进行分离检查；换电车辆报废后，允许将不含电池的车身进行单独报废处理等（见表4）。

表4　三亚新能源汽车换电模式应用试点建设主要工作任务

序号	工作任务	主要内容
1	加快各领域换电车辆推广应用	对新增及更换新能源换电车型占年度更换比例提出要求，其中公务车辆不低于30%，巡游出租车不低于80%，网约车不低于20%，租赁车不低于50%。此外，合计推广换电物流车200辆，换电私人用车1000辆
2	强化换电站建设保障	结合全市旅游资源，规划换电站建设明星线路。给予换电站建设用地保障，简化换电站项目报建流程，做好换电站验收工作，换电站供电管理纳入配电网专项规划，鼓励优质社会资本参与换电建设运营
3	延展产业链条，优化产业生态	鼓励开展动力电池梯次回收利用。谋划引入"电池银行"。保障换电车辆后市场流通环节的合规使用。完善运营环境，探索换电基础设施参与电网互动。强化宣传推广力度，打破认知局限
4	加强研发创新和技术推广，健全地方标准体系	鼓励政企学研开展换电技术联合攻关，加强三亚换电技术成果输出。鼓励换电标准先行先试，推动换电运营互联互通
5	加强换电运营监测管理	统筹换电运营信息管理，强化换电站运营安全监管，落实换电模式推广成效评估
6	强化政策支持	给予重点示范项目奖励，给予换电站建设补贴，给予换电车辆补能差价补贴，给予换电模式推广金融支持

资料来源：根据公开资料整理。

3. 创新绿色交通可持续发展配套政策

随着新能源汽车保有量持续提升，建立与之相适应的交通税费体系，对保障绿色交通体系可持续发展愈发重要。近年来，海南加强研究对新能源汽车征收养路费的可行性，通过北斗导航技术对省内新能源汽车运行里程进行监管，按行驶里程收取养路费。2022年6月，海南发布《公路里程费收费系统》征求意见稿，旨在为海南公路里程费收费系统建设所涉及的相关产品，及其检测、数据资源管理、系统互联互通等要求提供规范、统一的标准支撑。虽然相关政策尚未正式发布实施，但面对新能源汽车市场占比大幅提升后的新型交通运输体系变革发展，海南的这一前瞻性探索，对我国及各城市建立相匹配的可持续发展政策体系具有重要的借鉴意义。

4. 依托本地特色构建智能网联化发展路径

海南在加速推动新能源汽车发展的同时，结合自身场景、气候等特点，进一步探索构建智能网联化高质量发展路径。2022 年 5 月，海南发布《海南省车联网先导区（项目）建设实施细则》，提出围绕环岛旅游公路部署 C-V2X① 通信系统、边缘计算系统、高精度定位系统等基础设施，实现 C-V2X 网络的区域覆盖，完成交通标志标识的网联化升级改造，推动 5G 网络与北斗高精度定位服务实现区域覆盖，为打造环岛路智能网联示范区奠定基础。2022 年 11 月，海南发布《海南省车联网（智能网联汽车）产业发展规划（征求意见稿）》，支持海口、三亚、儋州、琼海、文昌等基于先导区建设"揭榜挂帅"任务，以城市为载体，加速政策创新，探索各类政策法规问题的解决路径，打造城市级测试沙箱。同时，海南还推动建设具备高温、高湿、高腐蚀、多雨等环境特征的国家级智能网联汽车封闭测试基地，填补了国内智能网联汽车湿热测试领域空白。

（二）杭州：多措并举支持汽车消费

为贯彻国务院《关于印发扎实稳住经济一揽子政策措施的通知》，积极应对疫情影响、加快推动新能源汽车消费复苏，杭州从市、区两级联动，积极出台一系列促消费政策，推动汽车市场回暖。

1. 以财政资金撬动消费市场潜力

2022 年 6 月，杭州发布《杭州市贯彻落实国务院、浙江省扎实稳住经济一揽子政策措施的实施方案》《关于抓好稳住经济一揽子政策措施细化落实的通知》，提出通过财政和税收政策优惠推动新能源汽车消费。一是对购买符合条件的新能源汽车给予 2000～10000 元/辆补贴，二是全面落实二手车交易增值税由 2% 下调至 0.5% 的减税政策，三是鼓励汽车销售企业通过分期免手续费、赠送抵扣券、降低首付比例、补贴置换等方式扩大消费。针对新能源汽车购买环节，杭州市商务局制定《2022 年杭州市新能源汽车购车补贴实施细则》，提出 2022 年 6～12 月，在杭州市购买新能源汽车的消费者，按车价给予 2000～10000 元补贴支持。同时，西湖区、富阳区等区级政府也积极通过财政

---

① C-V2X（Cellular-Vehicle to X）是基于蜂窝网通信技术设计的车联网无线通信技术。

资金支持新能源汽车消费。

2. 加大对新能源汽车生产企业支持力度

为加大重点工业产品扶持力度，助企纾困，2022年6月，杭州经信局发布《杭州市新能源乘用车生产企业奖励操作流程》，提出2022年1~12月，对杭州市行政区域内注册登记、合法合规从事新能源汽车生产经营、信用记录良好的新能源乘用车生产企业，对于新能源汽车生产规模同比2021年增量部分给予5%的奖励，单个企业不超过1000万元。

3. 优化小客车牌照管理制度

2022年6月，杭州小客车总量调控管理办公室发布《关于举行新增投放4万个小客车指标专项摇号活动的公告》，通过专项摇号的方式向累计摇号48次（含）以上人群一次性配置4万个小客车指标。2023年3月，杭州市交通运输局等6部门发布《关于发布惠民生优化小客车其他指标若干政策措施（试行）的通告》，进一步优化小客车牌照管理制度，设置"久摇不中""人才专项""多孩家庭""重点企业"类指标，符合相应条件的个人及企业，可直接申领小客车指标（见表5）。

表5 杭州促消费政策情况

序号	发布时间	政策名称	主要内容
1	2022年6月	《关于举行新增投放4万个小客车指标专项摇号活动的公告》	通过专项摇号的方式向累计摇号48次（含）以上人群一次性配置4万个小客车指标
2	2022年6月	《2022年杭州市新能源汽车购车补贴实施细则》	30万元（含）以上车型补贴10000元；20万（含）~30万元车型补贴6000元；20万元以下车型补贴2000元
3	2022年6月	《杭州市新能源乘用车生产企业奖励操作流程》	注册登记起一年内核算里程达1万公里后，每辆车可申领2万元的运营服务补贴
4	2023年1月	《西湖区商务局关于实施汽车消费补贴的公告》	购车价格在30万元（含）以上的补贴1万元；在20万（含）~30万元的补贴6000元；在20万元以下的补贴2000元
5	2023年1月	《乐活富阳2023年汽车消费补贴政策实施方案》	购买10万（含）~15万元车辆补贴2000元/台；购买15万（含）~30万元车辆补贴4000元/台；购买30万~40万元车辆补贴6000元/台；购买40万元（含）以上车辆补贴10000元/台

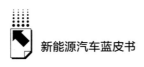

序号	发布时间	政策名称	主要内容
6	2023 年 3 月	《关于发布惠民生优化小客车其他指标若干政策措施（试行）的通告》	设置"久摇不中"类指标，对参加小客车增量指标摇号累计达到 72 次及以上的个人，直接配置指标；设置"人才专项"类指标，被认定为人才且符合有关条件的个人，直接配置指标；设置"多孩家庭"类指标，符合有关条件的多孩家庭可直接配置指标；设置"重点企业"类指标，按有关政策规定认定的总部企业，可以直接申领一定数量指标

资料来源：根据公开资料整理。

（三）上海：创新探索燃料电池汽车政策支持模式

作为上海燃料电池汽车示范城市群的牵头城市，自示范启动后，上海积极探索创新产业发展模式，持续加大对燃料电池汽车产业发展的政策支持力度。

1. 加强新阶段下顶层规划设计和体制机制建设

示范启动前，上海已制定发布《上海市燃料电池汽车发展规划》《上海市燃料电池汽车产业创新发展实施计划》等顶层规划政策，为开展燃料电池汽车示范应用奠定了良好的政策基础。财政部、工信部、科技部、国家发改委、国家能源局等五部门批复上海城市群启动示范后，上海发布《上海市氢能产业发展中长期规划（2022～2035 年）》，从整个氢能产业出发进一步明确未来产业发展的目标和方向，提出到 2025 年，建设各类加氢站 70 座左右，燃料电池汽车保有量突破 1 万辆。

为推动燃料电池汽车产业高质量发展，促进示范任务顺利完成，上海多措并举加强机制保障。一是上海牵头与苏州、南通、嘉兴、淄博、鄂尔多斯、宁东等组建城市群燃料电池汽车示范应用工作小组，建立燃料电池汽车示范应用工作机制，明确各城市示范任务和分工。二是建立由主管部门牵头的上海市燃料电池汽车示范应用工作专班，统筹推进示范应用工作。三是联合产业链相关企业、高校、研究机构专家等组成燃料电池汽车示范应用工作专家委员会，为上海燃料电池汽车产业发展和示范应用工作提供指导。

2. 全链条加强燃料电池汽车示范应用财政支持

2021 年 11 月，上海发布《关于支持本市燃料电池汽车产业发展若干政策》，从车辆推广应用、核心零部件研发产业化、加氢站建设运营等燃料电池汽车示范应用全链条给予资金奖补支持，具体支持措施如表6所示。上海还明确2025年底前，按照国家燃料电池汽车示范中央财政奖励资金1:1的比例出资，统筹安排本市燃料电池汽车发展专项扶持资金，重点支持车辆示范应用、关键核心技术产业化、人才引进及团队建设等。

表6　上海《关于支持本市燃料电池汽车产业发展若干政策》的支持措施

序号	支持方向	支持条件	支持力度
1	车辆推广	纳入国家相关奖励目录，且配套使用的燃料电池系统、电堆、膜电极、双极板等核心部件符合本市综合评价指标要求	按获取的国家综合评定奖励积分，每1积分奖励20万元
2	车辆运营	每个考核年度内行驶里程超过2万公里	针对12~31吨(含)的货车、超过31吨的重型货车、通勤客车，每辆车每年奖励不超过0.5万元、2万元、1万元
3	核心零部件研发产业化	本市研发生产的电堆、膜电极、双极板、质子交换膜、催化剂、碳纸、空气压缩机、氢气循环系统、储氢瓶阀等关键零部件，用于国内示范城市群车辆应用	参照国家综合评定奖励积分，原则上每1积分奖励3万元。每个企业同类产品奖励总额不超过3000万元
4	加氢站建设	在本市按照有关规定建设加氢站，完成竣工验收并取得燃气经营许可证(车用氢气)	按不超过核定的设备购置和安装投资总额30%给予补助。其中，2022年、2023年、2024~2025年底前取得燃气经营许可证的，每座加氢站补助资金最高分别不超过500万元、400万元、300万元
5	加氢站运营	取得燃气经营许可证，氢气零售价格不超过35元/公斤	按照年度氢气实际销售量，给予加氢站运营主体补助。其中，2021年、2022~2023年、2024~2025年度补助标准分别为20元/公斤、15元/公斤、10元/公斤

资料来源：根据公开资料整理。

3. 以"揭榜挂帅+示范应用联合体"方式推动示范应用

在国家示范政策的推动下，上海加强政策创新，探索更加适合燃料电池汽车示范应用的政策支持方式。在《关于支持本市燃料电池汽车产业发展若干政策》的基础上，采取"揭榜挂帅+示范应用联合体"的方式，鼓励产业链上下游的企业加强合作，组成联合体，共同开展示范任务。

2021年12月、2022年12月，上海先后发布《关于开展2021年度上海市燃料电池汽车示范应用项目申报工作的通知》《关于开展2022年度上海市燃料电池汽车示范应用项目申报工作的通知》，明确提出"示范应用联合体"由燃料电池系统企业牵头，通过设定多个不同应用场景燃料电池汽车商业化应用任务，鼓励整车制造企业、车辆营运企业、加氢站运营企业、车辆使用单位等有条件和能力的企业联合承接相应任务，对完成相应任务要求的给予资金奖补支持。根据上海经信委2023年1月公示的信息，2022年度上海市燃料电池汽车示范应用拟支持"示范应用联合体"牵头单位包括上海捷氢、上海重塑、航天氢能、上海神力、上海青氢、上海清志、康明斯等7家企业。

表7 上海燃料电池汽车"揭榜挂帅+示范应用联合体"政策支持情况

序号	项目	内容
1	联合体组成方式	由燃料电池系统企业牵头，会同整车制造企业、车辆营运企业、加氢站运营企业、车辆使用单位等组成
2	示范任务（2022年度）	燃料电池乘用车、客车、货车推广应用，包含网约车、公务车、旅游客车、通勤巴士、生鲜冷链、城际物流、渣土清运、市政工程、重载物流等
3	申报要求	牵头单位须与各成员单位签订合作协议书，明确联合体组织方式、项目管理机制、各成员单位权责、具体任务分工等；一个"示范应用联合体"可申报多个任务项目；一个燃料电池系统企业只能通过组建一个"示范应用联合体"申报同一个任务项目
4	联合体牵头单位（2022年度，公示）	上海捷氢、上海重塑、航天氢能、上海神力、上海青氢、上海清志、康明斯

资料来源：根据公开资料整理。

三 展望与建议

新能源汽车作为推动经济高质量发展的重要产业，仍将是地方政策布局的重点。建议各地聚焦未来产业竞争关键赛道，在政策、模式、路径等方面积极开展创新探索，建立适合下一代新能源汽车产业发展的政策体系，进一步加强引导支持，稳固产业领先优势，推动产业高质量发展。

（一）聚焦代表产业未来的关键赛道，做好技术创新培育及产业链孵化

电动化、网联化、智能化融合发展是未来新能源汽车产业竞争的新高地，将成为影响产业发展的新变量，有望重塑产业竞争格局，地方应高度重视相关产业动态趋势，及早出台政策规划，开展相关产业布局。建议重点围绕新型动力电池、安全可控的车用芯片和操作系统、集中式电子电气架构等下一代新能源汽车关键技术领域，支持鼓励优势企业集中开展技术创新突破。制定合理的财政支持政策，通过财政资金的杠杆效应撬动社会资本，支持产业创新发展。同步探索完善标准规范等相关管理政策，确保产业健康平稳发展。

（二）依托创新政策试点，先行先试打造产业特色化发展路径

下一代新能源汽车发展将衍生更加多元化的新技术新模式，以试点示范方式对新技术新模式开展先行先试，是近年来国家政策引导的重要方向之一，地方政府作为示范应用主体，应积极做好相应布局。建议地方结合自身产业基础和要素资源禀赋，积极响应并参与换电模式应用试点、燃料电池汽车示范、智能网联汽车准入通行试点、公共领域车辆全面电动化试点等，重点布局车电分离、自动驾驶、氢能应用、V2G、低/零排放区、车联网等新技术、新模式、新生态，选取适合的领域、区域、场景，率先开展测试验证与示范应用，前瞻探索合理、可持续的商业化应用模式，打造特色化产业发展新路径，助力产业加快实现转型升级。

（三）优化充换电基础设施布局，推动新能源汽车与能源体系融合发展

新能源汽车市场占有率的持续提升，对充换电基础设施的安全运营、高效监测能力提出了更高的要求，同时在电动化、网联化、智能化融合发展的趋势下，充换电基础设施作为构建大能源体系的重要参与者，也朝着先进技术方向持续发展。建议地方通过规划布局、协议授权、政策引导等方式，依托"互

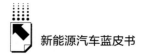

联网+"智慧能源管理等数字平台，进一步优化布局充换电基础设施网络，规范建设标准，并强化运营监管。积极推广智能有序慢充为主、应急快充为辅的居民区充电服务模式，加快形成适度超前、快充为主、慢充为辅的高速公路和城乡公共充电网络。鼓励开展换电模式创新应用，支持企业开展智能有序充电、大功率充电、无线充电等新型充电技术研发，提高补能便利性和产品可靠性。探索开展"光储充放"一体化、虚拟电厂等示范应用试点，强化电网负荷调节能力，降低新能源汽车大规模充电对电网的冲击。

（四）多措并举促进新能源汽车消费，强化区域经济动能

后疫情时代下，促进汽车消费将是地方提振区域经济的政策聚焦点。建议地方基于本区域的新能源汽车产业基础、使用场景、消费习惯等特点，结合国家促进市场消费的顶层导向，加快出台适合本地市场发展的政策措施，从新能源汽车全生命周期的角度建立多元化促消费政策体系。鼓励有条件的地方对淘汰老旧燃油车并购买新能源汽车给予资金支持。在新能源汽车充电、通行、停车等使用环节，加大政策支持力度。政企联动开展新能源汽车展会、消费节等促消费活动，鼓励企业让利销售新能源汽车。鼓励金融保险行业探索并出台新型金融业务，降低新能源汽车贷款、保费成本，增强市场消费能力。推动取消二手车限迁要求，构建退役电池回收利用制度规范，持续完善新能源汽车绿色低碳消费生态。

B.9
2022年中国电动汽车标准发展动态

刘桂彬　曹冬冬*

摘　要： 我国新能源汽车标准体系已基本建立完善，有力支撑了政府管理和产业发展。截至2022年底，新能源汽车领域共有现行标准108项，其中国家标准80项，行业标准28项，涵盖电动汽车整车及基础标准、燃料电池汽车标准、动力电池标准、电驱动系统及关键部件标准、充换电系统标准等方面。我国深度参与全球技术法规协调工作，牵头和全面参与了多项国际标准制定，有力支撑我国新能源汽车产品"走出去"。下一步，将聚焦电动汽车整车关键性能、关键部件、充换电、燃料电池等领域不断完善标准体系，加大国际标准法规协调力度，支撑新能源汽车高质量发展。

关键词： 新能源汽车标准　国际标准法规　动力电池

发展新能源汽车是我国从汽车大国迈向汽车强国的必由之路，是应对气候变化、推动绿色发展的战略举措。近年来，我国新能源汽车发展取得明显成效，在产业规模、产业链完整度以及技术水平等方面均取得长足进步。其中，标准化作为行业发展的技术性基础工作，在支撑产业发展、促进科技进步、规范社会治理等方面发挥了重要作用。当前，我国正处于汽车强国建设的关键机遇期，需要持续完善我国新能源汽车标准体系，推动新能源汽车产业高质量发展。

---

* 刘桂彬，教授级高级工程师，中汽中心标准化研究院高级技术总监；曹冬冬，硕士，工程师，中汽中心标准化研究院。

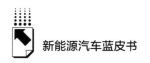
一　总体情况

我国新能源汽车标准研究启动较早，1998年第一届全国汽车标准化技术委员会电动车辆分技术委员会成立。2001年第一批6项电动汽车标准发布实施以来，标准伴随了我国新能源汽车从无到有、从示范运行到大规模发展的历程，目前已建立起强制性标准和推荐性标准相互配合，较为科学、完善的新能源汽车标准体系，全面支撑政府管理和产业发展。截至2022年底，新能源汽车领域共有现行标准108项，其中国家标准80项，行业标准28项。

整体上看，我国新能源汽车标准体系分为基础通用、电动汽车整车、关键系统部件、能源补充系统四个领域，贯穿设计生产、产品评价、回收利用等多个环节，如图1所示。其中，基础通用领域分为基础类、通用类两个方面；电动汽车整车领域分为纯电动汽车、混合动力电动汽车和燃料电池电动汽车三个方面；关键系统部件领域分为车载储能系统、电机驱动系统、燃料电池系统和其他部件系统四个方面；能源补充系统领域分为充电系统、换电系统和加氢系统三个方面。

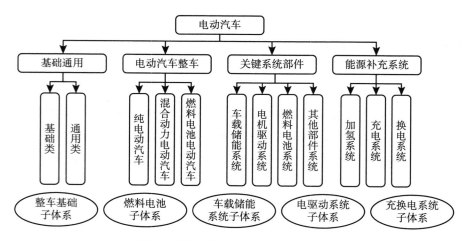

图1　我国新能源汽车标准体系框架

从国际上看，美国、德国、日本等汽车产业发达国家尚未健全新能源汽车标准体系，我国新能源汽车标准数量最多、体系最为完整，并在部分领域实现领先。我国在国际上率先发布燃料电池系统性能、动力电池回收利用、换电安全等领域标准，有力规范产品质量、引领创新技术发展。在技术要求方面，我国 2020 年发布《电动汽车安全要求》等三项新能源汽车强制性标准，标准制定过程中与我国牵头制定的电动汽车安全全球技术法规（UN GTR 20）全面接轨，且部分检测项目和方法更加严格，凸显了我国标准先进的技术水平。

二　重点领域标准

电动汽车整车及基础标准方面，我国已建立涵盖电动汽车整车安全性、动力性、经济性的整车及基础标准体系。其中，《电动汽车安全要求》等安全标准规定了电动汽车电气安全和功能安全等方面要求，筑牢新能源汽车发展的安全底线；电动汽车能耗和续驶里程标准有力支撑"双积分"管理等政策实施。近期，面向新技术发展和行业管理需求，全国汽车标准化技术委员会正在组织开展电动汽车动力性、远程服务与管理系统等标准修订工作。

燃料电池汽车标准方面，目前已建立相对完善的燃料电池汽车标准体系，涵盖燃料电池汽车整车、关键部件、接口通信等多个领域。2019 年，《燃料电池电动汽车安全要求》被欧盟车辆安全框架法规采用，这是我国汽车标准首次被欧盟汽车法规采用。2022 年，《燃料电池发动机性能试验方法》标准发布，进一步完善了燃料电池汽车标准体系，有力支撑燃料电池汽车示范运行。

动力电池标准方面，我国先后发布 22 项动力电池国家、行业标准，涵盖动力电池安全、性能、互换性、回收利用等多个方面。其中，2020 年发布的《电动汽车用动力蓄电池安全要求》强制性国家标准重点强化了电池系统热安全、机械安全、电气安全以及功能安全要求，有力保障消费者生命财产安全。为持续提升动力电池安全防护水平，全国汽车标准化技术委员会已组织启动该标准的修订预研工作。

电驱动系统及关键部件标准方面，《电动汽车用驱动电机系统》系列标准规定了电动汽车用驱动电机的性能要求及试验方法，对于规范产品质量、引导技术提升起到了重要支撑作用，该标准修订稿已进入公开征求意见阶段。此外，全国汽车标准化技术委员会组织完成新能源汽车芯片标准子体系规划，推进功率芯片等标准研制，促进新能源汽车芯片产业链稳定发展。

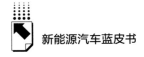

充换电系统标准方面，工信部会同国家能源局制定了电动汽车充电接口、通信协议等方面标准，统一了新能源汽车接口标准，解决了充电基础设施互联互通问题，为我国新能源汽车产业发展打下了坚实基础。目前，全国汽车标准化技术委员会正在组织开展电动汽车大功率充电、电动汽车换电系列标准制修订，加快完善标准体系，支撑新能源汽车新技术、新模式发展和应用。

三　标准国际化工作

全球技术法规协调方面，我国作为副主席国深度参与电动汽车安全（EVS）、电动汽车与环境（EVE）、燃料电池汽车（HFCV）联合国全球技术法规协调工作。2018 年，我国以联合牵头国身份完成的全球第一项电动汽车安全全球技术法规正式发布，标志着我国开始由全球汽车标准法规"跟随者"向"主导者"转变。目前，该法规处于修订阶段，我国牵头热扩散、振动等多个研究小组，积极引导各参与方厘清研究路径，取得阶段性成果。

国际标准参与及制定方面，我国全面参与 ISO/TC22/SC37 及 IEC/TC69 标准协调，牵头制定发布 ISO 23828《燃料电池道路车辆能量消耗量试验方法》等多项国际标准。基于国内新能源汽车产业技术积累和标准化经验，我国在国际标准制定中的参与度不断提升。目前，我国专家在燃料电池汽车动力性等三项 ISO 标准项目担任负责人，并在动力电池等领域研提多项新标准提案，获得积极反馈。

标准联通"一带一路"方面，我国充分发挥新能源汽车领域标准化优势，持续深化国际交流与合作，加强与东盟、中亚等国家的对话及交流活动，积极分享"中国经验"。目前，部分中国标准已被欧盟、俄罗斯、以色列、智利等地区和国家标准法规所采用，有力支撑了我国新能源汽车产品"走出去"，助力国内汽车企业融入全球汽车产业发展新格局。

四　下一步工作计划

随着我国新能源汽车产业加速演进，新技术、新模式、新平台不断出现，新能源汽车标准化工作被赋予了新的内涵与要求。下一阶段，全国汽车标准化技术委员会将深入贯彻落实《新能源汽车产业发展规划（2021～2035 年）》

《国家标准化发展纲要》等文件要求，根据产业发展和技术进步情况持续开展标准体系研究与标准制修订工作，支撑我国汽车产业高质量发展。

一是凝聚各方力量，持续完善标准体系。充分发挥全国汽车标准化技术委员会等平台作用，凝聚产业链上下游、产学研用各方力量，优化跨行业联合、多方面参与的工作机制，统筹协调推进新能源汽车标准化工作；不断优化并落实新能源汽车领域"十四五"技术标准体系建设方案和《中国电动汽车标准化工作路线图》（第三版）等体系规划，持续做好标准实施效果评估，完善新能源汽车标准体系。

二是面向行业需求，聚焦重点标准制修订。电动汽车整车领域，完成两项电动汽车动力性能试验方法标准报批，推动电动汽车远程服务与管理系列标准公开征求意见，持续提升电动汽车整车关键性能。动力蓄电池领域，加快推进动力电池安全强制性标准修订研究，推动动力蓄电池电性能、循环寿命、回收利用等标准制修订，提高动力蓄电池安全保障水平、促进性能提升和绿色发展。电驱动系统领域，完成驱动电机系统标准审查和报批，不断完善关键部件标准体系。充换电领域，推动电动汽车传导充电连接装置通用要求、直流充电接口标准发布，推进换电通用平台等标准审查和报批，支撑大功率充电、换电等新技术、新模式落地实施。燃料电池汽车领域，完成车载氢系统等标准报批，推动碰撞后安全要求等标准征求意见，支撑燃料电池汽车示范应用。

三是加强国际交流合作，促进国际国内协同发展。进一步扩大联合国、ISO、IEC 等层面国际标准法规协调的范围和力度，助力国内产业融入全球新能源汽车产业发展新格局。立足我国新能源汽车技术与产业领先优势，积极分享我国发展经验，提供中国方案。依托双边、多边标准化对话合作机制，深化与欧盟、德国、日本等国家和地区标准合作，加强与共建"一带一路"国家交流，培育国际"朋友圈"，推动中国新能源汽车企业和标准"走出去"（见表1）。

表 1　新能源汽车现行标准清单

序号	细分领域	标准号	年代号	标准名称
1	基础通用	GB/T 4094.2	2017	电动汽车　操纵件、指示器及信号装置的标志
2	基础通用	GB 18384	2020	电动汽车安全要求
3	基础通用	GB/T 18387	2017	电动车辆的电磁场发射强度的限值和测量方法

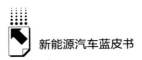

序号	细分领域	标准号	年代号	标准名称
4	基础通用	GB/T 19596	2017	电动汽车术语
5	基础通用	GB/T 19836	2019	电动汽车仪表+[修改单]
6	基础通用	GB/T 24548	2009	燃料电池电动汽车 术语
7	基础通用	GB/T 31466	2015	电动汽车高压系统电压等级
8	基础通用	GB/T 31498	2015	电动汽车碰撞后安全要求
9	基础通用	GB/T 32960.1	2016	电动汽车远程服务与管理系统技术规范 第1部分:总则
10	基础通用	GB/T 32960.2	2016	电动汽车远程服务与管理系统技术规范 第2部分:车载终端
11	基础通用	GB/T 32960.3	2016	电动汽车远程服务与管理系统技术规范 第3部分:通信协议及数据格式
12	基础通用	GB/T 37153	2018	电动汽车低速提示音
13	基础通用	GB/T 37340	2019	电动汽车能耗折算方法
14	基础通用	GB 38032	2020	电动客车安全要求
15	基础通用	GB/T 38117	2019	电动汽车产品使用说明 应急救援
16	基础通用	GB/T 38283	2019	电动汽车灾害事故应急救援指南
17	基础通用	GB/T 40855	2021	电动汽车远程服务与管理系统信息安全技术要求及试验方法
18	基础通用	QC/T 837	2010	混合动力电动汽车类型
19	基础通用	QC/T 1089	2017	电动汽车再生制动系统要求及试验方法
20	纯电动汽车	GB/T 18385	2005	电动汽车 动力性能 试验方法
21	纯电动汽车	GB/T 18386	2017	电动汽车 能量消耗率和续驶里程 试验方法
22	纯电动汽车	GB/T 18386.1	2021	电动汽车能量消耗量和续驶里程试验方法第1部分:轻型汽车
23	纯电动汽车	GB/T 18388	2005	电动汽车 定型试验规程
24	纯电动汽车	GB/T 24552	2009	电动汽车风窗玻璃除霜除雾系统的性能要求及试验方法
25	纯电动汽车	GB/T 28382	2012	纯电动乘用车 技术条件
26	纯电动汽车	GB/T 34585	2017	纯电动货车 技术条件
27	纯电动汽车	GB/T 36980	2018	电动汽车能量消耗率限值
28	纯电动汽车	QC/T 838	2010	超级电容电动城市客车
29	纯电动汽车	QC/T 925	2013	超级电容电动城市客车 定型试验规程
30	纯电动汽车	QC/T 1087	2017	纯电动城市环卫车技术条件
31	混合动力汽车	GB/T 19750	2005	混合动力电动汽车 定型试验规程

续表

序号	细分领域	标准号	年代号	标准名称
32	混合动力汽车	GB/T 19752	2005	混合动力电动汽车　动力性能　试验方法
33	混合动力汽车	GB/T 19753	2021	轻型混合动力电动汽车能量消耗量试验方法
34	混合动力汽车	GB/T 19754	2021	重型混合动力电动汽车能量消耗量试验方法
35	混合动力汽车	GB/T 32694	2021	插电式混合动力电动乘用车　技术条件
36	混合动力汽车	GB/T 34598	2017	插电式混合动力电动商用车　技术条件
37	混合动力汽车	QC/T 894	2011	重型混合动力电动汽车污染物排放车载测量方法
38	燃料电池汽车	GB/T 24549	2020	燃料电池电动汽车　安全要求
39	燃料电池汽车	GB/T 26991	2011	燃料电池电动汽车　最高车速试验方法
40	燃料电池汽车	GB/T 29123	2012	示范运行氢燃料电池电动汽车技术规范
41	燃料电池汽车	GB/T 29124	2012	氢燃料电池电动汽车示范运行配套设施规范
42	燃料电池汽车	GB/T 35178	2017	燃料电池电动汽车　氢气消耗量　测量方法
43	燃料电池汽车	GB/T 37154	2018	燃料电池电动汽车　整车氢气排放测试方法
44	燃料电池汽车	GB/T 39132	2020	燃料电池电动汽车定型试验规程
45	车载储能系统	GB/T 18333.2	2015	电动汽车用锌空气电池
46	车载储能系统	GB/T 31467.1	2015	电动汽车用锂离子动力蓄电池包和系统　第1部分:高功率应用测试规程
47	车载储能系统	GB/T 31467.2	2015	电动汽车用锂离子动力蓄电池包和系统　第2部分:高能量应用测试规程
48	车载储能系统	GB/T 31484	2015	电动汽车用动力蓄电池循环寿命要求及试验方法
49	车载储能系统	GB/T 31486	2015	电动汽车用动力蓄电池电性能要求及试验方法
50	车载储能系统	GB/T 33598	2017	车用动力电池回收利用　拆解规范
51	车载储能系统	GB/T 33598.2	2020	车用动力电池回收利用　再生利用　第2部分:材料回收要求
52	车载储能系统	GB/T33598.3	2021	车用动力电池回收利用　再生利用　第3部分:放电规范
53	车载储能系统	GB/T 34013	2017	电动汽车用动力蓄电池产品规格尺寸
54	车载储能系统	GB/T 34014	2017	汽车动力蓄电池编码规则
55	车载储能系统	GB/T 34015	2017	车用动力电池回收利用　余能检测
56	车载储能系统	GB/T 34015.2	2020	车用动力电池回收利用　梯次利用　第2部分:拆卸要求
57	车载储能系统	GB/T 34015.3	2021	车用动力电池回收利用　梯次利用　第3部分:梯次利用要求

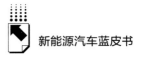

新能源汽车蓝皮书

续表

序号	细分领域	标准号	年代号	标准名称
58	车载储能系统	GB/T 34015.4	2021	车用动力电池回收利用 梯次利用 第4部分:梯次利用产品标识
59	车载储能系统	GB 38031	2020	电动汽车用动力蓄电池安全要求
60	车载储能系统	GB/T 38698.1	2020	车用动力电池回收利用 管理规范 第1部分:包装运输
61	车载储能系统	GB/T 40433	2021	电动汽车用混合电源技术要求
62	车载储能系统	QC/T 741	2014	车用超级电容器+[修改单]
63	车载储能系统	QC/T 742	2006	电动汽车用铅酸蓄电池
64	车载储能系统	QC/T 744	2006	电动汽车用金属氢化物镍蓄电池
65	车载储能系统	QC/T 1023	2015	电动汽车用动力蓄电池系统通用要求
66	车载储能系统	QC/T 1156	2021	车用动力电池回收利用 单体拆解技术规范
67	电驱动系统	GB/T 18488.1	2015	电动汽车用驱动电机系统 第1部分:技术条件
68	电驱动系统	GB/T 18488.2	2015	电动汽车用驱动电机系统 第2部分:试验方法
69	电驱动系统	GB/T 29307	2022	电动汽车用驱动电机系统可靠性试验方法
70	电驱动系统	GB/T 36282	2018	电动汽车用驱动电机系统电磁兼容性要求和试验方法
71	电驱动系统	QC/T 893	2011	电动汽车用驱动电机系统故障分类及判断
72	电驱动系统	QC/T 896	2011	电动汽车用驱动电机系统接口
73	电驱动系统	QC/T 926	2013	轻型混合动力电动汽车(ISG型)用动力单元可靠性试验方法
74	电驱动系统	QC/T 1022	2015	纯电动乘用车用减速器总成技术条件
75	电驱动系统	QC/T 1068	2017	电动汽车用异步驱动电机系统
76	电驱动系统	QC/T 1069	2017	电动汽车用永磁同步驱动电机系统
77	电驱动系统	QC/T 1086	2017	电动汽车用增程器技术条件
78	电驱动系统	QC/T 1088	2017	电动汽车用充放电式电机控制器技术条件
79	电驱动系统	QC/T 1132	2020	电动汽车用电动动力系噪声测量方法
80	燃料电池系统	GB/T 24554	2022	燃料电池发动机性能试验方法
81	燃料电池系统	GB/T 26990	2011	燃料电池电动汽车 车载氢系统 技术条件+[修改单]
82	燃料电池系统	GB/T 29126	2012	燃料电池电动汽车 车载氢系统 试验方法+[修改单]
83	燃料电池系统	GB/T 34593	2017	燃料电池发动机氢气排放测试方法
84	其他系统及部件	GB/T 24347	2021	电动汽车DC/DC变换器
85	其他系统及部件	GB/T 37133	2018	电动汽车用高压大电流线束和连接器技术要求

序号	细分领域	标准号	年代号	标准名称
86	其他系统及部件	GB/T 38661	2020	电动汽车用电池管理系统技术条件
87	其他系统及部件	GB/T 39086	2020	电动汽车用电池管理系统功能安全要求及试验方法
88	其他系统及部件	QC/T 897	2011	电动汽车用电池管理系统技术条件
89	其他系统及部件	QC/T 1136	2020	电动汽车用绝缘栅双极晶体管（IGBT）模块环境试验要求及试验方法
90	其他系统及部件	QC/T 1174	2022	电动汽车用高压熔断器
91	其他系统及部件	QC/T 1175	2022	电动汽车用高压接触器
92	传导充电	GB/T 18487.3	2001	电动车辆传导充电系统 电动车辆交流/直流充电机（站）
93	传导充电	GB/T 20234.1	2015	电动汽车传导充电用连接装置 第1部分:通用要求
94	传导充电	GB/T 20234.2	2015	电动汽车传导充电用连接装置 第2部分:交流充电接口
95	传导充电	GB/T 20234.3	2015	电动汽车传导充电用连接装置 第3部分:直流充电接口
96	传导充电	GB/T 34657.2	2017	电动汽车传导充电互操作性测试规范 第2部分:车辆
97	传导充电	GB/T 40428	2021	电动汽车传导充电电磁兼容性要求和试验方法
98	传导充电	GB/T 40432	2021	电动汽车用传导式车载充电机
99	传导充电	QC/T 839	2010	超级电容电动城市客车供电系统
100	传导充电	QC/T 895	2011	电动汽车用传导式车载充电机
101	无线充电	GB/T 38775.1	2020	电动汽车无线充电系统 第1部分:通用要求
102	无线充电	GB/T 38775.5	2021	电动汽车无线充电系统 第5部分:电磁兼容性要求和试验方法
103	无线充电	GB/T 38775.7	2021	电动汽车无线充电系统 第7部分:互操作性要求及测试 车辆端
104	换电	GB/T 40032	2021	电动汽车换电安全要求
105	换电	QC/T 989	2014	电动汽车用动力蓄电池箱通用要求
106	加氢	GB/T 26779	2021	燃料电池电动汽车 加氢口+[修改单]
107	加氢	GB/T 34425	2017	燃料电池电动汽车 加氢枪
108	加氢	QC/T 816	2009	加氢车技术条件

NEVI 指数篇

NEV Indexes

本篇 NEVI 指数研究基于"产业评价、企业评价、产品评价、消费者评价"四个维度，对新能源汽车产业竞争力、企业竞争力、产品竞争力（碰撞安全）和消费者体验进行全方位评价，从而为产业和企业竞争力提升、碰撞安全性能改善和消费者满意度提升等提供客观参考。

2022 年，中国新能源汽车产业国际竞争力排名第二，与 2021 年持平。综合指数为 97.8，是美国的 97.8%、德国的 1.01 倍、日本的 1.03 倍、韩国的 1.09 倍。中国新能源汽车产业国际竞争力排名从 2013 年的第五位，稳步提升至 2022 年的第二位，竞争力相对数值也从 2013 年的 62 提升至 2022 年的 98，新能源汽车产业国际竞争力稳步提高。

2022 年，新能源汽车企业整体竞争力继续攀升，企业综合指数为 379.34，新能源汽车产业进入市场化拓展深化阶段。新能源汽车企业在新能源快速普及阶段的创新活力和企业竞争力提升较为明显，企业竞争力指数提升较大。新能源汽车企业竞争力的提升进一步释放了技术创新活力和市场增长空间，加速推动新能源汽车产业化、规模化、市场化的拓展与深化。

产品竞争力方面基于 C-NCAP 2021 版测评规程，2022 年共计完成 23 款车型的测试与评价，其中包含 14 款燃油车和 9 款新能源车。从总体评价结果来看，9 款新能源车总体表现良好，在碰撞试验后均未发生起火、爆炸等现象，但也有个别车型得分偏低，仅获得一星级评价，这也说明当前新能源汽车安全水平参差不齐，存在较大差异。目前主流的新能源汽车无论是碰撞安全性能还是主动安全性能都有不俗表现，但也存在一定的提升空间。

新能源乘用车消费指数评价体系反映了消费者对车辆的需求和评价，结果显示：低端市场产品各一级指标分值差距较大，分布在 0.16~4.12 分，在外观和内饰造型设计、购买价格和日常使用成本两个指标上消费指数最高；中端市场产品各一级指标分值较为集中，分布在 2.83~4.56 分；高端市场凭借先进的智能化网联化技术，为消费者带来了便利的智能交互体验和全方位的智能驾驶辅助保障，在互联和娱乐功能、OTA 软硬件升级效果、车机显示和操作体验、自动驾驶和整车安全性、质量品质整体感知五个指标上，消费指数最高，分布在 3.65~4.62 分。

B.10
2022年中国新能源汽车产业
国际竞争力指数评价

时　间*

摘　要： 作为我国新能源汽车产业发展方向的重要风向标，中国新能源汽车产业国际竞争力指数已经连续发布 10 年。本文基于 2022 年主要国家新能源汽车产业定量数据和专家定性评分，运用综合指数法和层次分析法，评价中国新能源汽车产业竞争力指数。结果表明，中国新能源汽车产业国际竞争力相对数值从 2012 年的 62 提升至 2022 年的 98；排名也从 2012 年的第五位提升至 2022 年的第二位，新能源汽车产业国际竞争力稳步提高。

关键词： 新能源汽车　国际竞争力　产业竞争力

一　新能源汽车产业国际竞争力
评价体系的构建

（一）概念界定

根据新能源汽车产业的行业背景和研究目的，结合国际竞争力的相关理论，本文的新能源汽车产业国际竞争力是指从产业链的角度出发，基于现有的宏观环境和产业发展水平，在国内外新能源汽车市场上未来能够以较低的生产

---

* 时间，高级研究员，中汽政研绿色低碳研究部。

（服务）成本和与众不同的产品（服务）特性获得最佳潜在市场份额和利润的能力。

（二）评价主体

新能源汽车产业竞争力评价的产品包括纯电动汽车、插电式混合动力汽车、燃料电池汽车等。评价主体是在中国国内生产制造新能源汽车的整车企业（包括合资企业）。

（三）研究范围

研究范围包括中国新能源汽车产业竞争力综合评价和中外新能源汽车产业竞争力对标分析。

（四）时间跨度界定

新能源汽车产业竞争力指数评价将采用定量和定性分析相结合的方法。其中定量评价部分主要基于 2022 年新能源汽车行业官方公布数据；定性评价部分主要基于专家对 2022 年新能源汽车产业竞争力情况评分。

（五）评价参照对象

新能源汽车产业竞争力评价指数采用国际比较法，主要对标分析中国、美国、德国、日本和韩国的新能源汽车产业竞争力。

（六）指标体系构建的基本思路

本研究的基本思路是从新能源汽车产业链角度出发，按照六大方面构建新能源汽车产业国际竞争力指标体系：环境竞争力、基础竞争力、产业支撑力、显示竞争力、企业竞争力和产品竞争力（见图1）。

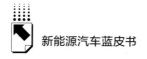

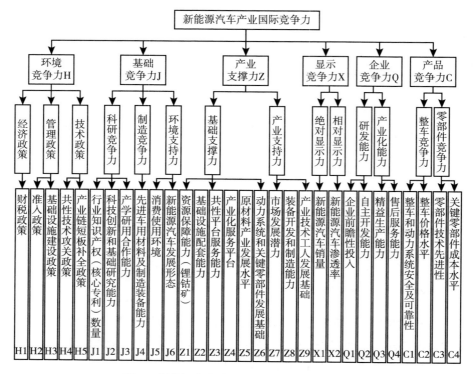

图 1　新能源汽车产业国际竞争力指标体系

二　新能源汽车产业国际竞争力综合评价

（一）总体竞争力评价

2022 年，中国新能源汽车产业国际竞争力排名第二，与 2021 年持平。综合指数为 97.8，是美国的 97.8%、德国的 1.01 倍、日本的 1.03 倍、韩国的 1.09 倍。

从新能源汽车产业国际竞争力排名（如图 2 所示，从左向右依次为美国、中国、德国、日本、韩国的历年竞争力指数）中可以看出，中国从 2012 年的第五位，稳步提升至 2022 年的第二位，竞争力相对数值也从 2012 年的 62 提升至 2022 年的 98，新能源汽车产业国际竞争力稳步提高。

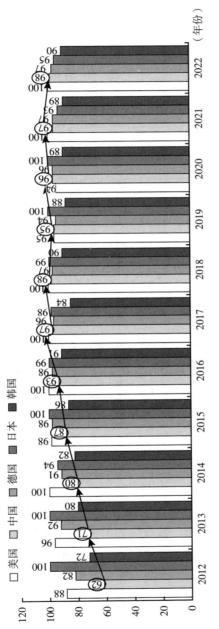

图 2 新能源汽车产业国际竞争力综合指数

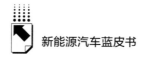
（二）分指标竞争力评价

1. 环境竞争力

中国新能源汽车产业环境竞争力指数排名第二，综合指数为96.3，是德国的96.3%，是美国的1.02倍、日本的1.05倍和韩国的1.09倍（见图3）。

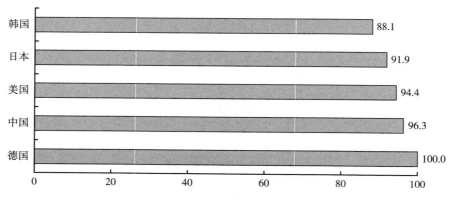

图3　新能源汽车产业环境竞争力指数

中国新能源汽车产业环境竞争力指数主要从国家发布的经济政策、管理政策和技术政策三方面评价，并由五大方面组成：财税政策、准入政策、基础设施建设政策、共性技术攻关政策和产业链短板补全政策。2022年，我国新能源汽车环境竞争力的提高离不开主管部门的引导和政策扶持。一是落实"双碳"目标，持续推动汽车低碳转型。国家在消费、工业、科技、能源、氢能等维度全面促进绿色低碳转型升级，大力推广新能源汽车，推动公共领域车辆电动化，加快充电桩建设及换电模式创新，推进新能源汽车与电网能量互动试点示范，推动动力电池回收利用体系建设。二是央地齐发力扩内需，力促市场稳步提升。中央层面，国务院提出了促进汽车和新能源汽车消费的政策措施，涵盖贷款贴息、购置税减征、车船税和消费税免征、上路权限、牌照指标等。地方层面，上海、广州、深圳、湖北、山东、郑州等省市陆续出台了促进汽车（含新能源汽车）消费的政策举措，涵盖购车消费、下乡支持、购车指标放宽、补能费用优惠、以旧换新等，落实国务院稳定增加汽车等大宗消费要求，为市场稳增长发挥重要作用。三是发挥企业主体作用和地方主动性，推进产业提质升级。2022 年 4 月，工业和信息化部等印发《关于进一步加强新能源汽车企业安全体系建设的指导意见》，全面提升企业在安全管理机制、产品质量、运行监测、售后服务、事故响应处置、网络安全等方面的保障能力，提升新能源汽车产品安全水平，助推新能源汽车产业高质量发展。中国新能源汽车政策体系的不断完善是我国产业环境竞争力提高的基本保障。

2. 基础竞争力

中国新能源汽车产业基础竞争力指数排名第二，综合指数为 98.4，是美国的 98.4%、德国和日本的 1.04 倍、韩国的 1.09 倍（见图 4）。中国新能源汽车产业基础竞争力不断提高，是全行业共同努力的结果。

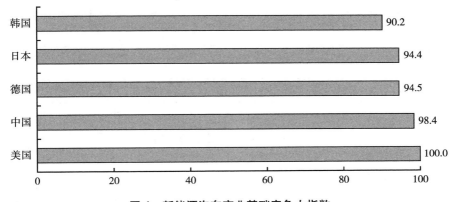

图 4　新能源汽车产业基础竞争力指数

中国新能源汽车产业基础竞争力指数主要考察我国在科研竞争力、制造竞争力和环境支持力三方面的水平。2022 年，我国新能源汽车市场高速增长，带动动力电池装车量在全球的市场份额进一步提升。2022 年，我国动力电池装车量达到 294.6GWh，同比增长 90.7%，全球占比由 2021 年的 52.1% 提升至 56.9%。从国际市场来看，2022 年全球动力电池装车量排名前十的企业中，我国企业占据 6 席，分别为宁德时代、比亚迪、中创新航、国轩高科、欣旺达和孚能科技。在充电基础设施方面，2022 年，中国充电桩年度建设数量达到 259.3 万个，同比增长 176.9%，车桩增量比为 2.7∶1。其中，公共充电桩建设数量 65.1 万个，同比增长 91.6%；私人充电桩建设数量 194.2 万个，同比增长 225.5%，私人充电桩对电动汽车的服务保障能力进一步增强。随着充电桩建设爆发式增长，我国充电桩保有量达到 521 万个，充电服务保障能力进一步提升。动力电池市场份额的不断提升，充电基础设施保障能力的不断增强是我国新能源汽车产业基础竞争力提升的重要因素。

3. 产业支撑力

我国新能源汽车产业支撑力在 5 个国家中排名第一，综合指数为 100，是美国的 1.04 倍、德国的 1.05 倍、日本的 1.12 倍、韩国的 1.2 倍（见图 5）。

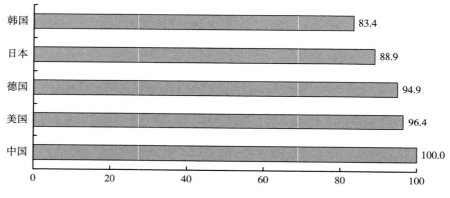

图 5　新能源汽车产业支撑力指数

中国新能源汽车产业支撑力的提升主要体现在两大方面：基础支撑力和产业支持力。我国已成为全球第一大汽车生产国及重要的汽车零部件生产和供应基地，产业支撑力逐年增强，汽车供应链体系相对完善。纯电动和插电式混合动力汽车关键部件产业链基本形成，动力电池、驱动电机等关键核心部件配套能力显著增强，自主车载芯片、传感器、控制器、激光雷达等关键产品已经形成供应能力，为后续产业发展提供了坚强支撑。但也应看到，我国新能源汽车在汽车芯片、操作系统等产业链环节基础较弱，已对我国新能源汽车产业智能化、网联化发展造成一定阻碍。此外，国际环境错综复杂也将冲击我国产业链稳定。因此，我国应建立应对重大突发事件冲击、常态化稳定产业链供应链的协调机制，持续保障产业链供应链安全稳定。同时，强化关键资源保障，稳固产业链发展基础，加强技术创新应用，提升产业链发展韧性，推动国际经贸合作，完善产业链海外环境。

4. 显示竞争力

中国新能源汽车产业显示竞争力包括两大方面：绝对显示力和相对显示力，并由新能源汽车销量和新能源汽车渗透率两个三级指标综合反映。我国新能源汽车产业显示竞争力在 5 个国家中连续多年排名第一，与其他国家相比优势明显（见图6）。

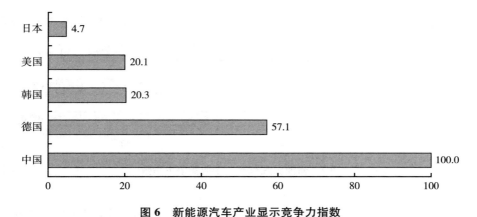

图6　新能源汽车产业显示竞争力指数

资料来源：中国数据来自中国汽车工业协会，其他国家数据来自 www.marklines.com。

2022 年，中国新能源汽车产销分别完成 705.8 万辆和 688.7 万辆，同比分别增长 96.9% 和 93.4%，新能源汽车市场渗透率也由 2021 年的 13.4% 大幅提升至 2022 年的 25.6%。新能源汽车市场表现远超预期，月度销量持续打破同期历史纪录。

2022 年，中国新能源乘用车销量为 654.8 万辆，同比增长 94.3%。私人消费规模继续提升，2022 年销量达 407.8 万辆，同比增长 81.0%，占整体新能源乘用车的比例达 78%，与 2021 年基本持平。非限购地区消费潜力日益显现，销量实现快速提升，2022 年非限购地区新能源乘用车销量为 397 万辆，占比约 76%。新能源商用车销量达 33.4 万辆，同比增长 83.1%，其中新能源客车销量达 5.2 万辆，同比增长 7.9%；新能源货车销量达 28.2 万辆，同比大幅增长 110.2%。中国新能源汽车市场的稳步增长是我国新能源汽车产业显示竞争力近几年连续排名第一的重要体现。

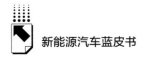

5. 企业竞争力

我国新能源汽车企业竞争力在 5 个国家中排名第二，综合指数为 98.2，是美国的 98.2%、德国和日本的 1.01 倍、韩国的 1.05 倍（见图 7）。

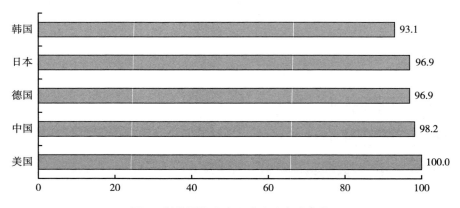

图 7　新能源汽车产业企业竞争力指数

2022 年，中国新能源汽车企业竞争力的提高主要体现在市场集中度的提升和出口数量的增长两大方面。2022 年，中国新能源乘用车市场集中度较 2021 年提高 2.9 个百分点。其中，中国品牌新能源乘用车占比达到 79.9%，同比提升 5.4 个百分点，核心产品市场竞争力日渐提升。新势力企业表现依然强劲。合众新能源 2022 年销量超越理想汽车、小鹏汽车、蔚来汽车等，成为新势力企业的新代表。2022 年，中国企业加速新能源乘用车出口和海外布局，出口产品类型日渐丰富。比亚迪 ATTO 3、比亚迪海豚、比亚迪 e6、上汽名爵 MG EZS、上汽通用五菱 Air EV、广汽 GE 3、哪吒 V、东风岚图 FREE、零跑 T03、红旗 E HS9 等均实现出口。市场集中度的不断提升和出口数量的显著增长使得中国新能源汽车企业竞争力排名不断提升。

6. 产品竞争力

我国新能源汽车产品竞争力在 5 个国家中排名第二，综合指数为 93.1，是美国的 93.1%、德国的 1.01 倍、日本的 1.03 倍、韩国的 1.07 倍（见图 8）。

中国新能源汽车产品竞争力的提升主要体现在整车竞争力和零部件竞争力两大方面，特别是整车和动力系统安全及可靠性、零部件技术先进性是我国产品竞争力排名靠前的重要体现。

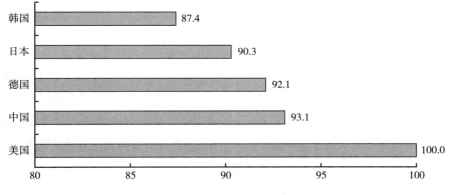

图8　新能源汽车产业产品竞争力指数

2022年我国纯电动乘用车在电池系统能量密度、续驶里程等关键技术指标方面均有所提高。其中，纯电动乘用车电池系统能量密度行业平均水平由2021年的149.8Wh/kg稳步提升至2022年的150.8Wh/kg，提升了0.7%；续驶里程行业平均水平由2021年的410.4km提升至2022年的456.9km，提升幅度为11.3%。我国纯电动乘用车关键技术指标的不断提高使得我国新能源汽车产品竞争力稳步提高。

三　新能源汽车产业竞争力总结及建议

面对国际新能源汽车产业发展的新形势、新阶段，我国有必要通过创新消费场景、增加消费渠道、拓宽出口市场等手段，扩内需、稳外需，进一步提升新能源汽车产业国际竞争力。

一是支持新能源汽车购买，提升政策支持力。继续强化财税金融政策支持，落实现有支持新能源汽车消费的新能源汽车税收优惠政策，并鼓励金融机构进一步降低新能源汽车首付比例、利率及信贷门槛，鼓励地方继续开展促消费活动。同时，着力破除限制消费的市场壁垒，推动各地取消对新能源汽车的限行、限购措施，不得设定本地新能源汽车车型备案目录，不得对新能源汽车产品销售及消费补贴设定不合理车辆参数指标。

二是促进多领域推广应用，提升显示竞争力。鼓励各地加快公共领域新能

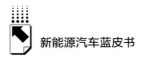

源汽车推广应用、扩大换电模式示范应用规模，并结合自身条件，给予政策优惠和补贴支持。鼓励有条件的地方出台下乡支持政策，引导企业加大活动优惠力度，促进农村地区新能源汽车的消费使用。

三是提升新能源汽车市场流通水平，提高市场竞争力。开展汽车以旧换新行动，鼓励各地综合运用经济、技术等手段推动老旧车辆淘汰更新为新能源汽车。同时，促进新能源二手车高效流通，制定权威统一的新能源二手车鉴定评估国家标准，研究制定新能源二手车经销企业税收优惠政策，引导新能源汽车厂商开展新能源二手车回购、置换和认证二手车销售。

四是优化新能源汽车使用环境，提高环境竞争力。因地制宜布局充换电基础设施，加快推进高速公路服务区、国省干线公路沿线、城市外围区域等快充、快换设施建设，支持居住社区、单位内部停车场等慢充设施建设，促进充换电基础设施均衡、快速发展，引导充电桩运营企业适当下调充电服务费。加强新能源汽车停车充电设施保障，落实新建居住社区100%配套建设新能源汽车充电基础设施或预留建设安装条件；老旧小区积极扩建新建新能源汽车充电车位。

五是扩大新能源汽车对外出口，提高出口竞争力。完善产业国际化营商保障体系，充分利用重点国家和重点市场已有的磋商对话，助力重点企业国际化布局与发展。完善海外汽车金融服务，在税收、贷款、保险、信贷等方面加大对新能源汽车出口贸易的金融支持。同时，拓宽出口运输渠道，加快推动通过远洋海运和中欧班列运输新能源汽车和动力电池。

B.11
2022年中国新能源汽车企业指数评价

梅运彬 但 颖 刘天枝*

摘　要： 在多年以来的"政策+市场"双轮驱动之下，2022年我国新能源汽车产销量继续保持爆发式增长态势，新能源汽车产销分别完成705.8万辆和688.7万辆，同比分别增长96.9%和93.4%，进入快速普及阶段。我国新能源汽车市场克服了2022年新冠疫情的不利影响，新能源汽车企业的整体经营水平提升明显，竞争力也继续保持较高的成长性，新能源品牌大规模出海参与国际竞争也有助于进一步提升企业竞争力。2022年新能源汽车企业指数分析结果表明，2022年我国新能源汽车企业在新能源快速普及阶段的创新活力和企业竞争力提升较为明显，产业进入市场化拓展深化阶段。乘用车领域竞争尤为激烈，企业竞争力呈现较高水平。从客车企业综合指数来看，客车企业综合指数为92.29，说明新能源客车企业在克服连续几年不利市场局面的情况下企业竞争力整体上有所回升。综合判断，2022年新能源汽车成为我国汽车行业最具有竞争力优势的领域，新能源汽车企业竞争力的提升进一步释放了技术创新活力和市场增长空间，有助于加速推动新能源汽车产业化、规模化、市场化的拓展与深化。

关键词： 新能源汽车　企业竞争力

---

* 梅运彬，武汉理工大学，博士，副教授；但颖，武汉理工大学，硕士研究生；刘天枝，武汉理工大学，硕士研究生。

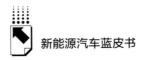

2022 年我国汽车行业克服了诸多不利因素的冲击，对稳定工业经济增长起到了重要作用，其中新能源汽车是最大的贡献者。

为科学评价我国新能源汽车企业竞争力，依据中国新能源汽车企业竞争力指数评价体系（详见《中国新能源汽车产业发展报告（2018）》），连续5 年对我国新能源汽车企业发展进行多个维度的研究。其中，评价体系设定规模经济、研发能力、经营能力、品牌竞争力和产品竞争力 5 个一级指标，并下设 14 个二级指标，以企业年度数据为基础开展对标分析，形成竞争力评价指数，反映新能源汽车企业整体竞争力水平和企业间差异情况。本文根据 2022 年我国新能源汽车企业发展基本情况和公开数据，从综合性总体评价和分项式个体评价两个方面，对 2022 年中国新能源汽车企业竞争力展开分析。

一　2022年新能源汽车企业综合指数

（一）综合指数

2022 年，我国新能源汽车产销分别完成 705.8 万辆和 688.7 万辆，同比增长 96.9%和 93.4%，市场渗透率上升至 25.6%，较 2021 年增长 12.2 个百分点。其中，新能源乘用车产销分别完成 671.6 万辆和 654.9 万辆，同比增长 97.77%和 94.26%；新能源商用车产销分别完成 34.2 万辆和 33.8 万辆，同比增长 81.84%和 78.89%。市场对新能源汽车的接受度显著提升，进一步带动企业竞争力水平大幅提高。

新能源汽车企业综合指数反映了新能源汽车总体及乘用车、商用车行业中参与企业的整体竞争水平。具体来看，如表 1 所示，2022 年新能源汽车企业综合指数达到 379.40，延续了 2019 年以来的增长态势，行业迈入规模化快速发展新阶段；新能源乘用车企业综合指数达到 467.31，创历史新高，较 2021年实现大幅上涨，市场化竞争进一步加剧；新能源客车企业综合指数达到92.29，走出拐点形态，扭转了 2019 年以来 3 年连续下跌的颓势，行业进入以市场驱动为主、政策驱动为辅的新周期（见图 1）。

表1　2017~2022年新能源汽车企业综合指数

名称	2017年	2018年	2019年	2020年	2021年	2022年
新能源汽车企业综合指数	99.02	168.52	153.88	166.96	267.14	379.40
新能源乘用车企业综合指数	104.62	183.21	168.66	183.00	307.44	467.31
新能源客车企业综合指数	76.63	109.74	94.76	75.81	62.92	92.29

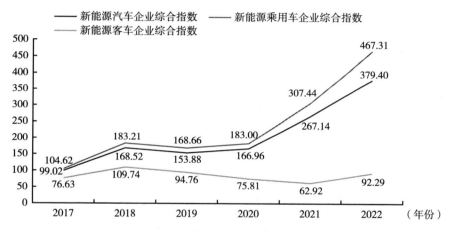

图1　2017~2022年新能源汽车企业综合指数变化趋势

（二）乘用车企业综合指数排名

新能源乘用车企业综合指数排名结果显示，随着行业竞争进一步加剧，产业格局逐渐划分为三大梯队。第一梯队包括比亚迪、特斯拉、上汽集团三家企业，2020年以来形成的"三强"格局逐渐稳固。其中，上汽集团受微型电动车业务触顶、高端化转型受挫影响，综合指数较2021年有所降低，排名下滑至第三。第二梯队包括广汽、东风、长安等传统整车企业，依靠电动化转型升级的持续发力、成熟的造车经验及渠道优势，市场表现亮眼、品牌持续向上。第三梯队包括合众、理想、蔚来、小鹏等新势力企业，由于生存空间受到挤压，整体发展放缓，低于行业增速，企业竞争力综合指数略有下降（见图2）。

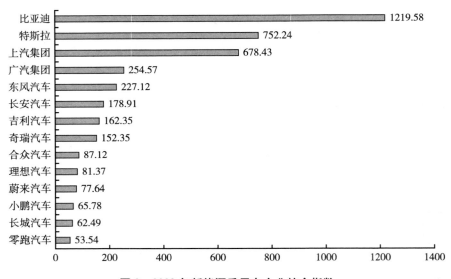

图 2　2022 年新能源乘用车企业综合指数

（三）客车企业综合指数排名

近年来，受限于新能源客车的市场容量及行业周期波动，我国新能源客车企业竞争力评价指数持续下滑。2022 年，我国商用车领域迎来了爆发式增长，新能源商用车产销分别完成 34.2 万辆、33.8 万辆，同比增长 81.84%、78.89%，行业迎来新的发展机遇。从新能源客车企业综合指数来看，2022 年企业整体竞争力指数普遍回升。其中，宇通客车以 158.61 的综合指数依然保持"一超"的行业地位，竞争力优势领先于全行业。厦门金龙集团所属金龙系列品牌影响力大幅提升，各金龙品牌客车制造商的竞争力大幅上涨，综合指数排名有不同程度上浮（见图 3）。

二　2022 年新能源汽车企业个体指数

（一）2022 年新能源汽车企业的规模经济评价指数

依据企业的产量与产值数据，本文对我国新能源乘用车、客车和专用车企

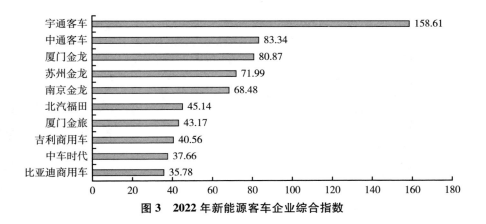

图3　2022年新能源客车企业综合指数

业规模经济评价指数进行了对标分析。

　　新能源乘用车企业规模经济评价指数显示，2022年基本维持了2021年以来形成的"三强"（上汽集团、比亚迪、特斯拉）格局，头部企业规模经济指数均较上年大幅上涨，马太效应明显。其中，受2022年市场增长利好影响，比亚迪规模经济指数排名上升到第一位，全年累计销量186.9万辆，同比增长152.5%，纯电动、插电混动车型销量分别为91.1万辆、94.6万辆，品牌发展步伐稳健。广汽、长安、吉利等传统车企加强新能源汽车业务布局，规模经济指数上涨明显。蔚来汽车、理想汽车、小鹏汽车等新势力车企受制于产能等因素，规模经济指数与上年基本持平（见图4）。

　　新能源客车企业规模经济评价指数显示，2022年，随着新能源客车市场回暖，新能源客车企业竞争力的规模效应有所提升，各企业的规模经济指数相较2021年也有较大提升。新能源客车企业的规模经济格局依然延续着传统的"一超多强"态势。2022年，宇通客车规模经济优势领先明显，产销量进一步提升，与其他企业的差距进一步拉大（见图5）。

　　新能源专用车企业规模经济评价指数显示，2022年，新能源专用车市场迎来爆发期，其中吉利商用车在深耕产能与市场多年后，在专用车（货车）领域迎来规模经济竞争力增长的爆发期，从2021年的行业第11位上升到2022年的第1位。同时，2021年居于榜首的重庆瑞驰也保持着新能源专用车领域的领先地位，仅次于吉利商用车。与2021年相比，其他企业的规模经济竞争力有升有降，未来专用车领域的市场竞争会更加激烈，市场格局依然充满不确定性（见图6）。

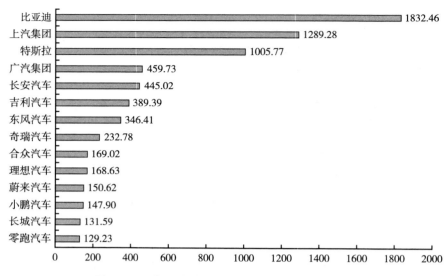

图4　2022年新能源乘用车企业规模经济评价指数

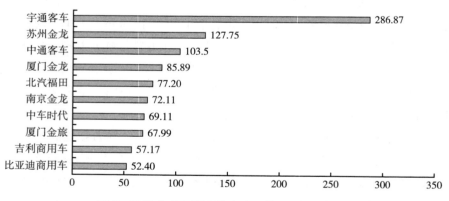

图5　2022年新能源客车企业规模经济评价指数

（二）2022年新能源汽车企业的研发能力评价指数

依据企业的核心专利数量、研发投入比、研发人员数量等数据，本文对我国新能源汽车企业研发能力评价指数进行对标分析。整体来看，2022年我国新能源汽车企业研发能力与上年相比基本持平，指数变化幅度不明显。

新能源汽车企业研发能力评价指数结果显示，传统整车企业技术底蕴深

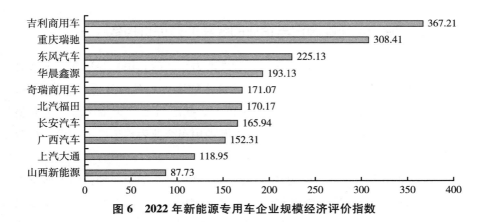

图6 2022年新能源专用车企业规模经济评价指数

厚，且近年来持续加大在电动化、智能化方面的投入，研发能力整体较强。2022年，比亚迪刀片电池、DM-i超级混动、e平台3.0、CTB电池车身一体化、"易四方"等技术陆续发布，进一步加固了公司的技术护城河。长城汽车研发能力指数排名第二，新能源汽车领域专利公开量和授权量分别为1966件和1650件，同比增长51.11%和80.53%，研发投入占营业总收入比重高达8.87%。2022年，长安汽车、奇瑞汽车重点布局新能源核心技术，研发能力指数上升至第四及第五位。其中，长安汽车研发投入142.9亿元，占营业收入的6.65%，同比提升1.06个百分点。奇瑞汽车2022年启动"瑶光2025"前瞻科技战略，计划未来5年投资1000亿元用于技术研发（见图7）。

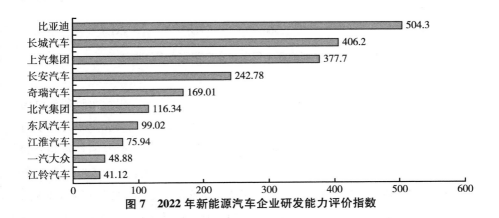

图7 2022年新能源汽车企业研发能力评价指数

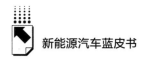

（三）2022年新能源汽车企业的经营能力评价指数

依据企业的盈利能力、投资能力、管理能力、产能利用率等数据，本文对我国新能源乘用车和客车企业经营能力评价指数进行了对标分析。整体来看，2022年我国新能源汽车行业克服了停工停产、缺芯贵电等重重困难，企业整体经营管理水平有较大提升，尤其是新能源乘用车企业表现出极大韧性，行业持续释放新活力。

新能源乘用车企业经营能力评价指数结果显示，头部企业经营能力保持了2021年以来的上升态势，比亚迪（762.45）、特斯拉（624.73）、上汽集团（537.82）继续保持经营能力的竞争优势。比亚迪继续保持在首位，特斯拉从2021年的第三位提升至2022年的第二位。部分新势力车企的经营能力提升遇到一定瓶颈，经营能力评价指数跌出前十行列（见图8）。

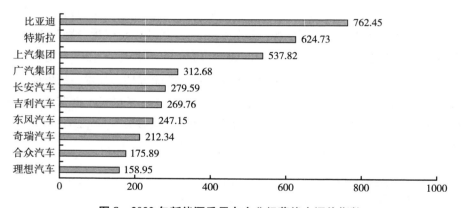

图8 2022年新能源乘用车企业经营能力评价指数

新能源客车企业经营能力评价指数结果显示，2022年，在新能源客车市场回暖的刺激下，各新能源客车企业的经营能力有所提升。从总体格局来看，宇通客车依据多年取得的新能源客车市场占有率的领先优势，继续保持着经营能力的竞争优势，宇通客车企业经营能力评价指数达到147.85，增长了近50%。但其余新能源客车企业的经营能力不稳定，评价指数波动较大。厦门金龙集团所属金龙系客车企业的经营能力评价指数增长较大，苏州金龙、厦门金龙、南京金龙等逐步进入行业前列，吉利商用车的进步也较为明显（见图9）。

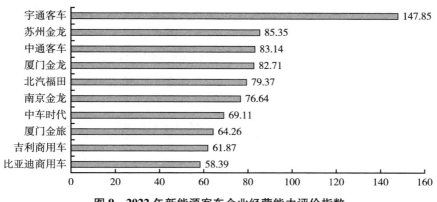

图9　2022年新能源客车企业经营能力评价指数

（四）2022年新能源汽车企业的品牌竞争力评价指数

依据企业的品牌知名度和综合满意度两个指标，本文对我国新能源乘用车和客车企业品牌竞争力评价指数进行了对标分析。整体来看，2022年，消费者对新能源汽车的接受度进一步提升，新能源汽车的品牌认可度和消费者满意度增长较快。

2022年，新能源乘用车企业的品牌竞争力评价指数结果显示，品牌竞争力基本延续了2021年的格局，但随着新能源汽车的快速普及，特斯拉（383.47）、比亚迪（317.28）依托自身品牌形象，继续拉大了与其他企业的品牌竞争力差距。2022年，理想汽车（211.58）、蔚来汽车（204.71）、小鹏汽车（182.86）等新势力车企的品牌竞争力也进一步增长（见图10）。

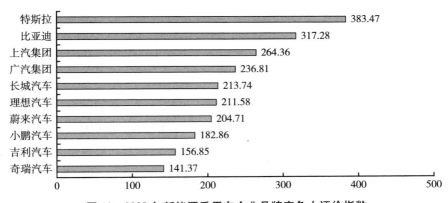

图10　2022年新能源乘用车企业品牌竞争力评价指数

通过分析不同新能源汽车企业的畅销车型，五菱宏光 mini 延续了 2021 年以来小微车型领域的品牌竞争力，国产品牌中比亚迪竞争力领先，销量前十车型中比亚迪占据 6 席，特斯拉仍然在外资品牌影响力中占据首位，反映了特斯拉强大的品牌竞争力，2022 年新能源乘用车车型销量排名如表 2 所示。

表 2　2022 年新能源乘用车车型销量排名

销量排名	车型	所属品牌
1	宏光 mini	五菱
2	比亚迪宋 PLUS	比亚迪
3	特斯拉 Model Y	特斯拉
4	比亚迪秦 PLUS	比亚迪
5	比亚迪汉	比亚迪
6	比亚迪海豚	比亚迪
7	比亚迪元 PLUS	比亚迪
8	特斯拉 Model 3	特斯拉
9	比亚迪唐	比亚迪
10	广汽 AION S	埃安
11	奔奔	长安
12	广汽 AION Y	埃安
13	哪吒 V	哪吒
14	比亚迪宋 Pro	比亚迪
15	奇瑞 eQ1	奇瑞
16	奇瑞 QQ 冰淇淋	奇瑞
17	理想 ONE	理想
18	极氪 001	极氪
19	风神 E70	风神
20	长安 LUMIN	长安

2022 年新能源客车企业品牌竞争力评价指数显示，新能源客车领域的整体品牌竞争力有一定的进步，但不同企业的品牌竞争力变化有所差异。新能源客车品牌的行业领导者依然是"一家独大"的宇通客车，厦门金龙集团所属各金龙系列品牌竞争力有较大进步，而比亚迪、中通客车等企业的品牌竞争力有所下降（见图 11）。

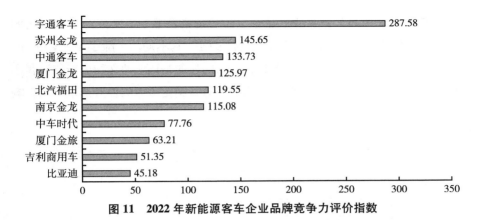

图 11　2022 年新能源客车企业品牌竞争力评价指数

（五）2022年新能源汽车企业的产品竞争力评价指数

新能源汽车企业的产品竞争力评价指数主要依据产品的市场占有率、产品的关键零部件参数、产品的综合价格水平等核心指标的基本数据，以此对标分析形成产品竞争力评价指数。

从 2022 年新能源乘用车企业产品竞争力评价指数的结果来看，比亚迪（1080.64）、特斯拉（800.41）、上汽集团（640.97）排名前三，其他企业的产品竞争力尚不构成对"三强"企业的冲击（见图 12）。

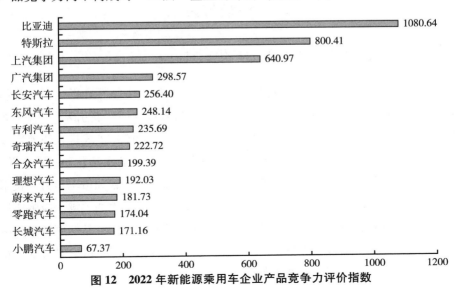

图 12　2022 年新能源乘用车企业产品竞争力评价指数

2022 年新能源客车企业的产品竞争力评价指数显示，新能源客车市场的产品竞争力依然维持多年来形成的"一超多强"基本局面，除了宇通客车外，其他企业的产品竞争力格局有所变化，较为明显的是比亚迪在国内新能源客车领域的产销量和市场占有率下降较为明显，对品牌竞争力的提升产生不利影响（见图 13）。

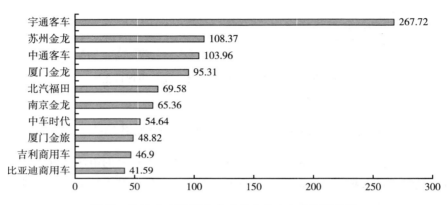

图 13　2022 年新能源客车企业产品竞争力评价指数

三　小结与讨论

（一）新能源汽车行业进入快速普及阶段

2022 年，在疫情肆虐、原材料价格上涨等不利的外部因素影响下，我国新能源汽车行业实现逆势增长，成为汽车产业高质量发展"新引擎"。我国新能源汽车市场已经走过了"政策+市场"的双轮驱动阶段，正式进入快速普及和市场化拓展时期，对新能源汽车企业竞争力提出了新的市场化要求。当前，新能源汽车行业竞争日益激烈，企业需进一步加强技术创新和市场活力，技术可持续创新和品牌市场口碑是企业在该阶段不断提升竞争力的关键。应围绕用户的需求与感受、技术的迭代与创新、品牌的建设与提升、产品的更新与创造等方面，打造企业的核心优势，促进新竞争力的生成与发展，以应对市场化拓展与深化阶段更为激烈的外部竞争环境。

（二）新能源乘用车头部效应凸显

近年来，随着特斯拉等造车新势力的入局，以及传统整车企业的电动化转型，我国新能源乘用车企业竞争日趋激烈。从 2019 年形成的"四强"并立格局（比亚迪、北汽集团、上汽集团、吉利汽车）逐步演变为 2020 年的"三强"鼎立（上汽集团、特斯拉、比亚迪），再从 2021 年形成的"两强"争霸（上汽集团、比亚迪）到 2022 年的新"三强"（比亚迪、特斯拉、上汽集团）格局，第一梯队企业整体保持稳定，相较于第二、三梯队的企业指数差距进一步变大，表现出更强的竞争优势，头部效应明显。同时，第一梯队内部企业排名逐年轮换，竞争程度异常激烈。新能源乘用车企业竞争力指标的相关表现如图 14 所示。

综合竞争力		企业	规模经济	研发能力	经营能力	品牌竞争力	产品竞争力
TOP3	1	比亚迪	●	●	●	●	●
	2	特斯拉	●	●	●	●	●
	3	上汽集团	●	●	●	●	●
	4	广汽集团	●	●	◑	◑	◑
	5	东风汽车	●	●	●	◑	◑
	6	长安汽车	●	●	●	◑	◑
	7	吉利汽车	●	●	●	◑	◑
	8	奇瑞汽车	◑	◑	●	◑	◑
	9	合众汽车	●	◑	◑	○	◑
	10	理想汽车	○	◑	●	◑	●
	11	蔚来汽车	○	◑	●	◑	●
● 强	12	小鹏汽车	○	◑	○	◑	●
◑ 较强	13	长城汽车	●	◑	◑	◑	◑
○ 较弱	14	零跑汽车	◑	◑	○	○	◑

图 14　2022 年新能源乘用车企业竞争力相关指标表现

（三）新能源商用车竞争格局稳中有变

2022 年，新能源商用车的产业集中度进一步提升，竞争格局稳中有变。

整体来看，新能源客车企业在企业合并、资源共享、技术合作、品牌建设等方面持续投入，企业竞争力开始走强，行业逐步回暖。宇通客车多年占据新能源客车企业综合指数和多项个体指数首位，龙头地位稳固。金龙系列品牌的竞争力持续上涨，市场占有率稳步提高，有望形成规模效应和集聚效应。新能源专用车的企业竞争力格局也有所变化，相较于 2021 年，吉利商用车市场规模指数跃升为第一位。新能源客车企业竞争力指标的相关表现如图15 所示。

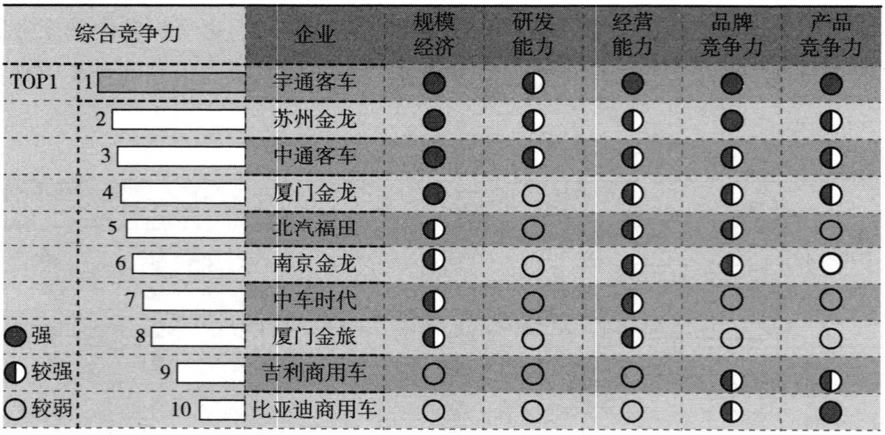

综合竞争力		企业	规模经济	研发能力	经营能力	品牌竞争力	产品竞争力
TOP1	1	宇通客车	●	◐	●	●	●
	2	苏州金龙	●	◐	◐	●	◐
	3	中通客车	●	◐	●	◐	◐
	4	厦门金龙	●	○	◐	◐	◐
	5	北汽福田	◐	◐	◐	◐	◐
	6	南京金龙	◐	◐	◐	◐	○
	7	中车时代	◐	◐	◐	◐	◐
● 强	8	厦门金旅	◐	◐	◐	◐	◐
◐ 较强	9	吉利商用车	○	○	○	◐	◐
○ 较弱	10	比亚迪商用车	○	○	○	◐	●

图 15　2022 年新能源客车企业竞争力相关指标表现

（四）技术研发仍需投入

与其他类别企业竞争力个体指数相比，研发能力评价指数涨幅明显较小，企业技术创新水平有待进一步提升。经过近年来的持续投入，三电系统部分核心技术已获得突破，但部分核心技术仍是短板领域，尤其在关键零部件上还存在"卡脖子"问题，高效高密度驱动电机系统等关键技术缺乏，高品质电机等核心系统依赖国外供应商。同时，根据车质网数据，2022 年关于新能源汽车的投诉数量同比增长 62.8%，重点集中在三电系统，包括续航虚标、车机故障、刹车失灵等问题。电动化、智能化、网联化、软件化、数字化、轻量化发展及新技术应用，需要企业以大数量级、高持续性、行业前瞻的视角来进行研发投入及战略布局。

　　总体而言，2022年我国新能源汽车行业发生明显变化，新能源汽车的渗透率提前完成2025年达到20%的目标，企业竞争格局将进一步发生变化，这就要求我国企业在关键技术持续创新、品牌力和产品力培育、经营管理能力等方面，不断提升、持续升级，以适应市场增长、创新规律和企业发展的需要。

B.12
基于安全测试的新能源汽车
产品竞争力评价

周博雅　张云龙　刘鹏　朱海涛　张帅　娄磊　裴元津　韩菲菲*

摘　要:　在国家"双碳"战略背景之下，发展新能源汽车已是大势所趋。
商务部数据显示，2022 年中国新能源汽车渗透率增至 25.6%，
出口 67.9 万辆，同比增长 1.2 倍。在销量快速提升的同时，各
媒体平台传播的新能源汽车着火等事件，让公众对于新能源汽车
的安全性有所顾虑，同时自主品牌新能源汽车在拓展海外市场的
过程中也面临着国际高品质测评的挑战。本文结合中汽中心运营
的汽车安全测评项目（C-NCAP），综合评价分析了 2022 年国内
市场上主流的新能源汽车在主、被动安全性能方面的表现，对比
分析了新能源汽车与传统燃油车在安全性能方面的差异，同时针
对车辆普遍存在的问题进行了原因分析。

关键词:　新能源汽车　碰撞安全　高压电安全　乘员保护　主动安全
C-NCAP

　　2022 年，全球主要汽车市场销量均有所下滑，但新能源汽车市场却依然
维持增长态势。尽管受疫情散发频发、芯片短缺、电池原材料价格高位运行、
局部地缘政治冲突等诸多不利因素的影响，但在购置税减半等一系列稳增长、
促消费政策的有效拉动下，2022 年中国汽车市场依然实现了正增长，尤其是

---

　*　周博雅，博士，高级工程师，中汽中心汽车测评管理中心综合协调部部长，长期从事汽车测
评管理研究。

新能源汽车实现了持续爆发式增长,2022 年产销分别完成705.8 万辆和688.7万辆,同比分别增长96.9%和93.4%,连续 8 年保持全球第一。同时,各大传统车企以及造车新势力企业纷纷加快了拓展海外市场的步伐。

随着电动汽车保有量和市场热度的增加,电动汽车的安全性也开始受到消费者的关注,甚至被拿来和传统燃油汽车相比较。一些低速电动车的安全事故也常常被拿来讨论并引发消费者对于电动汽车安全性的担忧。C-NCAP从 2018 年开始关注新能源汽车的安全问题,在所有碰撞试验结束后对新能源汽车进行高压电安全评价,并于 2021 年版 C-NCAP 测评规程中开始针对新能源电动汽车增加了侧面柱碰撞试验,相比于侧面壁障碰撞,侧面柱碰撞过程中车辆侧面的受力更集中、车身结构变形量更大,对新能源汽车动力电池包的威胁更大,对车辆的乘员保护性能和动力电池保护性能均提出了更高的要求。

一 新能源汽车安全测评体系

2006 年,中汽中心发布首版 C-NCAP 测评规程,开启了中国汽车安全水平提升的大门,也为公众选车购车提供了重要的参考。十多年来,C-NCAP 测评规程先后进行了 5 次升级换代。以"人"为核心,C-NCAP 将安全保护的对象,从个体到全体、从车内到车外、从本车到他车,进行了有序有度的延展。在这十多年间,国内汽车整体安全技术水平及评价成绩大幅提高,车辆安全装置的配置率也显著增加,中国消费者使用到更加安全的汽车产品,获得了更为安全的驾乘体验。

目前正在实施的 2021 年版 C-NCAP 测评规程主要包括乘员保护、行人保护和主动安全三大板块。其中,乘员保护板块的碰撞试验和主动安全板块的AEB 试验都与车辆的碰撞安全性能相关。碰撞试验主要评价车辆在发生碰撞事故的过程中,车身结构和约束系统(座椅、安全带、安全气囊等)对车内驾乘人员的综合保护效果;主动安全 AEB 主要评价车辆自动识别碰撞风险(车辆、行人、自行车、电动车)并及时预警或自动刹车避免或减轻碰撞事故严重程度的效果(见图 1)。

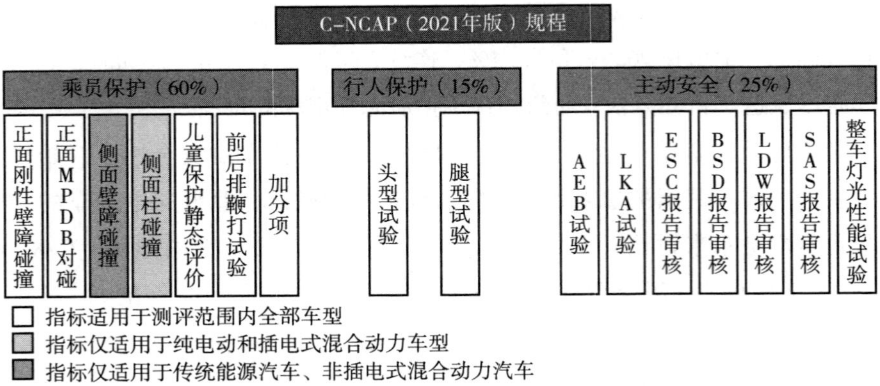

图1　C-NCAP 2021年版测评规程体系

（一）新能源汽车碰撞安全试验

新能源汽车碰撞试验包括正面100%重叠刚性壁障碰撞试验（简称正碰试验）、正面50%重叠移动渐进变形壁障碰撞（简称MPDB碰撞）和侧面柱碰撞试验，在碰撞试验中，车辆以特定条件撞击不同壁障或障碍物，评价车内假人身体各个部位受到伤害的情况并进行评分，具体试验方法如下。

1. 正面100%重叠刚性壁障碰撞试验

试验车辆100%重叠正面冲击固定刚性壁障，碰撞速度为50_0^{-1}km/h（试验速度不得低于50km/h）。试验车辆到达壁障的路线在横向任一方向偏离理论轨迹均不得超过150mm。在前排驾驶员和乘员位置分别放置一个Hybrid Ⅲ型50百分位男性假人，用以测量前排人员受伤害情况。在第二排座椅一侧座位上放置一个Hybrid Ⅲ型5百分位女性假人、另一侧座位上放置一个儿童约束系统和一个Q系列3岁儿童假人，用以测量第二排人员受伤害情况。在安装条件允许的情况下，后排Hybrid Ⅲ型5百分位女性假人与Q系列3岁儿童假人左右随机放置。

2. 正面50%重叠移动渐进变形壁障碰撞试验

试验车辆与移动渐进变形壁障台车分别以50_{-1}^{+1}km/h的碰撞速度进行正面50%重叠偏置对撞。碰撞车辆与渐进变形壁障碰撞重叠宽度应在50%车宽±25mm的范围内。在前排驾驶员和乘员位置分别放置一个THOR 50百分位男性假人和一个 Hybrid Ⅲ 5 百分位女性假人，用以测量前排人员受伤害情况。在第二排座椅最左侧座位上放置一个 Hybrid Ⅲ 5 百分位女性假人，最右侧座位上放置一个儿童约束系统和一个 Q 系列 10 岁儿童假人，用以测量第二排人员受伤害情况。

3. 侧面柱碰撞试验

滑动或驱动车辆横向至刚性柱，使得车辆驾驶员侧与刚性柱发生碰撞。平行于车辆碰撞速度矢量的垂直面与车辆纵向中心线之间应形成 75°±3° 的碰撞角。刚性柱表面中心线应对准车辆碰撞侧外表面与通过假人头部重心垂直平面的交叉线（碰撞基准线），在与车辆运动方向垂直的平面上，距离碰撞基准线在 ±25mm 内。车辆的碰撞速度为 $32^{+0.5}_{-0.5}$ km/h，并且该速度至少在碰撞前 0.5m 距离内保持稳定。在前排驾驶员位置放置一个 WorldSID 50 百分位假人，以测量人员受伤害情况。

4. 新能源汽车电气安全测试

针对新能源汽车（纯电动汽车和插电式混合动力汽车），在上述正面 100% 重叠刚性壁障碰撞、正面 50% 重叠移动渐进变形壁障碰撞和侧面柱碰撞三项试验过程中，需要进行高压电安全评价，评价的内容包括：防触电保护性能、电解液泄漏、动力电池包安全评价和高压自动断开装置的有效性验证。

防触电保护性能评价指标分为基本条款（必测项目）和选项条款（任选其一）。基本条款为可充电储能系统（REESS）端绝缘电阻，适用于主继电器（断开开关）布置在电池包外部的车辆；选项条款为低电压、低电能、物理防护、电力系统负载端绝缘电阻四项，每一条高压母线至少应满足四项选项条款中的一项。纯电动汽车/插电式混合动力汽车应同时满足基本条款和选项条款要求；对于基本条款不适用的车辆，仅需满足选项条款即可。

碰撞结束后 30 分钟内，根据规定测量或检查电解液泄漏情况。不应有电解液从 REESS 中溢出到乘员舱，且不应有超过 5L 的电解液从 REESS 中溢出。

位于乘员舱内的 REESS 应保持在安装位置，REESS 部件应保持在其外壳内；且位于乘员舱外面的任何 REESS 部分不应进入乘员舱内。碰撞结束后 30 分钟内，REESS 不起火、不爆炸，即为安全。

对于装有高压自动断开装置的车辆，可由企业决定是否进行高压自动断开装置的有效性验证。

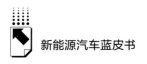
（二）自动紧急制动系统性能试验

AEB 系统在车辆发生紧急情况时会自动紧急制动以避免或减轻碰撞伤害，对于配置了 AEB 系统的车型，C-NCAP 2021 年版规程进行 AEB CCR（车辆）、AEB VRU_ Ped（行人）以及 AEB VRU_ TW（二轮车）三类场景的测试。AEB CCR、AEB VRU_ Ped 及 AEB VRU_ TW 试验分别用测评车辆以不同速度行驶至前方的模拟车辆目标物、模拟行人目标物以及模拟二轮车目标物，检验被测车辆在没有人为干预情况下的自动紧急制动及预警情况，以评价 AEB 系统的性能。

1. 车辆自动紧急制动系统（AEB CCR）

车辆自动紧急制动系统（AEB CCR）项目主要有两个测试场景，分别为 CCRs 前车静止和 CCRm 前车匀速慢行。CCRs 场景在 20~40km/h 速度范围测试 AEB 识别及响应能力，在 50~80km/h 速度范围测试 FCW 报警功能。CCRm 场景在 30~50km/h 速度范围测试 AEB 识别及响应能力，在 60~80km/h 速度范围测试 FCW 报警功能（见图2）。

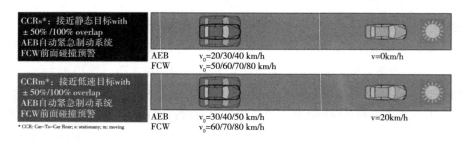

图2 AEB CCR 测试项目示意

2. 行人自动紧急制动系统（AEB VRU_Ped）

行人自动紧急制动系统（AEB VRU_ Ped）项目，主要包括行人远端穿行 CPFA、行人近端穿行 CPNA、行人前方直行 CPLA 三个测试场景；在 CPFA25 场景中，分别进行白天和夜晚环境测试，行人穿行速度为 6.5km/h，试验车辆以 20~60km/h 的速度范围进行 AEB 识别及响应功能测试；夜间场景测试时，假人行走路径光照度大于 5Lux，车辆行驶路径平均光照度为 19 ± 3Lux。

CPFA50 场景，只进行白天环境测试，行人穿行速度为 6.5km/h，试验车速以 20~60km/h 的速度范围进行 AEB 识别及响应功能测试。CPNA75、CPNA25 场景下，只进行白天环境测试，行人穿行速度为 5km/h，试验车速以 20~60km/h 的范围测试 AEB 识别及响应功能。CPLA 场景，分别进行白天和夜晚环境测试，行人前方直行速度为 5km/h，CPLA-50 场景试验车辆速度以 20~60km/h 进行 AEB 识别及响应功能测试，CPLA-25 场景试验车辆速度以 50~80km/h 进行 FCW 报警功能测试（见图 3）。

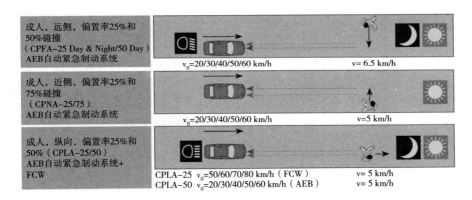

图 3　AEB VRU_ Ped 测试项目示意

3. 二轮车自动紧急制动系统（AEB VRU_TW）

二轮车自动紧急制动系统（AEB VRU_ TW）项目，主要包括自行车近端穿行 CBNA、踏板式摩托车远端穿行 CSFA、自行车纵行直行 CBLA 测试场景，所有二轮车测试场景只进行白天环境测试；CBNA-50 测试场景中自行车横穿速度为 15km/h，试验车辆以 20~60km/h 的速度范围进行 AEB 识别及响应测试；CSFA 测试场景中踏板式摩托车横穿速度为 20km/h，试验车辆以 30~60km/h 的速度范围进行 AEB 识别及响应测试；CNLA-50 测试场景中自行车前方直行速度为 15km/h，试验车辆以 20~60km/h 的速度范围进行 AEB 识别及响应测试；CBLA-25 测试场景中自行车前方直行速度为 15km/h，试验车辆以 50~80km/h 的速度范围进行 FCW 报警功能测试（见图 4）。

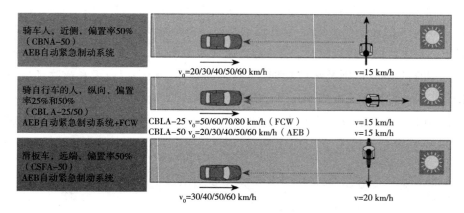

图4　AEB VRU_ TW 测试项目示意

二　新能源汽车安全测评结果

2021年版C-NCAP设有乘员保护、行人保护和主动安全三大板块，综合成绩由三方面加权求和计算，具体计算方法如下：

C-NCAP综合得分率 = 乘员保护部分得分率 × 60% + 行人保护部分得分率 × 15% + 主动安全部分得分率 × 25%

最终星级除要满足综合得分率要求外，还需同时满足乘员保护、行人保护和主动安全三个部分分别设定的最低得分率要求。如有不满足项，则按其得分率达到的最低星级进行最终星级评定，具体如表1所示。

表1　C-NCAP星级评定方案

星级	综合得分率	乘员保护最低得分率	行人保护最低得分率	主动安全最低得分率
5+（★★★★★☆）	≥92%	≥95%	≥75%	≥85%
5（★★★★★）	≥83%且<92%	≥85%	≥65%	≥70%
4（★★★★）	≥74%且<83%	≥75%	≥50%	≥60%
3（★★★）	≥65%且<74%	≥65%	—	—
2（★★）	≥45%且<65%	≥60%	—	—
1（★）	<45%	<60%	—	—

C-NCAP 2021 年版测评规程于 2022 年 1 月开始实施，2022 年共计完成 23 款车型的测试与评价，其中包含 14 款燃油车和 9 款新能源车。同时，中汽测评在 2022 年按照《微型电动汽车专项评价规程》完成了 2 款微型电动汽车（车身长度小于 4m）的测试与评价。

从总体评价结果来看，9 款新能源车中，有 4 款车型获得五星级，3 款获得四星级，1 款获得三星级，1 款获得一星级，五星级占比为 44.4%，低于全部车型的五星级占比 52%（见图 5）。

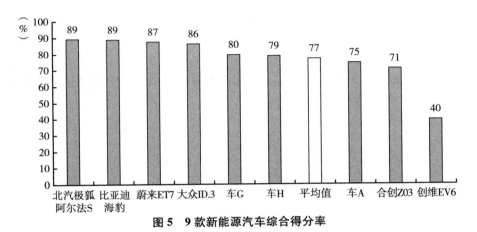

图 5 9 款新能源汽车综合得分率

9 款新能源车的 C-NCAP 测试成绩，平均值为 77%，有 6 款车型得分高于平均值，3 款车型得分低于平均值。其中，北汽极狐阿尔法 S 和比亚迪海豹得分最高，达到了 89%，而创维 EV6 得分为 40%，与平均值还有 37 个百分点的差距，存在一定的提升空间。总体来讲，绝大多数新能源汽车成绩处于 75%～90%，这些车型基本能够达到 C-NCAP 四星与五星的安全水准。

C-NCAP 微型电动汽车评价包括正面 100% 重叠刚性壁障碰撞试验、可变形移动壁障侧面碰撞试验和低速后碰撞颈部保护试验，其综合得分率计算方法如下：

$$微型电动车得分率 = （正面 100\% 碰撞得分 + 侧面壁障碰撞得分 + 鞭打试验得分 + 加分项得分 + 罚分项得分）/37$$

两款微型电动汽车，一款获得了 B 级评价，另外一款获得了 C 级评价，得分率分别为 84.1% 和 72.8%（见表 2）。

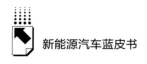

表 2　C-NCAP 等级评定方案

综合得分率	等级
≥88%	A
≥80%且<88%	B
≥60%且<80%	C
<60%	D

（一）正碰试验结果对比分析

2021 年版 C-NCAP 要求燃油车、新能源车和微型电动车均需进行正面刚性壁障碰撞试验，2022 年测评车型正面刚性壁障碰撞试验中驾驶员身体部位平均得分率如图 6 所示。

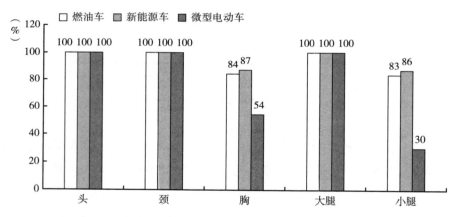

图 6　正碰试验中燃油车、新能源车与微型电动车驾驶员得分情况对比

从驾驶员身体各部位详细得分数据来看，其头部、颈部以及大腿部位得分均为满分，胸部与小腿的得分率偏低，得分率不足 90%。相比于燃油车，新能源汽车的驾驶员胸部得分率和小腿得分率均存在 3 个百分点的优势。

前排乘员身体各部位的得分趋势与驾驶员基本保持一致，头部、颈部与大腿部位得分较高，胸部和小腿失分较多。个别车型前排乘员颈部和大腿部位未获得满分，导致总体平均得分情况略低于驾驶员相应部位（见图 7）。

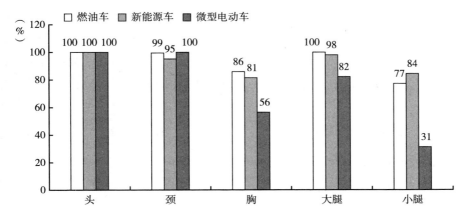

图7　正碰试验中燃油车、新能源车与微型电动车前排乘员得分情况对比

针对前排乘员测试，从燃油车与新能源车对比看，在颈部、胸部、大腿部位，燃油车得分略高于新能源车，在小腿部位新能源车得分明显高于燃油车得分。

在正面刚性壁障碰撞试验中，两款微型电动汽车对前排假人的头部、颈部和大腿的保护效果良好（其中头部和颈部均没有出现失分），主要失分部位与常规尺寸车辆测评结果一致为胸部和小腿，相似的测试条件下，微型电动汽车的正面碰撞得分率明显低于常规尺寸车型，胸部平均得分率为56%，小腿部位平均得分率为31%。

导致微型电动汽车前排假人胸部以及小腿损伤的主要原因有三个方面：一是微型电动汽车相比于常规尺寸车辆车身结构短小，前端缓冲吸能空间有限，关键吸能结构的有效变形距离短，容易造成较大的乘员舱变形及侵入。这也是微型车前排假人胸部、小腿损伤平均得分率较低的主要原因。二是安全带限力等级与假人胸部损伤有直接关系，微型电动汽车由于乘员舱空间有限，为了防止碰撞发生时假人向前位移量过大，一般安全带限力较高。已测两款微型车的安全带作用力均较大，过高的安全带限力导致假人胸部损伤较大。三是由于微型车的尺寸限制，其乘员舱中前排乘员的腿部空间有限，腿部与前仪表板的间距较小，发生碰撞时假人腿部会与前仪表板发生剧烈接触，对假人腿部造成较大损伤。

在正面刚性壁障碰撞试验中，前排假人身体各部位得分率均较高，主要失分部位为假人胸部和小腿。后排女性假人主要失分部位为颈部、胸部，得分率均在 90% 以下，尤其是胸部得分，不足 70%。相比之下，后排儿童假人的得分情况更差，并且呈现不同趋势，后排儿童的头部和胸部成为主要扣分部位，头部得分率中新能源车平均值甚至不足 60%（见图 8）。

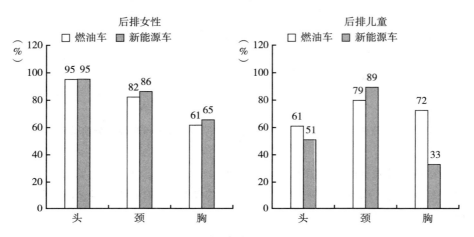

图 8　正碰试验中燃油车、新能源车后排乘员得分情况对比

燃油车与新能源车对比来看，后排女性得分规律基本保持一致，各部分得分率较为接近，得分差基本在 5 个百分点以内；后排儿童各部位得分差异较为明显，燃油车后排儿童头部得分差比新能源车高出 10 个百分点，而颈部得分中，新能源车得分率比燃油车高 10 个百分点，得分差异最大的是儿童胸部得分，燃油车为 72%，而新能源汽车仅有 33%。

（二）MPDB 碰撞试验结果对比分析

C-NCAP 2021 年版要求，燃油车以及新能源汽车均需进行 MPDB 碰撞试验。2022 年测评统计结果显示，三种工况碰撞试验平均得分率：正面刚性壁障碰撞（79.12%）>侧面柱碰撞（78.18%）>MPDB 碰撞（70.91%），其中 MPDB 碰撞试验平均得分相对较低，主要失分点包括兼容性罚分、THOR 假人胸部伤害等。

其中燃油车和新能源的 MPDB 碰撞试验驾驶员身体各部位平均得分率对比如图 9 所示。

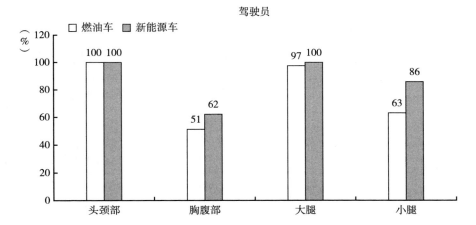

图 9　燃油车和新能源车在 MPDB 碰撞试验中驾驶员身体各部位平均得分率

在 MPDB 碰撞试验中，无论是燃油车还是新能源车，驾驶员头颈部和大腿部位的得分率较高，只有个别车型未获得满分，假人的胸腹部和小腿部位出现明显的失分，尤其是胸腹部平均得分率不足 65%。对比燃油车和新能源车得分，在 MPDB 碰撞工况下，新能源汽车有明显优势，驾驶员胸腹部得分率比燃油车高 11 个百分点，小腿部位得分率更是高出了 23 个百分点。

MPDB 碰撞测试撞击部位是驾驶员一侧，所以前排乘员的平均得分率普遍高于驾驶员，前排乘员假人的各个部位得分率均在 90%以上（见图 10）。

MPDB 碰撞试验中，试验车辆后排放置了一个女性假人和一个 10 岁儿童假人，从试验结果看，后排儿童得分普遍高于后排女性得分，原因是女性假人坐在驾驶员身后，是撞击侧，受到的冲击更大。此外，后排假人无论是女性还是儿童，各个部位的得分中新能源车均高于燃油车（见图 11）。

在 MPDB 碰撞试验中，2022 年测评车型中新能源汽车对内部所有乘员的保护效果均优于燃油车。在该碰撞试验中，假人伤害的主要失分部位为驾驶员胸部、驾驶员小腿和后排女性胸部。

驾驶员胸部失分原因主要包括三个方面：一是安全带限力等级。对于胸部位置的损伤，THOR 假人在胸部位置布置了左上、右上、左下、右下四个 IR-TRACC 传感器来测量胸部压缩量。安全带在布置时，会经过胸部右上传感器的上方，碰撞过程中，在安全带收紧力的作用下，右上胸部将产生最大的位移

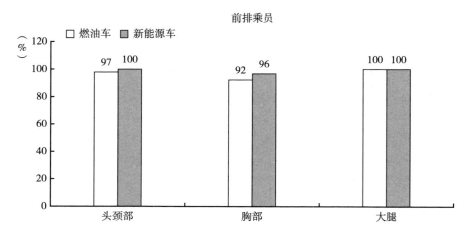

图 10　燃油车和新能源车在 MPDB 碰撞试验中前排乘员假人身体各部位平均得分率

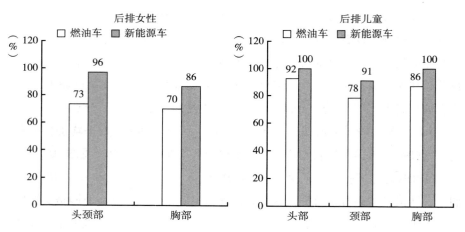

图 11　燃油车和新能源车在 MPDB 碰撞试验中后排假人身体各部位平均得分率

量。2022 年测评结果显示：THOR 假人胸部得分与安全带作用力基本呈负相关性，即安全带作用力越大，胸部得分越少，已测评车型中，具有安全带限力器的车辆其胸部得分均在 0 分以上，未配置安全带限力器或限力器未按照设计方式工作的车辆，安全带作用力过大导致胸部均没有得分。二是安全气囊刚度。碰撞过程中，在 THOR 假人胸部受到安全带以及气囊的联合作用力时，过大的安全气囊刚度会加剧胸部的损伤。三是车辆前端耐撞性。当车辆前端刚度较低时会造成较大的乘员舱侵入，可能造成转向盘向后向上移动，而这些移动可能会对胸部造成直接挤压，从而增大胸部损伤。同时当车辆前端吸能结构设计不理想时会造成较大的车身减速度，而减速度越大，配合使用乘员约束系统减轻乘员伤害的难度也越大，也越容易造成对假人的伤害。

驾驶员小腿失分原因主要包括三个方面：一是车辆前端耐撞性。车辆前端结构耐撞性除了影响假人胸部损伤也会对小腿造成影响，当车辆前端结构耐撞性较差时会造成车辆仪表板的后移，对腿部造成挤压而增大小腿损伤。二是脚部地板破裂。当脚部地板出现严重破裂或脚部空间变形严重时，会导致脚部侵入量增大，从而对脚部产生挤压力，严重时可能出现崴脚，崴脚会造成小腿绕 X 轴的弯矩 Mx 瞬间增大，导致小腿胫骨指数 TI 值增大，增加小腿损伤风险。C-NCAP 试验中出现脚部空间破裂的车辆，其小腿得分均较低。三是座椅刚度过低。当车辆的座椅刚度较低时，其在碰撞过程中可能产生较大变形，造成假人下潜或下潜趋势。当假人有下潜趋势时，其大腿对小腿的向前及向下挤压使得小腿轴向力增大，进而可能造成假人崴脚，增大小腿损伤。

后排女性胸部失分与第二排安全带和座椅密切相关，原因主要包括两个方面：一是安全带作用力过大。胸部得分与安全带作用力近似呈负相关性，当安全带作用力增加时，其胸部得分会降低，胸部损伤增大。在 2022 年已测评车辆中，具有安全带限力功能的车辆，其胸部压缩量容易控制，损伤不会太大，而安全带没有限力功能的车辆其后排女性胸部得分非常低甚至不得分。同时，当第二排安全带具有预紧功能时，其能更好地消除假人与安全带的间隙，更好地约束假人，减小假人胸部损伤，因此使用预紧限力式安全带能更有效降低假人损伤。二是下潜现象。当后排座椅刚度不够或假人腰部受力不稳定时，假人可能出现下潜或下潜趋势，从而导致安全带腰带上移，胸部与安全带之间空间增大，安全带的作用时间滞后，增加胸部损伤。

（三）侧面碰撞测评结果及原因分析

C-NCAP 2021 年版要求，新能源车辆需进行侧面柱碰撞试验，侧面柱碰撞中只评价驾驶员位置的 WorldSID 50 百分位假人的损伤情况，2022 年共 9 款新能源车型进行了侧面柱碰撞试验，假人身体各部位平均得分率如图 12 所示。

在侧面柱碰撞试验中，由于刚性柱与车门假人得分统计的接触面积较小，

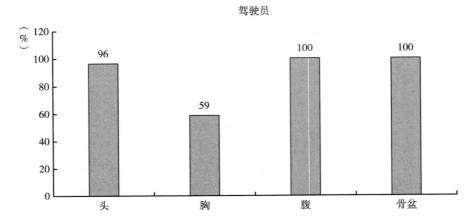

图 12　新能源车侧面柱碰撞试验中假人身体各部位平均得分率

其碰撞造成的假人损伤相比侧面壁障碰撞要大，其中驾驶员主要的损伤部位为胸部。侧面柱碰撞引起假人损伤的主要因素包括车辆侧围结构刚度以及侧面气囊气帘，同时在侧面柱碰撞中，假人手臂是否抬起对假人胸部损伤的影响较大。

根据《微型电动汽车专项评价规程》要求，车身长度<4m 的电动汽车需要进行侧面壁障碰撞试验，只评价驾驶员位置的 WorldSID 50 百分位假人，2022 年已测评两款微型电动汽车在侧面壁障碰撞试验中假人身体各部位平均得分率如图 13 所示。

在侧面壁障碰撞试验中，两款微型电动汽车驾驶员假人各部位平均得分率均比较高，仅在胸腹部有少量失分，虽然该结果与常规尺寸车辆相关结果依然存在差距，但是基于微型车的成本限制和设计难点，该测评结果表现良好。

在侧面壁障碰撞和侧面柱碰撞中影响假人损伤的因素有三个方面：一是车辆侧围结构刚度。侧面碰撞中假人与车门、立柱间空间较小，车辆侧面结构刚度低会导致侧围结构对乘员舱侵入量较大，过大的侵入量会造成假人的挤压损伤。车辆侧围结构刚度包括车门、车辆侧围、门槛梁等的刚度。二是侧面气囊气帘。除了侧围结构对乘员舱的侵入量，侧围结构对乘员舱的侵入速度，特别是车门与驾驶员接触时的速度也会影响驾驶员的损伤。车门与驾驶员接触时的动量越大，在撞击驾驶员过程中其动量的变化率越大，对驾驶员的撞击力也越

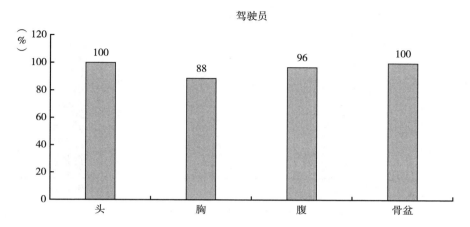

图 13 微型电动汽车侧面壁障碰撞试验中假人身体各部位平均得分率

大。侧面气囊气帘的使用可以有效减小车门对驾驶员的冲击力，减小碰撞加速度，有效保护驾驶员。配置侧面气囊时需要注意侧面气囊刚度以及点火时间，同时气囊的展开不能造成手臂对胸部的挤压而增大胸部损伤。三是车门内饰刚度。对于后排女性，其腹部损伤较大的问题主要在于有些车辆车门内部扶手的位置接近假人腹部位置，在碰撞时对乘员腹部造成较大冲击，造成腹部损伤。同时有些车辆后排女性骨盆处接触的内饰刚度较大也会造成乘员骨盆损伤，可以通过对此处结构进行弱化或增加缓冲来减小对乘员骨盆的损伤。

（四）高压电安全评价结果分析

防触电保护性能评价指标包括绝缘电阻、低电压、低电能、物理防护四部分，要求车辆在碰撞后每一条高压母线至少应满足低电压、低电能、物理防护、电力系统负载端绝缘电阻四项条款中的一项，同时必须满足电池包端绝缘电阻要求。2022 年，C-NCAP 共计进行了 9 款纯电动汽车的测试和评价，碰撞后高压电安全测量结果全部符合评价要求。但不同车型在防触电保护性能中满足的选项条款情况不同，如图 14 所示，仅有 4 款车型在三种工况碰撞试验后符合低电压选项条款要求。

在碰撞试验后，高电压在 60 秒内降到安全电压，必须依靠主动放电，而零部件故障、控制器故障、低压电源断开、CAN 通信故障等都会导致主动放

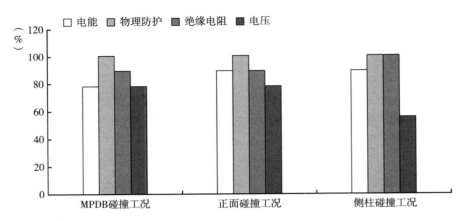

图14　新能源车防触电保护性能测评结果

电失效，如果主动放电失效，被动放电模式难以在60秒内将高电压降到60V安全电压以下。测评车型中部分车辆主动放电设计不合理，电压下降缓慢，碰撞60秒后整车电压仍高于安全电压。另有部分车辆由于绝缘电阻监测策略，测量结果表现出高压正极对地和高压负极对地的电压呈现周期性变化（峰值处于安全电压之上）。合理布置整车高压及控制回路的线束，避免碰撞过程中线束遭到剧烈挤压变形乃至断裂引起主动放电故障；优化设计负载端放电电阻，使其具备碰撞后快速放电能力。

在碰撞事故后，高压回路绝缘电阻符合要求是乘员重要的安全保障。在正负极单点失效的情况下，绝缘电阻可以有效降低来自动力电池包的电流，从而保护人体不受伤害。正负极保护同时失效情况下则绝缘电阻防护失效。目前车辆碰撞后绝缘电阻不符合的情形包括：高压部件内部的带电体在碰撞后与部件壳体接触导致绝缘失效和高压线束破损。原因是高压线束布置不合理导致碰撞过程中受到挤压从而发生损坏，裸露出的高压金属线与车身接触最终导致绝缘失效（见图15）。

（五）主动安全AEB测评结果

2022年测评的9款新能源汽车均具备主动安全AEB功能。在这些车型中，有5款车型采用摄像头和毫米波雷达融合方案，2款车型采用单摄像头方案，2款车型采用摄像头、毫米波雷达和激光雷达融合方案。在主动安全系统解决

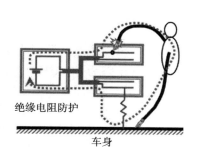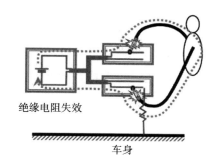

绝缘电阻防护　　　　　　　　　　　　绝缘电阻失效

车身　　　　　　　　　　　　　　　　车身

图 15　绝缘电阻失效示意

方案供应商方面，9 款车型中，共有 4 款车型采用国内自研系统，占比达 44%，平均得分率为 80.93%，高于平均水平。

2021 年版 C-NCAP 主动安全 AEB 部分总共有三个测试场景，分别是车辆自动紧急制动系统（AEB CCR）、行人自动紧急制动系统（AEB VRU_ Ped）和二轮车自动紧急制动系统（AEB VRU_ TW），其中 CCR 满分为 11 分，VRU_ Ped 满分为 10 分，VRU_ TW 满分为 11 分，9 款车型 AEB 测试得分情况如图 16 所示。

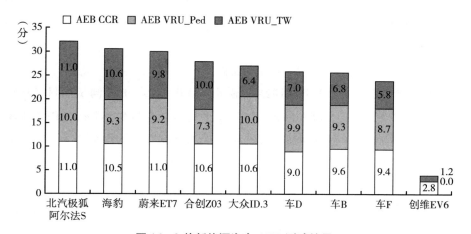

图 16　9 款新能源汽车 AEB 测试结果

9 款车型中，有两款车型成绩超过了 30 分，尤其是北汽极狐阿尔法 S 获得了满分 32 分，AEB 性能较为突出。有个别车型虽然配备了相关功能装置，但性能表现一般，得分率较低。

1. AEB 对车辆的识别与响应测评结果

2022 年 9 款新能源车型测评结果显示，AEB CCR 平均得分率为 85.32%，其中 AEB CCRs 平均得分率为 78.67%，CCRm 平均得分率为 89.23%（见图 17）。

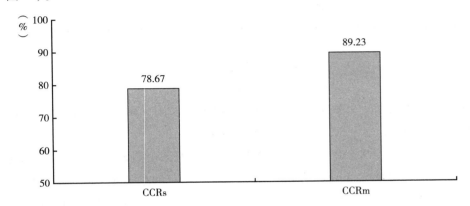

图 17　AEB CCR 场景得分率

AEB CCR 项目的主要失分场景为 CCRs，场景平均得分率低于项目平均得分率。主要失分原因在于 FCW 高速测试情况下，当前感知方案对静止目标物很难进行准确有效的识别。

2. AEB 对行人的识别与响应测评结果

2022 年 9 款新能源车型测评结果显示，AEB VRU_ Ped 测试项目平均得分率为 81.97%，其中 CPFA 白天测试场景平均得分率为 80.47%，CPFA 夜晚测试场景平均得分率为 86.42%，CPNA 白天测试场景平均得分率为 87.50%，CPLA 白天测试场景得分率为 75.76%，CPLA 夜晚测试场景平均得分率为 66.60%（见图 18）。

AEB VRU_ Ped 在行人横穿系列场景下表现良好，得分率均在 80% 以上。行人纵向直行场景得分率相对较低，其中夜晚环境得分率最低，主要原因是在 CPLA 测试场景中，最高测试速度达到 80km/h，当车辆速度大于 60km/h 时，由于行人目标物较小，车辆的识别及时性和准确性有所下降，导致报警或自动紧急制动滞后，尤其是在夜晚环境下，该问题较为明显。

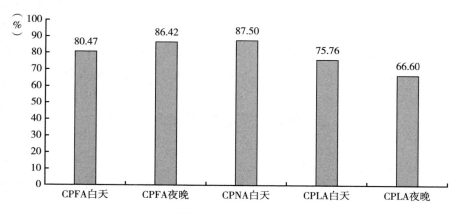

图 18　AEB VRU_ Ped 各场景得分率

3. AEB 对二轮车的识别及响应测评结果

2022 年 9 款新能源车型测评结果显示，AEB VRU_ TW 测试项目平均得分率为 69.33%，其中 CBNA 白天测试场景平均得分率为 87.30%，CSFA 白天测试场景平均得分率为 42.59%，CBLA 白天测试场景平均得分率为 91.51%（见图 19）。

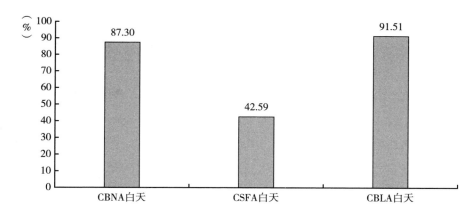

图 19　AEB VRU_ TW 各场景得分率分布

AEB VRU_ TW 在自行车横穿 CBNA 和 CBLA 的场景下表现良好，CSFA 场景得分率较低，主要原因在于 2021 年版 C-NCAP 中引入了全新的符合中国

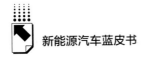

交通实际的踏板式摩托车目标物，部分车型 AEB 系统对于新目标的识别和标定还未做好充足准备，在该场景下，踏板式摩托车目标物 20km/h 的速度对 AEB 系统感知提出更高的要求，因此部分车辆在该场景下没有得分，同时也有部分车型取得了满分，相信 2023 年该场景的测评成绩会大幅提升。

三　新能源汽车安全测评分析结论

根据中汽中心汽车测评管理中心的测评结果，9 款新能源车中有 4 款车型获得五星级，3 款获得四星级，四星及以上评级的车型已超过 70%，表明新能源汽车已具备良好的汽车安全性能表现。

新能源汽车是智能驾驶的最佳载体，通过 C-NCAP 主动安全测试结果可以发现，新能源汽车在自动刹车测试项目中表现良好，个别车型甚至能够获得满分，总体呈现较强的智能化特征。

由于成本、车辆空间等因素的限制，微型电动汽车在碰撞安全方面表现不及常规尺寸的车型，但配备了主、副驾气囊及预紧式安全带的微型电动车在正面碰撞、侧面碰撞等工况下也可以对车内乘员提供基本的安全保护。

B.13
中国新能源乘用车消费指数

贺　畅　杨　莉　万甜甜*

摘　要： 为了研究消费者对新能源乘用车不同细分市场的评价，本文采用定量和定性相结合的方法，选取低端（10万元以下）、中端（10万~25万元）、高端（25万元以上）三个主流市场的消费者进行调研，并得出消费指数评价结果。消费指数评价结果表明，低端市场在造型设计、价格和使用成本方面表现突出，中端市场在驾乘舒适、使用便利性方面表现突出，高端市场在智能化和品质感方面表现突出。本文结合消费指数评价结果分析未来不同细分市场消费者的需求趋势。

关键词： 消费指数　满意度　细分市场　新能源乘用车

为了充分了解不同细分市场的产品特点和消费者需求，本文基于当前新能源乘用车市场结构特点，建立了中国新能源乘用车消费指数评价体系（以下简称“消费指数评价体系”），重点分析高、中、低三个细分市场消费者对产品的评价。同时，结合不同细分市场的消费指数和需求，分析未来新能源乘用车不同细分市场的发展趋势，为消费者选车购车提供参考，也为企业产品设计和开发指明方向，促进新能源乘用车市场良性发展。

一　新能源乘用车消费指数评价体系构建

为了最大限度反映消费者对车辆的需求和评价，消费指数评价体系重

---

* 贺畅，硕士，高级工程师，中汽信科品牌咨询部，汽车消费者研究；杨莉，硕士，助理工程师，中汽信科品牌咨询部，汽车消费者研究；万甜甜，硕士，工程师，中汽信科品牌咨询部，汽车消费者研究。

点从消费者视角出发，首先筛选出可感知、易理解、便于评价的指标，再基于消费者对各指标的关注程度，选择消费者关注度较高的指标，最后确保选取的同级别各项指标之间是相互独立的，且指标与其下一层级指标之间具有较强的相关性。同时，随着消费者对新能源汽车产品和服务关注点的变化，评价体系也会有所调整，使之更好适应新能源乘用车行业的最新发展情况。

新能源乘用车消费指数评价体系共包含 10 个一级指标，覆盖产品静态评价和动态评价。其中，静态评价指标包含外观和内饰造型设计、乘坐舒适性、日常使用适宜便利、质量品质整体感知、购买价格和日常使用成本。动态评价指标包含行驶时性能、互联和娱乐功能、OTA（Over The Air，在线升级）软硬件升级效果、车机显示和操作体验、自动驾驶和整车安全性（见图 1）。

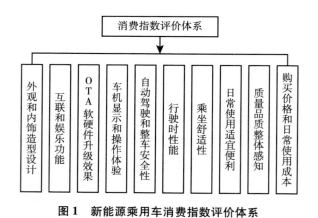

图 1　新能源乘用车消费指数评价体系

资料来源：中汽信科新能源乘用车消费者调研项目。下同。

10 个一级指标下设 42 个二级指标（见表 1）。其中，外观和内饰造型设计包含外观造型、内饰造型等 4 个二级指标；互联和娱乐功能包含车辆与移动设备的互联效果、车辆远程控制便利性等 6 个二级指标；车机显示和操作体验包含中控屏的操作体验效果、车辆交互界面以及交互逻辑 2 个二级指标；自动驾驶和整车安全性包含自动泊车的使用感受、ADAS（Advanced Driving Assistance System，高级驾驶辅助系统）辅助驾驶功能等 6 个二级指标；购买价格和日常使用成本包含车辆电耗、车辆购买价格和保值率等 3 个二级指标；行驶时性能包含车辆起步动力感受、超车时动力感受等 7 个二级指标；乘坐舒适性包含前/后上车和下车舒适性、空间舒适性等 6 个二级指标；日常使用适宜便利包含车辆内部空间可变性、续航里程等 5 个二级指标；质量品质整体感知包含车辆整体质量品质感知、故障率 2 个二级指标。

表 1　新能源乘用车消费指数评价体系（二级指标）

一级指标	二级指标	一级指标	二级指标
外观和内饰造型设计	外观造型	行驶时性能	车辆起步动力感受
	内饰造型		超车时动力感受
	用户操作界面造型		转向感受
	车辆外观和内饰的配色、材料纹理质感		刹车效果
互联和娱乐功能	车辆与移动设备的互联效果		直线行驶时车身稳定性
	车辆远程控制便利性		行驶时车辆噪声
	导航交互系统的使用感受		减震效果
	车内功能交互体验	乘坐舒适性	前/后上车和下车舒适性
	车辆影音娱乐效果（视觉/听觉）		空间舒适性
	车辆隐私保护		座椅舒适性
车机显示和操作体验	OTA 软硬件升级效果		空调舒适性
	中控屏的操作体验效果		视野
	车辆交互界面以及交互逻辑		灯光照明效果
自动驾驶和整车安全性	自动泊车的使用感受	日常使用适宜便利	车辆内部空间可变性
	ADAS 辅助驾驶功能		车辆内部储物空间便利
	自动行驶功能效果		续航里程
	车辆主动安全装备丰富性和效果		充电便利性
	被动安全装备丰富性和效果		不同路况的通过性
	预警装备的效果和表现		—
购买价格和日常使用成本	车辆电耗	质量品质整体感知	—
	车辆购买价格和保值率		车辆整体质量品质感知
	日常保养和维修成本		故障率

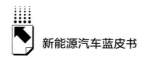

二 新能源乘用车消费指数调查分析

为了研究不同细分市场产品的表现，本文采用随机抽样的方式，选取新能源乘用车高、中、低三个细分市场，覆盖小微型、紧凑型、中型、中大型的轿车和SUV，涉及欧拉、大众、小鹏等多个品牌，调研了1000多名消费者，对车型产品表现进行综合评价。

（一）新能源乘用车各细分市场消费指数结果

新能源乘用车高、中、低三个细分市场按照产品价格进行划分，其中高端市场是指价格为25万元以上的产品，中端市场是指价格为10万~25万元的产品，低端市场是指价格为10万元以下的产品。不同细分市场产品的一级指标消费指数见表2。

表2　高、中、低三个细分市场产品一级指标消费指数

单位：分

车型	高端市场	中端市场	低端市场
外观和内饰造型设计	3.53	3.37	4.12
互联和娱乐功能	4.06	3.77	1.71
OTA软硬件升级效果	4.62	3.55	0.16
车机显示和操作体验	3.65	2.33	1.12
自动驾驶和整车安全性	4.06	3.76	0.76
行驶时性能	3.65	3.83	2.43
乘坐舒适性	3.09	4.56	2.11
日常使用适宜便利	3.65	4.04	2.74
质量品质整体感知	4.06	3.41	1.69
购买价格和日常使用成本	2.21	2.83	3.91

低端市场产品各一级指标分值差距较大，分布在0.16~4.12分。在外观和内饰造型设计、购买价格和日常使用成本两个指标上，低端市场消费指数高于中端市场和高端市场，主要与小微型汽车产品价格低廉、造型小巧可爱等特征有关，但在OTA软硬件升级效果、自动驾驶和整车安全性等智能化网联化

特征方面的消费指数最低。中端市场产品各一级指标分值较为集中,分布在2.33~4.56分。中端市场分值前三的指标为乘坐舒适性、日常使用适宜便利、行驶时性能,体现出车辆安全、舒适、空间等特性较为均衡,同时互联和娱乐功能、自动驾驶和整车安全性等指标的消费指数均在3分以上,说明车辆较好地兼顾了智能化网联化性能。高端市场凭借先进的智能化网联化技术,为消费者带来了便利的智能交互体验和全方位的智能驾驶辅助保障,在互联和娱乐功能、OTA软硬件升级效果、车机显示和操作体验、自动驾驶和整车安全性、质量品质整体感知五个指标上,消费指数较高,分布在3.65~4.62分。

(二)新能源乘用车低端市场产品消费指数分析

从低端市场产品消费指数结果来看,外观和内饰造型设计、购买价格和日常使用成本、日常使用适宜便利排名前三,分别为4.12分、3.91分、2.74分。智能化网联化相关指标的消费指数较低,OTA软硬件升级效果、自动驾驶和整车安全性、车机显示和操作体验消费指数分别为0.16分、0.76分、1.12分。

低端市场产品以小微型纯电动车为主,产品价格低廉,集中在5万~8万元,使用成本较低,造型设计时尚新颖。产品主要面向两类客户群体:一类是事业刚刚起步、经济积累有限的年轻首购群体,对产品价格和日常使用成本较为敏感,且比较关注产品造型;另一类是具有一定经济基础的家庭增购群体,对再购的小微型电动车产品空间、续航等要求不高,能满足日常短途、少人出行需求即可。综合来看,低端市场消费者较为关注产品的造型设计、价格和使用成本,因此外观和内饰造型设计、购买价格和日常使用成本、日常使用适宜便利三项指标得分较高。

受价格和成本限制,低端市场产品智能化程度相对较低,安全配置和智能驾驶辅助配置不足。从调研结果看,低端市场消费者对基础的安全性和智能化配置具有一定需求,如车身电子稳定系统(ESP)、人机交互等,但目前多数低端市场产品不具备相关配置,或配置较差,降低了产品的安全性和便利性。因此,OTA软硬件升级效果、自动驾驶和整车安全性、车机显示和操作体验等指标的消费指数评价得分较低(见图2)。

在外观和内饰造型设计方面,低端市场产品在外观造型和内饰造型两个二

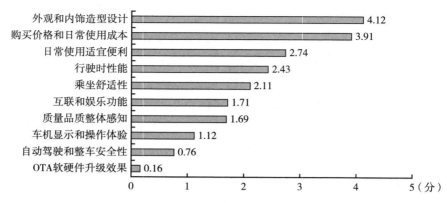

图2　新能源乘用车低端市场产品消费指数结果

级指标上，消费指数较高，分别达到4.0分、3.1分；而在车辆外观和内饰的配色、材料纹理质感及用户操作界面造型两个指标上，消费指数相对较低，分别为2.9分、1.3分。可见，低端市场产品在造型上符合消费者需求，但在相关品质和细节方面仍有待提升（见图3）。

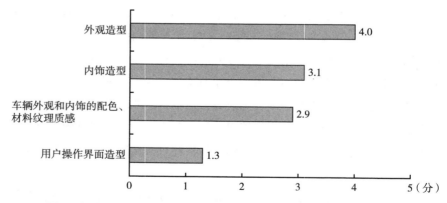

图3　新能源乘用车低端市场外观和内饰造型设计二级消费指数结果

在购买价格和日常使用成本方面，低端市场产品的日常保养和维修成本、车辆电耗两个指标消费指数较高，分别达到4.7分、4.3分。车辆购买价格和保值率指标的消费指数相对较低，仅为3.4分（见图4）。目前，保值率低是整个新能源乘用车产品的共性问题，低端市场产品尤为突出。

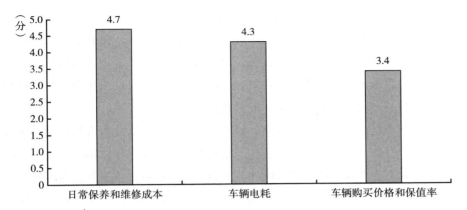

图4 新能源乘用车低端市场购买价格和日常使用成本二级消费指数结果

（三）新能源乘用车中端市场产品消费指数分析

从中端市场的产品消费指数结果来看，乘坐舒适性、日常使用适宜便利、行驶时性能三项指标排名前三，分别为4.56分、4.04分、3.83分。车机显示和操作体验、购买价格和日常使用成本、外观和内饰造型设计消费指数相对较低，分别为2.33分、2.83分、3.37分（见图5）。

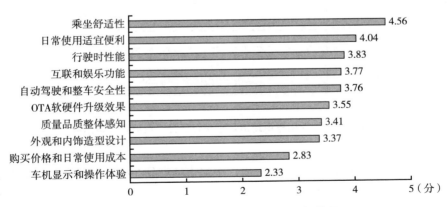

图5 新能源乘用车中端市场消费指数结果

中端市场产品在空间、续航、性能等方面均有所兼顾，可满足消费者日常通勤、接送家人、短途自驾游等多方面需求，主要面向两类典型消费群体：一类是 10 万~16 万元市场消费者，购车以家庭消费为主，更注重车辆安全、舒适、空间等均衡性；另一类是 16 万~25 万元市场消费者，在追求产品均衡性的基础上，对智能化、个性化仍存在一定需求。综合来看，中端市场消费者较为关注产品驾乘体验、使用便利等综合性能，因此对产品的乘坐舒适性、日常使用适宜便利和行驶时性能等指标的消费指数评价得分较高。

但中端市场产品造型相对传统，缺乏辨识度，且智能化程度与中端市场消费者需求仍存在一定差距。因此，在产品的车机显示和操作体验、购买价格和日常使用成本、外观和内饰造型设计等方面，消费指数评价得分相对较低。

乘坐舒适性二级指标方面，中端市场产品在空间舒适性和座椅舒适性两个指标上，消费指数较高，分别达到 4.76 分、3.89 分；而在灯光照明效果、空调舒适性两个指标上，消费指数较低，分别为 2.86 分、3.38 分。可见，中端市场产品在空间、座椅等驾乘舒适性上能够满足消费者需求，但在灯光照明效果等个性化需求方面有待提升（见图 6）。

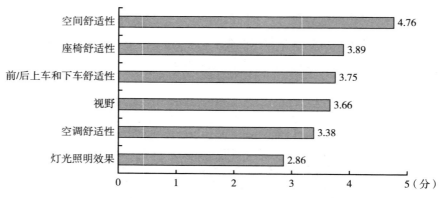

图 6　新能源乘用车中端市场乘坐舒适性二级消费指数结果

日常使用适宜便利二级指标方面，中端市场产品在续航里程、充电便利性两个指标上，消费指数较高，分别达到 4.55 分、3.45 分；而在不同路况的通过性、车辆内部储物空间便利两个指标上，消费指数相对较低，分别为 2.03 分、2.13 分。可见，中端市场产品在动力性能、充电性能等方面能够满足消费者日常用车需求，但在人性化设计、多种出行场景适宜性等方面有待提升（见图 7）。

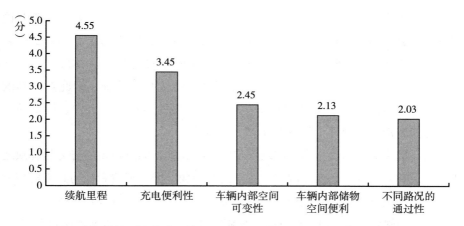

图7 新能源乘用车中端市场日常使用适宜便利二级消费指数结果

（四）新能源乘用车高端市场产品消费指数分析

从高端市场的产品消费指数结果来看，排名前四的指标为OTA软硬件升级效果、互联和娱乐功能、自动驾驶和整车安全性、质量品质整体感知，均达到4分以上。而购买价格和日常使用成本、乘坐舒适性、外观和内饰造型设计的消费指数相对较低，分别为2.2分、3.1分、3.5分（见图8）。

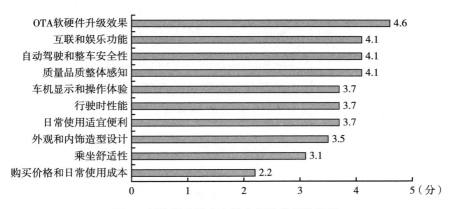

图8 新能源乘用车高端市场消费指数结果

高端市场产品智能化程度较高，在OTA升级频率和效果、车辆智能娱乐体验、自动驾驶先进性等方面均处于行业领先水平，为消费者带来极致的品质与智能化体验，其主要消费者群体特征为：注重产品的品质和档次，乐于与同级别传统豪华品牌进行对标，同时重视产品的科技感和智能化，如高合的电磁对开门、Model X 的鹰翼式车门，可以带来前所未有的高科技体验。综合来看，高端市场消费者较为关注产品的品质感、智能化等特征，因此对产品的OTA 软硬件升级效果、互联和娱乐功能、自动驾驶和整车安全性、质量品质整体感知等消费指数评价得分较高。

但高端市场产品价格高于同级别传统豪华品牌，而且很多新势力品牌缺乏历史积淀和知名度，存在品牌力相对不足等问题，因此消费者认为其价格相对偏高，在购买价格和日常使用成本指标上，消费指数评价得分相对较低。

互联和娱乐功能二级指标方面，车辆影音娱乐效果、车辆远程控制便利性、车辆与移动设备的互联效果三个指标的消费指数相对较高，分别达到 4.4 分、3.9 分、3.9 分。而车辆隐私保护、导航交互系统的使用感受两个指标的消费指数相对较低，分别为 1.8 分、2.7 分（见图9）。可见，高端市场产品影音娱乐功能丰富，给消费者带来了较好的娱乐体验，满足了消费者需求。但在智能交互方面，高端市场产品还存在识别不够精准、不够灵敏等问题，且车载导航软件无法根据消费者习惯进行个性化选择，导致消费者使用不便利，降低了用车体验。

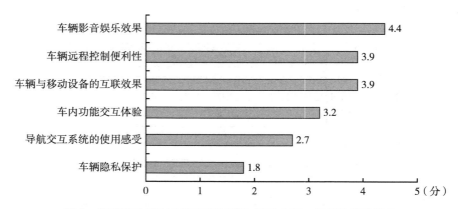

图9　新能源乘用车高端市场互联和娱乐功能二级消费指数结果

自动驾驶和整车安全性二级指标方面，ADAS 辅助驾驶功能、自动行驶功能效果两个指标的消费指数较高，分别达到 4.6 分、3.9 分；而自动泊车的使用感受消费指数相对较低，为 2.0 分（见图10）。可见，随着新能源汽车智能化、网联化融合发展，在政策和市场需求等多重因素驱动下，先进辅助驾驶功能市场渗透率逐步提升，高端消费产品具备自适应巡航（ACC）、自动紧急制动（AEB）、车道保持系统（LKS）等自动驾驶功能，能够满足消费者对车辆性能和科技感的需求。

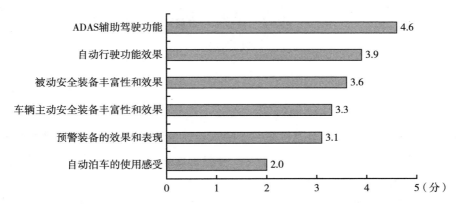

图10　新能源乘用车高端市场自动驾驶和整车安全性二级消费指数结果

三　新能源乘用车未来消费需求和趋势

低端市场消费者购车时主要考虑产品的价格、使用成本、续航里程和造型，对智能化功能需求不高，主要集中在智能交互功能方面。随着消费者用车体验的丰富，以及对新能源乘用车态度的变化，未来低端市场消费者对智能化的需求也会逐步提升。

中端市场主流消费者存在多种家庭形态，对车辆空间、动力、智能化等属性存在多样化需求。未来2~3年，受先导消费者的影响，中端市场主流消费群体对智能化和网联化的需求将大幅提升。因此，中端市场产品将以高性价比的智能化程度为支点，平衡消费者多样化需求，区别同级别燃油车，进一步扩大市场份额。

高端市场消费者追求极致的驾驶体验和操控感，偏好智能科技、智能驾驶功能完备的车型。基于少而精、平台化的车型矩阵，企业应集中精力打造满足消费者专业化、精益化需求的爆款产品。同时，利用"软件+OTA"的服务方式，为消费者提供车辆全生命周期的售后服务，不断改善消费者用车体验。

热 点 篇
Hot Points

    本篇聚焦 2022 年新能源汽车行业的热点现象及话题,深度分析其产生原因、影响程度及应对措施,对于不同主体给予理解新能源汽车行业的新视角,也为行业健康可持续发展提供新思路。

    2022 年俄乌冲突爆发等国际事件使得全球政治、安全、经济形势发生巨变,也对我国新能源汽车产业发展产生深远影响。《国际政治经济动态对新能源汽车产业的影响分析》重点梳理并分析了俄乌冲突、美国对华遏制政策、全球资源争夺战三大国际事件,总结国际形势给中国新能源汽车产业带来的新机遇和新挑战,并从战略制定、产业链安全、深化对外交流合作、关键技术探索、拓展国际市场等方面提出推动新能源汽车产业加快发展的建议。

    2022 年中国汽车出口同比增长 54.4%,首次突破 300 万辆,成为全球第二大汽车出口国,特别是在新能源汽车的拉动下,"走出去"质量和效益明显提升。《中国新能源汽车产业"走出去"发展现状、形势及建议》对 2022 年中国新能源汽车"走出去"情况以及当前面临的国际形势进行了详细分析,建议从深化国际合作机制、把握"一带一路"和自贸区建设机遇、保障新能源汽车供应链安全稳定、积极应对碳壁垒以及完善国际化服务体系等方面,加快促进我国新能源汽车"走出去"。

    2022 年全球新能源汽车首次突破千万辆大关,销量达到 1126.7 万辆,同比增长 63.5%,全球新能源与智能网联汽车产业进入加速发展阶段。《全球及我国新能源汽车与智能网联汽车产业趋势及建议》针对政府、行业、企业重点关注的辅助驾驶、汽车芯片、车路城协同发展、补能模式等方面发展趋势进行了分析,并从政策支持、技术路线、基础设施、行业管理、服务体系、技术创新、供应链保障等方面提出建议，推动我国新能源汽车产业高质量发展。

随着应对气候变化在全世界更广范围形成共识，主要经济体围绕低碳、零碳技术的竞争不断加剧，通过发展新能源汽车来推动交通深度脱碳对实现我国"双碳"目标意义重大。《"双碳"目标下中国新能源汽车产业面临的机遇与挑战》梳理了全球主要经济体碳中和进程及主要车企电动化转型进展，分析了我国"双碳"目标落地实践对新能源汽车产业的影响以及产业面临的深层次问题，并针对提升产品和技术竞争力、延续优惠政策、打造新型绿色供应链体系、加快建设新型补能基础设施和强化关键资源保障提出建议。

2021年工信部、国家能源局联合发布《关于组织开展新能源汽车换电模式应用试点工作的通知》以来，换电模式发展明显加快。2022年，我国换电式新能源汽车销售19.76万辆，同比增长85.57%。《关于新能源汽车换电模式发展趋势的思考》重点分析换电模式行业发展现状，剖析换电模式发展的市场价值和具体商业模式，总结换电模式发展面临的关键问题，提出完善标准规范、推动科技金融发展、鼓励换电站—电网—电动汽车互动发展、加强电池全生命周期数据监管等建议。

B.14
国际政治经济动态对新能源
汽车产业的影响分析

赵 英 霍潞露*

摘　要： 2022 年俄乌冲突爆发等国际事件导致全球政治、安全、经济形势发生巨变，对我国新能源汽车产业发展产生深远影响。本文重点梳理并分析了俄乌冲突、美国对华遏制政策、全球资源争夺战三大国际事件，总结中国新能源汽车产业在加强投资吸引力、打造全球制造业体系核心优势、开拓部分区域市场等方面的机遇，以及"走出去"区域布局、产业链供应链保障、跨国公司投资策略调整、贸易摩擦升级等方面的风险，并从战略制定、产业链安全、深化对外交流合作、加快关键技术攻关、拓展国际市场等方面提出建议，助力新能源汽车产业积极应对国际形势变化，把握机遇加快发展。

关键词： 国际形势　新能源汽车　产业链安全

随着俄乌冲突爆发，2022 年全球政治、安全、经济形势发生了重大变化，二战后形成的世界秩序被彻底颠覆，世界格局被彻底改变。国际形势巨变将持续影响全球政治、安全、经济，对我国汽车产业的发展和汽车企业的经营战略也将产生深远影响。本文梳理并分析了 2022 年全球具有划时代意义的重大事件，阐明我国汽车产业未来发展面临的国际形势及主要挑战，以期助力汽车企业积极应对形势变化，做好前瞻战略部署，及时进行战略转型，适时调整经营战略和策略。

---

* 赵英，教授、博士生导师，中国社会科学院工业经济研究所研究员、原研究室主任；霍潞露，高级工程师，中汽政研绿色低碳研究部。

一 2022年国际形势风高浪急

2022 年可以说是具有划时代意义的一年，自俄乌冲突爆发开始，全球政治、安全、经济形势发生重大变化，也对我国新能源汽车产业发展产生了深远影响。

（一）俄乌冲突爆发

1. 国际秩序受到全面冲击

俄乌冲突及随之出现的西方对俄制裁已摧毁了二战结束以来，尤其是苏联解体后的国际秩序。全球政治、安全、经济格局进入持续动荡不安时代。以美国为首的西方国家对俄罗斯全面制裁，导致全球公认的国际交往、交易法律、规则框架受到严重冲击和摧残；以联合国为代表的国际组织制约、调停机制基本瘫痪；旧国际格局不复存在，国际秩序陷入混沌状态。

俄乌冲突涉及政治、军事、经济、信息、文化、全球基础设施各个领域，全面深刻地揭示了新一代混合战争的形态、内涵，将改变各国对国家安全要素配置结构、组成、规模及运用方式的基本认识，对于主权国家制定应对重大危机的战略、理念、政策与对策产生深远影响。

2. 全球经济秩序和经济运行方式发生变化

一是经济全球化进程严重受挫。美国前总统特朗普上台后，全球化进程已开始受阻，但在其任内主要表现在经济、科技等方面。而俄乌冲突爆发后针对俄罗斯的制裁则体现在各个领域，甚至牵连到艺术、体育等领域，且已失去经济理性（例如欧盟国家对俄罗斯能源制裁），使经济、文化、科技等领域政治化、武器化。

二是全球公共基础设施网络被强行断开。西方国家对俄制裁涉及断网（美国各社交媒体、游戏网络、金融网络）、断航（欧盟、美国等对俄罗斯封闭空域）、断油气（包括北溪二号输气管道被毁）、断产业链供应链、断太空合作等各领域，支撑全球经济运行的公共基础设施网络被强行断开。此前顺畅运行的全球经济、能源、信息、货物系统出现不同程度的紊乱，其结果不仅使俄罗斯受到打击，欧美日等其他国家也在不同程度上受到了影响。具体体现在：航线割裂，普遍增加有关货物、人员运输的成本；能源输送管道停摆乃至被炸毁，推高能源、资源成本。这种情况如延续，全球运行系统、各国对外联系系统、全球公共设施系统中各个子系统，都将面临重新调整。

三是战争导致的对抗将长期持续。即便俄乌冲突能在短期内结束，由冲突导致的对抗也难以在中期（3年左右）内和缓，甚至较冷战时期更加激烈。全球政治、经济体系被割裂，集团对立逐渐固化，全球经济格局、产业分工、科技体系、运输体系均将随之出现更深刻变化。

四是全球资源配置优化将难以实现。冲突中不同阵营出于政治、安全目的，对市场运行予以强势干涉，全球资源配置优化难以实现。战争风险引起的溢价散布于各个领域，导致能源、资源、交易成本的提高，普遍推高了全球生产、生活成本，也推高了全球通胀水平。

3. 全球经济资源配置面临"大重置"趋势

一是全球战略格局、战略力量重置。全球战略格局急剧动荡，全球战略力量纵横捭阖，全面提高了全球经济运行的风险预期，增加了经济运行的风险溢价，提高了经济运行的成本，改变了产业发展格局，导致了全球体系中战略格局、宏观运行基本态势的重置。战略格局和战略力量的重置，也是推动其他领域重置的主要动因。

二是全球金融格局重置。目前美元虽仍居于国际货币交换体系顶端，但其在国际货币体系中的地位开始逐步下降。俄乌冲突使各国认识到政治与军事因素对财富的安全起着决定性影响。美国政府维护霸权高于一切，极大损害了美国金融系统的信誉，未来美元的霸权空间必将进一步缩小。为对付美元霸权，其他区域性货币交换体系（如欧盟建立的货币交换体系）、以主权国家为主建立的货币交换体系（如中国、俄罗斯建立的货币交换体系）逐步成长。全球货币交换体系的结构、运行方式正在重置。

三是全球能源、资源、制造能力配置格局重置。一方面，欧盟国家追随美国的战略目标，不惜解构欧盟制造能力与俄罗斯低廉的能源、资源相融合的国际产业分工体系，转向高价购买美国原油、天然气；而俄罗斯为了遏制欧盟的战略威慑，重置自身的货币体系，彻底转变了卢布的锚定物，并且使其能源、资源供应体系转向东方。俄罗斯廉价能源、矿产资源与中国强大的制造业紧密耦合，加速推动与亚洲制造业紧密连接的国际产业分工格局的形成。另一方面，欧洲能源结构也随之产生变化。由于禁止俄罗斯能源进口，欧盟国家不得不重视核能，甚至重启煤电乃至木柴，德国副总理罗伯特·哈贝克宣布，德国眼下必须减少天然气消耗，增加煤炭使用。2021 年燃气发电占德国发电量的 15%，2022 年 5 月底，德国有 31.4GW 的燃煤电厂和 27.9GW 的燃气电厂并网。煤电重启又涉及对俄罗斯煤炭依赖度问题。俄罗斯煤炭占据欧盟动力煤进口份额近 70%，其中德国和波兰尤其依赖俄罗斯。如果双方紧张关系进一步升级，欧洲方面将不得不舍近求远，花更多钱，从南非和澳大利亚寻求替代品。

四是全球交通运输战略格局重置。从交通布局来看，一方面俄乌冲突使乌克兰以西的欧洲与亚洲的陆路连接受到影响，但同时促进了欧亚大陆内部的陆路连接，如上合会议确定推进中吉乌铁路建设，中老铁路正式投入运营；另一方面，西方国家与俄罗斯互相封闭空域，从地缘空间上看产生了欧亚大陆"黑洞"——俄罗斯 1700 多万平方公里的地域空间从欧美航空公司网络上消失，导致欧美航空公司到东南亚、东北亚的往返航线里程延长，运行成本提高。同时，在能源、资源供需结构和运输结构改变的背景下，全球基础设施体系建设和使用的方向、方式、内容也发生重置，新基础设施体系包括太空体系、电子信息网络等。未来谁在这些体系、网络中占据主导权，谁就具备战略主导权。

五是产业链供应链重置。受贸易保护主义抬头、新冠肺炎疫情等影响，基于经济全球化建立的产业链供应链风险不断增加，俄乌冲突使得产业链供应链重置进程加快，各国将进一步增强本国重点产业链的自主可控性。其中美国及西方国家在战略博弈的进程中，违背市场经济规律、置国际规则于不顾，为实现其战略目的，通过政府有形之手，深度插手国际产业分工、企业运营决策，对全球产业链供应链重置将产生重要影响。

六是全球研发体系重置。全球科技研发已进入依托网络、信息及大科学工程设施运行的时代。而以美国为首的西方国家出于安全目的，对中国、俄罗斯及其他国家的排斥，导致全球科技研发体系被割裂、重置，造成全球科技合作严重受阻。随着"科技冷战"的展开，全球研发领域的竞争，已逐步演变成国家战略科技力量之间的竞争，全球研发体系在研发人才培养、研发基础设施分布、企业研发布局等方面将面临重置。

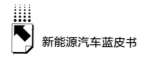
俄乌冲突带来的全球"大重置"给中国国家安全、经济发展带来极为深刻、全面的影响，影响范围也涉及我国新能源汽车产业。中国新能源汽车产业和企业必须重新认识外部世界，深度调整自身发展战略。

（二）美国政府全面打压、遏制中国

美国总统拜登上台后，不仅没有调整特朗普政府对华打压的战略、策略，反而变本加厉，在安全、外交、经济、科学技术等领域全面对抗、遏制中国。在美国政坛，"反华"已成为民主、共和两党难得达成一致的领域，美国政府已把中国定义为"最重要的战略竞争对手"[①]，意味着美国政府对中国的战略打压将是长期的、全面的、不遗余力的。

一是通过外交、军事手段在印太地区组成打压、遏制中国的战略同盟。美国先后组成了美日韩三国安保同盟、美英澳三边安全伙伴关系（AUKUS）、美澳日印"四方安全对话"（QUAD）等战略同盟组织。美国还拉拢韩日两国加强与北约的军事合作，力图打造"亚洲北约"，拉拢东南亚某些国家在南海挑衅，构筑从太平洋到印度洋的对华包围圈。

二是通过经济手段在印太地区孤立中国。美国主导的"印太经济框架"（IPEF）主要是从经济上配合美国的"印太战略"，妄想在印太区域制造经济分裂，把中国排除于印太经济体系之外，巩固美国在印太地区的霸权。

三是通过插手台湾问题，牵制中国崛起。拜登上台以来，美国对台武器销售持续扩大规模、提高水平，甚至把台湾作为战时武器存放点。美国国务卿布林肯公开叫嚣"台海冲突并非中国内政问题"[②]。在美国带领下，日本政府步步紧跟，公开叫嚣"台湾有事即日本有事"，公然干预中国内政。美日在台湾问题上加紧了军事干预准备，在日本西南诸岛部署雷达、导弹等军事装备及武装力量。日本还从美国引进400枚战斧巡航导弹，宣称要具备"先发制人"打击能力。

四是通过国内立法，遏制中国产业升级。美国先后出台了《芯片与科学法案》和《通胀削减法案》，其中《芯片与科学法案》将为美国企业的半导体

---

① 《美国防报告称中国为"最重要的战略竞争对手"》，中国青年网，2022年3月29日。
② 《布林肯公开妄言，台湾问题不是"中国内政"》，《海峡快报》2023年2月27日。

研究和生产提供 520 多亿美元政府补贴，并为芯片工厂提供投资税抵免；授权拨款约 2000 亿美元，用于促进美国企业未来 10 年在人工智能、量子计算等各领域的科研创新。法案规定接受美国政府财政补贴的芯片企业必须在美国设厂，力推芯片制造产业链向美国转移，并限制相关企业在中国开展正常经贸与投资活动。此外，美国还在 2022 年 3 月提议建立"芯片四方联盟"，2023 年 1 月与荷兰、日本达成协议，禁止对华出口先进芯片制造设备。《通胀削减法案》也具有强烈贸易保护主义色彩。拜登政府希望通过该法案削减美国通货膨胀，扶持国内新能源产业，吸引国外新能源产业（尤其是新能源汽车及电池产业）转移至美国，吸引国际资本前往美国投资新能源产业，从而实现重振制造业、提振美国经济的政策目标。该法案包括对美国本土新能源产业进行投资与补贴，鼓励企业在美国市场上采购关键物资，吸引制造业回流等，其中用于投资补贴新能源与碳排放产业的资金将达 3690 亿美元。上述两个法案置WTO 有关规则于不顾，通过政府财政补贴支持美国利益最大化，同时企图把中国排斥在国际芯片产业、新能源汽车产业之外，意味着二战后形成的国际贸易规则、体系基本被美国抛弃，美国政府对华进行产业、技术遏制势头趋于明朗。

五是通过科学技术封锁打压中国高新技术产业和企业发展，进而阻碍中国技术进步和产业升级。美国政府对中国高新技术产业和企业进行封锁、打压，通过制定"小院高墙"① 的封锁政策，对中国高新技术产业进行围堵、打压。美国财政部把多家中国企业列入"特别指定国民清单"，美国商务部将数十家中国企业列入美国出口管制"实体清单"，美国政府还对中国科研机构、大学对美学术交流给予严密管控，禁止中国学者就所谓"敏感"领域进行访问、交流。

总体来看，美国对中国的打压、遏制，体现了美国两党一致的战略共识，

---

① 2018 年 10 月，"新美国"（New America）智库高级研究员萨姆·萨克斯提出"小院高墙"的对华科技防御新策略。他认为，中美作为两个技术领先的大国，已牢牢构筑了一个科技创新生态系统，在研究、供应链、人才和投资方面，美国也需要与中国合作。强行在科技领域将中美分开只会适得其反，甚至可能造成毁灭性结果。萨克斯建议，区分不同产业，在"小院"修建"高围墙"，有助于监管机构更有效地筛查"小院"范围内有害活动，同时减轻对相邻高技术领域的附带损害。

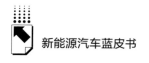
美国对中国的战略打压、围堵、遏制，将是全面的、长期的、持续加剧的，中国汽车产业、汽车企业在发展新能源汽车进程中也将深受影响。

（三）全球资源争夺日益加剧

随着全球产业升级、高新技术产业加速发展、新能源的开发应用，以及军备扩张、新武器研制等，全球资源供给持续紧张。资源供给政治化、武器化、集团化的趋势日益明显。资源供给的紧张态势，由大宗资源向稀缺资源蔓延，例如，稀土、钴、镍、锰、钨、锑、锗等。

一方面，美国为实现其战略目的，积极在全球组织矿产资源联盟。2019年6月美国国务院推出了《能源资源治理倡议》（ERGI），试图建立能源关键矿产国际联盟，以增强其能源矿产资源保障能力，加拿大、澳大利亚、巴西、博茨瓦纳、秘鲁、阿根廷、刚果民主共和国、纳米比亚、菲律宾、赞比亚等10国已经加入该倡议，目标是提高产业链的弹性（尤其是在新能源汽车领域），摆脱"对中国的矿物依赖"；2020年11月，美国、澳大利亚地质调查局签署项目合作协议；2022年6月，美国国务院宣布主导建立主要由西方国家组成的"矿产安全伙伴关系"（MSP）；加拿大要求三家中国锂矿公司剥离其在加拿大关键矿产公司的投资，与美国在锂矿方面进行战略合作。

另一方面，发展中国家加强对矿产资源的控制，矿产资源民族主义正在崛起。印尼、菲律宾等国要求部分大型矿山出售控股权，并且在国内延长产业链。印尼政府2019年出台镍矿出口禁令，2023年禁止铝土矿出口，鼓励发展国内加工产业；菲律宾政府也在考虑对镍矿出口征收高额关税；智利、秘鲁等国家政府拟提高矿产资源的特许权使用费；阿根廷、玻利维亚和智利还计划推动建立锂矿行业的生产国组织，从而在锂矿价值波动的情况下达成"价格协议"。目前阿根廷、智利、玻利维亚所拥有的锂资源占全球锂资源的比重接近60%，是全球最主要的锂矿储藏地及生产地。如果南美锂矿联盟成立，不排除澳大利亚也会向该组织靠拢，届时该联盟拥有的锂矿产量将占全球的70%以上，对全球锂业走势将产生重大影响。

总体来看，全球资源争夺日益加剧，无疑对中国新能源汽车的发展造成了直接的重大影响。

二 国际形势巨变对新能源汽车发展的影响

国际政治、安全、经济形势发生的巨大变化，不可避免地对中国汽车产业发展，特别是新能源汽车产业发展造成巨大影响，既为我国新能源汽车产业发展带来一定机遇，也带来诸多风险和挑战。

（一）中国新能源汽车发展面临的机遇

一是美国政府对中国进行重点打压、遏制的战略部署受到干扰。由于力有不逮，美国"印太战略"难以全力推进，"战略重心东移"进程不得不有所延缓。尽管美国某些战略家多番鼓吹同时对付俄罗斯和中国，实际难以如愿，中美经济关系可能出现大波浪中的小缓和。这为中国汽车产业、新能源汽车发展争取到相对稳定的发展时间和空间。中国汽车产业、新能源汽车产业，可以在东亚相对稳定的国际环境中，利用好"窗口期"，加速转型升级。

二是国际纷争在一定程度上加强了中国市场的投资吸引力。目前中国总体保持和平、稳定态势，具有全球最全的产业门类和产业链、最庞大的工程师队伍以及最庞大的市场，对资本、货物、产业、人才的流向仍具有极大吸引力。中国汽车产业同样如此，庞大且相对稳定的中国汽车市场及迅速发展的新能源汽车产业，对外资、外企具有较强吸引力，有利于中国在新能源汽车发展进程中继续利用外资，引进技术、人才。

三是有利于中国发挥全球制造业体系的核心优势。国际形势纷乱局面使产业链供应链的正常运行受到干扰，而中国新能源汽车研发生产体系相对完整，有利于形成以中国市场为核心、相对完整和独立的全球、区域新能源汽车产业链供应链。同时，中国新能源汽车研发生产体系在全球的地位将进一步提高，有利于中国新能源汽车研发生产体系的国际拓展以及国际竞争力提升。

四是从长期来看，中国企业在俄罗斯市场面临较大机遇。虽然前期中国企业在俄罗斯的零部件采购及本地化生产均受到影响，但随着美欧日等国家的跨国公司退出俄罗斯市场，加剧对俄罗斯的经济制裁，中国汽车企业在俄罗斯市场获得更大发展空间。2022年6月，俄工贸部修改了电动汽车快速充电设施要求，规定充电站必须满足中国标准GB/T，而欧洲标准CCS2和日本标准

CHAdeMO 仅列为可选项；9 月，长城汽车哈弗品牌被纳入俄贷款和租赁优惠两项国家补贴计划。根据俄汽车分析机构 Autostat 数据，中国品牌汽车在俄市场份额持续提升，2022 年全年已达 37%。未来中国品牌车企在俄罗斯以及白俄罗斯的本地生产、营销网络、产业链发展水平以及市场份额均有望提升。

（二）中国新能源汽车发展面临的风险

一是国际冲突中不同阵营对立将严重影响中国对外经济、科技信息交流。以美国为首的西方国家对华技术封锁日趋严厉，中国汽车产业、汽车企业必然会受其影响；围绕新能源汽车技术专利、标准的博弈也会陆续出现，中国新能源汽车及相关关键技术、关键零部件的开发研制，会受到一定影响。

二是"走出去"面临的政治、安全、经济风险增加。俄乌冲突影响中欧以及"一带一路"的投资合作，如黑海沿线的中欧贸易受到直接影响，地缘政治风险突出。中国对"一带一路"国家，尤其是俄乌的投资合作将会受到一定影响。俄乌冲突持续发酵，将冲击全球金融、跨境支付清算、货币等体系，影响全球资本流向。未来一个时期，我国汽车企业向海外投资时的区域布局、风险回避方向、策略选择都将受到国际形势影响。

三是新能源汽车产业链供应链的保障问题将在相当长一段时间存在。突出表现为：电池生产所需的锂、钴、镍等矿产品供应的稳定性问题，矿产品价格的波动影响，智能网联汽车所需车规级芯片的供应稳定性问题，支撑智能驾驶基础软件的自主可控度不足问题，以及部分关键汽车零部件的供应稳定性问题。从俄乌冲突看，汽车关键零部件、关键原材料、关键技术及产业链短板的外部保障出现问题难以完全避免。此外，全球交易网络、运输网络、信息网络、能源网络的变化也引发能源、资源、交易成本、价格的变化，企业也面临外部资源保障成本风险，供应链零部件价格和物流成本均可能增加。此外，中国汽车企业同样面临美西方国家的"脱链"制裁影响。美西方国家为牢牢把控全球产业链主导权和本土供应链安全，会持续限制和削弱中国获取原材料、关键零部件高新技术和设备以及开展国际合作方面的能力，会对电池制造、电池原材料以及芯片研发生产等进一步强化管控。

四是跨国公司出于政治、安全因素考量，可能调整在华投资策略。在政治因素影响下，跨国公司的经济利益、经济诉求暂时退居第二位，跨国公司领导人在政治诉求与经济利益之间辗转腾挪。2022年，默克尔之后的德国新政府经济部以所谓"人权问题"为由，拒绝给大众汽车公司在华项目提供担保，虽然对华友好的大众汽车公司高层管理者顶住德国政府的压力，坚持在华的战略拓展，坚决不关闭大众在中国的汽车工厂，但由此可以看出，国际政治、安全因素已深深介入我国国内汽车产业发展进程之中，跨国公司在华投资必然会受到影响。

五是新能源汽车可能面临更多贸易摩擦风险。当前，中国新能源汽车迅速崛起，全球产销量、纯电动汽车出口量均位列第一。美国正在联合其盟友对中国新能源汽车发展予以遏制，将中国新能源汽车产业排斥于全球、区域产业链供应链之外。随着新能源汽车向发达国家出口规模日益扩大，贸易摩擦风险也在增加。

三 应对国际形势巨变的对策建议

在当前国际形势下，政府部门、行业组织、汽车企业应紧密合作，共同努力，应对风险，推动新能源汽车产业高质量发展。

（一）战略层面需充分考虑外部环境变化

习近平总书记在党的二十大报告中提出，应"准备经受风高浪急甚至惊涛骇浪的重大考验"。从产业主管部门到汽车企业，需充分研究、分析俄乌冲突爆发后以美国为首的西方国家对俄制裁的策略与做法，以底线思维统筹安全与发展，综合考虑政治、安全、经济因素，制定新能源汽车发展战略、策略，才能行稳致远，巩固并发展中国新能源汽车已取得的优势，并取得新进展。

（二）高度重视产业链安全问题

从俄乌冲突看到，汽车产业对国家生存、国家安全具有战略意义。俄乌双方依托的高技术装备体系，依然需要依托以汽车、坦克、火炮、飞机、装甲车为主的机械产品；汽车产品在军备体系中起到基础作用，汽车产业、汽车产品仍然是数字经济时代、网络时代的战略性产业、战略性产品。因此，汽车产业

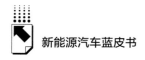

链安全的战略意义更加凸显。应从国家顶层设计发力，加强国家矿产资源各类计划有效衔接，统筹完善关键矿产及原材料领域政策体系。

一是做好关键矿物资源开发利用和战略储备的长远规划，建议将动力电池原材料等纳入国家战略储备资源，全力保障关键矿产资源供应和全产业链安全，助力新兴产业发展。

二是采取措施确保中国关键原材料供应安全，适度加快国内锂、镍、钴、稀土等资源的开发利用。可效仿美加日韩澳等国建立"矿物安全伙伴关系"，与印尼、南非、俄罗斯及非洲南美重点国家建立良好合作关系。

三是依托和支持优势企业，聚焦汽车产业链供应链打造跨区域的国际多元化供应体系，并与海外其他产业集聚区联动协同。

（三）继续加快关键技术攻坚，降低对外依赖度

一是继续持开放态度，鼓励不同技术路径的创新，发展适合未来多样需求的新能源汽车、电池，从而减少对外资源、技术的依赖，降低危机发生时的风险。

二是加快推动新能源汽车电池回收利用，提高稀缺资源使用效率，减少稀缺资源的对外依赖。

三是加快出台相关政策并强化政府协调，助力中国芯片行业在国际竞争中实现突围。加快制定中国汽车芯片产业发展的顶层设计及落地方案，对国内芯片企业加大专项补贴和税收优惠力度等，鼓励汽车企业和芯片企业协同发展。

四是拓展对外交流合作路径，通过多种渠道增加与国际汽车产业及相关关键技术领域交流，打破美国等国家的技术封锁。

（四）审慎研判国际风险，推动优化贸易环境

政府和行业组织应为车企开拓海外市场提供必要的海外市场风险判断及帮助，慎重研判政治、经济风险；同时积极推动构建新发展格局，推动中国方案"走出去"。

一是应推动中国—海合会、中国—欧亚经济联盟等贸易和投资谈判将汽车产品列入重点降税产品清单，消除海外市场技术和政策壁垒；加强与共建"一带一路"国家汽车产业发展战略对接，把握共建"一带一路"国家基础设

施建设和产业发展机遇，大力开拓沿线国家和新兴市场；引导企业充分利用"一带一路"建设和自贸区优惠条件，优化产品结构和供应链体系，规避贸易和投资风险。

二是从政策对接、标准推广等方面，加快布局俄及周边国家汽车市场。充分发挥中国—欧亚经济联盟合作联委会机制对推动双边务实合作的重要引领作用，加强经贸领域机制建设；把握后冲突时代俄罗斯及欧亚地区汽车产业发展机遇，在充分论证的基础上加强与当地企业的合资合作；加快与俄罗斯及中亚、东欧等地区的汽车技术法规和产品认证互认，开展汽车标准培训交流，推广中国新能源汽车标准，搭建新能源汽车标准法规领域的交流合作平台。

此外，从俄乌冲突经验来看，在全球新能源汽车产业快速发展背景下，军车及相关的商用车领域仍有待探索和实践。从战时部队行动的能源保障及战场环境看，传统燃油车的新能源变革尚需时日。军车领域需根据军事需求推进新能源汽车技术革命，由部队装备部门、汽车产业和汽车企业共同深入研究，做好新能源汽车战略布局，未雨绸缪。

B.15
中国新能源汽车产业"走出去"发展现状、形势及建议

刘艳　马胜　凌云　朱一方　程源*

摘　要： 汽车产业是国民经济的战略性、支柱性产业，也是全球化程度最高的产业之一。中国连续多年成为全球最大的新能源汽车市场，新能源汽车产业国际竞争力位居世界前列，这些都为中国新能源汽车出口奠定了坚实基础，并有力地提升了中国新能源汽车出口的国际竞争力。全球汽车产业电动化转型的大背景，为中国新能源汽车海外发展提供巨大机遇，当前国际形势复杂多变，中国新能源汽车出口发展面临诸多挑战。建议从深化国际合作机制、把握"一带一路"和自贸区建设机遇、保障新能源汽车供应链安全稳定、积极应对碳壁垒以及完善国际化服务体系等方面，加快促进我国新能源汽车"走出去"。

关键词： 新能源汽车　汽车产业"走出去"　贸易壁垒　产业链　供应链

发展新能源汽车是汽车产业全面贯彻新发展理念，构建新发展格局，扎实做好碳达峰碳中和工作的重要路径，党中央、国务院一直高度重视新能源汽车产业发展。在各方共同努力下，中国新能源汽车产业发展不断取得突破，产销量连续八年居全球首位，产业步入规模化快速发展新阶段。在国家政策的大力

---

* 刘艳，高级工程师，中汽政研产业政策研究部；马胜，高级工程师，中汽政研前瞻战略与国际化研究部；凌云，硕士，中级工程师，中汽政研前瞻战略与国际化研究部；朱一方，高级工程师，中汽政研产业政策研究部部长；程源，高级经济师，东风柳州汽车有限公司进出口公司总经理。

扶植引导下，中国新能源汽车产业优势不断扩大，新能源汽车产业国际竞争力位居世界前列，有力地提升了中国新能源汽车出口的国际竞争力。2023年政府工作报告指出，"坚定扩大对外开放，深化互利共赢的国际经贸合作。面对外部环境变化，实行更加积极主动的开放战略，以高水平开放更有力促改革促发展"。面对前景广阔的海外汽车市场，"走出去"已成为中国新能源汽车行业的发展共识。近年来，基于国家政策支持与国内车企不断做大做强，中国汽车产品出口规模不断增长，海外布局稳步推进，尤其在新能源汽车的拉动下，"走出去"质量和效益明显提升，同时也面临着各种新机遇新挑战。

一 发展现状

根据中国汽车工业协会数据，2022年，中国汽车出口同比增长54.4%，首次突破300万辆（311.1万辆，含成套散件）。中国已超越墨西哥（287万辆）、德国（261万辆）和韩国（230万辆），位列日本（381万辆）之后成为全球第二大汽车出口国。汽车出口量大幅增长主要得益于海外汽车供应相对不足、中国汽车产业链快速恢复、新能源汽车产品海外竞争力的持续提升。新能源汽车出口已日渐成为中国汽车出口的重要发展方向，海外合资合作也围绕新能源汽车产品全面展开。

（一）高附加值的新能源汽车是拉动汽车出口的重要力量

1. 新能源汽车出口规模继续保持大幅增长，占比不断攀升

根据中国汽车工业协会数据，2022年，新能源汽车（含BEV和PHEV）出口67.94万辆，同比增长119.4%，远高于中国汽车出口增速（54.4%）。中国新能源汽车出口占整体汽车出口的比例也不断提升，从2020年的不足7%（6.94%）跃升至2021年的15.36%，2022年再次大幅提升至21.84%。

2. 新能源汽车出口有效提升整车出口平均单价

在高性能、高附加值的新能源汽车出口拉动下，2022年中国汽车出口平均单价达到1.92万美元，同比增长10.3%。其中，新能源乘用车（不含低速电动车）的平均单价达到2.72万美元，同比增长8.3%。20~29座以及30座以上纯电动客车平均单价超越18万美元。

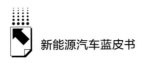

（二）各类车型出口均实现增长，乘用车和纯电技术路线车型占比较高

1. 新能源汽车出口车型仍以乘用车为主

乘用车出口车型涵盖轿车、SUV 和 MPV 等。2022 年，新能源乘用车出口 65.07 万辆，同比增长 119.8%，占新能源汽车出口总量的 95.8%，占比提升 0.2 个百分点。商用车出口 2.87 万辆，同比增长 111.1%，占比为 4.2%，出口车型主要为电动客车和电动轻卡（见表 1）。

表 1　2022 年中国新能源汽车出口情况（分车型）

单位：辆，%

车型		2022 年	2021 年	增长
乘用车	插电式混合动力（PHEV）	67635	41525	62.9
	纯电动（BEV）	583088	254529	129.1
	乘用车合计	650723	296054	119.8
商用车	插电式混合动力（PHEV）	612	357	71.4
	纯电动（BEV）	28047	13221	112.1
	商用车合计	28659	13578	111.1
新能源汽车合计		679382	309632	119.4

资料来源：中国汽车工业协会。

2. 纯电动及插电混动车型出口均有提升

2022 年，中国纯电动乘用车和纯电动商用车分别出口 58.31 万辆和 2.8 万辆，同比分别增长 129.1% 和 112.1%；插电式混合动力乘用车和插电式混合动力商用车分别出口 6.76 万辆和 612 辆，同比分别增长 62.9% 和 71.4%。

3. 纯电动汽车出口占比达 90%

中国纯电动汽车出口占比不断提升（2018 年 55.1%、2019 年 61.3%、2020 年 62.7%、2021 年 86.5%）。2022 年，中国纯电动汽车出口 61.11 万辆，占新能源汽车出口总量的 90.0%，同比提升 3.5 个百分点。

（三）外资车企出口占比较大，中国品牌出口集中度较低

1. 外资车企是新能源汽车出口的主要力量

2022 年，特斯拉出口 27.1 万辆，位列中国新能源汽车出口企业第一，占

总出口量的40%。其中 Model Y 出口量13.98万辆，Model 3 出口量13.13万辆，分列中国新能源车型出口榜第一和第二位。东风易捷特出口达契亚春天车型6.37万辆，主要返销欧洲地区。特斯拉和易捷特合计出口33.48万辆（见表2），占我国新能源汽车出口总量的近五成（49.3%）。

表 2　2022 年中国新能源乘用车出口 TOP 20（分车型）

单位：万辆

序号	车型	出口量	序号	车型	出口量
1	特斯拉 Model Y	13.98	11	比亚迪 T3 EV	0.35
2	特斯拉 Model 3	13.13	12	哪吒 V	0.33
3	易捷特 Spring Electric	6.37	13	风光 E3 BEV	0.32
4	比亚迪元 PLUS EV	4.00	14	比亚迪 e6 EV	0.24
5	上汽名爵 MULAN EV	3.37	15	比亚迪唐 EV	0.21
6	上汽荣威 Marvel X EV	1.52	16	红旗 E-HS9 EV	0.19
7	吉利几何 C	1.02	17	比亚迪宋 DM PHEV	0.19
8	五菱宏光 MINIEV	0.91	18	东风风神 E70	0.17
9	欧拉好猫 EV	0.72	19	比亚迪元	0.17
10	思皓 E10X EV	0.51	20	smart #1 EV	0.15

资料来源：中国汽车工业协会。

2. 中国品牌新能源汽车出口主体及车型较为分散

2022年比亚迪出口5.87万辆，同比增长超2.6倍，主要受益于 ATTO 3 在日本、澳大利亚、新加坡、欧洲、泰国、以色列、巴西等多个海外地区的销售，该车型出口量达4万辆，占比亚迪总出口量的七成。上汽名爵和荣威、吉利几何等车型也有一定出口量。

（四）中国品牌车企加快布局欧洲、东盟市场

1. 新能源汽车出口主要面向欧洲等发达国家市场

2022年，中国新能源汽车出口九成以上面向发达国家市场，其中对欧洲新能源汽车出口占比超过六成。2022年，对比利时、英国、斯洛文尼亚、法国、挪威等国家出口量均实现大幅增长。对发达国家新能源汽车市场开拓的背后，是中国新能源整车技术的全面进步，体现了中国品牌新能源汽车产品的竞

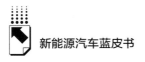

争优势。

2. 中国车企加快开拓东盟新能源汽车市场

作为全球重要的经济体，东盟汽车销量增速较快，发展潜力大。近年来，东盟各国出台多项新能源汽车发展利好政策，其中泰国新能源汽车市场从 2016 年不足 1 万辆增至 2022 年 7 万多辆，为中国车企开拓当地市场创造了条件。比亚迪、合众长安、广汽埃安加速开拓泰国市场，结合上汽集团、长城汽车等企业在当地已有布局，东盟已成为中国新能源汽车出口的新兴增长点。

（五）出口车型日渐丰富，市场份额提升

1. 中国车企向海外投放更多新能源车型

传统汽车企业和造车新势力纷纷加快新能源汽车出口。上汽大通电动 MPV MIFA 9 已出口至澳洲、西欧、北欧与东欧等地区；T90 EV 电动皮卡已出口至欧洲和澳大利亚市场。名爵 EZS 已开拓泰国、英国、挪威、荷兰等市场。2022 年，名爵纯电动 SUV MG MULAN 上市并同步出口欧洲市场。比亚迪 ATTO 3 已成功进入欧洲、新加坡、以色列、日本、泰国、越南、巴西、哥伦比亚等市场。红旗纯电动 SUV E-HS9 已实现出口挪威、荷兰、瑞典、丹麦、冰岛等市场。2021~2023 年，东风 EV200 电动商用车已实现多批次出口韩国市场。宇通电动客车已成功进入欧洲、澳大利亚、智利、卡塔尔、哈萨克斯坦、乌兹别克斯坦等国家和地区。

2. 中国新能源汽车在海外重点市场份额提升

2022 年，上汽大通 EV30 在西班牙获得市占率第一的成绩；上汽大通 EV90 在挪威当地大型电动轻型车细分市场全年市占率位居第一，超越当地欧美主流车型。江淮电动汽车占据墨西哥电动汽车市场份额的 60% 以上。2022 年，中国新能源汽车在澳大利亚总销量超过 12.2 万辆，占该国新能源汽车总销量的 11.4%。欧洲 Chatrou CME Solutions 咨询公司数据显示，2022 年，宇通电动客车欧洲销量同比大幅增长 58%，市占率从 2021 年的 9.2% 跃升至 2022 年的 11.5%，超越奔驰、沃尔沃等品牌。根据印尼汽车工业协会数据统计，2022 年 8 月上市的五菱 Air EV 已成为印尼电动汽车市场销量冠军。截至 2023 年 4 月，该车型已售出近万辆，占印尼电动汽车市场份额的八成。

（六）重点企业持续深化海外本地化发展

近年来，中国品牌重点车企加快实施"走出去"战略，完善重点地区本地化生产和服务网络。据不完全统计，截至 2022 年底，31 家主流中国品牌车企在海外建立了 67 个工厂，产能接近 200 万辆。在新能源产能海外布局方面，2022 年初，比亚迪宣布在匈牙利扩建电动客车工厂。苏州金龙将在巴西新建纯电动客车工厂并于 2024 年投产。为满足泰国电动汽车税收及投资优惠政策要求，2023 年 3 月，比亚迪乘用车生产基地奠基仪式在泰国举行，预计工厂于 2024 年实现投产；2023 年 3 月，合众汽车在泰国开工建设年产能 2 万辆的生产工厂，预计该工厂将于 2024 年 1 月底投产并将成为辐射东盟国家的汽车出口基地。2023 年 4 月，上汽集团泰国新能源汽车产业园区奠基。汽车产业海外本地化发展不仅能够带动当地就业，还有利于提高当地消费者对品牌文化的认可度，进而提高海外销量，是未来中国新能源汽车"走出去"的发展方向。

（七）中国新能源汽车海外市场影响力扩大

中国新能源车型受到海外权威机构和消费者的广泛认可。哪吒 V 获评 2023 年度泰国优秀电动汽车（Thailand Car Of The Year 2023）的年度"最佳掀背电动汽车"（Best Hatchback EV）。在英国权威汽车媒体 What Car 举办的 2023 年度汽车评选中，MG4 EV 车型荣获年度紧凑型电动车奖项，以出色的品质和智能科技获得高分评价。在马来西亚 2022 年度汽车颁奖盛典中，长城汽车欧拉好猫荣获"2022 年最受期待新车"大奖。比亚迪 ATTO 3 在泰国年度汽车大奖颁奖典礼上获得"最佳电动 SUV 奖"。比亚迪 ATTO 3 在澳大利亚 2023 年度 Drive 汽车年度大奖评选中获评"7 万澳元以下最佳电动车"，其产品实力广受当地消费者认可。

二　发展形势

（一）全球经济、贸易下行压力大，国际汽车市场恢复仍需时日

世界经济复苏预期下调、全球通胀高位运行、消费需求降低等问题，严重

影响全球汽车市场的回暖。根据国际货币基金组织（IMF）2023 年 4 月发布的《世界经济展望》报告，预计 2023 年全球经济增长 2.8%，较 2022 年 1 月预测值下调 0.1 个百分点，2024 年全球经济预计增长 3%。IMF 预计 2023 年全球通胀率为 7%，比 1 月的预测高 0.4 个百分点，但低于 2022 年的 8.7%。据 Trend Force 集邦咨询分析，2022 年全球汽车销量为 8105 万辆，同比下降 0.1%，预计 2023 年全球汽车销量将同比增长 3.8% 达到 8410 万辆。虽然 2023 年全球汽车市场有望实现复苏，但与疫情前 9100 万辆规模仍有较大差距。

（二）逆全球化和保护主义风险加剧，新型国际贸易壁垒正在形成

贸易保护主义层出不穷。美国仍对华大部分汽车产品加征关税，对向中国出口先进计算芯片和芯片制造物项实施管制。印度计划将落地成本低于 4 万美元的汽车关税由 60% 提高至 70%，半散件组装（SKD）汽车的进口关税从 30% 提高到 35%，包括电动汽车。2023 年 3 月，土耳其对中国电动汽车加征 40% 的关税。

高标准区域贸易协定（RTA）推动国际经贸规则重构。发达国家主导的超大型贸易协定呈现高标准、广覆盖、严排他等特征，将导致贸易和投资双转移。

部分国家采取多种措施强化发展本国制造业，并加强对产业链供应链的控制。美国加大对华投资并购的安全审查力度，阻止中国企业在信息、互联网、半导体等新兴产业的并购投资，并限制部分关键技术和产品对华出口。

以碳为核心的新型国际绿色贸易壁垒正在形成。欧盟"碳边境调节机制"（CBAM）将于 2026 年起正式实施，2023 年 10 月 1 日至 2025 年 12 月 31 日为过渡期，在过渡期内，进口商需要向欧盟提供进口商品的碳排放量报告。根据《欧盟电池与废电池法规》，自 2024 年 7 月起，工业及电动汽车动力电池制造商和供应商必须提供碳足迹声明。

（三）全球产业链加快重构，多中心化格局对我国形成挑战

疫情进一步加剧了制造业外迁回流，中国外商投资制造企业数量呈下降趋势。部分零部件企业调整全球生产布局，增加中国以外地区产能。汽车产业加速电动化、网联化、智能化变革，推动关键零部件全球布局调整。欧洲、美国

等纷纷加码电动化和智能化，进一步加强本土动力电池、芯片等产业布局。韩国政府发布了"K半导体战略"，以"K芯片带"布局建设集制造、材料、设备、封装和设计于一体的产业集群。美国《芯片与科学法案》鼓励支持企业在美国研发和制造芯片，持续限制和削弱中国在芯片研发生产、高新技术和设备以及国际合作方面的能力。美国《通胀削减法案》对电动汽车提出本地化要求，将导致搭载中国生产动力电池的新能源汽车无法享受全额补贴，迫使中国动力电池矿产资源加工产能分流至美国或与美国已签署自由贸易协定（FTA）的国家，削弱中国新能源汽车、动力电池及原材料制造加工等优势。

全球供应链布局趋于多中心化。围绕《全面与进步跨太平洋伙伴关系协定》（CPTPP）、《美墨加协定》（USMCA）、《区域全面经济伙伴关系协定》（RCEP）等多个大型自贸协定，现有汽车产业链集中布局区域竞争进一步强化。在原产地规则推动下，协定国家企业将优先采购协定成员国的零部件产品，进而影响供应链稳定和产业格局。

（四）中国实施自贸区提升战略，加快推动汽车行业高水平开放

《汽车产业中长期发展规划》和《新能源汽车产业发展规划（2021~2035年）》明确国家将为汽车产业深化开放合作、提高国际化发展能力、加快融入全球价值链提供重要的引导和支持。目前，中国已签署自贸协定19个，覆盖26个国家和地区。智利、秘鲁、澳大利亚、新西兰、新加坡、文莱等多个自贸伙伴对中国汽车产品实施零关税。2022年，智利是中国第三大汽车出口市场，出口量超过20万辆，中国品牌在智利市场占有率超过28%。下一步，中国将继续高质量实施RCEP，积极推进加入CPTPP进程，全面开展加入《数字经济伙伴关系协定》（DEPA）谈判，继续推进与海合会、尼加拉瓜、以色列、挪威及中日韩等自贸协定谈判和中国—东盟自贸区3.0版等升级进程，与更多有意愿的贸易伙伴商签订自贸协定，加快打造面向全球的高标准自贸区网络，推进削减汽车关税，加快实现汽车产业更高水平开放，推动中国汽车产品出口。

（五）气候议题重塑全球产业格局，各国新能源汽车产业快速发展

气候变化是当今世界面临的严峻问题之一，多国加强绿色交通建设，通过出台更加严格的节能减排法规，包括禁售燃油车计划，积极推动汽车产业低碳

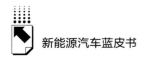
转型。当前，全球主要国家陆续提出"碳中和"目标，如美国、欧洲、日本、澳大利亚、新西兰、印度、泰国、印尼等国家和地区，提出新能源汽车发展支持政策，推动全球新能源汽车产业快速发展。

2022 年，全球新能源汽车销量达 1126 万辆，同比增长 66%。国际能源署（IEA）预计，2023 年全球电动汽车销量将达到 1400 万辆，到 2030 年中国、欧洲和美国三大市场电动汽车销量占所有新能源汽车销量比重平均达到 60%。在市场和政策驱动下，中国新能源汽车产业蓬勃发展，国际竞争力不断提升，全球绿色低碳发展需求将持续为我国新能源汽车出口创造良好机遇。

三　相关建议

（一）完善新能源汽车出口管理，搭建国际化服务平台

一是完善新能源汽车出口管理。加强出口企业诚信评价体系建设，提升海外合规意识，完善境外知识产权保护和维权机制，维护中国品牌整体形象。建立重点汽车出口企业联系机制，研究制定促进新能源汽车出口健康发展的政策措施，引导企业制定中长期战略规划。

二是加强国际知名品牌培育。大力培育新能源汽车与零部件国际知名品牌，鼓励行业机构建立新能源汽车出口品牌评价体系和推荐目录，利用国际交流、产业合作、行业展会等重大活动，加大自主品牌宣传和推广力度。

三是发挥外贸转型升级基地的集聚效应和贸易促进作用，支持行业机构搭建新能源汽车出口及国际化服务平台，畅通信息交流渠道，加强人才交流与合作，培育政策法规、知识产权、检测认证、信息咨询等领域的系统性服务能力，应对国际贸易摩擦，规避海外投资风险。

（二）把握"一带一路"和自贸区建设机遇，积极开拓海外市场

一是维护多边贸易体制公正性、权威性。针对土耳其等个别国家对华加征关税等贸易保护主义的做法，尽快通过双边协商、在 WTO 框架下采用 WTO 争端解决机制等方式妥善解决。

二是积极推进自贸区提升战略。加快推进 CPTPP、中国—东盟 3.0、中

国—海合会等贸易协定谈判,将新能源汽车、动力电池等优势产品列入重点降税清单,降低贸易壁垒。

三是紧抓共建"一带一路"国家基础设施建设和汽车产业发展机遇,大力开拓沿线国家和新兴市场。推动新能源汽车优势车型批量进入发达国家,积极开拓东盟等新兴市场,引导企业在产业基础好、潜力大的重点国家适时建立海外工厂和产业园区,积极推进本地化生产。

四是强化国际交流合作机制。建立重点国家新能源汽车产业高层对话机制,将重点企业汽车贸易与海外产业规划纳入重点国家和重点市场已有磋商对话、经贸混委会等机制和快速反应通道中,助力行业企业拓展国际市场。

(三)构建安全稳定的新能源汽车产业链供应链

一是提高关键原材料供应和保障能力。满足动力电池等生产需要,适度加快国内镍、锂等资源开发进度,提升勘探、开发、提炼和深加工水平。鼓励国内企业加快布局海外资源,通过签署长期供货协议或并购合作等方式,建立境外稀有资源生产供应和储备基地。

二是拓展和丰富进口渠道,降低单一采购依赖风险。建立新能源汽车产业链上下游风险评估机制,及时修订《鼓励进口技术和产品目录》,采取降低关税、促进通关便利化和用汇结汇便利化等一系列措施,扩大先进技术、重要装备和关键零部件进口,降低对单一国家和地区、供应商的依赖。

三是多措并举增强供应链自主可控能力。借助研发支持、税收优惠、联合攻关、并购合作等措施,加快突破关键核心技术。鼓励中国品牌主要企业建立关键零部件采购联盟,针对芯片等对外依赖度高的产品,加强战略合作和储备供应,引导进口供应商在国内布局建设生产基地,最大限度降低供应风险。

(四)推动中国汽车标准国际化和检测互认

一是积极参与全球汽车技术标准法规制修订和协调活动。深度参与联合国、国际标准化组织(ISO)、国际电工委员会(IEC)等框架下的全球标准法规制修订,将新能源汽车等中国优势和特色标准发展为国际标准,推动中国标准和国际标准协调互认。

二是推动中国标准和政策"走出去",贡献中国方案。通过第三方机构向重点国家和市场积极推广中国标准与政策经验，通过专项支持、系统研究等多种措施，深度影响目标国家制定契合重点企业海外布局需求的汽车标准与产业政策。

三是支持国内检测机构与国外认证机构、检测机构签订试验室产品检验结果认可协议。深入评估、适时加入《1958年协定书》研究工作，确定行动时间表和路线图、削减认证壁垒、缩短认证周期、降低出口成本，助力重点企业进一步扩大海外市场。

（五）促进新能源汽车出口，完善碳排放管理

一是充分发挥多双边合作和高层对话机制作用。加强谈判沟通，循序渐进推动碳边境调节机制透明化。依托"一带一路"倡议、"金砖国家"等合作机制推动建设气候准则与治理机制，为我国积极推动全球气候治理及国内产业绿色升级拓展新空间。

二是积极参与全球碳中和规则制定。推动与欧盟等重点市场建立电池碳足迹管理互认机制。尽快启动中国电池碳足迹标准和方法论研究，建立产品碳排放管理体系。

三是加强对碳壁垒的合规应对。密切追踪政策变化趋势，做好相关政策变化带来的风险影响评估，提前着手进行全球性部署。对全球供应链资源进行优化布置，建立内部碳价风险评估机制，应对碳关税和技术壁垒。

（六）支持产融结合"走出去"，完善国际营销服务体系

一是充分利用国家外交资源，如双多边合作、混委会谈判等机制，实施一国一策、一企一策，支持汽车金融公司出海，保障重点企业国际化金融服务需求。

二是推动中国金融机构协同重点企业共同开展海外布局，推动重点出口对象国使用人民币跨境支付系统，为重点企业在国外市场提供便利服务和金融支持。

三是鼓励出口信保、进出口银行等金融机构提供信保和融资，支持重点企业加快建设境外营销服务体系，探索品牌直营、"线上订阅+线下体验"等新销售模式。

B.16
全球及我国新能源汽车与智能网联
汽车产业趋势及建议

张永伟　张　健　曾玮良　吴依静*

摘　要： 2022 年全球新能源汽车销量首次突破千万辆大关，全球新能
源与智能网联汽车产业进入加速发展阶段。其中，电动化将
进入拓展期，市场将进一步下探、结构持续优化，中资企业
将成为拉动增长的重要力量。各国政府、企业进一步加大转
型决心，并通过法规倒逼、补贴扶持等方式加速产业转型。
智能化将进入发展期，智能网联汽车加速渗透，并逐步回归
商业本质，但仍面临较多技术和法规制约。汽车芯片需求快
速增长，开源操作系统新生态加速构建，国产化应用逐步加
速。融合化进入探索期，车路城协同发展加快，"油气氢电
服"综合补能模式将成为主流，移动互联、信息通信、人工
智能与汽车产业融合速度将加快。面对产业新发展机遇和国
内外新的产业竞争形势，为保障我国汽车产业高质量发展，
建议在管理、市场推广、技术、标准及供应链等层面进一步
做好政策支持。

关键词： 新能源汽车　智能网联汽车　产业政策

---

* 张永伟，博士，清华大学 21 世纪发展研究院副院长，中国电动汽车百人会副理事长兼秘书
长；张健，中国电动汽车百人会车百智库研究院研究总监；曾玮良，中国电动汽车百人会车
百智库研究院；吴依静，中国电动汽车百人会车百智库研究院。

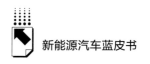

新能源汽车蓝皮书

一　全球及我国新能源与智能网联汽车产业趋势

（一）新能源汽车电动化进入拓展期

1. 我国新能源汽车产业正在迈向新发展阶段

我国新能源汽车进入全面市场化拓展期。2022 年我国新能源汽车销量688.7 万辆，同比增长 93.4%，渗透率达到 25.6%，提前完成了《新能源汽车产业发展规划（2021~2035 年）》中设置的 2025 年的阶段性目标，率先进入规模化扩张的爆发期和全面市场化的拓展期。行业预计，2023 年我国新能源汽车销量将达到 900 万辆左右，继续实现快速增长，2025 年新能源汽车市场占有率接近甚至达到 60%，年销量达到 1700 万辆左右。

插电式混合动力（含增程）乘用车市场占比将呈现先增后降趋势。未来 5~10 年插电混动和增程电动汽车市场将继续增长，在我国新能源汽车总销量中的比例将从 2022 年的 22% 上升至 30%~40%。中长期看，随着电池技术突破、成本下降及模式创新，充换电基础设施进一步完善，油耗和碳法规趋严，插电混动和增程电动汽车相对纯电动车辆的竞争力将下降，2030 年开始市场占有率或逐步降低，并可能最终退出市场。

新能源汽车市场由"哑铃型"向"纺锤型"结构加速转变。当前，新能源汽车已经完成了从高端豪华电动轿车和小型电动轿车到中端主流轿车的"两头挤"，实现了车型全覆盖。过去以五菱宏光 MINI EV 为代表的 A00 级车型和以 Model Y 为代表的 B 级车型作为销量主要组成部分的"哑铃型"特征正在发生改变，中端 A 级车型市场加速扩展。2022 年新能源 A 级车型累计销量达 198.9 万辆，同比增长 1.7 倍；15 万~20 万元的车型累计销量达 185.5 万辆，同比增长 2.1 倍。

中资品牌新能源汽车竞争力实现从量变向质变转化，将成为拉动增换购消费市场的重要力量。从市场份额看，2022 年新能源汽车销量中中资品牌占比达到 84.7%，带动乘用车整体市场的中资品牌占比提升至 45.2%，预计 2023 年将突破 50%。从车辆价格看，中资品牌乘用车均价从 2019 年的 10.5 万元稳步提升至 2022 年的 14 万元，接近合资品牌均价 16.6 万元的价格水平。我国

288

新能源豪华车细分市场增长较快，2022年同比增长49%。目前拉动汽车市场增长的主要动力来自增换购的消费群体，其对高端化、智能化的需求高，中资品牌将通过技术和服务的双重升级占领该市场的制高点。

新能源汽车消费逐渐呈现从大城市向中小城市快速延伸的特征。2022年新能源乘用车在北京、上海、广州、深圳、杭州等特大城市的销量占总销量的22.8%，2023年前2个月持续走低，降至18.7%。而非限购大型城市、中小城市和县乡市场的私人消费需求稳步提升。成都、郑州等非限购核心大城市与芜湖、柳州、唐山等三四线城市的新能源汽车私人消费市场明显增长，2022年中小城市和县乡市场的纯电动私人购买量占纯电动私人市场的57%。2022年北京、上海、杭州、深圳等限购城市的汽车消费中，新能源汽车市场份额均已超过30%，上海高达47.8%，增速或将进入相对放缓阶段。未来，非限购城市、中小城市、县乡区域将成为新能源汽车巨大的增量市场。

2. 全球新能源汽车发展提速，政府、企业加大转型决心

全球汽车电动化转型进入加速阶段。2022年全球新能源汽车销量首次突破千万辆大关，销量达到1126.7万辆，同比增长63.5%。我国是全球最大的新能源汽车销售市场，销量688.7万辆，同比增长93.4%。欧洲销量271.3万辆，增长15.2%。美国销量99.5万辆，增长49.6%。全球新能源汽车累计销量已经超过2900万辆，进入高速增长期。据预测，2040年全球电动汽车销量将超过5000万辆。

各国加大向新能源汽车产业转型的力度。主要特征是通过法规倒逼，并给予车辆购置税及配套产业补贴和投资。其中欧洲议会批准从2035年开始，在欧盟境内停止销售新的燃油车和混合动力汽车，并加大对清洁能源汽车和基础设施建设的投资额度；德国于2022年颁布了扩大充电基础设施建设计划，到2030年充电桩的数量要超过100万台；西班牙计划在汽车芯片、基础设施和动力电池等13个前沿专项领域投资超过118亿欧元；美国提出对新能源汽车单车提供7500美元的税收抵免，取消此前针对汽车制造商20万辆补贴上限的限制；日本宣布到2035年实现100%新能源汽车渗透率目标，并给予新能源汽车单车最高6500美元补贴。

东盟国家也不断加大新能源汽车推广力度。泰国提出，到2025年政府机构和公用车队采购车辆均应为零排放汽车，本土生产的新车中有15%为零排

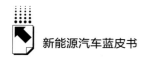

放汽车；到 2030 年新车中有 30% 为零排放汽车；到 2035 年新车全部实现零排放。印尼提出，2023 年底将政府公务用车中的新能源车辆保有量提升至 10 万辆以上。

主要企业也纷纷加大电动化转型力度。主要特征是发布更激进的新能源汽车计划，并进行大量投资。其中奔驰宣布升级全球电动化战略，将从"电动为先"向"全面电动"加速转型，所有品牌均将实现电动化，并在 2022~2026 年投资 600 亿欧元用于电气化、数字化和自动驾驶的发展；奥迪计划到 2025 年投资 350 亿欧元，开发约 30 款新能源车型，2026 年起面向全球市场发布的全新车型将全面实现纯电动，到 2033 年将逐步停止内燃机车型生产；大众汽车计划在 2050 年实现"碳中和"，到 2030 年大众乘用车和轻型商用车的总排放量较 2018 年减少 30%；丰田汽车则发布了"丰田环境挑战 2050"战略，提出 2050 年二氧化碳排放量比 2010 年减少 90% 的战略目标；韩国现代汽车集团计划到 2025 年推出 23 款新能源汽车，在全球市场实现年销量 100 万辆的目标。

芯片等核心零部件短缺、国际物流运力不足已经成为全球发展的抑制性因素。预计 2030 年全球芯片市场将增长约 70%，汽车行业所需的芯片将是 2022 年的 3 倍，其中成熟节点尺寸大于 90 纳米的芯片将占 60%，但由于芯片行业长周期的特点，以及全球现有对芯片产能的投资重点主要在前沿技术而非成熟节点上，结构性供应短缺问题仍将持续。

此外，全球汽车海运贸易航线或将重构，当前汽车滚装船运力仍存在结构性稀缺问题，如何增强供应链物流检验及规划能力，建立高效协同、柔性、敏捷、绿色的供应链物流体系，持续提升全球供应链物流的运作能力成为关键问题。

3. 我国新能源汽车国际化成为一大亮点

我国新能源汽车国际竞争力进一步提升。2022 年新能源汽车出口数量和金额创历史新高，出口总量突破 67 万辆，实现倍增。新能源汽车出口额占汽车整体出口额的比重较上年提高 8.5 个百分点，达到 39.6%，新能源汽车出口均价达到传统燃油车均价 2 倍以上。我国新能源汽车已销往 160 多个国家和地区，中国品牌在欧洲、中东、东南亚等地市场份额大幅提升，成为绿色化、智能化、高品质、个性化和便利适用车型的代表。2023 年我国新能源汽车出口将延续增长趋势，行业专家与企业普遍看好我国新能源汽车的国际市场。

主要国家为新能源汽车提供减税政策，加速我国企业在海外本土化发展。德国对购置生产设备和厂房给予补贴，面向中小企业采取长期优惠贷款。泰国针对生产插电式混合动力汽车企业免征企业税 3 年，生产纯电动汽车免征企业税 8 年。马来西亚取消电动汽车领域投资的股比限制，享受企业所得税减免和投资补贴。我国可通过海外投资建厂、品牌收购、合资合作等方式，持续推进海外市场本地化发展，建立涵盖研发、生产、销售、售后在内的全生命周期体系，建设海外供应链体系。

（二）新能源汽车智能化进入发展期

1. 智能汽车加速渗透，辅助驾驶仍是车企角逐焦点

智能网联汽车加速渗透，低价位车型逐渐具备相关功能。2022 年国内乘用车 L2 级及以上智能驾驶渗透率为 29.4%，提升近 6 个百分点，预计 2025 年达到 70%。智能辅助驾驶成为大多数企业重点产品的"标配"，智能驾驶功能从 30 万~40 万元高配车型专属功能，向 10 万~30 万元车型快速渗透，10 万~20 万元和 20 万~30 万元车型智能驾驶渗透率分别达到 39%、20%。2022 年高速领航辅助驾驶系统（NOA）实现规模化量产，并成为 20 万元+车型主流配置，部分企业车型已下探到 15 万元级别。

激光雷达进入规模量产阶段，降本成为关键。2022 年是激光雷达大规模上车元年，全国乘用车前装激光雷达 12.99 万台，预计到 2025 年，激光雷达年交付量将达 300 万台。蔚来、理想和小鹏等造车新势力成为激光雷达量产主力，蔚来 NT2.0 平台新车为全系标配图达通"猎鹰系列"激光雷达，理想从 L9 标配到 L8、L7 等部分标配禾赛 AT128 激光雷达，小鹏则从 P5 的 Livox 切换到 G9 的速腾聚创 RS-LiDAR-M1 激光雷达（部分标配）。未来，在汽车降价浪潮下，部分车企设置了智能驾驶系统降本 50% 的目标，作为传感器中价格最高的激光雷达成为降本的重点。

智能驾驶产品回归商业本质。考虑到 L4 级量产车型面临较多技术和法规问题，2022 年开始诸多研发 L4 级自动驾驶的科技公司，开始降维切入 L2+ 和 L2++ 辅助驾驶市场，希望尽早实现商业闭环以支撑企业生存。

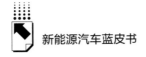

2. 汽车芯片需求快速增长，国产化应用加速

汽车芯片市场规模快速增长。2022 年全球汽车芯片市场规模为 573 亿美元，预计 2030 年将达到 1166 亿美元，涨幅将超过一倍，其中应用在辅助驾驶、车载高性能计算芯片和汽车电气化的芯片占比将达到 70%。

在汽车模拟芯片领域，2022 年汽车模拟芯片市场规模约 209 亿美元，约占整个模拟芯片市场的 25%，其中我国模拟芯片市场占全球市场约 39%。2020 年汽车单车模拟芯片用量约 217 个，价值量约 152 美元，预计到 2027 年单车模拟芯片数量和价值量将分别达到 338 个和 324 美元。

国产汽车芯片产品规模化装车迎来发展机遇。在计算芯片领域，华为、地平线、黑芝麻等企业产品已实现或即将量产装车。截至 2023 年 3 月，地平线已与 20 多家车企合作，获得 120 多个前装开发项目、50 多个量产项目，智能芯片累计出货超 280 万片。芯驰科技已有超过 260 家客户，已获得 100 多个定点和量产客户，在上汽、长安、奇瑞、东风、比亚迪等车企实现了芯片量产应用，出货量超过百万片，2023 年预计出货 500 万片以上。在汽车模拟芯片领域，2022 年纳芯微汽车模拟芯片出货量超过 1 亿颗，产品广泛应用于高低压隔离、接口、传感器等方面。

3. 构建开源开放的智能驾驶操作系统新生态成为发展趋势

国内汽车操作系统加速发展，但尚未规模化应用。车载操作系统方面，斑马 AliOS、华为鸿蒙等自主操作系统已在智己、问界等多个品牌量产，但受软硬件生态制约渗透率仅为 5.2%，Android 和 Linux 仍各占据 43% 左右市场份额。

安全车控操作系统方面，普华基础软件、华为、经纬恒润、东软睿驰等企业相继开发国产 Classic AUTOSAR 产品并通过 ASIL-D 产品认证，其中普华已累计量产超 1200 万套，但与 Vector 累计规模相比仍存在较大差距，功能覆盖程度、芯片适配范围和稳定性略显不足。

智能驾驶操作系统方面，国内在内核、中间件、功能软件各领域已形成全面布局，但安全性、功能、软硬件生态与国外相比仍存在差距。华为、斑马智行、中兴通讯等企业的微内核产品均已通过 ASIL-D 认证，但尚未实现商用量产，QNX 在辅助驾驶领域市场占比超过 90%。

智能驾驶操作系统格局未固化，国内企业面临发展窗口期。整车操作系统大概率会基于智能驾驶操作系统的优化、延伸和拓展而来，我国具备发展智能驾驶操作系统的时间条件和市场机遇。一是全球智能驾驶技术、市场、生态仍处于探索期,智能驾驶操作系统存在 3～5 年的关键窗口期。二是主流操作系统生态的形成,往往伴随产业重大应用开发问题的解决,如 Windows 解决了图形化应用开发问题,Android 解决了嵌入式设备面向多种复杂硬件编程和海量应用程序共存问题。不断缩短的开发周期,高成本、高难度、涉及海量组件的软件集成,正在驱动汽车应用开发模式变革,为智能驾驶操作系统发展带来技术契机。

基于开源开放模式打造智能驾驶操作系统成为行业迫切选择。一是操作系统作为支撑全生命周期服务和"千人千面"必备的基础设施,在汽车领域重要性日益凸显。二是操作系统领域"马太效应"明显,如全球桌面 OS 中 Windows 和 Mac OS 合计占比 90%,手机 OS 中安卓和 iOS 合计占比 98%。特斯拉全栈自研的基础软件已经上车,英伟达、大众等国际巨头亦加速布局,未来 3～5 年将成为智能驾驶 OS 决胜的关键。三是复杂严峻的国际形势倒逼我国加快布局,否则将面临类似手机、计算机 OS 被封锁和打压的风险。比如阿里云 OS 受谷歌专利授权排他协议限制,在发布前夕紧急叫停,华为被谷歌禁用 GMS 服务导致海外销量断崖式下跌等。四是操作系统技术复杂,开发和维护难度大,商业可持续的模式仍需探索。微软 Windows 系统的开发周期长达 5 年、开发人员近万人、总投资 60 亿美元,单个企业难以支撑操作系统的研发和产业化。

因此,应合力打造开源开放的智能驾驶 OS,构建统一总体架构,在实践中解决开源治理和软件安全性问题。在具体模式上考虑通过部分开源、有条件开源等方式稳步推进,由核心企业主导,共同探讨商定开源的商业模式,共建开源社区形成产业合力。

软硬解耦、深度协同是操作系统发展的必然趋势。芯片、操作系统、算法应用的逻辑解耦有利于分工和快速迭代,但解耦不是目的,实际应用中需要深度协同。操作系统针对芯片优化算法驱动,芯片固化软件算法提升性能、减少上下文切换,发挥最优组合效能。例如地平线征程 5 芯片经过对编译器软件的优化,同等算力下计算性能从 1380 FPS(每秒识别帧数)提升到 1531 FPS,性能提高 10%。

此外,基础软件和芯片架构应融合发展,可探索基于完全开源、架构紧

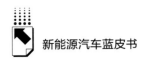

凑、模块化、易于定制扩展的 RISC-V 架构发展基础软件，摆脱 X86 和 ARM 对 CPU 芯片架构的垄断。并探索建立企业互信机制，构建开放的产业生态，实现白盒化的硬件和软件开发，打造"国产芯+国产软"新范式。

（三）新能源汽车融合化进入探索期

1. 车路城协同发展加快推动汽车产业转型升级

双智试点成效明显，将进入车路城协同发展的 3.0 时代。住房和城乡建设部、工业和信息化部积极推动智慧城市基础设施与智能网联汽车（以下简称"双智"）协同发展试点，目前已取得阶段性成果：一是城市数字化基础设施建设明显加快；二是适应不同环境的应用场景都在积极探索；三是城市智能化管理手段不断丰富；四是法规标准方面不断取得突破。试点城市已在 2000 多个重点路口布设视觉、雷达等感知设施与车城交互设施，布局 24 万台 5G 基站；已投放 1700 辆 L4 级自动驾驶车辆，累计测试里程达 2730 万公里，累计服务 380 万人次。

试点城市加大建设投入，智能网联测试及应用场景逐步丰富。双智试点城市均加大建设投入，结合本地实际情况开展一系列探索，促进了本地区数字化基础设施的建设进程，进一步丰富了测试及应用场景。其中，上海嘉定区已实现全域道路开放，总里程 1117 公里，可测试场景约 9100 个；嘉定区域内 G1503 绕城高速、G2 京沪高速等上海市首批自动驾驶高速公路正式开放，实现国内首个"大流量、高动态、高复杂"高速公路场景的重大突破。北京经济技术开发区已经在 60 平方公里范围内实现车路云一体化的功能覆盖，累计部署智能网联车辆超 600 辆，测试里程超 1300 万公里，提供出行服务超过 100 万次，零售服务 90 万余次、配送服务超 25 万单。武汉市已建设仿真测试、封闭道路测试、开放道路测试"三位一体"的测试基地，完成 106 公里道路智能化改造和 750 公里开放测试道路审批；经开区已于 2023 年 1 月实现全域开放，目前累计发放 458 张牌照，累计测试里程超过 300 万公里，投放 200 辆自动驾驶车辆，236 辆涉及参与车路协同应用的公交车，及超过 1 万辆社会车辆。

车路城协同是单车智能的进阶补充。车路城协同的中国方案坚持"不控车""不替代单车智能""不超前建设基础设施"，对单车智能形成有效补充，更加优化了车、路、城之间的关系，进一步调动汽车企业参与的积极性，形成良性发展的产业生态。

车路城协同中国方案融合了车、路、城三个领域的多场景应用，尤其是城市端的应用场景，体现出多方面的价值。与以往仅为智能驾驶汽车提供服务不同，双智 3.0 更多地转向为城市交通、城市治理服务，甚至为城市服务的优先级高于自动驾驶汽车，可以让车、路、城的应用更加丰富、有效。

2. 汽车能源补给向绿色低碳化加速转型

绿色低碳能源是支持汽车低碳化发展的重要途径。提升电力结构中非化石能源的占比，将进一步提升新能源汽车减排效果，2030 年非化石能源发电量将接近全部发电量的 50%。通过绿氢替代传统的煤制氢、天然气制氢等灰氢，也是重要途径。当前，我国在鄂尔多斯、乌兰察布、包头、漳州、海南杨浦等地将建立一批绿氢重大项目。

补能站从传统单一补能模式转向"油气氢电服"综合补能模式。基于我国完善的加油站网络，通过在主要城市、主要区域，把部分传统单一补能服务站改造升级为综合能源补给站，是满足未来汽车多样化补能需求的重要途径。

目前，一些能源服务企业已在转型，其中中国石化有 3 万多座加油站，到 2022 年底已布局充换电站 2200 余座、建成加氢站 98 座，并计划将更多加油站转向集"加油、加气、充电、换电、加氢、便利店服务"于一体的综合能源服务体系。

新能源汽车普及将倒逼能源基础设施全面转型和新型储能产业发展。基于车网互动的智慧能源技术的重要性和性能优越性将进一步凸显，光储充换一体化能源补给站将逐步替代传统加油站。新能源动力系统和新能源电力系统互动性将加强，电池和氢能将成为未来最具成本竞争力的新型储能技术。分布式光伏、电池、电动汽车、物联网、区块链是黄金组合，集中式风电与光伏、氢能、燃料电池汽车、物联网、区块链是白银组合，在 15~20 年后市场规模将超 10 万亿元。

3. 新技术在基础设施中的应用将加速

"多枪快充"或将成为当前充电标准争论的最优解。目前，行业对充电标准的争论较多，多枪快充可有效解决当前问题，化解各方对标准意见不同的争论。

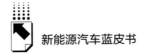

2022～2025 年为超级快充试点的运行阶段，2025 年之后大功率充电技术将大规模推广，到 2030 年，新增新能源汽车将大量匹配 350 千瓦的超级快充功能。在此过程中，采用双枪等对轿车进行超级快充，可有效实现从快充到超级快充的平稳转型。

电动汽车高压充电将增加碳化硅需求。目前，主流整车企业、零部件企业均加速布局碳化硅 800 伏高压平台，对碳化硅模块需求将增加。考虑到新能源汽车、光伏储能、大数据中心及 5G 通信电源、轨道交通和电网等综合需求，2025 年全球碳化硅需求将达到 300 亿元，或将引发上百万片碳化硅晶圆的产能缺口。

换电重卡市场爆发，干线组网高速公路等场景将成为基础设施建设重要方向。2022 年我国换电重卡销量约 1.2 万辆，成为电动重卡的主流解决方案。行业估计，换电重卡将迎来快速发展期，2025 年保有量将达到 20 万～25 万辆，换电站需求或达到 4000～6000 座。2030 年换电重卡保有量将达到 130 万～150 万辆，充换电站配套需求将达到 3.5 万～4.5 万座。电动重卡将从封闭场景向高速公路等应用场景拓展，适度超前布局干线组网高速公路基础设施是关键。

充换电基础设施将进入智慧运营阶段。基于数字化技术，实现充换电基础设施的智慧化规划、运营、运维，成为企业重要选择。规划阶段，通过车辆及电力基础设施分布及用户充电行为，可实现建站选址、规模、类型的优化。运营阶段，利用机器学习模型构建车桩通信等手段，可实现车辆和基础设施的安全预警和防护。基于大数据还可实现企业服务改善及用户定价等优化。

4. 汽车产业与多业态融合速度将加快

跨界融合是我国汽车产业发展的特色。汽车产品将从传统的交通工具进化为集移动智能终端、数据与算法载体、互联网节点、储能单元等多功能于一体的创新平台。未来 5～10 年，移动互联、信息通信、人工智能等产业与汽车产业的融合速度将加快。广泛的跨界融合使汽车产业变得更加复杂，我国可以充分发挥独特的体制优势，集中力量打通不同领域和不同环节，构建汽车跨界融合、互利共赢的独特产业生态，我国汽车产业换道超车又迎来一次新机遇。

整车与科技企业将相互赋能。2023 年将有更多科技力量进入汽车行业，科技企业与车企的关系将从单向赋能逐渐发展为双向赋能。互联网、消费电子、信息通信等科技企业，将帮助车企提升市场把握和响应能力，加速车企导入新技术、新模式，提升产品体验感和品牌力。汽车企业将帮助科技企业设计出更适合使用的产品与功能，并提供应用实践的"土壤"。

二 推动我国汽车高质量发展的建议

（一）继续出台和完善支持新能源汽车发展的政策

调整 2025 年新能源车渗透率目标到 30% 或以上，提升政策的稳定性和连续性，稳固产业战略预期。结合产业发展形势变化持续优化乘用车双积分管理办法。针对新能源商用车仍存在的产品成本高等问题，明确商用车电动化推广时间表，优化排放法规。推动商用车积分政策落地。持续推进城市绿色货运配送、公共领域电动化、零排放示范区等试点工作。进一步完善新能源汽车使用环节的优惠政策体系，加大对新能源汽车购置、通行、停车、充电等环节的支持力度，提升消费者使用体验。

（二）重视插电式混合动力汽车的发展

以市场需求和企业发展为导向，坚持过渡与转型双重战略，进一步明确插电式混动与纯电汽车的战略关系，引导行业做好布局和过渡，推动混合动力系统的平台统一、部件共享、成本最优。结合当前我国特色的增程式、插混电池的技术、行驶特点，考虑为纯电行驶里程在 100～200km 的插电式和增程式车辆更新标准。

（三）加快推动新能源汽车走向海外

提前研究海外新能源汽车市场、政策情况，积极谋划如何应对海外政策不利影响，为行业提供信息支撑。加大对企业"走出去"的政策保障与支持力度。推动解决运力不足、运价上涨、运输规则受限问题。加大对企业"走出去"的金融、人才支持力度。加强行业出海内部规范，避免出海过程中的恶性竞争问题。深化海外经贸合作，充分利用多边和双边的合作机制、经贸协定。重点深化与欧盟、德国等国家和地区以及共建"一带一路"国家的经贸合作与标准互认；搭建信息和共享平台，组织行业机构建立海外政策、法规、标准等信息共享服务平台。

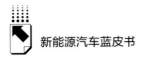

（四）做好新能源汽车补能基础设施配套

以适度超前、布局均衡为原则，加快充换电及加氢站等基础设施建设。提高新建住宅电路和设施标准，为老旧小区提供改造补贴。改善快充和慢充、充电和换电设施结构，提升大功率充电基础设施建设和应用比例，加大对乡村充电基础设施建设的重视。考虑多枪充电对原有车辆的兼容性、对充电运营商现行设备的适配性及其在充电速度和用户体验方面的提升，在短期内支持多枪充电创新服务模式的发展。完善电动汽车换电模式的管理体系，优化换电车型产品准入管理体系，建立国内统一的换电站监管制度及换电关键标准；完善乘用车及重卡领域换电的互通互换标准。探索车网互动的智慧能源技术应用，通过规模化的有序充电降低配电网的负荷。开展车网互动试点，依靠差异化峰谷电价，引导消费者充电行为，探索可持续的商业模式。

（五）进一步优化汽车管理体系

强化跨部门的政策协调与管理机构，协同推动新能源与智能网联汽车相关的政策制定和管理工作。加强新能源汽车行业管理，优化制定道路机动车辆生产准入许可条例，运用市场化、法治化手段淘汰落后违规企业，引导行业优质资源向骨干企业集聚。加强数据安全和网络安全管理，落实相关的法律法规和部门规章，开展汽车行业重要数据目录制定工作，督促指导企业提升网络安全、数据安全的保障水平，探索完善汽车数据分类分级标准。

（六）完善汽车智能化政策体系

加强汽车智能化发展的顶层设计与规划、政策研究和资源共享，加快完善自动驾驶汽车商业化运营的法律法规及标准体系指南，加强功能安全、数据安全等重点标准的制修订，尽快启动智能网联汽车准入和上路通行试点。深化车路云协同发展，编制智能网联汽车车路云一体化行动方案，立足我国体制机制优势，组织汽车企业、通信企业、交通运输行业等加强车路协同机制、车路云一体化等方案的研究。支持地方政府和企业围绕场景应用，适度超前加快车联网的建设及试点工作，在前期测试验证的基础上，抓紧形成统一的标准、规范。加快路侧单元标准的制定和统一，明确车联网建设的要求。

（七）建立支持产业发展的低碳政策体系

尽快完善整车制造端及上游零部件生产环节的碳排放标准体系，形成整车和零部件产品碳足迹认证评价规范。尽快建立行业统一的碳排放监测与碳交易支撑基础平台、数据平台。以边界明确、方法科学、数据可信为原则，研究制定与国际接轨的汽车碳排放核算标准及评价体系，重点加快动力电池碳足迹相关的标准制定及国际互认工作。推动将新能源汽车纳入碳交易体系，充分发挥新能源汽车的碳减排价值。搭建统一的汽车企业和相关产品碳排放信息披露平台，探索企业碳排放信息披露制度与企业 ESG 管理、企业社会责任报告的协同，加大对主动披露企业的宣传和支持力度。

（八）加快完善新能源汽车后市场服务体系

进一步完善新能源汽车维修、保养、残值评估、二手车交易及报废等服务体系，加快研究动力电池检测评估手段及估值方法。推进智能驾驶相关产品责任保险的试点。提升新能源汽车产品售后服务能力，通过培训、考核、认证等措施提高售后服务人员对新能源汽车安全风险的评估与防护能力，优化售后服务人员素质结构、知识结构，提升服务素质和理念。建立高效电池回收体系，严格把控动力电池回收渠道，进一步明确动力电池回收所涉及的法规和制度。

（九）持续加大对技术创新的支持力度

巩固电池产业优势，继续支持高安全、全气候锂离子电池和全固态电池、大功率燃料电池及新型电池材料体系的开发和结构优化等项目的研发。

加快布局智能网联汽车操作系统，梳理智能驾驶操作系统的功能定位和总体架构，合理规划技术演进的路线，加大对标准体系建设及内核、中间件、测试工具等研发支持力度。以应用需求为牵引，以量产项目为驱动力，推动智能驾驶操作系统的上车应用和产业生态的建设，基于开源开放的模式，发挥整车企业的主导作用，聚焦量产上车和深度合作。

加快布局舱行泊一体化中央计算平台。注重开源开放平台的建设，着力推动建立涵盖开源代码、算法模型、开源的大规模数据集的开放平台，为行业打通数据、支撑服务，解决重复投资建设的问题。

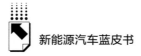

制定国产车规级先进工艺产能战略规划，加强对生命周期长且成熟的电源管理芯片、MCU 芯片、音视频接口芯片、通信芯片的战略布局，对重点芯片企业给予专项资金及产业政策支持。发挥汽车半导体推广应用工作组、芯片创新联盟等作用，支持重点企业和制造业创新中心联合攻关，推动车用芯片关键技术、设备、材料的研发与产业化。

不断优化创新汽车生产方式。引导行业提升汽车生产制造环节的专业化、通用化、模块化、数字化、绿色化水平。积极布局一体化压铸所涉及的压铸工艺、模具设计制造、材料热处理技术。

（十）提高供应链保障和自主化水平

做好动力电池关键原材料的供应与价格保障，制定实施国内锂资源的开发方案，推动四川、青海等地的项目建设。研究关键矿产资源海外投资开发，加强对海外项目的政策支持，稳定国际供应。加强对动力电池回收利用的管理，支持智能化拆解、材料再生等新技术攻关，提升资源回收利用效率。

设立芯片国产化替代国家级专项课题，提供资金支持。鼓励车企与汽车芯片、算法、Tier1 等企业联合开发项目，牵引国产汽车芯片符合车企需求，形成更稳固的合作关系。加大国产芯片上车的应用补贴，对国产芯片应用率达到一定标准的车企给予阶梯式税收优惠。积极推进国家汽车芯片标准体系建设指南的实施，推动建立汽车芯片测试和应用推广公共服务平台。

B.17
"双碳"目标下中国新能源汽车
产业面临的机遇与挑战

彭天铎　欧训民　李　政*

摘　要： 通过发展新能源汽车来推动交通深度脱碳对实现我国"双碳"目标意义重大。本文梳理了全球主要经济体碳中和进程及主要车企面向电动化的转型进展，分析了我国"双碳"目标落地实践及给汽车产业带来的发展机遇，识别了影响产业高质量发展的多重制约性因素。在此基础上，针对产业发展实际，就如何提升产品和技术竞争力、延续优惠政策、打造新型绿色供应链体系、加快建设新型补能基础设施和强化关键资源保障提出了相关对策建议。

关键词： 碳中和　碳达峰　新能源汽车　低碳转型

我国拥有全球最大的新能源汽车市场并在全球新能源汽车供应链中占据重要位置。随着应对气候变化在全世界更广范围内形成共识，全球主要经济体围绕低碳、零碳技术的竞争正不断加剧。我国新能源汽车产业在面临碳中和进程带来的长期发展机遇的同时，也要应对来自国际层面的技术竞争和新型贸易壁垒。因此，需要综合分析新形势下我国新能源汽车产业发展的机遇与挑战，提出相关发展对策与建议，助力行业稳定向好发展。

* 彭天铎，博士，清华大学气候变化与可持续发展研究院助理研究员；欧训民，博士，清华大学能源环境经济研究所副研究员、博士生导师，清华大学中国车用能源研究中心副主任；李政，博士，教授，清华大学气候变化与可持续发展研究院院长、清华大学低碳能源实验室主任。

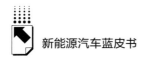
一 全球碳中和进程及汽车产业转型进展

（一）主要经济体碳中和目标及交通转型动态

应对气候变化正在全世界范围内形成广泛共识，主要经济体均已加速部署迈向碳中和。截至 2022 年底，已有 133 个国家、122 个地区和 146 个城市宣布了净零排放目标，覆盖了全球温室气体排放量的 88%、人口的 85% 和 GDP 的92%。实现碳中和将带来全球能源生产和消费方式的根本变革，非化石能源成为未来能源的主体，电力将成为未来交通、建筑和工业等领域能源消费的主要形式。欧盟在《欧洲绿色新政》中率先确立了其 2050 年实现温室气体中和的目标，之后又明确提出"2030 年比 1990 年减少 55% 的排放，终端能源消费中可再生能源占比达到 40%"，并制定了"Fit for 55"气候一揽子立法提案推动落实。美国发布的《迈向 2050 年净零排放长期战略》提出，其 2030 年温室气体排放较 2005 年减少 50%~52%，2035 年实现电力系统脱碳，2050 年实现温室气体中和。日本制定了《全球气候变暖对策推进法》，宣布 2030 年目标为减少 46%~50% 的温室气体排放（基准年为 2013 年），2035 年实现电力系统脱碳，2050 年实现温室气体中和。

交通部门是脱碳战略的重要组成部分，也是全球较难减排的领域之一，推动各种车辆类型的电气化成为各国长期气候战略的重点。更新后的各国自主贡献目标中，40% 包含了交通减排目标，50% 以上提出了与电动汽车相关的行动。目前，以欧美为代表的发达经济体已宣布零排放车辆行动目标。美国发布《交通部门脱碳蓝图》，制定了在 2050 年之前实现交通部门净零排放的解决方案，要求美国乘用车领域电动汽车销量需在 2030 年达到全美汽车销量的一半以上，联邦政府作为示范，将先行进行政府车队的电动化替代。2023 年 2 月，欧盟委员会和欧洲理事会达成的《2035 年欧洲新售燃油轿车和小货车零排放协议》提出，2035 年开始停售新的燃油乘用车和轻型货车，以确保欧盟到 2050 年实现温室气体零排放，虽然 4 月欧盟委员会对协议进行了修改，允许 2035 年后继续销售使用合成燃料的汽车，但已足以彰显欧洲汽车迈向零排放的坚定信心。日本政府 2020 年底发布的"绿色增长计划"中提出，到 2030 年，将电动汽车电池成本削减过半，到 2035 年，新销售乘用车全部为电动车。

（二）主要经济体新能源汽车发展政策

各国政府采取购置补贴、税收减免、排放法规和燃油经济性标准等各类举措继续加快发展新能源汽车。其中，通过直接予以补贴或者减税等措施能够明显提升生产者生产积极性和消费者购买意愿，成为主要激励手段，几乎所有新能源汽车发展快速的国家均出台了相应政策。发达经济体中，美国于2023 年正式执行《通胀削减法案》中的新能源汽车税收抵免政策，并鼓励本土生产，符合条件的消费者在购买新能源汽车时可以获得多达 7500 美元的联邦税收减免，若生产企业加入了美国汽车工人联合会，该企业制造的新能源汽车可获得额外 4500 美元的税收抵免；德国对每辆纯电动汽车平均补贴 5000~6000 欧元；法国对每辆纯电动汽车的补贴最高可达约 7000 欧元；日本政府加大了对新购电动汽车的补助力度，最高补助额可达 80 万日元，电动汽车购置时和车检时征收的汽车重量税优惠措施延长至 2026 年 4 月。发展中经济体也通过税费激励促进本国新能源汽车发展，例如，泰国政府拟为新能源汽车提供单车 7 万~15 万泰铢（约 1.4 万~3.1 万人民币）的补贴，具体补贴金额视车型而定。此外，新能源汽车可享 2% 的消费税优惠税率，而传统汽车消费税税率为 8%。

（三）大型跨国车企零碳战略及实践

在全球新能源汽车发展加速的背景下，汽车产业链相关企业加速面向电动化转型，加快新能源汽车产品研发和生产。以日产、沃尔沃、捷豹等为首的传统大型跨国车企相继发布了 2030 年前全面电动化计划；欧洲七大卡车制造商签署协议，计划在 2040 年停售传统化石燃料卡车；以长安、北汽为代表的国产车企加速电动化转型，向各类细分市场渗透，并将在 2025 年前停售燃油车，比亚迪从 2022 年 3 月开始停止传统燃油车整车生产（见表 1）。

表 1　主要传统车企全面电动化计划

车企	目标年份	具体目标
捷豹	2030 年前	完全电动化
日产	2030 年代初期	核心市场新车型 100%的电动化
福特	2030 年前	电动汽车销量占公司整体销量 50%
沃尔沃	2025 年	纯电动车销量占比超过 50%
	2030 年	完全电动化
奥迪	2026 年后	不再生产燃油车，再过 10~15 年完全电动化
奔驰	2030 年前	在条件允许的市场做好全面纯电动准备
通用	2035 年	停止所有汽、柴油动力轻型汽车的生产
本田	2040 年	停售燃油车，转型为碳中和动力和移动供应商
北汽	2025 年	在中国市场停售燃油车
长安	2025 年	停售燃油车
比亚迪	2022 年	停止旗下燃油车整车生产业务

　　作为气候行动的重要推动者，企业设定自身碳中和时间表并确保按期实现目标，对全球实现碳中和十分关键。联合国全球契约组织发布的《企业"碳中和"目标设定、行动及全球合作》报告显示，截至 2022 年 10 月 12 日，全球科学碳目标倡议成员中有 1399 家企业做出了明确的净零排放承诺。随着全球碳中和约束逐步向上游供应链延伸，通过提升能效、增加可再生能源消费和资源循环利用来实现自身碳中和成为汽车供应链相关企业未来转型的关键。宝马计划到 2030 年单车二氧化碳排放量较 2019 年降低至少 1/3，马自达计划全球各地工厂 2035 年实现碳中和并围绕"节能、可再生能源和使用碳中和燃料"采取行动，沃尔沃计划到 2040 年供应商实现零排放，大众、奥迪承诺将在 2050 年实现碳中和，日产宣布到 2050 年实现整个集团的企业运营和产品生命周期碳中和。从国内看，长城宣布 2045年实现"碳中和"，将通过能源结构调整及低碳工艺应用建立"零碳工厂"，并建立汽车产业循环再生体系，成为国内首个公开提出"碳中和"时间表的车企。

二 我国"双碳"目标落地实践及 对新能源汽车产业的影响

（一）"双碳"顶层设计明确汽车产业转型要求

通过发展新能源交通工具来减少交通部门碳排放，已被作为实现"双碳"目标的重要环节纳入"1+N"政策体系，顶层设计中明确指出了推广新能源交通工具对低碳转型的重要性。《关于完整准确全面贯彻新发展理念做好碳达峰碳中和工作的意见》作为国家总体设计，确立了"双碳"政策实施的原则和目标，提出加快推进绿色低碳交通运输体系建设，加快推进交通工具向电气化、低碳化、智能化转型升级，加快完成公共服务领域车辆的全面新能源化。在行业政策"N"层面，《2030 年前碳达峰行动方案》聚焦碳达峰关键期，将交通绿色低碳行动列入碳达峰十大行动，面向 2030 年前实现碳达峰构建了系统、全面、量化举措和目标，要求新能源和清洁能源交通工具渗透比例达到 40% 左右，运输碳强度较 2020 年下降 9.5%，推进交通补能基础设施建设，加快形成绿色低碳运输方式，确保交通部门"碳排放增长保持在合理区间"。交通运输部等发布的贯彻落实《中共中央 国务院关于完整准确全面贯彻新发展理念做好碳达峰碳中和工作的意见》实施意见，提出积极发展新能源和清洁能源运输工具，加强交通电气化替代，提高燃油车船能效标准，助力如期实现碳达峰碳中和目标。

（二）政策引导与扶持坚定新能源汽车市场信心

新能源汽车是我国汽车产业高质量发展的战略选择，近年来我国构建了系统完备的新能源汽车政策体系，涵盖了生产环节的双积分、消费环节的财政补贴和购置税减免、使用环节的不限行，以及充电设施建设等，几乎覆盖了新能源汽车整个生命周期，并持续优化调整。2022 年 1 月，国家发展改革委等部门发布《关于进一步提升电动汽车充电基础设施服务保障能力的实施意见》，提出加大金融支持力度和政策支持，到"十四五"末形成适度超前、布局均衡、智能高效的充电基础设施体系，能够满足超过 2000 万辆电动汽车充电需

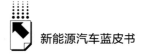

求，支撑新能源汽车产业发展。2022年7月，工信部公开征求对《有关修改〈乘用车企业平均燃料消耗量与新能源汽车积分并行管理办法〉的决定（征求意见稿）》的意见，优化"双积分"管理办法，保障新能源汽车产业平稳健康发展。虽然中央财政的新能源汽车购置补贴正式退出，但购置期在2023年的新能源汽车仍可继续享受免征车辆购置税政策，此外，一些地方政府仍在实施传统燃油车限购、限行和新能源汽车免费送绿牌等政策。2023年2月，工信部等八部门在全国范围内启动公共领域车辆全面电动化先行区试点（2023~2025年），鼓励试点城市加大财政支持力度，因地制宜研究出台运营补贴、通行路权、用电优惠、低/零碳排放区等支持政策，为新能源汽车全面市场化拓展发挥示范带动作用。

（三）技术变革孕育新能源汽车更大发展机遇

新能源汽车发展将在解决新型电力系统和储能技术瓶颈中发挥重要作用。实现碳达峰、碳中和，是一场广泛而深刻的经济社会变革，能源系统奋勇当先，供应侧以新能源为主体的新型电力系统将加快构建，终端能源消费部门将深度电气化。在这一过程中，为解决可再生能源高比例渗透导致的灵活性调节资源不足问题，需要发展大规模储能予以支撑。通过发展车网互动（V2G）技术，电动汽车可成为大规模、低成本分布式储能。清华大学车辆与运载学院团队研究表明，V2G的储能潜力巨大，到2040年，我国电动汽车车载储能容量将与我国每天电力消费量相当，即使考虑恶劣天气，电动汽车对电网功率的支撑能力也可以满足3~5天日间电量调峰。

电动化、智能化、网联化、共享化潮流和趋势带来新能源汽车产业链发展新机遇。随着大数据、物联网、人工智能、5G等新一代信息技术不断涌现和更新，汽车本身承载的功能和关联产业不断扩展。一方面，汽车单纯作为交通出行工具的角色逐步淡化，不断融合自动驾驶、工作、娱乐等消费需求，逐步演进为新一代智能移动终端，智能化功能和应用场景不断拓展，成为智能交通和智慧城市的重要载体，不断激发新的需求。另一方面，新能源汽车生产制造不再是传统的硬件制造，更加集合了软件开发、硬件研发、云计算、大数据、新材料等先进技术，成为技术创新和应用的集成化载体，不同技术和产业持续创新、相互推动、相互关联、相互影响，再加上我国完备的制造业体系，活跃的数字技术创新生态，共同推动智能新能源汽车产品和技术不断变革，渗透率持续提升。

目前，我国新能源汽车已经进入全面市场化拓展期，随着新能源汽车政策效果释放、技术进步、消费者意愿提升，其渗透空间将继续扩大，市场信心更强。根据《节能与新能源汽车技术路线图 2.0》，2035 年纯电动汽车销量占比将超过 50%，公共领域全面电动化，燃料电池汽车商用化，在售燃油车全面转向混合动力，传统燃油车将基本转向节能汽车。据此测算，2035 年新能源汽车保有规模将超过 1 亿辆。此外，清华大学、全球能源互联网发展合作组织在各自发布的碳中和研究报告中均提出 2060 年汽车全面低碳化，其中新能源汽车保有量占比将超过 90%。

三　新能源汽车产业发展面临的深层次问题

（一）国际汽车产业和市场竞争日趋激烈

碳中和将引发新一轮以绿色低碳可持续发展为特征的产业和技术变革，新能源汽车由于其产业链长、产业引领力强，成为各国面向碳中和多元发展目标的战略交会点。全球主要经济体围绕国际新能源汽车之争愈发激烈，纷纷出台战略举措加码本国新能源汽车产业竞争力。依托强大的内需市场及完整供应链、产业链的支持，中国新能源汽车快速发展，形成了全球竞争新优势。2022年，全球新能源汽车销量排名前 10 的企业集团中，中国占 3 席，动力电池装机量前 10 的企业中，中国占 6 席。欧美日韩等主要经济体均争取在未来的竞争中占据主导，将新能源汽车科技创新和产业链构建作为实现碳中和的重点领域，技术部署注重顶层设计，统筹近中远期战略布局，维护核心研发优势，提升本国新能源汽车产业比较优势。譬如，英国发布《绿色工业革命十点计划》，提出基于优势领域建立未来十大绿色产业，包括清洁能源、交通、绿色建筑、零排放车辆、创新技术和金融等，旨在成为实现经济脱碳、保护环境和适应气候变化所需技术、流程、服务和商业模式的全球领导者。美国发布《国家锂电发展蓝图（2021~2030）》，设置专门应对气候变化的 ARPA-C 高级研究项目，资助本国低排放交通工具和系统、可持续燃料和氢能技术创新。

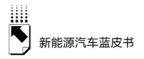

汽车市场竞争已延伸至国际政治和贸易层面，欧美更加强调技术主权和供应链安全，直接出台排他性法案阻击中国汽车产业在欧美区域的发展。中国生产了全球 2/3 以上的太阳能电池板和锂离子电池，约一半的风力涡轮机和新能源汽车，以及约 70% 的精炼钴，在全球清洁能源竞争中占据领先地位，被视为与欧美竞争的重要领域。美国已将本国"自主创新"和"遏制中国"进行绑定，2022 年，《美国竞争法案》《通胀削减法案》相继通过，强调其在包括清洁能源产业在内的下一代先进技术中的主导地位，通过歧视性补贴等限制手段，大力扶持本国新能源汽车和电池等制造供应链建设和各类先进脱碳技术研发应用，将中国新能源供应链排除在税收减免优惠之外，增加中国电池厂商在美设厂难度，重组以美为核心的产业链供应链。同时，美国通过《芯片与科学法案》等限制相关芯片设计软件对中国出口。2023 年 3 月，欧盟发布了《净零工业法案》和《关键原材料法案》提案，以确保欧盟在清洁技术生产方面发挥主导作用，计划到 2030 年，至少 40% 的包括风力涡轮机、电池、热泵、太阳能电池板、可再生氢等在内的清洁技术产品在欧洲本土制造，每年至少 10% 的关键原材料提取、40% 的关键原材料加工、15% 的关键原材料回收来自欧盟内部。同时规定来自单一第三方国家的战略原材料消耗量不应超过 65%。

欧美试图建立新的绿色规则体系和话语体系，强调产品全生命周期碳足迹要求，以低碳产品之名行碳贸易壁垒之实。美国积极在多领域组建气候伙伴关系，已逐渐搭建起跨大西洋绿色联盟和"印太战略"气候联盟，试图在新排放约束、绿色金融贸易等方面建立绿色规则体系，将中国排除在外。2023 年 5 月 16 日，欧盟官方公报刊登"碳边境调节机制"法规的最终文本，将于 2026 年开始起征，覆盖钢铁、铝、水泥、化肥、电力以及氢能等行业，尽管并未涉及汽车行业，但目前我国 16% 的汽车整车和 22% 的汽车零部件出口到欧洲，若未来覆盖产品范围扩大至汽车产业，我国汽车产业出口的合规成本将大幅提高，产业国际化进程将被阻滞。此外，我国汽车行业全生命周期碳排放面临核算标准和边界问题，如何与欧盟规则对接也是汽车行业面临的重要问题。2023 年 6 月 14 日，欧洲议会全体会议投票通过《电池与废电池法规》，要求所有进入欧盟市场的电池包括在欧盟本土生产的电池都必须遵守新规定，法规生效后 18 个月，只有提供碳足迹声明的可充电工业产品和电动汽车电池才能投放市场，未来还将出台最大碳足迹限值。届时，无法提供碳足迹信息的产品将不得进入欧盟市场。

（二）关键核心技术面临一定瓶颈

新能源汽车的核心技术仍有待突破，提升安全水平、降低成本、提升能量密度、提升使用寿命是新能源汽车动力锂电池仍需要解决的痛点，无钴电池、固态电池、钠离子电池等新型动力电池的技术研究或商业化应用需要进一步加强。对于氢燃料电池汽车，其技术性能、经济性仍缺乏竞争力，围绕其应用的氢气制取、储运、加注成本较高，短时间内难以规模化推广使用。

车用芯片和操作系统是新能源汽车智能化发展的关键技术，我国在此领域并不具备优势，还处于"卡脖子"阶段，如何建立起自主可控的芯片、操控系统和产业体系仍面临严峻挑战。目前，我国95%以上的汽车芯片依靠进口，国产供应份额不足5%，并且主要集中在低端领域，汽车芯片设计和先进芯片制程工艺牢牢掌握在美国、韩国、日本等国家手中。在新能源汽车渗透率快速提升的同时，芯片短缺问题正成为行业不得不面对的难题，特别是随着智能汽车发展越来越快，车规级芯片的需求量会越来越大，技术要求也将越来越高。此外，车控系统等基础软件基本被国外供应商掌握，设计、开发、验证等工具链也基本来自欧美大企业，国内企业较国外企业还有一定差距。

（三）配套产业不完善制约新能源汽车产业进一步发展

均衡的补能设施覆盖和便捷的补能体验是新能源汽车进一步大规模渗透的前提，但"补电难"问题仍然存在。2022年，我国充电基础设施增量为259.3万台，从数量上来看，尽管增量车桩比已提升至2.7∶1，能够基本适应新能源汽车的快速发展形势，但充换电基础设施的布局尚不均衡，主要分布在大城市，用户补能焦虑尚未得到根本解决，人流量、车流量大的场所周边充换电设施不足、排队拥挤问题仍然比较显著。根据2023年3月中消协发布的《新能源电动汽车消费与公共充电桩使用情况调查报告》，消费者使用公共充电桩时，可提供的服务站点太少、站点位置不好找、站点充电桩数量少已成为主要痛点，涉及的受访者占比分别达35.8%、32.7%、30.7%。私有桩方面，"充电桩进驻难、安装难"，但社区和新建居住区充电桩建设安装需求极为迫切，

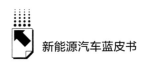

未来农村地区新能源汽车市场扩大后，充电设施建设需求和安全性都面临挑战。

新能源汽车大规模发展可能面临电力系统容量和战略矿产资源供应约束。汽车技术面向以电动化和氢能化为主的新能源转型，将扩大交通电力和氢能消费规模。清华大学研究表明，在实现"双碳"目标情景下，2050年交通用电需求将占电力总需求的6%~11%，如不提前规划，未来电动汽车大规模充电负荷将导致本地配变超载，甚至会让主干网产生压力，对整个电力平衡将产生深远影响。同时需注意，低碳交通技术需要稳定的关键矿产资源供应链作为支撑。研究表明，一辆电动汽车所需的关键矿产资源量是一辆传统内燃机汽车的6倍左右，制取氢气的电解槽和燃料电池也需要镍和铂族等金属。我国镍、钴等矿产资源储量并不丰富，二者对外依存度当前分别超过80%和90%。在原材料高度依赖国际市场的情况下，以新能源交通工具为代表的清洁能源技术产业链和供应链面临的贸易限制、价格波动或其他事态发展带来的风险加大。

四 关于促进我国新能源汽车产业发展的建议

一是加强核心技术攻关，提升产品竞争力和产业链韧性。瞄准新能源汽车产业和技术发展需求，政产学研协同攻关，加快突破关键系统部件和基础共性技术，持续提升全产业链核心竞争力，避免"卡脖子"问题。聚焦当前欧美相关科技发展目标，跟踪、审视发展中的关键技术、核心技术，提前布局，逐步实现技术引领。优化新能源汽车产业布局，充分利用超大规模市场、完备的产业体系，强化产品成本优势、产品质量，争取更大国际市场份额。

二是完善新能源汽车支持政策。新能源汽车免征车辆购置税政策自2014年9月实施，对扩大新能源汽车消费起到了积极作用，为进一步支持新能源汽车消费，2023年6月，国务院常务委员会审议通过，要延续和优化新能源汽车车辆购置税减免政策。建议做好政策衔接，加大产业链创新、补能基础设施建设、新型技术和模式示范等领域的金融、经济等支持力度，进一步支撑产业快速稳定发展。

三是加快打造绿色低碳的汽车供应链体系。汽车碳减排已经不再是单一产品零部件的脱碳，而是关乎整个汽车产业供应链的绿色低碳转型，涉及环节多、分工细，能耗、排放多元，需要加快制定和出台切实可行的汽车行业减碳战略政策与路线图，整个产业链协同减碳。同时，强化材料、零部件、动力电池循环利用，提升资源利用效率和可再生能源利用比例，重构新型可持续供应链体系。此外，加快出台边界和核算方法统一、数据库权威的全生命周期碳足迹统计核算体系，提升我国碳足迹评估的科学性、权威性和国际认可度，实现国际标准互认。

四是加快建设适应高比例电动化出行的新型基础设施和新能源供给设施。充分利用既有传统油气补能网络，结合新的城市和农村空间布局和规划，构建便利高效、适度超前的新能源补能网络体系，在公路服务区、运输枢纽、物流园区、公交场站等区域加快布局充电桩、加氢站等新能源基础设施，加快打通居民区建桩流程，为新能源汽车使用创造有利环境。

五是强化风险防控处置能力及关键资源安全保障。当前，各方围绕锂、镍、钴等新能源矿产资源的争夺愈发激烈。需强化企业和行业风险意识，建立跨部门会商机制，指导防范和应对供应链重大国际风险。明确国内关键矿物自给底线，增加储备，注重节约、循环利用及替代，同时不断扩大海外优质资源权益，强化海外资源保障能力。

B.18
关于新能源汽车换电模式
发展趋势的思考

王　耀*

摘　要： 规模化推广应用是电动汽车换电产业生态的基础，换电运营商/技术服务商、能源企业、主机厂、电池厂、金融机构等共同组成了当前换电产业生态。换电模式推动形成了高效新能源汽车补能体系，对新能源汽车产业链上下游赋能，将推动部分领域加快电动化。目前换电模式的政策法规体系尚未完善，电池标准化程度低。下一步需要完善标准规范，推动电池兼容互换，推动科技金融发展，挖掘电池资产数字化商业潜力，鼓励换电站、电网、电动汽车双向互动发展，加强电池全生命周期数据监管。

关键词： 公共领域电动化　重卡换电　车电分离　资产数字化　换电标准

电动化、智能化、网联化、低碳化是未来汽车产业发展的方向，而新能源汽车是我国建设汽车强国的重要载体。在国家高度重视能源安全以及推进实现"双碳"目标的形势下，新能源汽车在我国率先形成了规模化市场。公安部数据显示，截至2022年底，我国新能源汽车保有量达到1310万辆。在新能源汽车蓬勃发展的同时，我们也应看到新能源汽车整车价格下降趋势远远低于消费者预期，与同级别燃油车价格差距仍较为显著，众多主机厂开始探索各种方式的"车电分离"模式，由此引发新能源汽车产业链新一轮变革。本文主要分析换电模式推广现状，总结推动换电模式发展的关键问题，提出下一步推动换电模式发展的相关建议。

---

* 王耀，博士，中国电动汽车充电基础设施促进联盟秘书长。

一 发展现状

（一）政策体系逐渐形成

在新能源汽车发展之初，换电就是能源补给方式之一。2016 年以来，多个部门在政策文件中提及推动换电模式发展，促进换电站建设。2021 年 4 月，工业和信息化部、国家能源局联合发布《关于组织开展新能源汽车换电模式应用试点工作的通知》，试点内容中除了前述提到的技术研发、示范应用、基础设施、监测管理、标准体系等，还重点提到"鼓励社会资本参与设立电池资产管理公司"和"研究推出适合换电模式发展的金融及保险产品"。2021 年 10 月发布 11 个换电试点城市，其中综合应用类城市 8 个（北京、南京、武汉、三亚、重庆、长春、合肥、济南），重卡特色类 3 个（宜宾、唐山、包头）。随着试点工作的开展，各地方政府也相继出台支持政策，目前换电模式政策已经包含规划、财政补贴、技术标准等内容，换电政策体系逐步建立。

（二）市场现状

新能源汽车已经从市场导入期进入了高速增长期，换电模式作为电动汽车能源补给的重要方式之一也不断发展进步，经过多年的发展积累了一定成果。2022 年，我国换电式新能源汽车销售 19.76 万辆，同比增长 85.57%。其中，换电式乘用车销售 18.46 万辆，同比增长 79.0%；换电式商用车销售 1.30 万辆，同比增长 290.5%。值得注意的是，换电重卡销量达到 1.24 万辆，同比增长 283%，占新能源重卡销量的 49.4%。

我国换电站在 2015 年、2016 年每年仅新增十余座；2017 年新增换电站数量达到 75 座；2018~2020 年，每年增量均保持在 150 多座；进入 2021 年后换电站增量出现急速上升，2021 年、2022 年两年增量均在 700 座左右。2022 年底，我国换电站保有量累计达到 1973 座（见图 1）。

"换电模式+金融"方案对消费者而言，既可以降低首次购置成本，又可

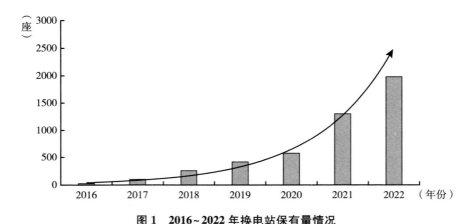

图1 2016~2022年换电站保有量情况

资料来源：中国电动汽车充电基础设施促进联盟。

以减少车辆购买后对电池的后顾之忧，还能提高二手车残值；对车企而言，可以摆脱电池这个"重资产"，降低新能源汽车整车售价，提高汽车销量和盈利水平；对行业而言，可以实现产业链上下游企业共同获利、共同发展，促使城市更加合理地规划充换电场站空间布局，缓解老旧小区充电难等问题，同时还可以更加有效地实现对新能源汽车的安全监管、对动力电池的溯源管理和综合利用。

从产业链看，换电模式主要涉及换电车辆的研发和生产、换电站的研发和建设、换电出行的运营等。换电站的产业链生态逐步成熟，越来越多的企业开始进入换电产业链。但市场整体仍处于初期阶段，头部企业尚未出现，具备产业背景、行业整合能力的企业有机会占领市场，形成先发优势。当前换电车型技术方案尚未有统一的标准，未来谁占据了大部分市场份额，就能掌握标准制定的主动权，进而主导整个市场。

从车端来看，能源补给方式是新能源汽车推广的重要手段。目前，越来越多的新能源汽车企业开始采用换电方式进行补能，通过自建换电站、与换电运营企业合作等方式积极应对换电车型及业务发展，例如蓝谷智慧能源、易易换电、Nio Power等分别是北汽新能源、吉利、蔚来旗下的换电运营品牌。

从第三方换电运营平台来看，其布局的换电运营城市主要是省会城市及经济发达的沿海开放城市。其中，奥动新能源布局较早，运行模式相对比较成熟，在广州和厦门的换电站已实现盈利；易易互联在重庆、山东、天津、浙江等地已开展换电站规模化运营，二者在行业内具有一定的先发优势。

在国家政策支持和市场创新驱动下，国内布局换电运营的企业有十多家，主要分为第三方换电运营商、有车企背景的换电运营商、拓展换电业务的充电运营商，奥动新能源、蔚来及易易互联是现阶段全国换电基础设施建设运营的主力军。

（三）产业生态

换电运营成为产业核心环节，也成为整车、能源、金融企业跨界融合的切入点。在换电车辆及换电站成功应用的基础上，换电产业生态已经初步形成，其中电动汽车换电模式规模化推广应用是换电产业生态的基础，换电运营商/技术服务商、能源企业、主机厂、电池厂、金融机构等共同组成了当前换电产业生态。

整车企业在换电生态中扮演核心角色，是换电产业生态的主要构建者。换电产业生态的持续健康发展，需要主机厂参与换电车型全生命周期产业生态的构建。

传统化石能源企业拥有雄厚的资本力量、完善的营销网络、大量的加油站土地资源等，具备进入新能源汽车能源供应领域的产业基础和先天优势，可以快速布局换电网络，将成为集能源供给、换电网络建设运营、换电资本运营于一体的新型能源企业。另外，通过合资入股电池资产运营企业，可以积累经验、储备技术，为将来电池标准化、换电站通用化运营打好基础。

现阶段我国动力电池企业参与换电的形式有以下两种：一是作为车企换电车型动力电池供应商，根据车企需求从电池系统安全、固定锁止结构设计、电池检测、仓储物流、网络和云平台监控通信等方面提供换电技术解决方案，并与电池资产运营企业等运营商达成良好供应合作关系；二是深度参与电池资产运营，同步在储能业务、电网调峰和充电智能微网与储充一体化网络方面开展布局，将换电电池转换为储能业务单元，借助换电与超充技术，通过电价的削峰填谷、电池租赁以及换电服务获取收益。

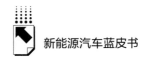
二 市场价值

（一）换电设施推动形成高效新能源汽车补能体系

换电站能够使新能源汽车补能体验与燃油车媲美，提高公共补能体系效率，尤其是在高速公路等场景中，可以极大缓解补能焦虑和充电拥堵情况。目前新能源汽车的电能补给仍然以充电为主，通过私人充电桩和公共充电桩的慢充和快充模式为车辆充电。传统充电站快充通常需要 45 分钟以上，慢充需要 6 小时以上，才能充满电池。大功率的直流电快充由于后期的涓流充电会显著降低补能速度，一般充满时间在 0.5~2 小时。

相比充电，换电站的快速普及可以很好地弥补充电桩缺口，在极短的时间内完成亏电电池与满电电池的更换。换电时间一般在 1~5 分钟，是快充所需时间的 1/10 左右，与燃油车加油时间相当，极大地缩短了纯电动汽车的电能补给时间，大幅提高了新能源汽车的使用效率。换电站分布形成有效网络效应后，能极大满足电动车快速高效能量补给需求，解决里程焦虑。同时更换电池模式，更接近客户熟悉的燃油车加油的能量补充方式，符合用户的使用习惯，使用体验更好。此外换电站全部由相关企业自主建设，由专业的团队负责运营和后期维护，能够保证车主长期稳定使用。

（二）对新能源汽车产业链上下游赋能

从主机厂看，私家车重视资产价值，运营用户重视使用价值。后补贴时代，通过车电分离、电池租赁、灵活配置，可以扩大销售、释放产能，降低综合成本。换电站对电池精细化的管理，保证了车辆的售后服务、电池质保，有效减轻了主机厂压力。

从电池厂看，换电的核心是对电池全生命周期的管理和价值挖掘。换电服务运营商是新能源汽车使用过程中最直接的电池管理者，通过大数据的积累算法对电池各种状态进行分析，提供给电池厂，有利于提升电池制造水平，改善电池质量，促进电池行业发展。

从车辆用户看，换电模式为新能源汽车用户提供极速补能，避免里程问题，缩短充电所带来的漫长等候时间。从实践经验来看，用户之所以接受车电分离成本略高于充电成本，是考虑可以把换电节省的时间用来创造更高的经济价值。

从二手车、退役电池交易看。根据《2019 年度中国汽车保值率报告》，纯电动汽车使用 3~5 年后残值会大大降低。续航里程在 300 公里以下的纯电动汽车一年平均保值率仅为 26.16%，而燃油车的一年保值率一般在 65%~75%。新电池技术快速迭代以及旧电池性能衰减带来老款电动车快速折价，而换电模式的电池精准评估、以旧换新、裸车入网、电池租赁等，有效赋能了二手车交易。同时，换电运营商通过对电池的精细化管理，可有效将电池使用寿命延长超过 20%。通过 SOH 算法为电池评估与流转提供相关依据，为金融机构对电池资产属性的界定、保险等提供参考。

从电池储能工程化看，随着行业的发展，由多家车企参与的换电生态圈已经初步形成，而生态圈的形成将推动电池标准化的进程，通过电池规格、信息接口以及电流电压平台的逐步统一，为二手电池在储能环节的工程化和堆积空间的排布提供极大便利。而每个换电站都具有 1~2MWh 的储能能力，天然就是一个分布式的储能场所。

（三）换电模式将推动部分领域加快电动化

高频场景下，换电模式显著提高车辆补能效率和换电站使用效率，既改善车辆使用体验，又能形成盈利的商业模式。目前，换电型重卡业内主要共识是相关场景应当符合高频、定点运输以及单次运距比较短等条件；同时附加一些地方因素，如当地环保政策比较严、电价低、路权未放开等。只有在这些场景下，换电型重卡才能充分发挥优势，展现其优秀的经济性。根据实际案例可以发现，矿山、港口、城建以及其他一些特定区域短倒运输最适合使用换电型重卡。

1. 矿山场景

在各类大型露天矿区内，存在大量高频、低速、重载运营的重型矿卡、8×4 自卸车和装载机。换电重卡较传统油车使用成本下降约 35%，生命周期内总使用成本下降 10%~15%。矿产品在对外运输的过程中，存在"铁路/水路干线运输+车辆短途接驳"的场景，其中短途接驳线路使用的重卡也适合替换

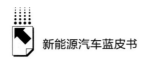

为换电重卡。以煤矿为例，主要工况需求包括矿坑到矿内堆厂或洗选厂、洗选厂到发电厂等。

2. 城建及公共服务场景

针对包括城市建筑砂石及渣土运输、混凝土搅拌运输、城市环卫运输等在内的城市内短倒运输场景，传统燃油或燃气车辆噪音大、污染重、排放高，对于城市市容产生极大的负面影响，均适合以换电重卡替代。主要工况需求集中在渣土从工地运到消纳场、混凝土从搅拌站运到工地、原材料及设备运输。这些场景一次运输往往只有二三十公里，能充分发挥换电式车型在短途、高频、定点运输场景下的优势。新能源物流车在城市配送领域较燃油车具有路权优势，主要包括微面、微卡、轻卡车型，目前绝大部分采用充电模式。

3. 特定区域短倒运输

其包括支线短倒运输和固定货物运输专线。钢铁厂、铝厂等重工业厂区内，存在大量的原材料和产成品的封闭式转运场景；在燃煤发电厂、热电厂等所需的电煤、粉煤灰、煤渣、石膏等运输业务场景中，都需要大量高频、低速、重载、长时间怠速的重卡车辆。在这些工况下，采用换电模式能有效保证高强度作业场景下的车辆运营效率。目前换电重卡在短倒运输领域已初步形成规模化应用，车辆适用性、安全性、可靠性得到普遍验证。

4. 港口、码头场景

港口内部存在大量高频、低速、重载运营的重卡及工程机械。港口单日平均运距为100~150km，相比于其他场景经济性稍显逊色，对电动重卡的需求更多来自环保压力。由于港口内装卸等候时间较长，传统燃油或燃气车辆在频繁启停和长期怠速的过程中能耗和污染物排放均较高。港口到堆场的外部运输路线也符合高频、短途、线路固定的特征，因此也适合以换电重卡替换传统重卡。

三 换电商业模式分析

换电站主要以"车电分离、电池租赁、充换结合、智能运行"为原则，以"裸车销售+电池租赁+公共快换+社区慢充"的商业运营模式，促进电动汽车应用推广。具有代表性的换电站运营模式如下。

（一）快换式换电模式

新势力汽车企业蔚来汽车采取充电、换电相结合的服务方式。2020年，蔚来正式发布电池租用服务BaaS（Battery as a Service），即"电池即服务"，属于快换模式。消费者可以通过购买BaaS服务获得电池的使用权，而不拥有产权。蔚来通过换电模式实现电池统一管理和梯次利用等优势。除蔚来汽车外，国网等充电运营商针对公交车、出租车、重卡等商用领域车辆布局快换模式换电站，例如青岛薛家岛公交换电站、矿区重卡换电站等。相比于传统乘用车，重卡车身庞大，载重量大，作业工况更加复杂恶劣，快换模式更适合短距离运输或是固定线路运输，因此矿区、港口等重卡是当前换电推广应用的热点领域。

（二）慢换式换电模式

慢换模式与快换模式相似之处在于，如同BaaS的车电价值分离模式，消费者同样只有电池的使用权，而不拥有产权，仍然需要成立电池资产公司来运营电池资产；不同之处在于，动力电池无法实现快速更换，也无需配套建设换电站，仅在消费者需要时前往4S店更换动力电池。慢换模式与电池升级技术相结合，消费者可享受电池技术进步带来的红利，车企也更容易回收电池，同时也实现了动力电池价值剥离，降低车辆初始购置成本。少数车企正在规划该慢换模式。

（三）非换电模式

对电池所有权价值进行电池金融租赁，本质是电池贷款。将电池从整车上拆开并分期售卖，最大限度降低消费者的购车门槛，并获得较长的还款周期，还清电池贷款后电池所有权归消费者所有，代表企业有小鹏汽车。

四　关键问题及发展展望

（一）发展核心问题

1. 政策法规体系尚未完善

在产品准入和车辆一致性方面，现行的《新能源汽车产品同一型式判定

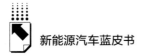

技术条件》，无法满足行业换电车型电池技术平台化和车用电池迭代升级的需求，同一个整车公告型号下不允许更多类型、不同电量的电池，且在消费者购买后，不允许更换原始电池包外的其他电池包产品，导致同一车电分离车型无法满足市场消费者对于高、中、低里程的灵活需求。在电池税务票据方面，《国家税务总局关于使用新版机动车销售统一发票有关问题的通知》要求开具机动车销售发票需提供合格证号、发动机号（电动机号）和车架号信息，未提及电池信息。基于车电分离商业模式需将电池与车体拆分开票明确购置主体，用于电池资产公司电池租赁金融业务实施，但拆分开票涉及购置税等问题，在购置税政策取消后可能导致企业合规存在不确定性风险。

2. 电池标准化程度低

当前，我国车载动力电池标准化程度较低，一是不同主机厂的动力电池规格各异，连接部件各异，换电站的换电方式也存在巨大差异，跨企业、跨品牌的电池包无法兼容使用；二是主机厂认为标准化电池影响整车设计，且车电分离降低了品牌的价值和影响力，推动电池标准化存在一定阻碍；三是各参与方均想自主掌控电池体系或数据信息，利益纠葛导致电池标准化进程相对缓慢。

3. 电池充放电使用与储存过程管理不完善

一是换电站采取电池集中式管理，在电池充放电使用与储存过程中存在安全隐患；二是行业缺乏统一的换电站安全运行和维护管理规范，缺乏应对突发状况的经验；三是车电分离模式下安全事故责任界定规则处于空白状态，不同品牌电池包和车型换电，安全责任难以界定。

（二）未来展望

1. 换电分布式储能参与电力市场交易

储能行业的发展也将为换电服务运营商带来新的盈利模式。未来换电站作为天然的分布式用电负荷及储能单元，可通过有序充放电管理，与电网进行高效互动，参与需求侧响应，参与到调峰调频及后续绿能的电力交易等商业活动中，实现削峰填谷的作用。随着电力市场的逐步开放，储能业务的盈利能力也将逐步提升，换电站可通过规模化的电网互动，实现收益的大幅提升，为换电服务运营商增加营收。

2. 推动电池资产高效利用

车电分离模式将成为推动换电模式发展的主要方式，即动力电池与车辆分离，单独进行销售和租赁，而租用电池可以将一次性购买成本分摊到每月，极大地缓解消费者的资金压力。随着"车电分离"商业模式的成熟与完善，今后车电分离商业模式会进一步推广到更多的换电车型上，让更多车主从中受益。车电分离模式在营运车辆领域容易实现规模化应用。电动汽车能源补给效率直接影响营运车辆的收入水平，换电模式补能时间相比慢充、快充有非常明显的优势。据市场调研结果，双班制的出租车适合换电车型，换电模式下的司机收入明显优于充电模式。同时，营运车辆品牌相对集中，电池规格相对一致，培育出租车司机良好的换电消费习惯，实现错峰换电，提高用户满意度，有利于车电分离模式在营运车辆领域的发展。

（三）发展建议

1. 完善标准规范，推动电池兼容互换

进一步完善动力电池标准体系建设，在行业形成共识之前可以先行制定团体标准，倡导动力电池规格的标准化、规范化，为扩大换电模式发展规模奠定基础。一是兼顾各方利益建立电池标准化推进机制，推动不同品牌车型电池兼容互换；二是建立全面系统的车电分离车辆、动力电池、换电站安全管理体系，排除电池安全隐患；三是建立安全责任评价体系，打破电池流通僵局。优先发展多车型、跨平台的共享型换电站，对共享换电站各方案进行技术论证与试验验证，提炼出接口、通信、操作流程等标准化技术路线并开展技术试验验证。

2. 推动科技金融发展，挖掘电池资产数字化商业潜力

鼓励或引导不同主体加强合作，分摊建设成本，支持共享型换电站发展。推动V2G协同创新与试点示范，推动充换电企业盈利模式多元化发展。充分利用金融工具和数据业务，积极推动"电池银行"和"新能源汽车资产数字化"商业模式相结合。通过市场化运作模式、科技金融创新等手段，引导各类社会资金、金融资本支持车电分离模式发展，从而实现新能源汽车的快速推广。

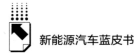

3. 鼓励换电站、电网、电动汽车双向互动发展

推动车网互动、车站互动、站网互动、车车互动等技术进一步规模化应用。灵活调度车—站—网—源，打通电力双向流通渠道，促进网络能量传递，融入智慧电网系统，让电力系统更加优化。通过"充换储"一体化为电网的调峰、调频和应急供电提供基础服务。推动快换站电能储备参与电力市场交易，在重点商业区、居民区等区域，增加用户侧电池应用场景。建议参照火电行业广泛使用的"两个细则"类似规则，在负荷侧进行试点，发挥充换电基础设施对于电网消纳新能源电力、提高供电可靠性的支撑作用，针对换电制定统一的资源补偿规则。

4. 加强电池全生命周期数据监管

加强动力电池数据管理的顶层设计，进一步明确动力电池全生命周期数据平台的重要意义，梳理动力电池各环节的数据要求，制定具体落实措施，强化创新推动，从而引导行业主体开展对新技术、新模式和新业态的探索应用，充分挖掘动力电池全生命周期数据价值。一是积极引导建设动力电池全生命周期共享数据平台。通过促进动力电池全产业链合作，打通跨企业数据通路，推动共享数据平台的建设，并建立健全数据资产交易和定价机制，加速数据资源的整合流通。二是开发数据商业价值，推动更多应用场景落地。充分利用电池全生命周期数据积累，基于电池设计品类、性能参数、运行使用等信息，积极探索电池数据平台在技术研发、产品规划、二手车市场、金融保险及回收利用等多个场景的深度应用。

借 鉴 篇

References

本篇主要围绕全球市场发展情况、绿色低碳政策、插电混动的实际使用及"出行即服务"模式，对国际上新能源汽车产业的发展现状及相关工作进行了分析介绍，并在部分议题中结合中国国情给出了中国实践的建议。

发展新能源汽车是实现气候目标的重要途径，欧美等主要国家从顶层设计进一步强化发展新能源汽车的战略定位。《2022 年全球新能源汽车市场发展特点及趋势展望》全面分析了全球新能源汽车市场整体概况、市场结构和区域特征，研判全球新能源汽车市场发展趋势。当前全球新能源汽车区域格局基本稳定，主要国家不断增强产业链掌控能力，并强化新技术研发，全球供应链体系或向区域化、多元化方向发展，市场竞争也将扩展至产业链、技术链、价值链等各领域。

欧美等发达国家基于其基本国情及总体减排目标继续优化绿色低碳政策体系。《欧美绿色低碳政策研究》系统梳理、提炼 2022 年以来欧美推进绿色转型的实践和政策动态，总体来看，欧美通过财税支持、监管延伸、供应链本土化、加严技术指标等多种方式向发展中国家转移气候治理成本、重塑经贸规则、树立绿色壁垒，但或将成为促使我国企业提升碳管理能力的契机。

插电式混合动力汽车（PHEV）的电动行驶效率及节能效益一直是争论的焦点。为研究全球统一轻型车测试工况（WLTP 工况）下认证的 PHEV 实际油耗与认证值之间是否存在差异，《欧洲插电式混合动力汽车的实际使用油耗、电动行驶及 CO_2 排放研究》对欧洲约 9000 辆 PHEV 的平均实际油耗和电动行驶占比进行了分析。研究发现，欧洲 PHEV 车辆的平均实际油耗是 WLTP 工况型式核准认证值的 3~5 倍。

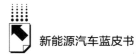

　　"出行即服务"（MaaS）为破解未来城市交通出行难题提供了新的理念，但各地在开展 MaaS 时普遍面临"如何建设、如何运营、如何服务、如何治理"等发展难题，《"出行即服务"国际践行及对中国的启示》阐述了 MaaS 的内涵特征和基本构成，并选取八个国内外典型案例，总结其在运营组织模式、数据资源、商业模式、政策法规、实施路径等方面的经验做法，从顶层设计、实际运营等多个方面研提了我国发展 MaaS 体系的建议。

B.19
2022年全球新能源汽车市场发展 特点及趋势展望

刘可歆*

摘　要： 2022 年全球新能源汽车销量达 1126.7 万辆，同比增长 63.5%。分动力类型来看，纯电动车型依旧占据主力，插电式混合动力、燃料电池车型销量也有明显增长。分区域来看，以东亚、欧洲、北美为主的"三足鼎立"区域发展格局基本形成，中国、美国、德国、英国、法国等国新能源汽车销量分别完成 688.7 万辆、99.5 万辆、84.4 万辆、38.6 万辆和 35.5 万辆，位列全球新能源汽车销量前五。当前全球新能源汽车区域格局基本稳定，欧美等主要国家进一步强化发展新能源汽车的战略定位，市场有望进一步增长。同时，主要国家不断增强产业链掌控能力，并强化新技术研发，全球供应链体系或向区域化、多中心化方向发展，市场竞争也将向产业链、创新链、价值链扩展。

关键词： 全球市场　区域分布　新能源汽车

一　整体情况：全球新能源汽车市场快速 增长，总体规模不断扩大

（一）2022年全球销量超过1100万辆，增量再创历史新高

2022 年全球新能源汽车市场实现大幅增长，全年销量达 1126.7 万辆，同

---

* 刘可歆，硕士，工程师，中汽政研绿色低碳研究部。

比增长 63.5%，增量达 437.7 万辆。截至 2022 年底，全球新能源汽车累计销量超过 2900 万辆，新能源汽车市场渗透率快速提升，由 2021 年的 8.3% 增长至 2022 年的 14.2%，提升 5.9 个百分点（见图 1）。

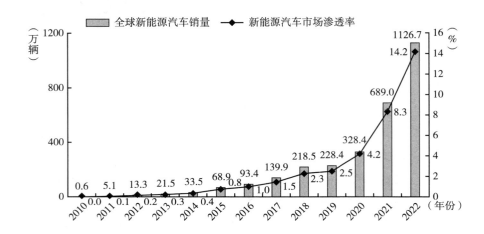

图 1　2010~2022 年全球新能源汽车销量及市场渗透率

资料来源：EV Volumes，中国汽车工业协会。

（二）纯电动车型依旧占据主力，市场占比稳步提升

从动力类型分布来看，2022 年全球纯电动汽车、插电式混合动力汽车、燃料电池汽车销量分别为 838.7 万辆、286.1 万辆和 1.9 万辆，同比分别增长 69.4%、48.8% 和 9.7%，市场占比分别为 74.4%、25.4% 和 0.2%。2022 年以来，部分车企加强纯电动产品布局，如吉利几何纯电动车型销量提升，宝马 iX、i7、i4，奔驰 EQS、EQB、EQE 等纯电动车型上市量产，奥迪 Q4 e-tron、Q5 e-tron 规模不断提升，福特纯电动皮卡 F-150 Lightning、纯电动货车 E-Transit 实现批量交付。2022 年吉利、宝马、奔驰、奥迪、福特等主要汽车企业纯电动车型销量占集团整体新能源汽车销量的比例分别提升了 22 个、21 个、15 个、11 个及 11 个百分点，带动全球纯电动汽车份额提升 2.5 个百分点（见图 2）。

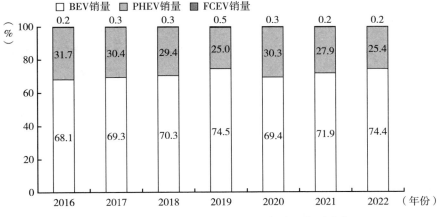

图2　2016～2022年全球新能源汽车动力类型分布

资料来源：EV Volumes，中国汽车工业协会。

（三）乘用车市场结构明显调整，商用车占比平稳提升

从车辆类型分布来看，2022年全球新能源乘用车、商用车销量分别为1074万辆和52.7万辆，同比分别增长62.3%和81.8%，市场占比分别为95.3%和4.7%。2020年以来，新能源乘用车市场占比稳定在95%左右；2022年新能源商用车市场规模提升，市场占比较2021年的4.2%提升0.5个百分点（见图3）。

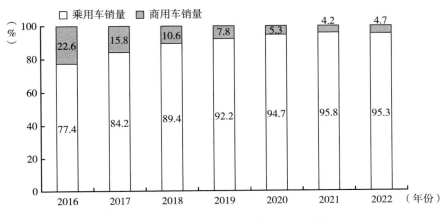

图3　2016～2022年全球新能源汽车车型分布

资料来源：EV Volumes，中国汽车工业协会。

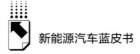

从全球新能源乘用车车型级别分布来看，2022 年全球新能源乘用车中，A00 级、A0 级、A 级、B 级、C 级及以上销量分别为 145.9 万辆、67.2 万辆、369.1 万辆、288.8 万辆和 203 万辆，同比分别增长 15.5%、73.0%、70.4%、54.5% 和 68.7%。其中，A 级乘用车增幅明显，市场份额由 2021 年的 33.2% 增长到 2022 年的 36.6%，同比增长 3.4 个百分点，比亚迪 宋 Pro/Plus、元 Plus、秦 Plus，广汽 Aion Y、Aion S 等 A 级新能源乘用车销量均超过 10 万辆。C 级及以上乘用车市场份额也有增长，市场份额由 2021 年的 13% 增长到 13.7%，同比增长 0.7 个百分点，比亚迪 汉、理想 ONE、极氪 001、小鹏 P7、奥迪 e-tron Quattro 等 C 级及以上车型全球销量均超过 5 万辆（见图 4）。

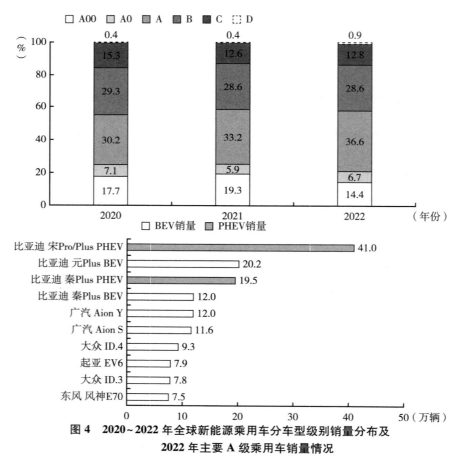

图 4　2020~2022 年全球新能源乘用车分车型级别销量分布及
2022 年主要 A 级乘用车销量情况

资料来源：EV Volumes。

二　市场结构：头部企业集中度较高，一批中系品牌进入前列

（一）主要系别企业销量均有增长，中系企业占比提升

全球新能源汽车企业一直以中系、欧系、美系为主，2022年中系、欧系、美系企业全球新能源汽车销量分别达到509.8万辆、225.6万辆和169.4万辆，同比分别增长95.8%、17.4%和41.8%，销量占比分别为50.4%、22.3%和16.7%，合计占比达89.4%。其中，中系企业新能源汽车销量占比明显提升，由2020年的30.1%、2021年的39.8%增长至2022年的50.4%，同比增长10.6个百分点。日系、韩系企业新能源汽车销量也分别实现54.2万辆和47.4万辆，同比增长15.4%和43.1%，但占比均在10%以下（见图5）。

（二）新能源乘用车市场集中度较高，前十企业占比超六成

2022年全球新能源乘用车销量前十企业合计销售720.8万辆，市场占比达64%。比亚迪、特斯拉、上汽集团位列前三，销量分别为184.9万辆、131.4万辆和75.5万辆，全球市场占比分别为16.4%、11.7%和6.7%。大众集团、吉利集团、现代起亚、斯特兰蒂斯、奔驰、雷诺日产三菱、宝马分别位列全球新能源乘用车销量第四至第十，销量均超过35万辆，全球市场占比均超过3%（见图6）。

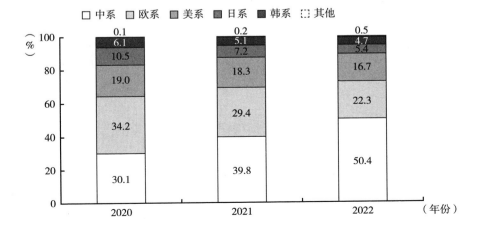

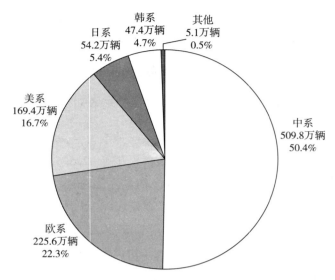

图5 2020～2022年全球新能源汽车分系别销量占比及2022年分系别销量分布

资料来源：EV Volumes。

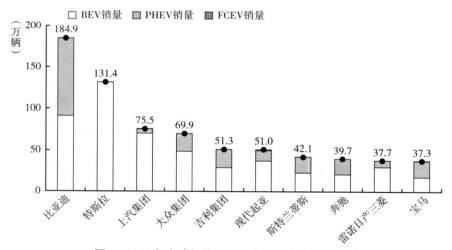

图6 2022年全球新能源乘用车销量企业排名情况

资料来源：EV Volumes。

分技术路线来看，全球销量前十企业基本实现纯电动和插电式混合动力多技术路线布局，其中特斯拉全部为纯电动车型；上汽集团、大众集团、现代起亚、雷诺日产三菱以纯电动车型为主，销量占比超过 70%；吉利集团、斯特兰蒂斯、奔驰技术路线布局相对均衡，纯电动与插电式混合动力车型销量比例接近 1∶1，但仍以纯电动车型为主；比亚迪、宝马插电式混合动力车型占比相对更高。

（三）产品日益丰富，一批中系车型销量进入全球前列

2022 年全球在售的新能源乘用车车型超过 500 款，其中纯电动车型约 340 款，插电式混合动力车型约 180 款，燃料电池车型 7 款。排名前二十车型销量合计 409.7 万辆，市场占比达 40.6%。特斯拉 Model Y、特斯拉 Model 3、上汽通用五菱宏光 MINI EV、比亚迪 宋 Pro/Plus PHEV、比亚迪海豚位列全球新能源乘用车销量前五。此外，比亚迪 元 Plus EV、比亚迪 秦 Plus PHEV、比亚迪 汉 EV、比亚迪 汉 PHEV、比亚迪 唐 PHEV、比亚迪 秦 Plus EV、广汽埃安 AION Y、广汽 AION S、长安 奔奔 E-Star、奇瑞 QQ 冰激凌、奇瑞 eQ1、合众哪吒 V 等中系品牌车型也进入全球新能源乘用车销量前二十（见图 7）。

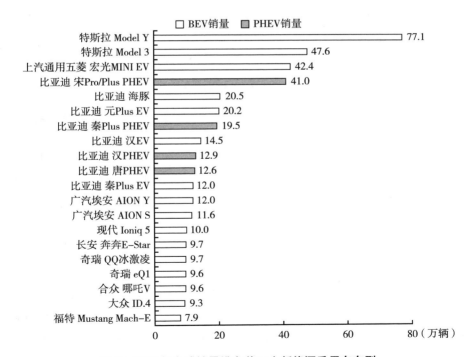

图 7　2022 年全球销量排名前二十新能源乘用车车型

资料来源：EV Volumes。

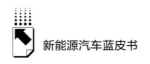
三　区域特征：区域发展格局基本
形成，欧美市场驱动力增强

（一）"三足鼎立"区域发展格局基本形成，中欧美仍为主要市场

全球新能源汽车市场主要集中在东亚、欧洲、北美三个区域，新能源汽车销量合计占比长期维持在95%以上。2022年，东亚、欧洲、北美新能源汽车销量分别为645.7万辆、271.3万辆和110.9万辆，全球占比继续提升至97.3%，"三足鼎立"发展格局基本形成。

分国家来看，中国、美国、德国、英国、法国、韩国、瑞典、挪威、意大利、加拿大等国2022年新能源汽车销量分别完成688.7万辆、99.5万辆、84.4万辆、38.6万辆、35.5万辆、18.2万辆、16.6万辆、16.1万辆、13.0万辆和11.4万辆，位列全球前十，合计占比达91%。其中，中国新能源汽车销量同比增长93.4%，全球销量占比由2021年的51%增长至61%，增长10个百分点。美国、德国也分别实现49.6%和22.2%的增长，美国反超德国，自2019年后重新成为全球销量第二的国家（见图8）。

（二）欧洲市场稳中有升，政策持续推动但生产及使用成本增高

2022年欧洲新能源汽车销量达271.3万辆，同比增长15.2%。其中，德国、英国、法国、瑞典、挪威位列欧洲新能源汽车销量前五，销量分别为84.4万辆、38.6万辆、35.5万辆、16.6万辆和16.1万辆，合计占欧洲新能源汽车总销量的70.5%（见图9）。欧洲力度较大的财税支持政策、企业积极的产品布局，推动市场保持稳步增长态势，但大宗商品价格上涨等因素，也导致欧洲市场增幅出现下滑。

从支持政策来看，2022年多数国家的补贴政策延续或开始温和退坡。考虑到新能源汽车使用经济性较强，能源使用环节税负成本小，补贴政策变动对于销量的冲击有限。其中，德国仍为购买电动汽车的消费者提供最高9000欧元的单车补贴；英国自2022年6月宣布取消补贴后，新能源汽车销量和渗透率并没有出现显著下滑，表现出较大韧性；法国宣布对于售价低于4.7万欧元

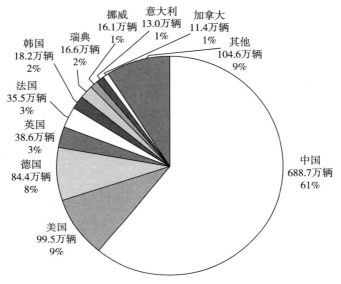

图8 2022年全球主要国家新能源汽车销量及全球占比

资料来源：EV Volumes，中国汽车工业协会。

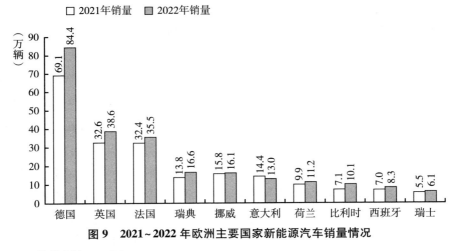

图9 2021~2022年欧洲主要国家新能源汽车销量情况

资料来源：EV Volumes。

的车型，个人补贴金额由6000欧元增加至7000欧元，企业补贴金额由4000欧元增加至5000欧元；意大利延续现有补贴政策，并计划对年收入低于3万

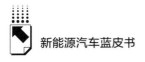

欧元的个人购车补贴上涨 1000~1500 欧元。

但欧洲大宗商品价格走高叠加能源价格上涨，新能源汽车生产及使用成本均出现明显上升。受俄乌冲突影响，欧洲车企面临较大程度的芯片、线束等汽车零部件短缺和价格上涨，部分车企难以转嫁原材料、能源及物流等成本上涨带来的冲击，选择停工停产，产量损失较大。同时煤炭、天然气及原油价格走高也导致电价上涨，推升新能源汽车终端使用成本。欧洲批发电价根据择优顺序机制，主要由天然气发电厂的边际定价决定，因此天然气价格的上涨推升欧洲电价的边际成本。2022 年 12 月英国电力价格达到每兆瓦时 2585.80 英镑的历史新高，比平日每兆瓦时 674.78 英镑增长了近 3 倍。供需两端成本压力增大，一定程度抑制了欧洲新能源汽车市场持续快速发展。

（三）美国企业加快电动化步伐，本地市场优势明显

2022 年美国新能源汽车销量达 99.5 万辆，同比增长 49.6%，成为除中国外增量最大的新能源汽车市场。拜登政府上台后将"应对气候变化"作为其执政计划的重点，将发展新能源汽车列为实现其气候计划的重要任务之一。根据 2022 年 8 月出台的《通胀削减法案》，美国明确将于 2023~2032 年（至少）继续为符合条件的纯电动汽车、插电式混合动力汽车和燃料电池汽车提供最高 7500 美元（约人民币 5.2 万元）的个税抵免补贴，并取消了单个车企累计销售 20 万辆后抵免金额 2 年内完成退坡的限制。同时，对电动汽车个税抵免优惠设置了关键原材料来源地和北美本地化等条件，加大力度推动电动汽车产业链回流。

以上措施极大促进了美国本地企业的电动化转型热情。从企业分布来看，特斯拉、现代起亚、福特、斯特兰蒂斯（含吉普及克莱斯勒）、宝马位居美国新能源汽车销量前五。前五企业中包括三家美系品牌，合计占比达 77%，其中仅特斯拉就占据了 52% 的市场份额，领先优势明显。从主销车型来看，特斯拉 Model Y、特斯拉 Model 3、吉普牧马人 PHEV、福特 Mustang Mach-E、特斯拉 Model S、雪佛兰 Bolt、特斯拉 Model X 分别位列美国新能源汽车销量前七，且均为美系品牌（见图 10）。

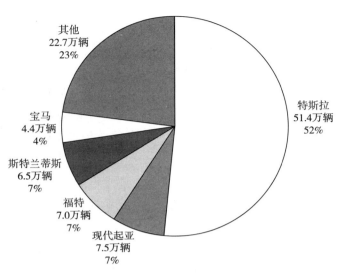

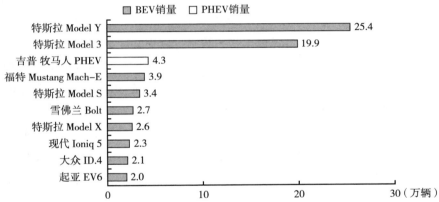

图10 2022年美国新能源汽车企业及主销车型销量分布

资料来源：EV Volumes。

四 趋势预判：全球新能源汽车市场长期
持续增长，竞争进入新阶段

（一）新能源汽车区域格局基本稳定，欧美市场有望出现新增量

欧美等主要国家将发展新能源汽车作为实现气候目标的重要途径，从顶层

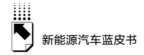

设计进一步强化发展新能源汽车的战略定位。预计未来一段时间，东亚、欧洲、北美等仍将是全球新能源汽车销售的主要区域。从国家来看，中国、美国、德国、英国、法国及其他主要欧洲国家仍是主要市场。其中，中国新能源汽车市场进入规模化快速发展新阶段，产业发展的内生动力基本形成，政策环境利好、产品丰富、消费认知提升等因素有望推动市场继续扩大，未来仍将保持全球优势地位。此外，美国、法国、意大利等欧美主要国家也出现新的增长点。

系列政策推动叠加本地化扩产，美国市场增速有望继续提升。美国发布多项新能源汽车行业激励政策，推动新能源汽车产业发展及产业链回流，在此背景下美国本土企业正加快转型升级和产能布局。特斯拉奥斯汀工厂计划进一步提高 Model Y 产量，并为 Cybertruck 的生产做准备；弗里蒙特工厂准备推出新版 Model 3。通用汽车也加速电动化转型，提出新能源汽车和数字双平台战略，预计到 2025 年将投资 350 亿美元，北美新能源汽车产能计划超过 100 万辆。福特汽车到 2025 年将对新能源汽车相关技术投资 300 亿美元以上，2026 年规划产量达到 200 万辆以上，到 2030 年新能源汽车占比达到 40% 以上。随着通用、福特等美国本土车企加速转型，大众、丰田等企业实现北美本地化生产落地，美国新能源汽车市场有望实现快速增长。

严格的减排要求叠加外部波动缓解，欧洲市场有望保持温和增长。面向未来，欧洲新能源汽车零部件供应紧缺、能源价格高涨等不利影响有望缓解。此外，法国及意大利等欧洲国家 2023 年将继续增加新能源汽车购车补贴等激励政策。同时，欧洲还出台了全球最严格的碳排放标准，规定乘用车碳排放量不得超过 95g/km，且 2030 年碳排放标准再减少 55% 至 42.75g/km。严格的减排要求和周期较长的财税支持政策，有望推动欧洲新能源汽车销量逐渐呈现恢复性增长态势。

（二）主要国家不断增强产业链掌控能力，全球供应链集群化初见端倪

近年来，国际形势和疫情冲击给产业链、供应链带来重大挑战，产业安全受到各国高度重视，全球产业链分工布局也由一体化开始向区域化、多中心化方向转变。欧盟通过碳边境调节机制及新电池法案加严电池及部分进口商品碳

排放约束，推动形成技术性贸易壁垒。美国对享受个人所得税抵免政策支持的产品，设定整车及动力电池本地化制造及原材料来源地要求，力图加速产业链、制造链回流。欧美等主要国家正加紧构建本地化供应链体系，未来或将形成东亚、欧洲、北美洲三大新能源汽车供应链集群。

此外，新一轮科技革命和产业变革进入加速突破期，汽车电动化、智能化、网联化融合发展成为必然趋势，新能源汽车正从以电动化为核心的技术竞争，转变为电动化、网联化、智能化三者融合发展的竞争，全球新能源汽车产业也正迎来新的发展节点。欧美等汽车大国积极加大对新能源汽车产业的扶持力度，不仅注重刺激市场消费，而且顺应产业变革趋势，强化对新一代智能化新能源汽车的支持。预计全球新能源汽车市场规模将持续增长，竞争也将更加激烈，并扩展至产业链、创新链、价值链等各领域。

B.20
欧美绿色低碳政策研究

宋承斌 范柏余 石 红 祝月艳*

摘 要： 应对气候变化已经成为全球共识，各国出台多项气候政策。2022 年，欧美等发达国家基于其基本国情及总体减排目标继续优化绿色低碳政策体系。政策层面，欧盟碳边境调节机制和《电池与废电池法规》取得阶段性成果，"2035 禁燃"进程有了进一步推进，部分成员国也加大了绿色低碳政策支持力度；美国将绿色低碳政策的关注点集中在清洁能源和新能源汽车两方面。在此背景下，建议我国完善碳管理政策体系，鼓励企业绿色低碳发展，持续关注欧美相关贸易政策，并提早研究应对措施。

关键词： 碳关税 碳足迹 清洁能源 新能源汽车

在全球"脱碳"的大背景下，各国纷纷发布碳减排目标，欧美等发达国家已将绿色低碳转型作为实现气候目标的重要途径，从战略层面加大低碳政策支持力度。本文梳理提炼欧盟、美国两地 2022 年以来推进绿色转型的实践和政策动态，总结各地区政策特点，最后提出完善我国碳排放管理体系相关政策建议。

---

* 宋承斌，经济师，中汽政研绿色低碳研究部；范柏余，工程师，中汽政研绿色低碳研究部；石红，高级工程师，中汽政研绿色低碳研究部；祝月艳，工程师，中汽政研绿色低碳研究部。

一　欧美绿色低碳政策最新动态

（一）欧盟绿色低碳相关政策最新动态

欧洲是全球绿色发展的领先者，也是环境友好型政策的主要发源地。欧盟低碳政策具备较为完善的框架体系，多以总体碳减排目标为核心制定顶层战略，与此同时实施立法进行法律保障，各行业在顶层战略的基础上制定行业政策，分领域实施减排计划。当前，欧盟正借助"欧洲绿色协议"和"Fit for 55"一揽子提案加速推进绿色转型，以碳边境调节机制（Carbon Border Adjustment Mechanism，CBAM）和《电池与废电池法规》为代表的政策措施进一步表明欧盟坚定低碳转型的决心。2023年，经欧洲议会、欧盟委员会和欧盟理事会多次协商博弈，CBAM成为欧盟正式法律，《电池与废电池法规》取得阶段性成果。欧盟"2035禁燃"进程也有了进一步推进。

一是CBAM征收范围扩大并提前开始实施。2021年7月14日，欧盟委员会提出了应对气候变化的一揽子计划提案，其中包括CBAM实施细则提案，征收范围覆盖钢铁、铝、水泥、化肥及电力5类产品生产过程中的直接排放。2022年6月22日，欧洲议会提出修订意见，将过渡期延长为4年，正式实施时间为2027年1月1日。2023年5月16日，CBAM文本正式通过，最终实施范围增加了氢产品，共涉及水泥、钢铁、铝、化肥、电力和氢6类产品。其中对于水泥、电力和化肥3类，既对其产品生产过程中的直接排放收费，也对其间接排放收费。相比于此前的提案，本次法规的实施时间为2026年1月1日，仅需提供进口商品的碳排放量报告、无需支付费用的过渡期压缩为2023年10月1日到2025年12月31日。在过渡期结束前，欧盟委员会将再次对政策进行评估，以决定是否将产品征收范围及核算范围进一步扩大，包括是否将有机化学品、聚合物等产品纳入覆盖范围。此外，2022年12月18日，欧盟理事会和欧洲议会就欧盟碳市场（European Union Emissions Trading System，EU-ETS）改革方案达成协议，调整了碳市场免费配额削减速度（见表1），并规定CBAM免费配额削减速度将与EU-ETS保持一致，较原先每年2.2%的削减速度有大幅提升。

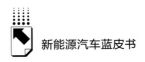

表1 EU-ETS 免费配额削减速度

单位：%

年份	削减速度	年份	削减速度
2026	2.5	2031	61.0
2027	5.0	2032	73.5
2028	10.0	2033	86.0
2029	22.5	2034	100.0
2030	48.5		

二是扩大《电池与废电池法规》适用范围并调整实施时间。2020年12月10日，欧盟委员会提出了《电池与废电池法规》提案，提出对于投放到欧盟市场的电池实施全生命周期监管，规定纳入监管范围的电池为4类，分别为电动汽车动力电池，汽车启动、照明、点火电池，便携式电池及工业电池。提案还对电池碳足迹监管方面提出分阶段实施路径，自2024年7月1日起需具备碳足迹声明，自2026年1月1日起需具备碳强度性能等级标签，自2027年7月1日起需满足最大碳足迹限值要求。2022年3月10日，欧洲议会针对电池碳足迹方面提出了更高的要求，规定自2025年7月1日起需具备碳强度性能等级标签，自2027年1月1日起需满足最大碳足迹限值要求，二者较最初提案中的实施时间均提前了半年。2023年6月14日，欧洲议会全体议会投票通过了《电池与废电池法规》，敲定法规内容。新法规的适用范围在前述4类电池基础上新增轻型运输工具电池，扩大了法规监管范围。法规还对废旧电池的回收率，钴、铜等材料的回收率以及使用再生材料等方面提出更细致的实施时间和目标要求，以此实现循环利用，促进循环经济，具体见表2、表3和表4。

表2 不同类型废旧电池的回收率目标

单位：%

时间	电池类型及回收率目标			
	铅酸电池	锂基电池	镍铬电池	其他电池
2025年12月31日	75	65	80	50
2030年12月31日	80	70	80	50

表3　废电池中不同材料的回收率目标

单位：%

时间	回收材料及回收率目标				
	钴	铜	铅	锂	镍
2027年12月31日	90	90	90	50	90
2031年12月31日	95	95	95	80	95

表4　再生材料及最低含量

单位：%

时间	再生材料及最低含量			
	钴	铅	锂	镍
法规生效后60个月内	随附技术文档应包含从各制造商各型号电池的活性材料废物中回收钴、铅、锂、镍的数量信息			
法规生效后96个月	16	85	6	6
法规生效后156个月	26	85	12	15

在标签、标识、二维码、"电池护照"和碳足迹监管方面，法规将实施时间由最初提案中的具体日期调整为法规生效后的18~54个月，具体见表5。

表5　碳足迹、标签相关内容实施时间

时间	内容
法规生效后18个月	具备碳足迹声明
法规生效后24个月	张贴"单独收集"标识、Cd和Pb化学符号
法规生效后36个月	满足碳足迹性能等级要求、张贴标签
法规生效后42个月	张贴二维码、具备"电池护照"
法规生效后54个月	满足碳足迹阈值要求

三是汽车零排放协议最终将混合动力车型（HEV）和插电式混合动力车型（PHEV）纳入禁燃范围。2022年6月8日，欧洲议会通过了《2035年欧洲新售燃油轿车和小货车零排放协议》修订提案，重申欧盟境内乘用车及轻型商用车需在2035年实现零排放的减排目标。2023年2月14日，欧洲议会正式通过了该协议，禁燃范围包括HEV和PHEV。此协议还规定从2025年底开

始，欧盟委员会将每两年发布一份评估零排放道路交通进展的报告。针对在欧盟市场上销售的乘用车和轻型商用车整个生命周期内的二氧化碳排放数据，欧盟委员会将在2025年12月31日之前提出对其评估和报告的一套方法学。到2026年12月，欧盟委员会将对比燃料和能源消耗实际数据与排放限值之间的差距，提出一套调整二氧化碳排放量的方法学。此协议遭到了汽车制造大国德国的反对，经德欧谈判后，欧盟气候政策负责人在社交网站上表示"仅使用碳中性燃料的内燃机车辆可以在2035年以后进行新车登记"，但有关碳中性燃料内燃机汽车的定义和排放算法有待进一步明确。

除欧盟层面的战略规划外，部分欧洲国家也加大了对可再生能源项目的支持力度。德国在2022年7月提出的"复活节一揽子"法案重申将于2045年实现碳中和目标的承诺，同月出台的《可再生能源法》《海上风电法》《陆上风电法》《联邦自然保护法》等法规提出了进一步增加可再生能源产能的途径和措施，以及将加速建设海上风电和陆上风电项目。法国总统在2022年3月宣布了面向2050年的"法国能源计划"，提到将大力发展可再生能源，确保2050年碳中和目标实现。同年9月，法国能源部提出将加快批准可再生能源项目的步伐、加快海上风电的部署。10月，法国总统表态将"退出《能源宪章》，停止对化石能源进行补贴"。意大利紧跟欧盟步调，在2022年6月提出"响应欧盟燃油车退出计划"，表示支持欧盟"到2035年实现汽车零碳排放"的目标，届时不再销售燃油汽车。

（二）美国绿色低碳政策最新动态

美国绿色低碳政策集中在清洁能源汽车和新能源汽车两方面。随着汽车产品普及，美联邦和州政府逐渐意识到道路交通领域所带来的能源消耗和环境污染等问题，将发展新能源汽车作为绿色低碳发展的重要手段。但受历届政府执政理念差异影响，美国绿色低碳政策不连贯、不稳定。奥巴马执政期间，美国对新能源汽车的支持力度达到顶峰；特朗普执政期间，美国大幅降低对节能环保和新能源汽车的支持力度；拜登政府上台后，将"应对气候变化"作为执政计划的重点和亮点，宣布美国将于2050年实现碳中和目标，并将发展新能源汽车列为实现气候计划的重要任务之一。2022年，拜登政府坚定推行气候环保相关政策，并采取以下四方面措施推进绿色低碳发展。

一是实施清洁能源转型战略。拜登上任以来，接连发布一揽子应对气候变化政策，包括《清洁能源革命与环境正义计划》、《建设现代化的、可持续的基础设施与公平清洁能源未来计划》和《关于应对国内外气候危机的行政命令》等法案。2022年2月24日，美国能源部（Department of Energy，DOE）发布《美国保障供应链以实现强韧清洁能源供应转型战略》（以下简称《战略》）。《战略》列出了62项行动建议，其目的是构建安全、有弹性且多样化的能源领域工业基础，从而确立美国在清洁能源制造和创新方面全球领导者的角色。《战略》深入评估了电网、储能、燃料电池和电解剂材料、水力发电、核能、铂族金属和其他催化剂、太阳能光伏、风能、网络安全和数字部件等13项特定技术和跨领域主题，确定了跨技术领域的共同威胁、风险和脆弱点。针对这些共同的风险和脆弱点，提出了7项关键战略，包括：①增加国内原材料供应；②扩大国内制造能力；③投资并支持建立多样、安全和可靠的国外供应链；④增加清洁能源的应用和部署；⑤改进报废废物管理；⑥吸引和支持本国熟练技术工人助力清洁能源转型；⑦改进供应链数据和分析工具以扩展知识和支持决策。

二是通过财税政策大规模投资支持清洁能源。2022年8月16日，美国总统拜登正式签署通过了《通胀削减法案》。法案计划投资3690亿美元用于气候变化和能源安全领域，是美国有史以来最大规模的气候投资法案。法案包括五部分：①降低能源成本。将为消费者提供一系列激励措施，以减轻高昂的能源成本，帮助消费者负担得起降低碳排放的新兴技术，包括直接激励消费者购买节能电器、清洁汽车和太阳能，促进家庭绿色节能消费，其中很大一部分资金流向了低收入家庭和贫困社区。②保障美国能源安全和国内制造业。法案旨在加大对美国清洁能源制造业的支持力度，降低对国外的依赖度，确保向绿色经济过渡时为美国人创造大量的就业机会。同时，法案超过600亿美元用于美国陆上清洁能源制造，这些激励措施将通过降低清洁能源的成本缓解供应链瓶颈和未来价格冲击的风险。③实现经济去碳化及低碳经济发展。法案旨在通过对各行业实施不同的应对气候变化的政策，大幅减少电力生产、交通、工业制造、建筑和农业等领域的碳排放，包括为各州公用事业单位和企业提供税收抵免和拨款支持，从而加快清洁能源技术开发推广。④维护社区和环境公平。法案包括超过600亿美元的环境公平优先事项，更侧重于社区、家庭的能源清洁

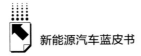
化，并指出将投资重点放在贫困落后的社区，以确保贫困社区能够享受绿色经济发展的好处。⑤支持农林业弹性建设。法案通过投资农民和林地所有者，使其成为不断发展的气候解决方案的一部分。这些投资主要用于保护森林、城市绿植和沿海栖息地，以及发展农村社区的清洁能源，肯定了农业生产者和林地所有者在气候解决方案中的核心作用，确保农村能够更好地适应快速变化的气候。

表6　《通胀削减法案》清洁能源投资列表

单位：亿美元

投资方向	主要内容	金额
降低能源成本	消费者家庭能源退税计划,重点关注低收入家庭,以实现家用电器电气化并用于节能改造	90
	为消费者提供10年的税收抵免,降低家庭使用清洁能源的成本,使热泵、屋顶太阳能和热水器等更实惠	—
	中低收入个人购买二手清洁车辆可获得4000美元的消费者税收抵免	—
	为购买新的清洁车辆可提供7500美元的税收抵免	—
	10亿美元用于提高经济适用房的能源效率	10
保障能源安全和国内制造业	提供税收抵免以加速美国太阳能电池板、风力涡轮机、电池和关键矿物加工的生产制造	300
	为建设清洁技术制造设施提供税收抵免,如制造电动汽车、风力涡轮机和太阳能电池板	100
	热泵和关键矿物加工	5
	捐款用于改造现有汽车,制造清洁车辆	20
	贷款用于全国各地建设新的清洁汽车制造设施	200
	国家实验室加速突破新能源研究	20
低碳经济	为清洁电力和能源储存提供税收抵免,以及对各州和电力公司的定向捐款和贷款计划	300
	为清洁燃料和节能商用车辆提供税收抵免和补助,减少运输部门的碳排放	—
	提供捐赠和税收抵免以减少工业制造过程中的碳排放,包括化学、钢铁和水泥等工业	60
	联邦采购美国制造的清洁技术产品,以稳定清洁产品市场	90
	支持清洁能源技术的开发推广,尤其是在落后社区	270
	制定减少甲烷排放的计划	—

投资方向	主要内容	金额
维护社区和环境公平	为环境和气候公平捐赠资助,用于落后社区和社区能力建设	30
	支持邻里公平,打通邻里社区间的阻碍,减轻交通设施或建设项目对落后社区的负面影响	30
	拨款减少港口空气污染,支持在港口购买和安装零排放设备和技术	30
	重型车辆清洁建设,如学校、公交巴士、垃圾车等	10
	制定先进技术应用和消费者家庭能源退税计划,推动落后社区发展	—
支持农林业的弹性建设	支持气候智能型农业实践	200
	支持健康防火的森林带、森林保护和城市绿植	50
	支持国内生物燃料的生产,以及建设可持续航空燃料和其他生物燃料所需的基础设施	—
	保护和恢复沿海栖息地	26
合计		3690

三是推动新能源汽车及零部件产业链回流。根据《通胀削减法案》,美国将于2023～2032年继续为符合条件的纯电动汽车、插电式混合动力汽车和燃料电池汽车提供最高7500美元的个税抵免补贴,但要求整车必须在北美组装,同时取消单个车企20万辆上限要求。同时,设置极为苛刻的关键矿产资源来源要求和动力电池本地化要求,每满足一方面要求方可获得3750美元补贴。2022年4月,拜登政府启用《国防生产法案》,帮助美国本土企业获得联邦资金,加强可再生能源和动力电池中关键矿产的开采和加工,包括镍、锂、钴、石墨和锰。2022年5月2日,拜登政府宣布,将启动一项31亿美元的计划促进美国本土电池制造业的发展。这笔资金将支持本土企业建立、重新调整或扩大电池和电池部件的制造,以及建立电池回收设施。2022年8月9日,美国总统拜登签署《芯片与科学法案》,9月6日,美国商务部发布《美国自主芯片战略》,阐明芯片法案的具体实施方案、战略目标及指导原则。芯片法案拨款527亿美元资助美国本土芯片制造及研发,并为在美芯片建厂提供25%的税收减免。同时,法案设置明确的"护栏条款"规定,要求接受法案补助的企业在未来长达十年的时间内不能在包括中国在内的"受关注国家"扩大或建

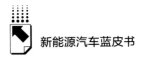
设先进产能。

四是加严了美国轻型车温室气体（Greenhouse Gas，GHG）和企业平均燃料经济性（Corporate Average Fuel Economy，CAFE）标准。2021年12月30日，美国环境保护署（EPA）再次修订并发布了最终版2023~2026年的GHG排放标准。按照最新规则，2023~2026年GHG排放标准分别在上一年的基础上加严10%、5%、6.6%和10%，远高于前期版本。早在2012年EPA制定的GHG气体排放规则就对2017~2025年的GHG排放要求做出了规定，以年均3%的速度逐渐加严。2020年，由EPA和美国国家公路交通安全管理局（NHTSA）联合修订后，2021~2026年GHG排放标准的加严速度调整为年均1.5%。2022年3月，NHTSA公布了最终版2024~2026年的CAFE标准，并恢复了对2019款及以后车型未能达到CAFE标准要求的汽车制造商的更高罚款标准。根据最新标准，2024~2026年，每年燃油经济性进步幅度需达到8%、8%、10%，2026年美国各品牌汽车的平均油耗必须达到49.1英里每加仑，大幅修正了特朗普政府所提出的每年1.5%的进步幅度。此外，2022年8月25日，加州空气资源委员会通过了加州零排放汽车二期法规，2026年销售的新车中零排放乘用车占比必须达35%，2030年销售的新车中零排放乘用车占比必须达68%，2035年销售的新车中零排放乘用车占比必须达100%。该法规是加州层面的强制性法规，如汽车制造商无法满足要求则需缴纳罚款。

二 欧美绿色低碳政策特点

总体来看，各国新能源汽车相关政策均基于其基本国情。欧洲化石能源对外依存度较高，加之公民环保诉求强，汽车低碳转型需求迫切。美国新能源汽车政策与领导人的执政理念高度相关，拜登政府上台后将"应对气候变化"作为其执政计划的重点和亮点。

一是大力加码清洁能源的财税支持力度。2023年2月，欧盟创新基金投资6200万欧元支持清洁技术创新，以推进能源密集型工业、可再生能源、氢能和储能突破性技术的市场化进程。2023年3月，欧盟宣布将从创新基金中拨款18亿欧元，投资16个大规模创新项目，涵盖碳捕集、利用与封存（CCUS）、绿氢及其衍生物、储能、合成可持续燃料等技术，以实现在未来十年内将二氧化碳排放量减少1.25亿吨的目标。美国《通胀削减法案》脱胎于《重建美好未来法案》，削减后更聚焦于能源转型和应对气候变化，在降低能源成本、保障能源安全和国内制造业、低碳经济、维护社区和环境公平、支持农林业的弹性建设五个方面总投资支出为3690亿美元，占比由31%上升至50%。

二是管理机制逐步延伸到全生命周期体系。欧盟《电池与废电池法规》对电池实施全生命周期监管，涵盖电池的生产、使用、报废和回收阶段。法规将重点放在回收利用上，对于再生原材料含量、电池回收率等指标提出了分阶段的具体目标值，明确对于电池碳足迹管理体系，实施碳足迹声明、碳足迹等级、碳足迹阈值的分阶段实施路径。对于所有进入欧盟市场的电池进行监管，欧盟电池制造商或进口商需确保电池合规性，未满足法规相关要求的电池将被禁止进入欧盟市场，电池产品面临更高的合规成本。

三是持续强化本土产业链供应链竞争力。EU-ETS目前仅约束本地企业，为防止本地企业将碳排放较高的生产制造环节转移至碳排放管制较宽松的国家，CBAM对进口商按欧盟碳交易价格征收，防止本地企业外流，尤其是制造业企业。美国《通胀削减法案》《国防生产法案》要求关键矿物及动力电池零部件等不得来源于"受关注外国实体"，法案对于原材料加工的本地化要求将进一步提升在美企业产能及市场占比，巩固美国或与美国签署自由贸易协定的国家动力电池原材料制造优势。《芯片与科学法案》提出禁止获得联邦资金的公司在"受关注国家"大幅增产先进制程芯片，受政策影响，英特尔等美国企业不断提高投资和产能扩张速度，而台积电、三星、海力士等则需慎重考虑全球业务布局，形成对美国芯片企业的巨大资源倾斜。

四是加快加严绿色低碳政策落地实施的步伐。CBAM最新协议将过渡期时间缩短，规定征收范围覆盖部分产品的间接排放，后续还将扩大产品覆盖范围和征收范围，将进一步刺激低碳技术的发展。欧盟批准了2035年禁售包括HEV和PHEV在内的燃油车，进一步扩大了禁燃范围。除了国家层面愈发加紧的低碳政策，欧盟成员国也纷纷响应欧盟"2035年禁燃计划"，加速推进能源转型，建设可再生能源项目。美国加严了轻型车GHG和CAFE减排标准，加州方面出台了更严苛的零排放汽车二期法规，绿色低碳政策落地明显提速。

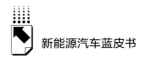
三 对我国的启示和建议

欧盟碳边境调节机制、《电池与废电池法规》和美国一系列相关政策措施的深层次作用是向发展中国家转移气候治理成本、重塑经贸规则、树立绿色壁垒，但也将成为促使我国企业提升碳管理能力的契机。为此，基于国情现状，建议我国从内外两侧同时发力、积极应对。

一是完善我国碳管理政策体系。充分学习国际碳减排及碳管理经验，构建基于我国国情的碳管理政策体系，建立我国电池行业全生命周期碳足迹政策相关法规。加强规划战略引领，健全行业管理机制，强化标准体系建设，提升技术创新能力，完善产业发展环境。从战略、财税、金融、标准、评估、认证、监管等各方面形成一整套激励约束机制，促使全社会加快向低碳发展转型。

二是鼓励企业绿色低碳发展。鼓励企业先行试点，支持企业建立可实施的碳排放管理制度，及时监控核查生产过程及供应链环节碳排放。引导企业在综合考虑生产成本的情况下加强与低碳供应链供应商的合作，促进企业低碳生产闭环管理，推进产业链供应链低碳发展。支持企业绿色低碳转型，推动绿色制造技术创新和产业应用示范。

三是持续关注相关政策法规进展。欧盟高度依赖国际贸易，目前已有欧盟学者建议欧盟政府积极邀请贸易伙伴加入碳边境调节机制的制定，成立"气候俱乐部"，就碳排放管理规则达成共识，减小国际阻力。2022年，中国是欧盟第二大贸易伙伴，在充分掌握行业实际碳排放情况后，应系统评估其对我国经贸活动的影响，及时与欧盟及国际贸易组织进行深层次沟通，通过多种形式展开双边对话，努力影响规则制定，尽力避免陷入被动。

四是提早研究应对措施，加强政策储备，建立完善相关制度。目前我国全国碳排放交易市场仅将发电行业纳入管理，钢铁、铝、水泥、化肥等行业尚未纳入碳市场，在直接碳排放管控政策方面不占优势，暂时无法利用相同规则直接反制。我国可利用全球最大单一市场优势，通过其他途径积极应对，对欧盟出口产品及出口商形成对等约束关系，维护贸易公平和正义。

B.21

欧洲插电式混合动力汽车的实际使用油耗、电动行驶及 CO_2 排放研究

Patrick Plötz　Georg Bieker [*]

摘　要： 插电式混合动力汽车（PHEV）在减少燃油消耗、全球温室气体（GHG）减排和区域空气污染减排方面的潜力取决于这类车辆的电动行驶效率。在全球统一轻型车测试工况（WLTP 工况）下认证的 PHEV 车辆的实际油耗与认证值之间是否存在差异，尚无充分研究。为了填补这项空白，本文对欧洲约 9000 辆 PHEV 车辆的平均实际油耗和电动行驶占比进行了分析，重点聚焦 WLTP 工况认证车型。研究发现，欧洲 PHEV 车辆的平均实际油耗是 WLTP 工况型式核准认证值的 3~5 倍。建议对目前 WLTP 测试规程中的假设进行修订，从而更好地反映 PHEV 车辆的实际使用情况。

关键词： 插电式混合动力汽车　实际油耗　二氧化碳排放

近年来，PHEV 车型数量大幅增加，销量持续增长，市场发展速度加快。2021 年，欧洲 PHEV 车辆销量突破 100 万辆，约占乘用车总销量的 9%，与 BEV 车辆基本持平，但 PHEV 车辆在汽车总保有量中的占比仍低于 1%。以德国为例，其 2021 年 PHEV 销量约占新车销量的 12%，在汽车总保有量中的占比为 1.3%。

PHEV 车辆动力系统的特点是可以由内燃机和电动机交互提供动力，且在纯电模式下能实现尾气零排放。PHEV 的纯电行驶里程占比以及车型工程设计

---

[*] Patrick Plötz，博士，ISI 事业部能源经济协调员；Georg Bieker，博士，国际清洁交通委员会，高级研究员。

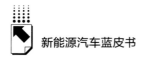

特征（即内燃机与电动机运行比例或系统交互作用情况）是 PHEV 车辆实际行驶油耗的决定性因素。因此，PHEV 车辆在减少燃油消耗、CO_2 减排和空气污染减排等方面的潜力很大程度上取决于实际运行状况和充电方式。

本研究旨在了解欧洲 PHEV 车辆在私人和企业领域的实际使用情况，且重点关注德国市场。本研究评估 WLTP 工况对于油耗数据在实际行驶和认证之间的差异，以确定 WLTP 和 NEDC 工况哪个更能准确地反映 PHEV 车辆的实际行驶油耗。为此，本文从多渠道收集了最新的 PHEV 车型实际使用数据，对这些数据进行统计分析，并基于分析结果提出相关政策建议。

本文第一部分将介绍本次研究使用的数据及分析方法，第二部分将介绍分析结果，第三部分开展一些讨论并提出对未来的展望。

一　数据与分析方法

本文通过在线数据库、相关企业调研的方式收集了 PHEV 产品的实际使用数据，在数据收集过程中重点关注实际行驶油耗、纯电动行驶占比以及车辆年行驶里程等能够反映实际使用情况的数据。

本次收集的数据涵盖 27 个国家，包括所有欧盟成员国，以及英国、瑞士和挪威等。大多数数据来自德国、英国、法国、奥地利、荷兰、瑞士和芬兰。车辆样本分为私人车辆和企业车辆两类。如表 1 所示，本次研究覆盖近 9000 辆 PHEV 车辆，其中德国占比达 80%。

表 1　按用户类型和国家划分的 PHEV 车辆样本数量

单位：辆

PHEV 样本	德国	欧洲其他国家	总计
私人领域车辆	4199	1609	5808
企业领域车辆	2924	123	3047
总计	7123	1732	8855

如表 2 所示，部分车辆提供了 NEDC 和 WLTP 工况型式核准认证数值，整体涵盖 WLTP 工况认证值的 PHEV 车辆占比 69%。

表 2　提供了 WLTP、NEDC 或双工况型式核准认证值的 PHEV 车辆样本数量

单位：辆

PHEV 样本	仅 NEDC	仅 WLTP	NEDC 和 WLTP	其他	总计
私人领域车辆	2536	25	3242	5	5808
企业领域车辆	229	0	2817	1	3047
总计	2765	25	6059	6	8855

样本共涵盖 27 家汽车生产企业、100 多个 PHEV 车型和 400 多个款型。其中，品牌前三位为宝马（24%）、奔驰（14%）和大众（11%），车型前三位为三菱欧蓝德（9%）、大众帕萨特（5%）和宝马 X3（5%）。

二　分析结果

以下内容分两部分展示 PHEV 车辆实际行驶情况。第一部分将展示实际行驶油耗值与型式核准认证油耗值之间的差异；第二部分将分析实际电动行驶里程占比，并将其与型式核准假设值进行比较。

（一）实际行驶过程中的平均油耗

图 1 按车辆生产年份展示了私人领域 PHEV 车辆的平均油耗变化情况。如图 1 所示，私人领域 PHEV 车辆的实际行驶油耗整体上随时间推移呈上升趋势，只在 2017~2018 年出现了明显的下降，而这个时间点恰恰是引入 WLTP 工况的时间。此外，图 1 中实际油耗值是车辆生产年份的油耗平均值，而非销售年份。由此可见，新车比老旧车辆呈现了更高的平均实际油耗。

此外，从图 1 可以看出，NEDC 工况下的型式核准油耗值基本保持稳定，而 WLTP 工况下的型式核准油耗平均值呈现下降趋势。特别是 2018 年生产的车辆 WLTP 工况下认证值高于 NEDC 工况认证值，这主要是由本年度 WLTP 工况下进行型式核准的车辆数量有限导致的。随着在 WLTP 工况下进行型式核准认证的车辆样本增加，两套测试规程下的型式核准认证值在 2019 年趋于一致，随后 WLTP 工况认证值开始低于 NEDC 工况认证值。这与欧盟委员会联合研究中心最新的研究结论是一致的。NEDC 型式核准认证油耗值随着时间变化基本

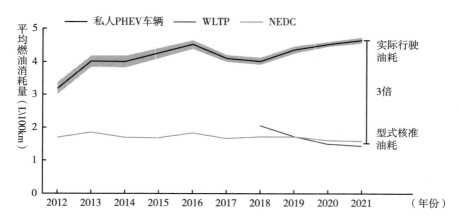

图1　2012~2021年欧洲私人PHEV车辆平均实际行驶油耗与型式核准认证油耗情况

保持稳定，而实际行驶油耗却在上升，表明实际行驶油耗值与型式核准油耗值之间的差异正在显著扩大。特别是2021年生产的车辆实际行驶油耗值约是型式核准油耗值的3倍。

图2展示了企业领域PHEV车辆的实际行驶平均油耗与型式核准油耗按车辆生产年份的发展情况。如图2所示，企业领域PHEV车辆的实际油耗基本保持稳定，仅在2019年呈现小幅下降趋势，但变化趋势弱于私人领域PHEV车辆。因此企业领域PHEV车辆的NEDC和WLTP工况下型式核准认证值基本一致。与私人领域相比，企业领域实际油耗更高一些，且实际油耗与型式核准油耗之间的差异更大，2021年生产的车辆实际油耗大约是型式认证值的5倍，但整体差异幅度较为稳定。

表3为按用户类型划分的综合计算结果。其中，私人领域PHEV车辆样本加权平均后的实际行驶油耗为4.0~4.4L/100km，企业领域为7.6~8.4L/100km，处于样本加权平均值的95%置信区间①范围内。在私人领域方面，车辆平均实际行驶油耗是NEDC工况认证油耗的240%~260%，是WLTP工况认证油耗的270%~310%。相比之下，样本加权平均后的企业领域PHEV车辆的实际行驶油耗是NEDC工况认证油耗的420%~460%，是WLTP工况认证油耗的455%~520%。因此，从样本中所有生产年份车辆的平均值来看，私人领域车辆的实际

---

①　置信区间是指由样本统计量所构造的总体参数的估计区间。

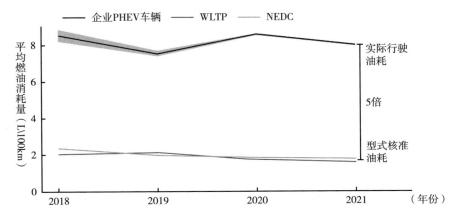

图2　2018～2021 年欧洲企业 PHEV 车辆平均实际行驶油耗与型式核准认证油耗情况

行驶油耗平均值是 NEDC 工况认证油耗的 2.5 倍，企业领域车辆的实际行驶油耗平均值是 NEDC 工况认证油耗的 4.5 倍。同时，在与 WLTP 工况认证值进行比较时，差异幅度更为显著，私人和企业领域实际行驶油耗分别高达认证油耗的 3 倍和 5 倍。对于仅在 NEDC 工况下认证的车辆，样本加权平均后也与认证油耗存在差异，私人领域车辆实际行驶油耗与认证油耗的差异范围为 220%～240%，企业领域车辆为 360%～410%。可以看出，最近年份生产的 PHEV 车辆显现出了更高的实际行驶油耗，与型式核准认证油耗的差异也变得更大。

表3　在观察周期内车辆样本加权平均后的实际行驶油耗与型式核准油耗之间的差异（95%置信水平）

单位：L/100km，%

车辆	燃油消耗量			实际行驶油耗与型式核准认证油耗的比例	
	NEDC	WLTP	实际行驶	NEDC	WLTP
私人领域	1.70	1.60	4.0～4.4	240～260	270～310
企业领域	1.85	1.71	7.6～8.4	420～460	455～520

表4为按车辆生产年份实际行驶的平均油耗和型式核准油耗，展示了油耗的变化趋势。表中仍保证了 95% 的置信区间，以及每个生产年份和每个用户

类型的样本规模，确保了结果的可靠性。私人领域车辆方面，2013 年以后，车辆实际行驶油耗均不低于 4.0L/100km；NEDC 工况认证油耗值在 1.5L/100km 至 1.9L/100km 之间波动；WLTP 工况认证油耗值则从 2.05L/100km 降至 1.43L/100km。其中，2021 年生产的车辆实际行驶平均油耗最高，但型式核准平均油耗 WLTP 和 NEDC 工况都是最低的。企业领域车辆实际行驶油耗是私人领域车辆的 2 倍，而 NEDC 和 WLTP 工况下的型式核准认证油耗与私人领域车辆一样呈下降趋势。

表 4　按车辆生产年份划分的样本加权平均实际行驶油耗和型式核准油耗（95%置信区间）

单位：辆，L/100km

车辆生产年份	私人领域				企业领域			
	数量	燃油消耗量			数量	燃油消耗量		
		实际行驶	NEDC	WLTP		实际行驶	NEDC	WLTP
2012	82	3.18±0.2	1.70±0.14					
2013	151	4.02±0.18	1.86±0.10					
2014	170	4.00±0.18	1.70±0.10					
2015	215	4.27±0.16	1.68±0.08					
2016	303	4.52±0.14	1.83±0.08					
2017	487	4.10±0.10	1.66±0.06		125	8.59±0.2	2.20±0.1	
2018	447	4.02±0.12	1.72±0.06	2.05±0.08	68	8.53±0.2	2.39±0.2	2.05±0.1
2019	484	4.36±0.10	1.72±0.06	1.73±0.08	251	7.55±0.2	1.97±0.1	2.13±0.1
2020	1051	4.52±0.08	1.61±0.04	1.50±0.04	1163	8.59±0.2	1.84±0.04	1.73±0.04
2021	574	4.65±0.10	1.58±0.04	1.43±0.06	666	8.03±0.2	1.78±0.04	1.60±0.04

本文还以国家为单位绘制了两类用户群组实际行驶油耗与型式核准认证油耗的关系图。图 3 展示了实际行驶油耗与 NEDC 工况认证油耗之间的关联性，图 4 展示了实际行驶油耗与 WLTP 工况认证油耗之间的关联性。

油耗值与型式核准油耗值相同，垂直实线表示该国各用户群组的平均偏差。图 3、图 4 展示了 12 个欧洲国家的数据，尽管国家和用户类型的分布形式不同，但出现峰值的位置相似，实际行驶油耗成功达到型式核准认证值的车辆极少。在两套型式核准规程下，企业领域车辆的数据分布范围均比私人领域车辆更广。整体上，在 NEDC 工况方面，私人领域车辆的实际行驶油耗

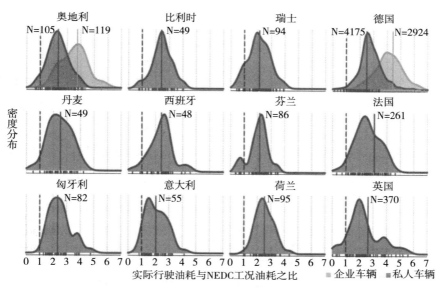

图3　按国家划分的实际行驶油耗与 NEDC 型式核准油耗值分布

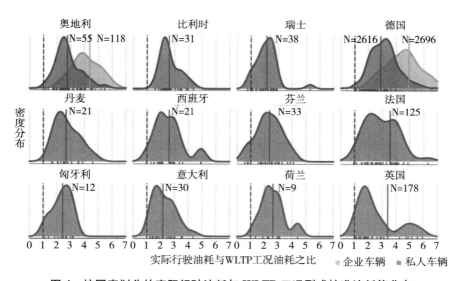

图4　按国家划分的实际行驶油耗与 WLTP 工况型式核准油耗值分布

注：垂直虚线位置表示实际行驶。

是型式核准认证油耗的 2~3 倍，而企业领域车辆的实际行驶油耗是型式核准认证值的 4 倍；在 WLTP 工况方面，私人领域车辆的实际行驶油耗也是型式核准认证油耗的 2~3 倍，而企业领域车辆的实际行驶油耗可达型式核准认证值的 4~5 倍。

图 5 总结了每个国家和用户类型的实际行驶油耗与 NEDC 和 WLTP 认证油耗之比。如图 5 所示，所有国家实际行驶油耗与 WLTP 工况认证值之间的偏差都大于与 NEDC 工况认证值之间的偏差。因此，在不考虑加权因素的情况下计算了所有国家的均值，即欧盟私人领域 PHEV 车辆整体平均油耗，该值是 NEDC 工况型式核准认证值的 250%，是 WLTP 工况认证值的 290%。

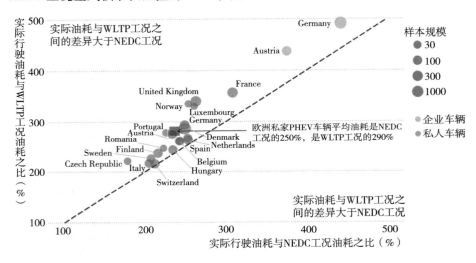

图 5　各国样本实际行驶油耗平均值与 NEDC 和 WLTP 工况型式核准油耗值之间的关联性

各国之间存在差异的原因多种多样，导致差异的因素归类如下：一是具体品牌、车型和细分市场在各个国家的相对发展情况；二是由各国公共充电基础设施建设和人流集中场所分布（如工作、购物、办事或休闲场所）决定的短途和长途行程分布；三是是否能够在家、工作地、旅途中或目的地进行充电；四是财税因素，包括为企业车辆提供的购置补贴和激励方案，以及化石燃料成本与电力成本的对比；五是环境温度（如空调）或路线、地形等环境条件对能耗的影响。

（二）实际行驶过程中的电动行驶占比

本部分主要分析电动行驶里程占比（EDS），即在内燃机关闭状态下行驶里程所占的比例。在 NEDC 工况下，可以采用应用系数（UF）来计算纯电动行驶里程占比，但在 WLTP 工况下的 UF 并不准确。因为在 WLTP 工况下，UF 计算出的是电量消耗模式下的行驶距离占比。虽然电量消耗模式以电能为主要驱动力，但并不完全是纯电驱动。

表 5 按用户类型和车辆生产年份汇总的样本量加权平均后的实际电动行驶里程占比均值，并额外提供了误差区间以及每个生产年份和每类用户群组的样本数量。在私人领域 PHEV 车辆方面，实际纯电动行驶占比集中在 45%~49%，最低为 41%，最高为 52%，其中 2020 年和 2021 年生产的车辆纯电动行驶占比趋于稳定。在企业领域 PHEV 车辆方面，实际纯电动行驶里程占比不到私人领域的一半，不确定性和波动性更为明显。

表 5 根据样本量加权平均后的实际电动行驶占比均值（按生产年份划分）

单位：%，辆

车辆生产年份	私人领域车辆		企业领域车辆	
	实际 EDS	数量	实际 EDS	数量
2012	52±4	82		
2013	47±3	151		
2014	51±3	170		
2015	43±3	215		
2016	41±2	303		
2017	42±2	487	4±2	125
2018	46±2	447	8±3	68
2019	46±2	484	20±2	251
2020	44±1	1051	11±1	1163
2021	44±2	574	10±1	666
根据样本量权重后的平均值	45~49	3661	11~15	2273

私人领域 PHEV 车辆的平均纯电动行驶里程占比接近 50%，这意味着私人领域车辆行驶的里程中近一半由纯电驱动，但实际行驶平均油耗仍然达到

4.0~4.4L/100km，远高于 WLTP 和 NEDC 工况的型式核准认证均值 1.6L/100km 和 1.7L/100km。这表明要达到型式核准认证油耗，PHEV 车辆实际纯电动行驶占比需要高于 50%。本文选取 7.1L/100km 作为样本车辆的平均 WLTP 电力维持（CS）模式油耗，并在此基础上上浮 23%以获得 CS 模式下的实际行驶油耗，若想达到型式核准认证油耗，则 PHEV 车辆的纯电动行驶占比需要达到 82%。

如图 6 所示，将 WLTP 工况等效纯电动续驶里程对应的实际纯电动行驶里程占比与单位电力消耗（CD）模式续驶里程对应的行驶里程占比（即 WLTP 工况下的 UF 曲线）进行对比，圆圈大小表示各个国家每种车型的样本大小。

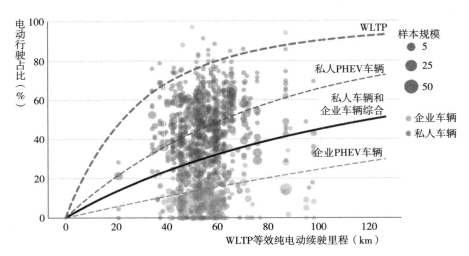

图 6 WLTP 工况下进行型式核准认证的 PHEV 车辆的实际电动
行驶占比与 WLTP 工况电力消耗模式

对于大多数 PHEV 车型而言，电力消耗（CD）模式并不是纯粹的纯电动行驶状态，在此模式下会得到内燃机对电机的辅助支持。因此，CD 模式的续驶里程会大于等效纯电动续驶里程。在车辆实际使用过程中，会遇到高温、低温或高负载行驶等比型式核准认证工况更苛刻的使用条件。因此电力消耗模式下也会产生油耗，从而导致电力消耗模式行驶里程占比与纯电动行驶占比之间差异更加明显。所以在 WLTP 的型式核准认证工况下，大多数车型电力消耗模式下的油耗是被低估的。同时，UF 曲线在 WLTP 工况条件下，电力消耗模式与纯电动行驶里程占比和纯电动续驶里程的差异很小。较高的电力消耗模式与等效纯电动续驶里程、纯电动行驶里程占比之间的潜在差异可以相互抵偿一部分。

　　行驶占比假设值及实际行驶 UF 修正曲线对比为将实际纯电动行驶里程占比与 WLTP 工况下 CD 模式行驶占比进行定量比较，本文引入了针对不同用户群组的非线性回归函数。本文调整了 WLTP 工况下 UF 系数的计算公式。根据欧盟管理法规，该公式记作 $UF(R_{CDC}, d_n) = 1 - exp^{\left[-\sum_{i=1}^{10} c_i \cdot \left(\frac{R_{CDC}}{d_n}\right)^i\right]}$。其中，$R_{CDC}$ 是 WLTP 工况下电力消耗模式行驶公里数，在欧洲常数 c_i 和 d_n 的值分别为 $d_n =$ 800km、$c_1 = 26.25$、$c_2 = -38.94$、$c_3 = 631.05$、$c_4 = 5964.83$、$c_5 = 25095$、$c_6 = 60380.2$、$c_7 = 87517$、$c_8 = 75513.8$、$c_9 = -35749$、$c_{10} = 7154.94$。具体而言，在既定的 CD 模式续驶里程下，应用较高的 d_n 值会计算出较低的 CD 模式行驶占比。该计算方法保持了当前 WLTP 工况下 UF 曲线的计算函数结构和所有数学特征，只是通过样本规模加权的非线性最小平方获得一个易于更新且与经验数据最佳适配的经验 d_n 参数。

　　根据样本规模非线性加权回归后的最佳评估值，私人领域车辆的 $d_n = 2200 \pm$ 90km（最佳值 ±2 倍标准误差）。企业领域车辆的 $d_n = 9100 \pm 1100$km。因此，经验 d_n 是目前 WLTP 工况私人车辆 UF 曲线设定值的 3 倍、企业车辆 d_n 值的 10 倍以上。

　　由于目前的 PHEV 车辆保有量中包括私人和企业领域车辆，我们考虑到私人领域车辆的保有量略高，但年行驶里程相对企业车辆要低一些，企业领域车辆保有量略低但年行驶里程较高，所以假设二者比例均是 50%，以确定各车辆的最佳综合估值。由此得出的私人与企业领域车辆整体纯电动行驶占比（EDS）曲线下的 $d_n = 4260 \pm 1100$km。因此，车辆的实际行驶里程需要达到 WLTP 工况假设值的 5 倍以上，才能达到相同的纯电动行驶占比。

　　针对具体国家的分析和可靠性验证，图 7 绘制了几个国家 PHEV 车型的实际纯电动行驶占比（EDS）的均值和 WLTP 工况下的等效纯电动续驶里程。在图 6 总数据集的基础上，进一步将 EDS 均值对应的 WLTP 等效纯电动续驶里程与官方 UF 曲线（虚线）以及通过 d_n 自由参数调整后的 UF 曲线（实线）进行了对比。可以看出，所有国家 WLTP 工况下的 CD 模式行驶占比始终高于实际行驶 EDS。

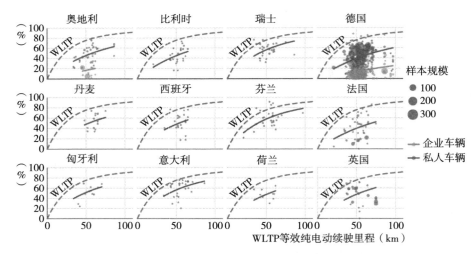

图 7 各国 WLTP 工况型式核准认证的 PHEV 车辆的实际电动行驶占比与 WLTP 工况下电力消耗模式行驶占比及调节后的 UF 曲线对比

本文根据实际经验获得了电动行驶占比（EDS）曲线，该曲线具有 WLTP 工况下电力消耗模式行驶占比曲线的所有数学特征，同时与经验数据相匹配。因此可以证明，可以用简单直观的方式对现有管理法规进行更新升级，即只需要调整一个参数，就可以将 WLTP 工况下的 UF 曲线调整为更符合实际行驶情况的均值。无论是参数需要修改的幅度，还是实际行驶油耗与型式核准认证油耗之间的偏差，均已表明修订现有管理法规的重要性。

三　未来展望

本部分将就各个国家具体样本数据来源的局限性、计算实际电动行驶占比方法的局限性、与先前研究的对比以及对未来的展望等内容进行讨论分析。

（一）评估数据的来源存在局限性

本文研究的样本为近 9000 辆新款主流 PHEV 车辆，其中经过 WLTP 工况认证的超 6000 辆，覆盖了 27 个欧洲国家，分为两类用户群组。虽然德国车辆的数据占主导地位，但也包括了数据量较大的 10 个国家，这些国家均重视 PHEV 产品市场。虽然本次样本中缺少东欧国家的数据，但东欧国家的 PHEV 车辆保有量占比较低，这表明研究结果具备一致性。同时，虽然只有德国和奥地利包含企业领域车辆样本，且奥地利的样本占比非常小。然而，这两个国家的总体趋势是一致的。此外，本文使用的是车主自愿报告的燃油消耗量数据。因此，这部分数据可能会更多来自一些比较关注其车辆能耗的私人用户群体，此类用户的油耗会比整个私人领域车辆平均油耗略低。

（二）实际电动行驶占比的计算存在局限性

本文将实际纯电动行驶占比定义为纯电动驱动（即内燃机关闭状态下）行驶里程所占的比例。但这与 WLTP 工况下型式核准规程中的定义存在重要差异。WLTP 工况中的应用系数 UF 对应的是电力消耗（CD）模式下行驶里程所占的比例，所以包括了 CD 模式下产生的燃油消耗量。根据传动系统特征和运行策略，部分车辆在 CD 模式下并不会启用内燃机，即 CD 模式与纯电动行驶没有区别。而其余车辆则会在负载较高、高温运行、低温运行条件下，消耗电池电量的同时附加使用内燃机。在这种情况下，CD 模式行驶会产生油耗，且其占比会高于零油耗的纯电动行驶占比。同时，CD 模式下的续驶里程也会高于纯电动续驶里程。本文希望评估纯电动续驶里程和纯电动行驶占比之间的关联性，得出与 CD 模式续驶里程和 CD 模式行驶占比关联性曲线（UF 曲线）接近的修正应用曲线。要计算实际纯电动行驶里程占比需要知道电力维持（CS）模式下的油耗。但 WLTP 工况型式核准规程下认证的 CS 模式油耗是不公开的，所以需要在方法论中加入某些假设，利用一些数值推断出 CS 模式下的油耗。经过验证，计算结果与 WLTP 型式核准值之间存在微小差异，并反映出实际行驶 UF 系数和电动行驶占比，这意味着现实中的纯电动行驶占比会更低一些。

（三）与此前研究的对比

整体来看，此次最新的研究结果与 2020 年的研究结果一致。在私人领域 PHEV 车辆方面，可以看到实际行驶油耗与型式核准认证油耗之间的差异增大。2020 年，NEDC 工况型式核准认证的车辆油耗差异幅度为 135%~235%，此次研究，NEDC 工况认证车辆增至 240%~260%，WLTP 工况认证车辆增至

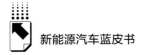

270%～310%。同样，在 2020 年的研究中，NEDC 工况型式核准认证的企业领域 PHEV 车辆的油耗偏差为 340%～410%，而此次研究中 NEDC 和 WLTP 认证车辆的偏差分别增至 420%～460% 和 455%～520%。差异增大的原因是内燃机排量、功率以及车辆尺寸增大和重量增重获得了新的客户群体。与早期用户相比，新增消费者由于可以享受财税激励，主观降低考虑环境问题的能动性，这会进一步导致减少充电频次或改变驾驶行为。总体来看，油耗偏差增大是综合因素导致的，不可归咎于单一原因。

（四）未来展望

通过本次研究，目前已经可以提供可靠的证据来对 WLTP 工况规程中不符合 PHEV 车辆实际的应用因子（UF）假设进行修正。未来根据欧盟（EU）2018/1832 和（EU）2021/392 法规的规定，可以从车载燃油消耗量监测装置中获得更全面的 PHEV 车辆实际使用数据，从而进一步调整完善 WLTP 规程。同时，鉴于 PHEV 产品在欧洲具有较大的保有量，需要尽快为 PHEV 车辆采集更符合实际情况的 CO_2 排放值，才能确保欧盟 CO_2 排放标准或财税政策等交通领域环境政策的实施效果。此次研究提供了一个直接的解决方案，即将目前 UF 系数中的参数 d_n = 800km 替换为更具现实代表性的 d_n = 4260km。

B.22
"出行即服务"国际践行及对中国的启示

刘向龙　李佳杰　李香静　刘好德*

摘　要： "出行即服务"（MaaS）为破解未来城市交通出行难题提供了新的理念，已纳入《交通强国建设纲要》等纲领性文件，同时也与新能源汽车产业发展相辅相成，但各地在开展 MaaS 时普遍面临"如何建设、如何运营、如何服务、如何治理"等发展难题，迫切需要予以引导。因此，本文阐述了 MaaS 的内涵特征和基本构成，并选取八个国内外典型案例，总结其在运营组织模式、数据资源、商业模式、政策法规、实施路径等方面的经验做法。最后，针对 MaaS 体系顶层设计、运营主体、数据资源整合与共享、商业运营模式、产业发展、基础与应用研究、试点示范等七方面提出了未来我国 MaaS 的发展建议，促进 MaaS 健康、可持续发展。

关键词： 城市交通　出行即服务　数字交通

MaaS（Mobility as a Service）源于计算机领域 IaaS（Infrastructure as a Service）、PaaS（Platform as a Service）、SaaS（Software as a Service）的"即服

* 刘向龙，博士，研究员，交通运输部科学研究院城市交通与轨道交通研究中心智能交通研究室主任；李佳杰，博士，研究实习员，交通运输部科学研究院城市交通与轨道交通研究中心；李香静，硕士，副研究员，交通运输部科学研究院城市交通与轨道交通研究中心；刘好德，博士，研究员，交通运输部科学研究院城市交通与轨道交通研究中心副主任。

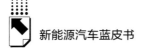

务"概念，Mobility 意为"出行"，因此 MaaS 被国内学者命名为"出行即服务"，是近年来汽车电动化、智能化、共享化融合发展背景下交通运输行业所产生的新出行服务理念。MaaS 内涵是能源资源环境约束下精准响应多元化出行需求的高品质运输服务供给，是充分利用信息技术整合以新能源汽车为主的各类运输服务资源，为不同类型用户的门到门全链条出行需求，提供可供选择的一体化公共出行，为用户出行过程中的路径规划、服务预定、票务支付、服务反馈等提供易于访问的信息服务。

MaaS 理念自诞生以来，受到各国政府管理部门、运输供应商、学术界和产业界的普遍关注。尤其是随着新能源汽车产业快速发展，MaaS 逐渐成为整车企业推动电动化、智能化、共享化转型发展的重要方向，如大众汽车发布"2030 NEW AUTO"战略，将电动化作为未来发展的战略支撑，并加速转型成为软件驱动型移动出行服务提供者；广汽计划"十四五"末期，新能源汽车产品占整车的产销规模超 20%，成为行业先进的移动出行服务商，全面实现电气化、智联化、数字化、共享化、国际化五大方面的提升。依托新能源汽车市场基础，MaaS 将加快与能源领域的融合，推动未来出行体系电动化变革，加快交通低碳化发展，推动能源高效利用，促进全球能源结构调整。同时基于 MaaS 发展，新能源汽车出行可以衍生如智慧充电、智慧停车、车联网等多元化服务，MaaS 是新一代新能源汽车变革发展的重要方向。

为更好地布局 MaaS 行业发展，2019 年党中央和国务院印发《交通强国建设纲要》，提出"打造基于移动智能终端技术的服务系统，实现出行即服务"。以此为纲领，我国各级交通运输主管部门出台一系列政策规划文件，对推进 MaaS 建设进行了任务部署，包括绿色出行、碳普惠、数字经济、新型基础设施、标准化等关键领域，如图 1 所示。在新能源汽车快速发展的趋势下，MaaS 在国内具有良好的发展氛围和前景，但鉴于服务体系的复杂性，MaaS 在我国仍处在初级阶段，普遍面临"如何建设、如何运营、如何服务、如何治理"等发展难题。因此，本文旨在通过阐述 MaaS 内涵、发展要素、国内外典型应用实践，提出未来我国 MaaS 发展的建议，促进 MaaS 健康、规范、可持续发展。

	2019年	2020年	2021年	2022年
国务院	《交通强国建设纲要》 《国家综合立体交通网规划纲要（2021~2050年）》 《国务院办公厅关于促进平台经济规范健康发展的指导意见》	《关于构建更加完善的要素市场化配置体制机制的意见》	《“十四五”数字经济发展规划》 《“十四五”现代综合交通运输体系发展规划》 《2030年前碳达峰行动方案》 《综合立体交通网规划纲要》 《国务院关于加快建立健全绿色低碳循环发展经济体系的指导意见》	《扩大内需战略规划纲要（2022~2035年）》 《数字中国建设整体布局规划》
交通运输部	《推进综合交通运输大数据发展行动纲要（2020~2025年）》 《数字交通发展规划纲要》 《绿色出行行动计划（2019~2022年）》	《绿色出行创建行动方案》	《交通运输标准化“十四五”发展规划》 《数字交通“十四五”发展规划》 《综合运输服务“十四五”发展规划》 《交通运输领域新型基础设施建设行动方案（2021~2025年）》	《现代综合交通枢纽体系“十四五”发展规划》 《绿色交通“十四五”发展规划》 《交通领域科技创新中长期发展规划纲要（2021~2035年）》
各省城市	·数据条例：天津、海南	·新基建行动计划：北京、浙江、广州 ·数据条例：贵州、吉林、山西 ·低碳出行碳减排方法学：北京 ·数字经济发展规划：江西、河北、天津、辽宁……	·交通强国建设试点方案：青岛、安徽、重庆 ·数据条例：深圳、上海、重庆、江西、山东、安徽、福建 ·数字经济促进条例：广东、浙江 ·低碳出行碳减排方法学：深圳 ·基础设施发展规划：浙江 ·数字经济发展规划：江苏、内蒙古、浙江、湖北、重庆、贵州……	·数据相关条例：浙江、黑龙江、辽宁、四川、陕西、广西 ·数字经济促进条例：北京、江苏、广东、河北、黑龙江…… ·碳普惠管理办法、建设方案：深圳、上海、广东 ·低碳出行碳减排方法学：青岛 ·促进绿色低碳发展措施：成都 ·基础设施发展规划：北京、成都 ·充电停车一体化共享：上海

图1　国内 MaaS 相关政策文件图谱

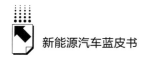
一　MaaS 发展的战略意义和价值

MaaS 作为一种新的出行服务理念，具有 5C 特征：便捷性（Convenience）、可选择（Choice）、经济性（Costs）、定制性（Customizations）和低碳性（Carbonless）。MaaS 有助于提高公众出行便捷性、改善公众出行体验、促进企业降本增效、优化出行结构、缓解城市交通拥堵，支撑落实国家《交通强国建设纲要》《数字中国建设整体布局规划》等重要战略部署，具有良好的社会经济与环境效益，具体如图 2 所示。

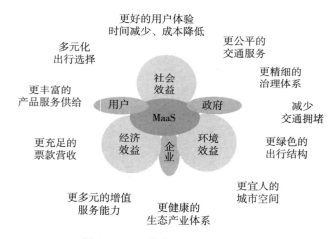

图 2　MaaS 社会经济和环境效益

（一）有利于提升用户出行效率与服务品质

MaaS 可为用户提供一站式、定制化、门到门的出行服务，支持停车（Park）、预约充电（Charge）和换乘公共交通（Ride）的"P+C+R"一体化服务模式，从购票、登乘、模式选择、换乘等待等环节节省出行时间，提高出行效率。同时，MaaS 可以获取出行特征和用户偏好等数据资源，充分满足用户的个性化出行需求，包括乘坐舒适性、适老化及无障碍、低碳出行等，改善公众出行服务体验，提高便捷性、效率性和公平性，提升城市形象。

（二）有利于优化城市出行结构，缓解交通拥堵，助力实现"双碳"目标

MaaS 通过整合城市出行数据资源，对车辆运营进行统一调度，同时加强新能源汽车和共享单车等低碳出行方式的推广，提高各类交通方式的一体化服务效率和品质，提升市民绿色出行意愿，引导人们从私家车出行转为"公共交通+定制出行+共享交通"等多元化的绿色出行方式，实现城市出行结构优化，缓解城市交通拥堵，并推动城市交通低碳转型。

（三）有利于促进出行系统的数字化转型与开放共享

MaaS 通过广泛应用大数据、车联网等技术，面向运输企业、出行用户、行业管理等群体在智能调度、身份认证、票务支付、信息服务、服务考核、运营监测等方面开展数字化服务，促进传统出行服务的数字化转型，强化科技赋能，推动交通服务质量变革、效率变革。同时，MaaS 平台可以通过与各类通信服务商、算力资源和存储资源商、行业监管部门等进行数据交换，丰富应用场景和功能、促进新业态新模式发展，推动生态体系的开放共享。

（四）有利于培育数字交通产业

依托 MaaS 生态体系，从软硬件研发、运营服务、多业态融合等方面培育地图导航、网络通信、新能源汽车、充电桩、金融保险等数字交通产业生态链。围绕车辆、基础设施、数据、碳、票、券等线下和线上资源，提供在线数字化产品和服务，推动与吃、住、游、娱、购等方面的数字化服务联动和平台经济融合，不断拓展数字交通产业上下游商业模式，提升社会经济效益。

二 MaaS 体系的基本构成

MaaS 本质上是社会经济及信息技术不断发展条件下交通运输供需关系的重构，通过利用信息技术快速发展所带来的信息对称性，更好地满足各类群体

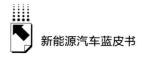
的高品质、多样化的出行需求，其主要架构层级可以分为基础设施、运输服务、数据服务、MaaS 服务、MaaS 用户五层，各层间逻辑关系如图 3 所示。

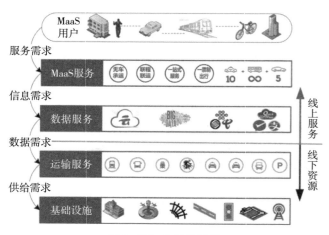

图 3　MaaS 架构层级

1. 基础设施

指提供出行服务的各类硬件设施、装备，以及支撑 MaaS 运营管理的法律法规、政策制度、保障措施等供给层面的资源。

2. 运输服务

指公交、地铁、出租车、轮渡、自行车等运输服务提供商提供运输工具或基于运输资源开展出行服务，包括"有经营资质"的传统运输服务提供商以及网约车等互联网平台公司。

3. 数据服务

指基于数据开放共享机制，为 MaaS 服务运营商、运输提供商、乘客、政府管理部门等各 MaaS 主体提供数据服务的提供商，如地图服务提供商、信息通信运营商、计算资源与存储资源云服务提供商、支付平台等，通过全面采集和整合海量运营数据，为 MaaS 体系运营发展提供技术支撑。

4. MaaS 服务

MaaS 服务运营商是平台经营者和出行服务的销售者，一方面，负责整合各运输服务企业提供的各类线下运输服务资源；另一方面，向出行者和服务提供者提供线上的一体化运输服务。同时，随着新业态的不断规范，MaaS 服务运营商逐渐承担更多运输者的责任和义务。

5. MaaS 用户

指出行者,在新的出行服务模式下,传统意义上的乘客已经成为出行即服务系统的"用户",通过支付相应的费用购买和享用 MaaS 服务运营商提供的 MaaS 服务。

由架构层级可知,MaaS 的核心在于整合,主要体现在针对各种运输服务模式的运力调度、数据资源服务、路径规划、票务支付、服务评价、信息服务等方面资源的整合,由于各城市发展特点与条件不同,其整合能力及由此呈现的服务能力也将不同,如表 1 所示。因此,在不同城市或地区,MaaS 将呈现不同形态,会经历不同的发展阶段。

表 1　MaaS 服务等级划分

服务等级	第一阶段 公共交通信息服务	第二阶段 公共交通 MaaS	第三阶段 全方式 MaaS	第四阶段 MaaS 生态体系
信息服务	静态信息、拥挤度、车辆位置等信息查询	第一阶段信息服务、突发事件等动态信息查询	第二阶段信息服务、消息提醒等	第三阶段信息服务、个性化信息服务等
交通方式	公共交通	公共交通	全方式	全方式
运输组织	各方式独立运营	考虑方式间换乘衔接	多模式协同运输组织	基于历史客流数据和实时需求的运力资源配置优化
票务支付	各方式单独支付	一码通乘	一码通乘、出行套票	一码通乘、出行套票
商业模式	—	碳交易、碳普惠等	出行与消费融合等	数据资源开发、上下游产业链发展等
保障措施	数据交换共享机制、服务质量监管等	第一阶段保障措施、信用体系机制制度等	第二阶段保障措施、信息安全制度等	第三阶段保障措施、数据使用权属和增值分配机制等

其中,新能源汽车和充电服务能力是 MaaS 生态体系的重要组成部分,始终贯穿于 MaaS 的不同发展阶段。作为城市交通的载运工具,汽车产业已经持续朝着电动化、智能化、共享化等方向发展;同时,新能源汽车作为一种绿色

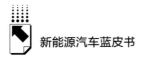
低碳的出行方式，与 MaaS 低碳目标、主要特征等方面具有一致性，两者的融合发展是未来趋势，大力发展新能源汽车产业是更好构建 MaaS 生态体系的重要着力点。

三　国内外 MaaS 实践案例分析

（一）国外 MaaS 典型实践案例

MaaS 最早由瑞典、芬兰等北欧国家发起，随后依托欧洲地平线（Horizon2020）等科技计划项目拓展至欧盟各国，目前已在美国、日本、澳大利亚、新加坡等发达国家得到不同程度的发展。

1. 欧盟

2016 年，欧盟委员会依托地平线 2020 科技计划（Horizon2020）资助了 MaaS4EU、IMOVE、Mycorridor 等项目，从用户行为偏好、MaaS 商业模式、MaaS 定价套餐、预定支付和票务等技术和数据标准、MaaS 政策框架以及 MaaS App 研发等方面开展了相关的研究，截至 2021 年底，欧洲已有 40 多个城市开展了 MaaS 实践应用。其中，MaaS4EU 是较为典型的项目，设计形成了针对市内、城市间和跨境多种服务场景的完整项目实施方案，MaaS4EU 项目着重从用户需求、商业模式、技术和数据以及政策法规等四大研究方向进行创新性探索，并在三个地区（英国曼彻斯特、匈牙利布达佩斯、卢森堡）开展了示范应用。

MaaS4EU 项目总体框架如图 4 所示，具体包括 MaaS 服务提供商、用户、技术中心、实例、政策保障等五部分。其中，MaaS 服务提供商整合轨道交通、公交、共享（电）单车等多种运输方式；用户部分包括需求调研、用户分类、乘客权利、数据所有权等；技术中心则包括数据交换共享、MaaS 服务、票务交易等；实例部分为 MaaS4EU 的三个落地项目，定量分析 MaaS 对用户、运营商和城市出行服务的影响；最后，从用户、商业、技术和安全保障等四方面研究了政策保障体系。MaaS4EU 项目的实施效果总结如表 2 所示。

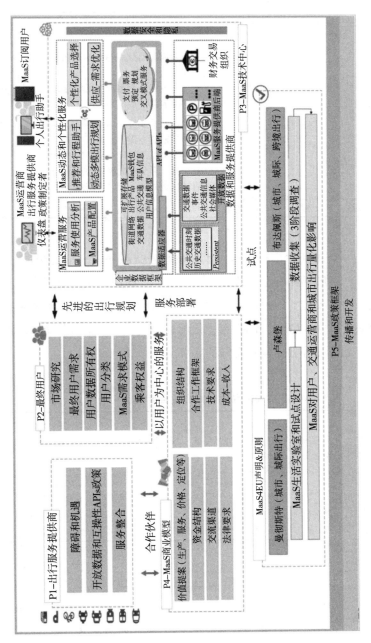

图 4　MaaS4EU 整体框架

资料来源：MaaS4EU 项目报告。

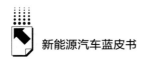
表 2 MaaS4EU 实施效果总结

城市	MaaS 服务运营商类型	服务范围	经验总结
布达佩斯	专业技术公司	城市内、城市间、跨境	①需要政府帮助建立与各运输服务提供商的沟通渠道 ②运输服务提供商愿意广泛参与试验 ③能够克服接口协议和数据共享等方面问题
曼彻斯特	政府机构	城市内	①与各运输服务提供商沟通简单 ②不易于为新出行模式改变组织架构 ③资金接收和分配流程较为复杂 ④管辖区域外的经营较为困难
卢森堡	运输服务提供商	城市内、跨境	①与其他运输服务提供商合作较为困难

MaaS4EU 项目从降低用户出行成本、优化现有公交服务、丰富公交产品、降低私家车保有量、缓解道路拥堵、改善空气质量、提高用户城内出行满意度等方面,建立效果评估模型,通过监测数据计算获得各示范区 MaaS 预期影响效果评估表(见表3),可以看出 MaaS 在优化现有公交服务、丰富公交产品和提高城内乘客出行满意度等方面具有良好的效果。

表 3 MaaS 实施效果评估指标重要度情况

城市	降低用户出行成本	优化现有公交服务	丰富公交产品(如定制新能源公交)	降低私家车保有量	缓解道路拥堵	改善空气质量	提高城内出行满意度
曼彻斯特	32.23	67.69	65.00	23.62	40.46	38.92	69.23
卢森堡	24.00	49.00	57.60	18.00	35.20	38.60	48.80
布达佩斯	34.43	73.32	51.64	45.70	51.81	34.32	55.56

2. 美国

美国交通部于 2020 年 3 月正式启动"完整出行"(The Complete Trip-ITS4US)项目,旨在通过信息技术、鼓励公私合作等系列措施为所有的出行者提供更高效、更实惠、更方便、可选择、全链条的智能出行服务。该项目主要分三个阶段执行：阶段一侧重于概念设计（12 个月）；阶段二侧重于设计、测试以及试点部署，评估框架的建立与规划（24 个月）；阶段三侧重于部署、运营、评估、知识分享（18 个月）。项目试点完成后将通过 5 年时间进行推广，推广期内着重于平台的可持续商业化运营维护。

IncenTrip 为"完整出行"项目的实践应用产品，用户可通过其了解每种出行方案的旅程时间、距离、成本以及突发的事故、特殊事件与气象信息。同时，IncenTrip 可通过监测分析用户的出行行为，提供个性化和实时绿色积分激励措施以诱导用户出行需求，如用户采用新能源汽车、公共交通、共享自行车等绿色出行可获得绿色出行奖励积分，该积分可用于小额消费与交易。

3. 日本

2017 年，JR East 与国土交通省、日本丰田、东京急行电铁株式会社等政府、交通公司、汽车企业、大学和研究机构等联合成立了日本 MaaS 推进联盟（Japan Consortium on MaaS，JCoMaaS），构建了"智慧出行服务挑战促进委员会"（Smart Mobility Challenge Promotion Council），并定义了协作领域以及需要共同创新的领域，计划在全国 28 个地方开展试点应用。日本 MaaS 着力于依托轨道交通站点的多方式整合以及出行服务与旅游消费的融合，以北海道 MaaS 为例，其主要目的是兼顾当地居民疫情防范和公共交通出行需求，从而构建"人""物""服务""出行"一体化、高效率的机制，提高公共交通分担率，促进地区新业务发展，以维持和确保实现地区未来交通出行目标。北海道 MaaS 的具体建设内容分为交通服务、票务等数字化，提供安全、安心的新服务，创造与出行相关的商品，拓展新商业模式，如表 4 所示。

表 4　北海道 MaaS 建设内容

类别	建设内容
交通服务、票务等数字化	①城市间交通数字车票 ②通勤/上学的数字月票 ③跨模式的数字出行规划路径 ④各种交通模式可线上预约
提供安全、安心的新服务	①促进和实现二维码支付 ②混乱交通状况可视化、CO_2 浓度计等的警报提供 ③数字化交通车票

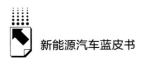
续表

类别	建设内容
创造与出行相关的商品	①营造与商业、餐饮等设施的优惠券一体化出行商品 ②与交通出行相关联的设施预约
拓展新商业模式	①开拓为偏远地区亲戚赠送交通券等礼物的功能 ②通过与货客混载等组合服务创造新业务,确保运营收入

4. 澳大利亚

澳大利亚于2019年在悉尼启动首个MaaS示范项目,于2020年4月底完成,之后进入一段评估期,共持续两年。该项目所研发的TripGo平台可为参与者提供试用,TripGo提供涵盖公共交通(包括地铁、电车、轮渡和公共汽车)和大量基于小汽车的共享化运输服务(如出租汽车、汽车租赁、共享汽车等)。同时,提供了可供用户选择的按日、周、月等不同频率的套餐类出行服务产品,参与者可对不同出行服务方案的出行成本、时间、排放量以及出行者健康收益等方面进行比较,如表5所示。示范效果表明,用户对组合性的周票、月票等套餐类出行服务产品具有较高的偏好,与示范前相比,人均出行成本降低15%以上,同时试点人群中部分用户减少了小汽车出行次数,绿色出行比例提升了10个百分点以上。

表5 澳大利亚MaaS服务套餐设计因素

类别	术语	定义	内容
必要的 设计维度	交通方式	多种交通方式组合	公共交通,汽车共享,共享(电)单车,出租车,汽车租赁,拼车
	计费规则	套餐价格的设计规则	基于时间(分钟、小时、天),基于距离(千米、英里),基于次数(旅程次数)
	应用范围	套餐的使用区域	单个城市,多个城市,国家
	用户类型	套餐使用者的类别	个体(居民、游客、通勤者),家庭,员工
	使用时间	单次套餐的使用周期	每周,两周,每月,每年
非必要的 设计维度	折扣	套餐折扣的类型和优惠力度	基于旅程(如20%/每次5澳元折扣),基于预算(如充值50澳元,支付45澳元)
	使用规则	根据套餐的类型,明确用户的使用规则	基于时间(30小时,每次不超过30分钟),基于距离(30千米),基于旅程(10次)
	其他服务	提供非交通服务,如商家优惠券等	停车,优惠券(购物、住宿、餐饮、外卖)

（二）国内 MaaS 典型实践案例

近年来，北京、上海、广州、淮安等国内城市也已陆续开展 MaaS 实践，并在政策制度保障、数据资源整合、运营模式、便捷出行服务、可持续商业模式等方面采取了一系列创新举措，推动 MaaS 建设与应用。

1. 北京

北京市自 2019 年起启动了 MaaS 平台建设，基于该平台引导绿色出行与低碳发展相结合，开展绿色出行碳普惠激励模式的探索和实践，并依托冬奥会开展了面向冬奥会的 MaaS 建设与服务。北京通过政企、公私数据资源共享模式，整合公交、地铁等出行方式的部分数据，依托高德地图、百度地图等平台，为公众提供了出行一体化规划、实时公交查询、公交/地铁拥挤度查询、未来用时查询等多元化出行服务，有效改善"公交+步行"组合方式的出行体验。

为引导用户绿色出行，北京市通过交通、环保等多部门协作，建立了出行碳足迹监测评估与交易制度，如图 5 所示。为构建该体系，北京市开展了如下工作：①构建 MaaS 平台，面向市民提供涵盖公交、轨道交通、共享单车、打车（网约）、自驾等多种方式的出行路径规划、车辆位置、满载率、导航等精准信息服务；②建立评估方法，发布测算方法（《北京市低碳出行碳减排方法学（试行版）》）；③建立碳交易核验机制，建立基于 MaaS 平台大数据驱动的碳交易核验机制，突破个体化出行减排量核验难的瓶颈。自 2020 年 9 月碳普惠激励机制启动以来，MaaS 平台正式注册用户超 100 万人、月活跃用户 42 万人，累计碳减排量 10 万吨。21% 的绿色出行观望者（以日常小汽车出行为主）转化为绿色出行参与者（交替使用小汽车和绿色出行），13% 的绿色出行参与者转化为绿色出行践行者（以绿色出行为主），市民绿色出行意愿显著提升。

2. 上海

上海提出构建数字交通新生态，以数据衔接出行需求和服务资源，建立融合地图服务、公交到站、智慧停车、共享单车、出租车、充电桩等全品类出行服务资源的统一预约服务平台，实现乘客出行前、中、后等出行全过程覆盖。上海以"创新运营、便捷服务、数据授权"为主线，开展了 MaaS 平台 1.0 建

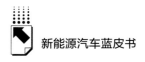

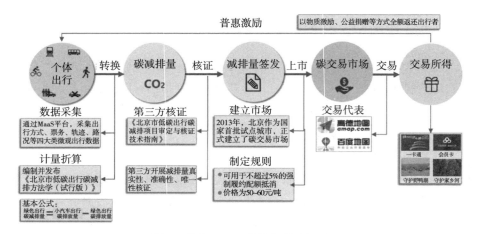

图5 北京 MaaS 碳普惠激励机制

资料来源：北京市交通委员会。

设，如图 6 所示。

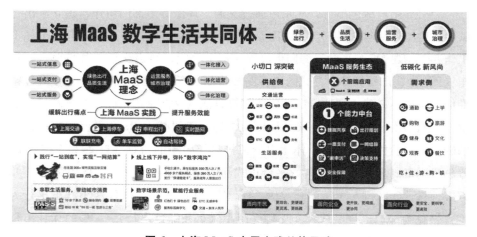

图6 上海 MaaS 应用实践总体思路

资料来源：上海市交通委员会。

一是创建了运营新主体。注册成立由上海公交、地铁、出租、信息技术等六家国有主体共同投资的上海随申行智慧交通科技公司，承担 MaaS 平台运营职能。

二是推进了出行服务便捷化。一体化支付方面，上海市交通委会同申通集团、久事集团、市大数据中心等，共同推进完成公交乘车码、地铁乘车码、

"随申码"的三码整合工作,实现了公共交通一码出行;便捷停车方面,MaaS平台已全面接入全市 3300 个经营性停车场(库)和 1200 个收费道路停车场的基础信息数据与缴费服务,在医院等上百家经营性停车场已启动"预约停车"服务;一键约车方面,为破解社区、医院老年人叫车难等问题,MaaS平台启动了"一键叫车"进社区、进医院服务。

三是开展了数据授权试点。按照《上海市数字经济发展"十四五"规划》关于在交通领域开展公共数据授权运营试点任务要求,上海 MaaS 平台作为上海数据授权运营的首批试点项目,将在确保合规性的前提下,不碰管理权、突出运营权,淡化数据资产权属、强化数据开发利用,并提供数据产品和服务。

3. 广州

广州市交通运输局、广州市公共交通集团有限公司等组织广州羊城通有限公司建设广州一站式出行服务平台。按照 MaaS 服务理念,以手机乘车码、虚拟 IC 卡电子车票为连接器整合城市公交、地铁、水上巴士、自行车等不同的公共运输模式,围绕用户配置数字出行和生活服务资源,构建一站式"出行+生活"平台,将出行支付服务延伸到出行前规划、一键支付、出行后激励、虚拟社区、服务监督、碳积分、响应式公交、交旅融合、防疫溯源、跨区域出行等十余种典型应用场景。

广州基于电子支付平台的 MaaS 服务生态体系如图 7 所示,具体包括:①实现城市级公交地铁二码合一,推出"一城一码"服务,与个人防疫健康状态打通,实现"支付+健康状态"一码展示;②创造电子车票新形态,实现购买、赠送、营销、自定义版面,使得公交出行服务能够交易和流通;③与滴滴出行联合发行"绿通票",融合多种交通出行方式,满足用户出行从查询、规划到乘坐、支付、评价的通票产品;④与广东省碳普惠中心合作构建出行碳积分体系,引导低碳绿色出行;⑤整合公交服务供给能力实现柔性化调度,推出不定线行驶的动态响应式公交。目前平台在线实名用户数量达 5000 万,日活用户 500 万以上,承载的各类服务累计超过 476 亿笔。

4. 淮安

淮安市于 2021 年启动了 MaaS 平台建设工作。依托淮安市交通控股集团对城市公交、有轨电车、出租汽车、网约车、共享电单车、公共自行车、公共停车场、公共充电桩等各类运输服务资源的统筹运营管理体制机制优势,建立淮

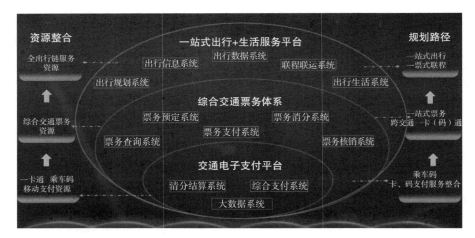

图 7 广州基于电子支付平台的 MaaS 服务生态体系

资料来源：广州羊城通有限公司。

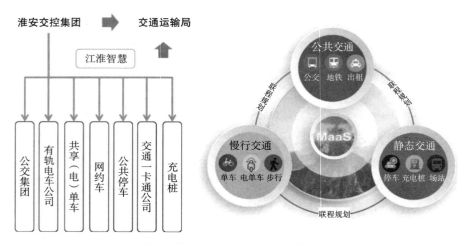

图 8 淮安 MaaS 平台建设总体框架

资料来源：淮安市交通控股集团有限公司。

安市 MaaS 一体化智慧出行服务平台（见图8），实现出行一个码、服务一张网、监管一张图，探索基于信用的柔性惩戒、出行套餐、碳积分、生活消费服务的新业务模式，具体工作如下。

　　构建了"1+X"城市交通经营管理模式。其中，"1"为淮安市交通控股集团，"X"为城市公交、有轨电车、出租车等各类运输企业。在统一的体制机制下，实现城市全交通模式统筹运营管理与服务。

建立了 MaaS 运营主体。淮安交通集团下设淮安市江淮智慧科技有限公司作为 MaaS 建设与运营主体。

实现各交通模式数据资源汇聚。在统一的体制机制下，实现了城市公交、有轨电车、出租车等各交通模式数据资源汇聚，具备各类运力资源整合、多模式协同运营调度和统一支付等能力。

综上，当前国内外典型城市在 MaaS 运营服务商、数据资源体系、商业模式、政策法规等方面已取得了一定的经验和成绩。其中，国外实践多以市场为主推动，商业化程度较高，政府参与相对较少，政策保障等方面措施相对较少；国内实践多以政府和国有企业为主推动，在实施规模、政策保障、资金投入等方面具有一定优势，但面临商业化不足等问题。国内各城市 MaaS 实践存在的主要问题如下：北京和广州 MaaS 资源整合程度较低，仅实现部分公共交通数据资源的聚合，未实现支付和运力资源的整合，不能进行全链出行服务的预定、一体化支付，可持续发展能力弱；上海和淮安 MaaS 涉及组建新的大型机构，建设与运营模式需得到各主要运力公司的共同认可，难度较大。

四 对我国 MaaS 发展的启示

通过对国内外 MaaS 典型实践案例分析可知，运营组织模式、数据资源、商业模式、政策法规、实施路径等方面对 MaaS 的发展具有重要影响。为更好地推动 MaaS 发展，需注意但不限于如下七方面工作。

1. 强化 MaaS 体系顶层设计

各地需明确当前存在的具体问题，辨识自身资源禀赋，明确 MaaS 服务等级和发展程度，以问题为导向，确定建设原则、实施战略、路径及分阶段目标、保障措施等。同时，在 MaaS 体系规划建设当中需注重公共交通的主体地位，发挥公共交通在集约化、公平性、低碳化、缓解交通拥堵等方面的重要作用。

2. 注重建立与城市相适应的运营主体和模式

根据城市特点，因地制宜建立 MaaS 运营服务新主体，加强运力企业间、

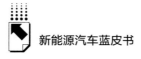

运力企业与平台间、平台与乘客间的协调联动，促进运力协同调配、供需精准匹配、营收公平分配。

3. 开展数据资源整合与共享

数据资源的整合和共享是实现 MaaS 理念的关键，需要破解不同交通模式管理体制、运营机制、企业利益等方面数据整合共享的难题，做到数据质量精细、数据安全稳健、数据权益清晰、数据交易闭环。

4. 探索多元化、可持续的商业运营模式

客流是 MaaS 经营的核心和基础，为提高获客能力，需要精准辨识客流需求，着重关注如何把交通运输的供给能力和乘客出行目的地以及在此过程中衍生的生活消费需求更好地绑定在一起，形成更加丰富的出行服务产品。同时，充分挖掘 MaaS 体系在运行过程中产生的海量虚拟新经济要素，如客、数、碳、票、券、电、广告等。通过流量运营、出行套票、碳交易等，实现数据资源的资产化和资本化，实现 MaaS 可持续运营。

5. 深化与新能源汽车及充电服务等数字交通产业的融合发展

为构建 MaaS 生态体系、实现可持续发展，需要与新能源汽车、充电服务、地图导航、网络通信、金融保险等数字交通产业充分合作，培育数字化产品和服务，带动上下游关联产业发展，推动构建各类资源要素科学配置，共创共享、跨界融合的数字交通产业生态。

6. 开展 MaaS 基础研究和应用研究工作

由于 MaaS 体系的开放性与复杂性，需要开展 MaaS 应用框架、数据资源体系、运营模式、建设路径、效果评价等方面的基础研究工作。同时，需注重运营和治理体系等应用方面的研究工作，包括运营服务关键技术体系、运营服务规范、多模式协作机制、服务质量考核、标准规范体系等。

7. 择优开展城市级 MaaS 试点示范

建议交通运输管理部门优先选取运营管理体制机制灵活、信息化基础好、市场开放程度高的地区开展 MaaS 试点示范工作。围绕 MaaS 运营的关键技术，形成可复制、可推广的技术成果，总结试点工作，推广典型的经验和模式。

附录一 2022年中国新能源汽车大事记

1月18日 国务院印发《"十四五"现代综合交通运输体系发展规划》提出，推动车联网部署和应用，支持构建"车—路—交通管理"一体化协作的智能管理系统。稳妥发展自动驾驶和车路协同等出行服务，鼓励自动驾驶车辆在港口、物流园区等限定区域测试应用，推动发展智能公交、智慧停车、智慧安检等。

3月23日 国家发改委、国家能源局联合印发《氢能产业发展中长期规划（2021~2035年）》。这是我国首个氢能产业中长期规划，也是首次明确氢能是未来国家能源体系的重要组成部分，同时明确了氢能是用能终端实现绿色低碳转型的重要载体。

3月28日 国家发改委发布《关于推进共建"一带一路"绿色发展的意见》，鼓励企业开展新能源产业、新能源汽车制造等领域投资合作，推动"走出去"企业绿色低碳发展。

4月3日 比亚迪宣布正式停产燃油汽车，未来专注于纯电动和插电式混合动力汽车业务。比亚迪成为全球首家停售燃油车的传统汽车制造商。2022年，比亚迪新能源汽车总销量186.35万辆，同比增长208.64%，2022年新能源汽车销量全球第一。

4月10日 中汽协统计数据显示，中资品牌乘用车市占率首次突破50%，9月市场占有率再次突破50%，10月、11月，自主品牌乘用车的市场占有率分别达到51.5%和54.4%，达到历史最高点。

4月13日 国务院总理李克强主持召开国务院常务会议，部署促进消费的政策举措，助力稳定经济基本盘和保障改善民生。会议指出，鼓励汽车等大宗消费，各地不得新增汽车限购措施，已实施限购的逐步增加增量指标，支持

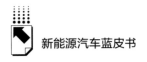

新能源汽车消费。

4月28日 北京率先发放无人化载人示范应用通知书，标志着"方向盘后无人"的自动驾驶服务在我国超大城市首次放开。

5月24日 国务院常务会议部署稳经济一揽子措施，明确阶段性减征部分乘用车购置税600亿元。

5月31日 财政部、税务总局发布《关于减征部分乘用车车辆购置税的公告》，对购置日期在2022年6月1日至2022年12月31日期间内且单车价格（不含增值税）不超过30万元的2.0升及以下排量乘用车，减半征收车辆购置税。

5月31日 工信部办公厅、农业农村部办公厅、商务部办公厅、国家能源局综合司发布《关于开展2022新能源汽车下乡活动的通知》，鼓励各地出台更多新能源汽车下乡支持政策，改善新能源汽车使用环境，推动农村充换电基础设施建设。

6月14日 "中国这十年"系列主题发布会在国务院新闻办公室举行。中国工业和信息化部副部长辛国斌在会上透露，中国新能源汽车产销量连续7年位居世界第一。

6月22日 国常会明确加大汽车消费支持政策多项措施，汽车促消费再迎政策利好。政策实施后预测当年增加汽车及相关消费大约2000亿元。

6月23日 宁德时代发布CTP3.0麒麟电池，系统集成度创全球新高，体积利用率突破72%，能量密度可达255Wh/kg，实现整车1000公里续航。

7月20日 北京市高级别自动驾驶示范区工作办公室宣布正式开放国内首个无人化出行服务商业化试点。

8月16日 2022全国智能驾驶测试赛在北京启动。共有200余家参赛队伍参与，涵盖汽车企业、科创公司、车联网安全公司、高等院校、科研机构及量产车主。比赛车型除了无人驾驶的研发车型外，还包括在售的智能网联汽车量产车型。

9月16日 "2022世界智能网联汽车大会（WICV 2022）暨中国国际新能源和智能网联汽车展览会"开幕。WICV 2022经国务院批准，由北京市人民政府、工业和信息化部、公安部、交通运输部、中国科学技术协会共同主办，是我国唯一的国家级新能源和智能网联汽车专业会展平台。

11 月 2 日　工信部与公安部联合发布《关于开展智能网联汽车准入和上路通行试点工作的通知（征求意见稿）》，将对 L3、L4 级 Robotaxi 进行准入管理，并展开试点工作。

11 月 7 日　北京市高级别自动驾驶示范区工作办公室发布《北京市智能网联汽车政策先行区无人接驳车管理细则（道路测试与示范应用）》，成为全国首个针对不配备驾驶位和方向盘的短途载客类智能网联新产品的规范性文件。

11 月 10 日　电池级碳酸锂价每吨价格上涨至 59.5 万元的历史高位。

12 月 9 日　中汽协数据显示，2022 年 1~11 月，我国新能源汽车产销分别完成 625.3 万辆和 606.7 万辆，同比均增长 1 倍，市场占有率达到 25%，提前完成《新能源汽车产业发展规划（2021~2035 年）》中所明确的"在 2025 年新能源汽车市场渗透率达到 20%"的目标。

12 月 16 日　中央经济工作会议指出，要着力扩大国内需求。要把恢复和扩大消费摆在优先位置。增强消费能力，改善消费条件，创新消费场景。多渠道增加城乡居民收入，支持住房改善、新能源汽车、养老服务等消费。

12 月 29 日　海关数据显示，中国汽车制造商在 11 月出口了价值 32 亿美元（约合人民币 222.75 亿元）的新能源汽车，同比增长了 165%，达到了单月出口总额的最高纪录。

12 月 31 日　按照财政部、工信部等四部门联合发布的《关于 2022 年新能源汽车推广应用财政补贴政策的通知》，2022 年新能源车购置补贴政策于 12 月 31 日终止。

附录二 2022年以来世界新能源汽车大事记

年月	企业/国家	摘要
2022 年	全球	在下游需求旺盛、锂资源供应紧缺的背景下,2022 年全球碳酸锂价格持续高位波动。以中国市场为例,2022 年 3 月,电池级碳酸锂价格首度突破 50 万元/吨,较 2021 年同期涨幅超过 450%,11 月价格突破 60 万元/吨,达到历史新高
2022 年 2 月	欧盟	《欧盟芯片法案》提出到 2030 年欧盟在全球的芯片市场份额由当前的 10% 提升到 20% 的目标,并提出为欧盟芯片产业提供约 430 亿欧元的公共及私人投资支持
2022 年 3 月	大众	大众汽车集团正在建立一个覆盖欧洲、美国和中国的充电网络,计划到 2025 年,在全球建成 4.5 万个大功率充电终端,目前已经投入使用的充电终端约为 1 万个。在欧洲,大众汽车集团与英国石油公司合作,即将推出第一批高功率充电设施。在中国,大众汽车集团的合资公司开迈斯发展迅速。在美国,大众汽车集团与 Electrify America 公司制定了全新的扩建计划,目标到 2025 年建设 1 万个大功率充电终端
2022 年 8 月	美国	美国《创新与竞争法案》计划拨款 527 亿美元,资助美国本土芯片制造及研发,并为在美芯片建厂提供 25% 的税收减免。且法案设置明确的"护栏条款"规定,要求接受法案补助的企业在未来长达十年的时间内,不能在包括中国在内的"受关注国家"扩大或建设先进产能
2022 年 8 月	美国	根据《通胀削减法案》,美国将于 2023~2032 年(至少)继续为符合条件的纯电动汽车、插电式混合动力汽车和燃料电池汽车提供最高 7500 美元的个税抵免补贴,同时取消单个车企 20 万辆上限要求,且要求整车必须在北美组装
2022 年 8 月	日产	日产汽车计划通过减少车辆的废气排放、在 21 世纪 30 年代初期实现核心市场新车型 100% 电驱化等多项举措,实现价值最大化。同时,日产汽车将继续深入开发电池和车辆技术,通过扩大 4R 模式和"蓝色开关"(Blue Switch)项目规模,提升电动汽车生态系统

续表

年月	企业/国家	摘要
2022年9月	丰田	电动化方面,丰田从开始做混合电动汽车(HEV)时就已经着眼于电池动力汽车(BEV)的投资计划
2022年12月	欧盟	欧洲议会和欧盟理事会就《电池与废电池法规》达成了临时政治协议。法规对投放到欧盟市场的电池实施全生命周期监管,包括电动汽车(EV)电池、轻型运输工具(LMT)电池,启动、照明和点火(SLI)电池,工业电池以及便携式电池。法规将重点放在回收利用上,针对不同种类电池和材料设定了分阶段的回收率目标,还规定新生产的电动汽车电池,容量大于2 kWh的工业电池和SLI电池必须使用一定比例的再生材料,并对再生材料的最低含量做出分阶段的强制要求。法规对电池的碳足迹方面提出要求,对于电动汽车电池,碳足迹声明、性能等级和阈值要求分别在法规生效后18个月、36个月和54个月开始实施
2023年1月	全球	2022年,全球新能源汽车销量达1126.7万辆,同比增长63.5%,全球新能源汽车市场渗透率达14.2%,同比提升5.9个百分点。全球新能源汽车市场主要集中在东亚、欧洲、北美三个区域,新能源汽车销量合计占比长期维持在95%以上。2022年,东亚、欧洲、北美新能源汽车销量分别为645.7万辆、271.3万辆和110.9万辆,全球占比继续提升至97.3%,"三足鼎立"区域发展格局基本形成
2023年1月	欧洲	2022年,欧洲新能源汽车销量达271.3万辆,同比增长15.2%。其中,德国、英国、法国、瑞典、挪威位列欧洲新能源汽车销量前五,销量分别为84.4万辆、38.6万辆、35.5万辆、16.6万辆和16.1万辆,合计占欧洲新能源汽车总销量的70.5%
2023年1月	美国	2022年,美国新能源汽车销量达99.5万辆,同比增长49.6%,成为除中国外增量最大的新能源汽车市场。美国新能源汽车市场企业集中度较高,特斯拉、现代起亚、福特、斯特兰蒂斯(含吉普及克莱斯勒)、宝马位居美国新能源汽车销量前五。前五企业中包括三家美系品牌,合计占比达77%,其中仅特斯拉就占据了52%的市场份额,领先优势明显
2023年2月	欧盟	欧洲议会正式通过了《2035年欧洲新售燃油轿车和小货车零排放协议》。协议规定,与2021年相比,欧盟新注册乘用车碳排放总量需在2030年和2035年分别减少55%和100%,新注册轻型商用车碳排放总量需分别减少50%和100%,即欧盟境内乘用车及轻型商用车需在2035年实现零排放。"禁燃"范围包括所有在欧盟范围销售新的汽油和柴油驱动汽车、轻型商用车、普通混合动力车以及插电式混合动力汽车。2023年3月27日,欧盟气候政策负责人表示,"只使用碳中性合成燃料(E-fuel)的内燃机车辆可以在2035年以后进行新车登记",但尚未明确碳中性合成燃料内燃机汽车的定义和碳排放计算方法

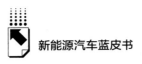
续表

年月	企业/国家	摘要
2023 年 5 月	欧盟	"碳边境调节机制"（CBAM）的法案文本正式刊登在欧盟公报上，这标志着 CBAM 成为欧盟正式法律。CBAM 于 2026 年正式实施，覆盖钢铁、铝、水泥、化肥、电力和氢等六类产品，尚未覆盖汽车产品等由多种材料制成的具有高集成度的产品。对于钢铁、铝、氢三类产品，CBAM 只对产品生产过程中的直接排放收费。对于水泥、电力和化肥三类产品，CBAM 既对产品生产过程中的直接排放收费，也对其间接排放收费。2023 年 10 月 1 日到 2025 年 12 月 31 日为 CBAM 过渡期。过渡期内，进口商需要向欧盟提供进口商品的碳排放量报告，但无需支付费用。过渡期结束前，欧盟委员会将对 CBAM 进行评估，确认是否进一步扩大征收范围和核算范围，以覆盖更多行业产品及其间接排放

附录三 2022年主要国家及企业 新能源汽车销量

表1 2022年新能源汽车销量排名前10国家

单位：万辆，%

序号	国别	BEV	PHEV	FCEV	总计	市场份额
1	中国	536.5	151.8	0.3	688.7	61.1
2	美国	80.4	18.9	0.3	99.5	8.8
3	德国	48.3	36.0	0.1	84.4	7.5
4	英国	28.4	10.2	0.0	38.6	3.4
5	法国	22.9	12.7	0.0	35.5	3.2
6	韩国	15.9	1.3	1.0	18.2	1.6
7	瑞典	10.0	6.7	0.0	16.6	1.5
8	挪威	14.5	1.6	0.0	16.1	1.4
9	意大利	5.9	7.0	0.0	13.0	1.2
10	加拿大	8.5	2.9	0.0	11.4	1.0
前10合计		771.2	249.1	1.7	1022.1	90.7
总计		838.7	286.2	1.9	1126.7	100.0

资料来源：国外数据源于 EV Volumes，中国数据源于中国汽车工业协会。

表2 2022年新能源汽车销量排名前10集团

单位：辆，%

序号	前十集团	BEV	PHEV	FCEV	总计	市场份额
1	比亚迪	913867	934693		1848560	16.4
2	特斯拉	1314319			1314319	11.7
3	上汽集团	701811	53189	168	755168	6.7
4	大众集团	487824	210809		698633	6.2

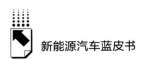

续表

序号	前十集团	BEV	PHEV	FCEV	总计	市场份额
5	吉利集团	289963	222765		512728	4.6
6	现代起亚	372946	125724	11199	509869	4.5
7	斯特兰蒂斯	226220	195127		421347	3.7
8	奔驰	206989	190096		397085	3.5
9	雷诺日产三菱	299956	76998		376954	3.3
10	宝马	175141	197611	108	372860	3.3
前10合计		4989036	2207012	11475	7207523	64.0
总计		8386597	2861541	18602	11266740	100.0

资料来源：国外数据源于 EV Volumes，中国数据源于中国汽车工业协会。

中国汽车技术研究中心
中国汽车战略与政策研究中心介绍

中国汽车技术研究中心（简称"中汽中心"）成立于1985年，总部位于天津，是隶属于国务院国资委的中央企业，是在国内外汽车行业具有广泛影响力的综合性科技企业集团。

中国汽车战略与政策研究中心（简称"中汽政研"）是中汽中心专门从事汽车战略和政策研究的部门，依托天津和北京双基地，专注于基础性、战略性、前瞻性行业课题研究。中汽政研支撑发改委、财政部、工信部、商务部、交通部、科技部等政府部门制定了多项汽车行业重大政策，获得政府和行业的高度认可。

中汽政研主要研究领域包括战新产业（新能源汽车、数字汽车、智慧共享出行）、产业治理（生产管理、消费管理、财税调控）、国际经贸（国际规则、进出口及国际化、海外市场政策）、经济社会（汽车与经济、汽车与能源环境、汽车与交通、产业安全）等。曾参与过"汽车产业'入世'对策"《汽车产业发展政策》《汽车产业调整和振兴规划》《节能与新能源汽车产业发展规划（2012~2020年）》《汽车产业投资管理规定》《乘用车企业平均燃料消耗量核算办法》《电动汽车动力蓄电池回收利用技术政策》《新能源汽车生产企业及产品准入管理规定》《关于加强智能网联汽车生产企业及产品准入管理的意见》《关于启动汽车安全沙盒监管试点申报的通知》《关于免征新能源汽车车辆购置税的公告》《汽车销售管理办法》《新能源汽车产业发展规划（2021~2035年）》，以及2016~2022年新能源汽车推广应用财政支持政策、燃料电池汽车示范政策、换电模式和公共领域车辆全面电动化试点政策等多项国家重要政策的研究和起草工作。

中汽政研致力于建设成为中国汽车产业发展的核心智囊团、参谋部和思想

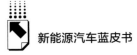

库，打造"中汽智库"金字招牌。拥有《汽车产业研究参考》《汽车调研》《汽车热点》《每周金句》《每周政策要点》《海外信息速递》六大智库品牌矩阵；拥有百名以上专业研究人员，包括37名教授级高级工程师和高级工程师，1名资深首席专家和3名首席专家，形成了专业配置合理，分工明确和专业化特点突出的强大研究团队；拥有强大的行业专家资源，组建了44人的外部智库专家委员会和83人的内部智库专家委员会，充分利用外脑，组织开展"智库沙龙"，共同研讨热点议题。曾获中国汽车工业科技进步奖9项，中汽中心科技成果奖若干项。中汽政研已成为汽车行业著名的政策研究机构，在汽车行业具有很高的知名度和影响力。

联系方式：

地址：天津市东丽区先锋东路68号

电话：022-84379397

电子邮箱：nevzys@ catarc. ac. cn

Abstract

The "Blue Book of New Energy Vehicles" is an annual research report on the development of China's new energy vehicle industry. It was first published in 2013 and this book is the 11th edition. With the support of Nissan (China) Investment Co., Ltd. and Dongfeng Motor Co., Ltd. and under the guidance of a number of senior experts and academic advisors in new energy vehicle industry and related industries, this book is jointly written by a number of researchers from the China Automotive Strategy and Policy Research Center of CATARC and many experts in related fields in the industry.

This annual report includes eight parts: General Report, Experts' Comments, Industry, Policies and Standards, NEVI Indexes, Hot Points, References and Appendixes. The part "General Report" summarizes the development of China's new energy vehicle industry in 2022; the part "Experts' Comments" invites well-known industry experts to comment on the hot issues existing during the development of new energy vehicle industry since 2022; the part "Industry" systematically summarizes the development of China's new energy vehicle industry in 2022 in aspects of market, complete vehicle, industry chain and charging facilities; the part "Policies and Standards" analyzes the latest developments of new energy vehicle policies and standardization of electric vehicles at the national and local levels since 2022; the part "NEVI Indexes" analyzes and evaluates the development level and competitiveness of new energy vehicles from four dimensions of industry, enterprise, product and consumption; the part "Hot Points" conducts in-depth analysis on current industry focus topics, such as the impact of the international political and economic situation on new energy vehicles, the situation and opportunities exposed to new energy vehicles "going global", high-quality development of the industry under the trend of intelligent electrification transformation, opportunities and challenges faced by the automotive industry in the process of implementing the "dual-carbon" goals and the development trend of battery swapping models; and the part "References" focuses on the introduction to the characteristics of the development trend of global new energy vehicles in 2022, the progress of green and low-carbon policies in Europe and U. S., the actual use of plug-in hybrid vehicles in Europe and the international practice of the "MaaS (Mobility As A Service)" model.

In 2022, China's new energy vehicle industry entered into a new stage of rapid development in large scale. In terms of market, the annual sales of new energy vehicles reached a new height, up to 6. 887 million units, the market penetration increased to 25. 6% and China has ranked the first in the world for eight consecutive years. In terms of industry, the electrification level of new energy vehicles has been rapidly improved, the implementation and application of intelligent technologies have been accelerated and "internal competition" has been becoming a new feature of the industry. Power batteries have been evolving towards modular and integrated directions, while their market leading advantages have been continuously expanded. The development trend of high-voltage platformization in electric drive electronic control systems has been becoming increasingly significant, while the penetration rate of domestically-produced components has been continuously increased. However, the stability of the supply chain still needs to be improved. In 2022, the annual number of charging poles constructed in China reached 2. 593 million units, with a year-on-year growth of 176. 9%. The leapfrog development was achieved, the service capacity was significantly enhanced and the large-scale construction of high-speed charging infrastructure was officially launched. In terms of policy, Chinese government strengthened the implementation of "dual-carbon" related policies, increased policy support to expand the consumption of new energy vehicles, improved the dual-credit marketization mechanism, guided enterprises to build a full life cycle safety guarantee system, guided enterprises to play a leading role and promoted industrial upgrading. From a global perspective, with the multiple efforts of the government, enterprises and the market, China's new energy vehicle industry has maintained strong international competitiveness and China has remained its second ranking in the global market in terms of comprehensive competitiveness. At present, the global automobile industry is experiencing a significant change that has not happened in a century. Under the development trend of industrial reform, industry chain remodeling and technological convergence, the competition among all countries in the new energy automobile industry is becoming increasingly fierce. Intelligent connected vehicle technologies and products will accelerate market penetration and gradually return to commercial essence in the future. Under the exposure to new opportunities for industrial development and new competitive situations at home and abroad, it is recommended to focus on the development directions of core technology research and development, industry chain security and interdisciplinary integration, adhere to the market-driven main position, build a policy system that adapts to the new situation and demands at the levels of management, market promotion, technology, standards and supply chain, and continue to promote the high-quality development of the new energy vehicle industry.

The "2023 Blue Book of New Energy Vehicles" comprehensively and systematically introduces and analyzes the development of China's new energy vehicle industry from the perspective of social science in a rigorous and popular way. It not only allows readers to understand the development status and trends of China's new energy vehicle industry from the standpoints of audience, promotes and popularizes the development concept of new energy vehicles, but also objectively evaluates new energy vehicle market, enterprises, technologies, products and consumers from a professional perspective, analyzes the problems encountered during industrial development and puts forward some suggestions and measures. This book will help automobile industry management authorities, research institutions, vehicle and parts manufacturers as well as the public to understand the latest dynamics in the development of China's new energy vehicle industry and provide necessary reference for government authorities to issue relevant policies and regulations for new energy vehicle industry and for vehicle manufactures to make relevant strategic plans.

Keywords: New Energy Vehicles; Industry Chain; Carbon Neutrality; Competitive Power

Contents

I General Report

Abstract: In 2022, the global new energy vehicle industry maintained an explosive growth trend. China has officially entered into a new stage of rapid development on a large scale, while major European and American countries have started to cultivate their internal skills and issued a series of policies to promote the development of new energy vehicles and the return of the industry chain in their own countries. The annual sales volume of new energy vehicles in China hit a new height again, reaching 6.887 million units, while the market penetration rapidly increased to 25.6%. In terms of the increment and growth rate, China was significantly ahead of those European and American countries. China has ranked the first in the world for eight consecutive years. The electrification and intelligence technologies were improved synchronously, rapid implementation and application of technologies including battery-chassis integration and high-computing power chips were achieved, while the advantages of power battery market were continuously expanded. The application of new energy commercial vehicles in specific scenarios such as closed areas and fixed routes was effectively promoted by combining technologies with specific scenarios and relying on ecological products. In 2022, 2.593 million new charging poles were built, with a year-on-year growth of 176.9%, the service capacity of charging facilities was significantly enhanced and the battery swapping modes showed an explosive development trend. The central and local governments jointly strive to expand domestic demand and promote the steady improvement of the market by tax reduction, road rights, finance and other ways. Under the comprehensive influence of multiple factors, the competitiveness of China's new energy industry has continued to maintain its second position in the world, while the competitiveness of enterprises and products has been further strengthened. Looking forward to the future, China shall further encourage innovation, adhere to the market-driven dominant position, strengthen the autonomy and controllability of the new energy vehicle industry chain, accelerate the integration into the global market and continue to promote high-quality industrial development.

Keywords: New Energy Vehicles; Market; Policies; Indexes

Ⅱ Experts' Comments

Ⅲ Industry

Abstract: In 2022, China's new energy vehicle market continued to develop well. The scale of production and sales has ranked the first in the world for eight consecutive years since 2015. The proportion of global sales increased to 61.2% from 51.1% in 2021. New highlights appeared in the market: 1. The sales of new energy vehicles jumped to 6.887 million units; 2. The export of new energy vehicles reached 679000 units; 3. The market penetration of new energy vehicles exceeded 25%; and 4. The market share of Chinese brand new energy passenger vehicles was close to 80%, showing a good development situation in both quantity and quality. From the perspective of vehicle type structure, new energy passenger vehicles were moving closer to the mainstream market in the middle range from both high and

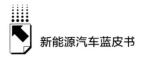

low ends, the sales of new energy buses achieved a year-on-year growth of 8.8% and the pace of electrification of new energy trucks was accelerated. From the perspective of power type, battery electric vehicle still occupied the leading position in China's new energy vehicle market, the sales volume of plug-in hybrid electric vehicles increased 1.5 times year-on-year and the fuel cell vehicle models and products were further enriched. From the perspective of sector, the private consumption of new energy passenger vehicles in China accounted for 78% and the sales in non-restricted areas accounted for 76% in 2022. Looking into the future, new energy vehicles, as a new point of growth, are expected to play a greater role in promoting consumption and stabilizing the economy. Driven by favorable factors such as favorable policies and abundant products, it is expected to occur new increment in multiple fields. At the same time, in the context of overall market stability, the market structure is shifting from incremental development to stock competition, while market competition is becoming more intense and complex.

Keywords: Chinese Market; Vehicle Type Structure; New Energy Vechicle

B.4 Overview of the Development of China's New Energy Vehicle Industry in 2022

Wei Zhou, Yongkang Li, Jikai Fang and Qingsheng Li / 101

Abstract: In 2022, China's new energy vehicle industry showed strong development momentum and officially entered into a stage of rapid development on a large scale. In terms of enterprises, the concentration of passenger car enterprises was further increased, the competitive advantage of Chinese brand products became increasingly prominent, the overseas market share rapidly increased, the promotion of fuel cell buses continuously grew and the truck industry achieved double-grow development. In terms of technologies, the overall technological level of the industry was steadily improved and intelligent technology started to move towards practicality. In terms of products, vehicle manufacturers took initiative to lay out plug-in hybrid products, among which those products with high power and long range attracted much attention. Looking ahead to 2023, China's new energy vehicle industry will continue to show a positive trend, the passenger car industry will enter into a stage of intensive competition and the phenomenon "survival of the fittest" will possibly be accelerated; buses will be developed towards miniaturization and the market will be further promoted; truck enterprises will increasingly attach importance to the concept of scenario-based development, while the exploration of segmented field and ecological construction will become the development direction.

Keywords: New Energy Vehicles; Competitiveness; Enterprises

B.5   Overview of the Development of China's New Energy
Vehicle Industry Chain in 2022

*Xiqing Wu, Yongkang Li, Lumiao Li, Chengbin Song,
Yuhan Sun, Guangnan Cui and Zhanhui Yao* / 123

Abstract: As China's new energy vehicle market enters into a stage of massive growth, the overall industrial chain is in a rapid and positive development trend and a relatively complete and independently-controllable industrial chain system has been basically formed. Especially, the competitive advantages of some industries such as power batteries and electric motor controls are continuously expanded, while the global market share further increases. However, China's new energy vehicle industry chain still faces some problems in the process of development, such as high dependence on foreign key mineral resources, continuous shortage of automobile chips, slow application of domestic operating systems and others. In addition to the increasingly complex external development environment, such as recurred COVID-19 Epidemic, Russia-Ukraine persistent conflict and protection in foreign policies, China's new energy vehicle industry chain are exposed to greater risks and challenges of security and stability. Therefore, there is an urgent need to strengthen the guarantee mechanism for the new energy vehicle industry chain, coordinate key resources, strengthen technological innovation, expand open cooperation, improve the resilience of industrial chain development, build a safe, stable and smooth industrial chain supply chain system, support the high-quality development of China's new energy vehicle industry and help achieve the ambitious development goal of

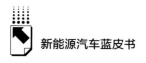
becoming an automobile power.

Keywords: Industrial Chain; Competition; Challenges; Safe and Stable; High-Quality Development

B.6　Development Trends of China's Charging Infrastructure

　　Industry in 2022　　　　　　　　　*Fang Wang, Yang Li* / 146

Abstract: This article analyzes the development, technological development, policies and standards of China's battery charging and swapping infrastructure industry in 2022, studies and evaluates the development trend of the industry, and proposes some questions and suggestions. In 2022, China's charging infrastructure maintained a rapid development trend, with an annual construction quantity of 2.593 million and the vehicle-pole increment ratio of 2.7 : 1; 1.942 million private charging facilities were constructed, with a year-on-year increase of 225.5%; and the innovative applications of some technologies including high-power charging, battery swapping and low-power DC charging are accelerated. At the same time, there are some problems, such as incomplete industry regulatory systems and poor compatibility of charging and swapping facilities. It is necessary to strengthen product quality supervision, accelerate standardization, enhance industry collaboration and promote high-quality development of the battery charging and swapping industry.

Keywords: Charging Infrastructure; High-power Charging; Battery Swapping

Ⅳ　Policies and Standards

B.7　Dynamics of National New Energy Vehicle Policies in 2022

　　and Their Future Prospects　　　　*Lumiao Li, Yongkang Li* / 162

Abstract: This article summarizes and analyzes the policies related to new energy vehicles introduced at the national level since 2022, mainly involving seven aspects: dual-carbon strategy, consumption promotion, hydrogen energy development, industry management, credit management, safety management and infrastructure. At the industrial level, the state actively introduces the policies related to "dual-carbon" to promote comprehensive green and low-carbon transformation and upgrading in various fields. At the enterprise level, the state optimizes the industry management mechanism, improves the dual-credit marketization mechanism and constructs a full life cycle safety guarantee system for enterprises. At the market level, the state and local governments take multiple measures to expand the consumption of new energy vehicles in the market. In the context of the "second half" competition of global new energy vehicles, the development of China's new energy vehicle industry needs to be "supported and driven". This article suggests strengthening planning guidance and introducing a green and low-carbon development plan for the automotive industry towards the dual-carbon goal, strengthening policy reserves and ensuring the steady development of the new energy vehicle market, strengthening overall coordination and promoting the integrated and innovative development of new energy vehicles, seizing export opportunities and optimizing the supporting environment for the export of new energy vehicles.

Keywords: New Energy Vehicles; Policy Characteristics; Policy Suggestions

B.8 Dynamics of Local New Energy Vehicle Policies in 2022 and Their Future Prospects

Guangnan Cui, Yunzhe Jiang and Zheng Wu / 177

Abstract: At present, the importance of the automotive industry to the national economy is continuously increased; the integration of electrification, connecting and intelligence of new energy vehicles are accelerated; the changes in the internal and external environment are driving new energy vehicles to enter into a new industrial stage; and local support policies are also constantly adjusted and improved in line with the actual industry situation. This article comprehensively reviews the new energy vehicle policies introduced at the local level since 2022, analyzes and summarizes the policy characteristics. Then, this article focuses on analyzing typical policy experiences and development models used in Shanghai, Hainan and Hangzhou. Finally, this article makes prospects in the aspects of local industrial layout, policy innovations, infrastructure construction and consumption promotion

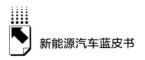
and then puts forward corresponding suggestions.

Keywords: New Energy Vehicles; Automobile Policy; Automobile Market

B.9 Development Trends of Electric Vehicle Standards in China
in 2022   *Guibin Liu*, *Dongdong Cao* / 193

Abstract: China's new energy vehicle standard system has been basically established and improved, providing strong support for government management and industrial development. As of the end of 2022, there are a total of 108 existing standards in the field of new energy vehicles, including 80 national standards and 28 industry standards, covering electric vehicle and basic standards, fuel cell vehicle standards, power battery standards, electric drive system and key component standards, battery charging and swapping system standards and so on. China has participated in the coordination of global technical regulations, led and fully participated in the formulation of multiple international standards, which provided strong support for China's new energy vehicle products to "go global". In next step, China will focus on continuous improvement in the standard system in the fields of key performance, key components, battery charging and swapping, fuel cells of electric vehicles, strengthen the coordination of international standards and regulations, and support the high-quality development of new energy vehicles.

Keywords: New Energy Vehicle Standards; International Standards And Regulations; Power Battery

V NEV Indexes

B.10 Evaluation on the International Competitiveness Index
of China's New Energy Vehicle Industry in 2022

Jian Shi / 204

Abstract: As an important wind vane for the development direction of China's new energy vehicle industry, the international competitiveness index of China's new energy vehicle industry has been released for ten consecutive years. Based on quantitative data and experts' qualitative ratings of the new energy vehicle industry in major countries in 2022, this article evaluates the competitiveness index of China's new energy vehicle industry by using comprehensive index method and analytic hierarchy process. The results indicate that the relative international competitiveness of China's new energy vehicle industry has increased from 62 in 2012 to 98 in 2022, the ranking has also increased from the fifth in 2012 to second in 2022 and the international competitiveness of China's new energy vehicle industry is steadily improved year by year.

Keywords: New Energy Vehicles; International Competitiveness; Industrial Competitiveness

B.11　Evaluation on China's New Energy Vehicle Enterprise Indexes in 2022　　*Yunbin Mei, Ying Dan and Tianzhi Liu* / 215

Abstract: Under the dual wheel drive of "Policy +Market" for many years, the production and sales of new energy vehicles in China continued to maintain an explosive growth trend in 2022. The production and sales of new energy vehicles were 7. 058 million units and 6. 887 million units respectively, with year-on-year growth of 96. 9% and 93. 4%. China's new energy vehicle industry entered into the stage of rapid popularization in 2022. China's new energy vehicle market overcame the adverse impact of the COVID−19 Epidemic in 2022 and presented a favorable situation of booming production and sales. The overall operating level of new energy vehicle enterprises was improved significantly, while their competitiveness continued to maintain a high growth. The large-scale participation of new energy brands in international competition also helped to further enhance the competitiveness of these enterprises. The analysis results of 2022 New Energy Vehicle Enterprise Index shows that the innovation vitality and competitiveness of China's new energy vehicle enterprises in the stage of rapid popularization of new energy vehicles significantly increased and the industry entered into the stage of deepening market-oriented

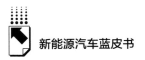
expansion; the competition in the field of passenger vehicles was particularly fierce and enterprises presented a high level of competitiveness. From the perspective of the comprehensive index of bus enterprises, the comprehensive index of bus enterprises was 92. 29 in 2022, indicating that the overall competitiveness of new energy bus enterprises was rebounded under the condition of overcoming unfavorable market factors for consecutive years. Overall, in 2022, new energy vehicle became the most competitive sector in China's automotive industry, while the improvement in the competitiveness of new energy vehicle enterprises further released technological innovation vitality and market growth space, accelerating to expand and deepen the industrialization, scale and marketization of new energy vehicles.

Keywords: New Energy Vehicle; Enterprise Competitiveness

B.12 Evaluation on the Competitiveness of New Energy Vehicle Products Based on Safety Test

Boya Zhou, Yunlong Zhang, Peng Liu, Haitao Zhu,
Shuai Zhang, Lei Lou, Yuanjin Pei and Feifei Han / 230

Abstract: Under the background of the national "dual-carbon" strategy, the development of new energy vehicles has become an inevitable trend. According to the data from the Ministry of Commerce (MOC), the penetration rate of new energy vehicles in China increased to 25. 6% in 2022, while 679000 new energy vehicles were exported, with a year-on-year increase of 1. 2 times. While the sales of new energy vehicles rapidly increased, the incidents of new energy vehicle fires spread by various media platforms raised concerns about the safety of new energy vehicles in the public. At the same time, the independently-branded new energy vehicles were also facing the challenge of international high-quality evaluation in the process of expanding overseas markets in 2022. This article combines with the Automotive Safety Assessment Project (C-NCAP) operated by CATARC to comprehensively evaluate and analyze the performance of mainstream new energy vehicles in the domestic market in terms of active and passive safety performance in 2022, compares and analyzes the differences in safety performance between new energy vehicles and traditional fuel-driven vehicles, analyzes and identifies the reasons for the common problems found in many vehicles.

Keywords: New Energy Vehicles; Collision Safety; High Voltage Safety; Occupant Protection; Active Safety; C-NCAP

B.13 China New Energy Passenger Vehicle Consumption
Indexes *Chang He, Li Yang and Tiantian Wan* / 251

Abstract: In order to study the evaluation on products by consumers in different segmented markets of new energy passenger vehicles, this article selects the consumers from three mainstream markets: low-end market (RMB100000 and below), mid-end market (RMB100000 ~ RMB250000) and high-end market (RMB250000 and above) for research and survey by using the combination of quantitative and qualitative methods and then obtains consumption index evaluation results. The consumption index evaluation results indicate that the low-end market has a prominent consumption index in terms of styling design, price and usage cost, the mid-end market has a prominent consumption index in terms of driving comfort and daily suitability, while the high-end market has a prominent consumption index in terms of intelligence and quality. This article further studies and judges the demand trends of consumers in different segmented markets in the future based on the consumption index evaluation results, and analyzes the changes in the structure of the new energy passenger vehicle market.

Keywords: Consumption Index; Satisfaction; Segmented Markets; Demand Trends

VI Hot Points

B.14 Analysis of the Impact of International Political and Economic
Dynamics on New Energy Vehicle Industry
Ying Zhao, Lulu Huo / 264

Abstract: Some international incidents such as the outbreak of the Russo-

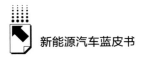
Ukrainian War in 2022 changed the global political, security and economic situation dramatically, and also caused a profound impact on the development of China's new energy vehicle industry. This article focuses on reviewing and analyzing three major international incidents, i. e. the Russo-Ukrainian War, the US containment policy against China and the global war for resources, summarizes the opportunities of China's new energy vehicle industry in strengthening investment attraction, building the core advantages of the global manufacturing system and exploring some regional markets and the risks of "going global" regional layout, industrial chain supply chain protection, adjustment to multinational companies' investment strategies and trade friction upgrading, and put forward some suggestions for formulating strategies, guaranteeing industrial chain security, deepening foreign exchange and cooperation, accelerating key technology breakthroughs and expanding the international market, so as to help the new energy vehicle industry actively respond to these changes in the international situation and seize opportunities to accelerate development.

Keywords: International Situation; Russia-Ukraine War; New Energy Vehicles

B. 15   Current Status and Development Trends of New Energy Vehicle Industry "Going Global" and Some Suggestions

Yan Liu, Sheng Ma, Yun Ling, Yifang Zhu and Yuan Cheng / 276

Abstract: The automobile industry is not only a strategic pillar industry for the national economy, but also one of the industries with the highest degree of globalization. China has become the world's largest new energy vehicle market for many consecutive years, while the international competitiveness of China's new energy vehicle industry has ranked among the top in the world, which laid a solid foundation for China's new energy vehicle exports and effectively enhanced the international competitiveness of China's new energy vehicle exports. The background of electrification transformation of the global automotive industry provides enormous opportunities for the overseas development of China's new energy vehicles. The current international situation is complex and ever-changing, while the export development of China's new energy vehicles is facing many challenges. It is recommended to accelerate the China's new energy vehicles to "go global" in respects of deepening the international cooperation mechanism, grasping the opportunities brought by "The Belt and The Road" Initiative and the construction of free trade zones, ensuring the security and stability of new energy vehicle supply chain, taking initiative in addressing carbon barriers and improving the international service system etc.

Keywords: New Energy Vehicles; Automobile Industry "Go Global"; Trade Barriers; Industrial Chain; Supply Chain

B. 16 Development Trends of Global and China's New Energy and Intelligent Connected Vehicle Industry and Some Suggestions

Yongwei Zhang, Jian Zhang, Weiliang Zeng and Yijing Wu / 287

Abstract: In 2022, the global new energy vehicle industry broke through 10 million units for the first time, the sales of new energy vehicles reached 10. 824 million units, with a year-on-year increase of 61. 6% and the global new energy and intelligent connected vehicle industry entered into the accelerated development stage. In the process of accelerating the transformation of the automotive industry, how to assess the new development trends of new energy and intelligent connected vehicles in the next stage is a key issue attracting attention of the government, industry and enterprises now. Under the exposure of new development opportunities and new industrial competition domestically and internationally, it is also necessary to further provide policy support at the levels of management, market promotion, technology, standards and supply chain in order to ensure the high-quality development of China's automotive industry.

Keywords: New Energy Vehicles; Intelligent Connected Vehicles; Industrial Policies

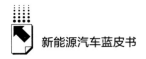
B.17　Opportunities and Challenges Exposed to New Energy
　　　　Vehicle Industry under the "Dual Carbon" Goal

Tianduo Peng, Xunmin Ou and Zheng Li / 301

Abstract: Promoting deep decarbonization of transportation through the development of new energy vehicles is of great significance for achieving China's "Dual Carbon" goals. This article reviews the carbon neutrality process of global major economies and the transformation progress of major automotive manufacturers towards electrification. This article analyzes the implementation of China's "Dual Carbon" goals and the development opportunities brought to the automotive industry, and identifies multiple restrictive factors that affect the high-quality development of the industry. On this basis, aiming at the actual development of the industry, relevant countermeasures and suggestions are proposed on how to improve the competitiveness of products and technologies, continue preferential policies, create a new green supply chain system, accelerate the construction of new energy supplement infrastructure and strengthen the guarantee of key resources.

Keywords: Carbon Neutrality; Carbon Peaking; New Energy Vehicles; Low-carbon Transformation

B.18　Reflections on the Development Trend of New Energy
　　　　Vehicle Battery Swapping Models　　　　*Yao Wang* / 312

Abstract: The large-scale promotion and application are the foundation of the electric vehicle battery swapping industry ecology. Battery swapping operators/technical service providers, energy enterprises, host manufacturers, battery factories and financial institutions jointly constitute the current battery swapping industry ecology. The battery swapping mode promotes the formation of an efficient energy replenishment system for new energy vehicles, empowers the upstream and downstream of the new energy vehicle industry chain, which will accelerate electrification in some sectors. Currently, the policy and regulatory system for battery swapping mode is not yet perfect and battery standardization is at a low level. The next step is to improve the standards and specifications, promote battery compatibility and exchange, boost the development of technology and finance, discover the digital commercial potential of battery assets, encourage the interactive development of power stations, power grids and electric vehicles, and strengthen the supervision on battery life cycle data.

Keywords: Electrification In Public Sector; Heavy-duty Truck Battery Swapping; Baas; Asset Digitization; Battery Swapping Standards

Ⅶ References

B.19 Analysis of Development Characteristics and Trends of
Global New Energy Vehicle Market in 2022　　*Kexin Liu / 325*

Abstract: In 2022, the global sales of new energy vehicles reached 11.267 million units, with a year-on-year increase of 63.5%. In terms of power types, battery electric vehicle (BEV) was the main force of sales, while the sales of plug-in hybrid electric vehicle (PHEV) and fuel cell vehicles (FCEV) have also increased significantly. In terms of regions, the development pattern of the "Three Pillars" region, mainly East Asia, Europe and North America, has basically formed. China, U.S., Germany, U.K. and France achieved the sales of 6887000, 995000, 844000, 386000 and 355000 new energy vehicles respectively, ranking among the Top-5 in the global sales of new energy vehicles. At present, the regional pattern of new energy vehicles in the world is basically stable, while major countries such as Europe and America are further strengthening their strategic positioning for the development of new energy vehicles and the new energy vehicle market is expected to further grow. At the same time, major countries are continuously enhancing their control capabilities on industrial chain and strengthening the research and development of new technologies. The global supply chain system will be developed towards regionalization and diversification, while market competition will also expand to various fields such as industrial chain, innovation chain and value chain.

Keywords: Global Market; Regional Distribution; New Energy Vechicle

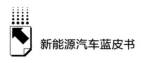
新能源汽车蓝皮书

B.20　Research on Green and Low Carbon Policies in Europe

　　and America

Chengbin Song, *Baiyu Fan*, *Hong Shi and Yueyan Zhu* / 338

Abstract: Addressing climate change has become a global consensus, while all countries have introduced multiple climate policies. In 2022, the developed countries in Europe and America continued to optimize their green and low-carbon policy system based on their basic national conditions and overall emission reduction goals. At the policy level, the EU's carbon border regulation mechanism and the "Battery and Waste Battery Regulations" achieved phased results, the "2035 Prohibition of Fuel-driven Vehicles" process was further promoted and some member states also increased their support for green and low-carbon policies; and U. S. focused its green and low-carbon policies on clean energy and new energy vehicles. In this context, it is recommended for China to improve its carbon management policy system, encourage green and low-carbon development of enterprises, continue to pay attention to relevant trade policies in Europe and America and study countermeasures in advance.

Keywords: Carbon Tariff; Carbon Footprint; Clean Energy; New Energy Vehicles

B.21　Actual Fuel Consumption, Electric Driving and CO$_2$

　　Emissions of Plug-in Hybrid Vehicles in Europe

Patrick Plötz, *Georg Bieker* / 349

Abstract: The potential of plug-in hybrid electric vehicle (PHEV) in reducing fuel consumption, global greenhouse gas (GHG) emissions reduction and regional air pollution reduction depends on the electric driving efficiency of vehicles. Whether there is a difference between the actual fuel consumption and the certified value of PHEVs certified under the WLTP conditions has not been fully studied. To fill this gap, this article analyzes the average actual fuel consumption and electric driving proportion of approximately 9000 PHEVs in Europe by focusing on

WLTP-certified vehicle models. After research, it is found that the average actual fuel consumption of PHEVs in Europe is three to five times than the type approval certification value under the WLTP condition. It is recommended to revise the assumptions in the current WLTP testing procedures to accurately reflect the actual usage of PHEVs.

Keywords: Plug-in Hybrid Electric Vehicles; Actual Fuel Consumption; Co_2 Emissions

B.22 International Practice of "MaaS", Enlightenment for China and Some Suggestions

Xianglong Liu, Jiajie Li, Xiangjing Li and Haode Liu / 363

Abstract: "Mobility as a Service" (MaaS) provides a new concept for solving urban transportation and mobility problems in the future. MaaS has been included in some programmatic documents, such as the "Outline of Building China's Strength in Transportation". At the same time, MaaS is also complementary to the development of the new energy vehicle industry. However, each city urgently needs corresponding guidance because they are generally facing some challenges such as "how to build, how to operate, how to serve and how to control" in the process of implementing the MaaS. Therefore, this article elaborates the connotation, characteristics and basic composition of MaaS, and selects eight typical cases at home and abroad to summarize the experience and practices in operational and organizational models, data resources, business models, policies and regulations, implementation paths and other aspects. Finally, this article puts forward some suggestions for the future development of MaaS in China in seven aspects including top-level design of the MaaS system, operational entities, integration and sharing of data resources, commercial operation models, industrial development, basic and application research and pilot demonstrations, so as to promote the healthy and sustainable development of MaaS.

Keywords: Urban Transportation; Maas; Digital Transportation

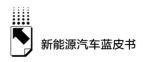

新能源汽车蓝皮书

皮 书

智库成果出版与传播平台

✤ 皮书定义 ✤

皮书是对中国与世界发展状况和热点问题进行年度监测，以专业的角度、专家的视野和实证研究方法，针对某一领域或区域现状与发展态势展开分析和预测，具备前沿性、原创性、实证性、连续性、时效性等特点的公开出版物，由一系列权威研究报告组成。

✤ 皮书作者 ✤

皮书系列报告作者以国内外一流研究机构、知名高校等重点智库的研究人员为主，多为相关领域一流专家学者，他们的观点代表了当下学界对中国与世界的现实和未来最高水平的解读与分析。截至2022年底，皮书研创机构逾千家，报告作者累计超过10万人。

✤ 皮书荣誉 ✤

皮书作为中国社会科学院基础理论研究与应用对策研究融合发展的代表性成果，不仅是哲学社会科学工作者服务中国特色社会主义现代化建设的重要成果，更是助力中国特色新型智库建设、构建中国特色哲学社会科学"三大体系"的重要平台。皮书系列先后被列入"十二五""十三五""十四五"时期国家重点出版物出版专项规划项目；2013~2023年，重点皮书列入中国社会科学院国家哲学社会科学创新工程项目。

权威报告·连续出版·独家资源

皮书数据库
ANNUAL REPORT(YEARBOOK)
DATABASE

分析解读当下中国发展变迁的高端智库平台

所获荣誉

- 2020年，入选全国新闻出版深度融合发展创新案例
- 2019年，入选国家新闻出版署数字出版精品遴选推荐计划
- 2016年，入选"十三五"国家重点电子出版物出版规划骨干工程
- 2013年，荣获"中国出版政府奖·网络出版物奖"提名奖
- 连续多年荣获中国数字出版博览会"数字出版·优秀品牌"奖

皮书数据库

"社科数托邦"
微信公众号

成为用户

登录网址www.pishu.com.cn访问皮书数据库网站或下载皮书数据库APP，通过手机号码验证或邮箱验证即可成为皮书数据库用户。

用户福利

- 已注册用户购书后可免费获赠100元皮书数据库充值卡。刮开充值卡涂层获取充值密码，登录并进入"会员中心"—"在线充值"—"充值卡充值"，充值成功即可购买和查看数据库内容。
- 用户福利最终解释权归社会科学文献出版社所有。

社会科学文献出版社 皮书系列
SOCIAL SCIENCES ACADEMIC PRESS (CHINA)

卡号：245192351929
密码：

数据库服务热线：400-008-6695
数据库服务QQ：2475522410
数据库服务邮箱：database@ssap.cn
图书销售热线：010-59367070/7028
图书服务QQ：1265056568
图书服务邮箱：duzhe@ssap.cn

法律声明

"皮书系列"（含蓝皮书、绿皮书、黄皮书）之品牌由社会科学文献出版社最早使用并持续至今，现已被中国图书行业所熟知。"皮书系列"的相关商标已在国家商标管理部门商标局注册，包括但不限于 LOGO（▨）、皮书、Pishu、经济蓝皮书、社会蓝皮书等。"皮书系列"图书的注册商标专用权及封面设计、版式设计的著作权均为社会科学文献出版社所有。未经社会科学文献出版社书面授权许可，任何使用与"皮书系列"图书注册商标、封面设计、版式设计相同或者近似的文字、图形或其组合的行为均系侵权行为。

经作者授权，本书的专有出版权及信息网络传播权等为社会科学文献出版社享有。未经社会科学文献出版社书面授权许可，任何就本书内容的复制、发行或以数字形式进行网络传播的行为均系侵权行为。

社会科学文献出版社将通过法律途径追究上述侵权行为的法律责任，维护自身合法权益。

欢迎社会各界人士对侵犯社会科学文献出版社上述权利的侵权行为进行举报。电话：010-59367121，电子邮箱：fawubu@ssap.cn。

社会科学文献出版社